书系

GAOZHONG SHUXUE

黄河清 著

高中数学“问题导学”学习策略

“WENTI DAOXUE” XUEXI CELüE

GEP 广西教育出版社·南宁

前言

我从事高中数学教学近40年，教过许多学生，经历了他们在数学学习上的酸甜苦辣、喜怒哀乐，深感作为一名数学教师的责任重大。怎样让学生对数学学习有更浓厚的兴趣，从探索中收获更多成功的喜悦，不断领悟数学的思想精华，培育良好的数学素养？多年的研究与实践，让我有两点深刻的体会：

一、教师要“善教”

高中阶段是学生个性品质、行为习惯、思维能力等全面成型的重要阶段。作为高中教育重要基础课的高中数学，在培养学生全面发展的过程中起着至关重要的作用，这对高中数学教师提出了更高的要求。

高中数学教学的目的何在？我认为最重要的有两点：

一是要教会学生思考。数学是思维的科学，数学教学的核心价值就在于是否能激发、引导学生进行高水平的思维训练。能否让学生积极参与思考，这是一节数学课质量高低的重要表现。

二是要培养学生的兴趣、意志、情感体验等非智力因素。数学一向被称为探索和发明的乐土。学生学习数学不仅仅是为了获得相关知识，不仅仅是为了理解公式、定理，更重要的是通过学习数学的思想、方法，领悟数学的精神，逐步将其内化为智慧，使意志品质得到锻炼，并应用于工作、学习和生活的各个方面。

基于这样的认识，我对高中数学“教”的任务有了以下理解：一要培养和提高学生的数学素质，二要教会学生学习和掌握数学的思想方法，三要培养和发展学生主动获取知识的能力，四要引导学生勇于实践不断创新。

对教师而言，要实现这些目标，首先要对教学有深刻的理解。数学教学既是一种科学活动，又是一种艺术活动。科学讲究规则，艺术讲究创造。数学教学要遵循教学的规律，要确立课程内容的重点和难点，要充分了解学生的学情基础，并努力把这些因素之间的关系处理得当。因为这些因素对不同班级、不同学生都是不断变化的，所以教学决不能照搬过去的一套，要不断地改变、创新。但创新并非不按规则，而是教师通过自身的教学理念、教学智慧，结合教学的实际构建适合学生学情的教学。因此，“善教”首先要有正确的教育理念，要不断学习钻研，要因人、因事、因时而变，灵活地运用各种教学方法，巧妙地运用自己的教学智慧。这就是创造，这就是教学的艺术。

多年来，我努力追求这一梦想，坚持对课堂教学模式与方法进行探索、改革、创新，形成了“问题导学”的教学特色与风格，取得了显著的成绩。所带班级的学生对数学学习与探索的欲望高涨，成绩优异，在历年高考中一直名列前茅，学生曾获高考广西状元、奥赛广西状元，大批学生考上北大、清华等学校，教学深受学生的欢迎和喜爱。同时，我注重将实践心得成果化，2007 年，专著《黄河清：中学数学“问题导学”教学策略》入选中国教育学会“名师教学思想与教学艺术丛书”在全国出版发行，并于 2010 年获教育部基础教育课程改革教学研究成果奖二等奖；2013 年，专著《高中数学“问题导学”教学法》由教育科学出版社作为“高中教师书库”系列在全国出版发行，并于 2014 年获教育部首届基础教育国家级教学成果奖二等奖。2010 年，“问题导学”教学法在广西南宁市推广运用；2015 年，南宁市第三中学（以下简称南宁三中）以推广“问题导学”为研究主体申报的“广西高中数学学科基地”获广西壮族自治区教育厅批准成立，为广西数学教学研究与改革提供了强大的支持和保障；2016 年，“问题导学”教学法被作为“广西高中数学课堂教学改革专项研究课题”在广西推广运用，广西 8 所学校参与实验推广工作。同时，南宁三中以“问题导学”教学法推广为切入点，全面推进教育扶贫工作，先后到广西贫困地区的80多个学校开展教育帮扶活动，使数万名师生从中受益。2017年，“精准帮扶贫困地区高中提升教学质量的创新实践”获广西基础教育教学成果奖特等奖，并于2018年获教育部基础教育国家级教学成果奖二等奖，为广西中学数学课堂教学质量的提升做出了应有的贡献。

二、学生要“会学”

高中数学“难”学是很多高中学生面临的共同问题。由于高中数学内容繁杂、思维严谨、题型多变，学生在学习上常常理解不透、掌握不全，造成数学学习投入时间最多，但成效却不明显。怎样才能做到会学、乐学，让数学学习不再成为高中学习的沉重负担？这需要有良好的学习方法与策略做保障。以下给出两个方面的建议。

一是要学习、掌握良好的数学思维方法。

“知识就是力量”，这是我们常常听到的鼓励人们努力学习的口号，但它只说对了一半，知识并非全部力量。同一个班级学生听同一个数学老师授课，所得基本知识相同，但有时候学习能力与效果却差别很大。其重要原因就在于学生数学思维水平的差异上。事实上，优秀学生在每节课的知识学习甚至每道例题的解答中，都要比其他同学收获更多的思维方式和方法。一般学生和优秀学生的差别在于思维方法的多寡和优劣，定理、公式以外知识和思维方法的积累，以及心理特征尤其是思维的积极性。这些，其实并不是知识学习本身出了问题，而是在思维方法上存在差异。我们要认识到，数学教材中以定理等面貌出现的“方法”，大都还是知识，它们是数学家的“思维结果”，而并非思维过程中所用的思维方法本身。比如数学归纳法，老师只讲如何用它来证明一类有关自然数的命题，却很少会提到帕斯卡（Pascal）为什么要寻找这种证法，又是如何发明这种证法的，也没有说明为什么它不能证明另一大类有关自然数的命题，原因就在于我们不具备帕斯卡所用的思维方法。可见，数学学习中，思维方法是影响我们学习质量的重要因素。

那么，数学学习有无共性的思维方法呢？答案是肯定的。美国著名数学家波利亚（Polya）早在青年时代就发现自己懂与使人懂、自己会思维与教别人思维是两回事。他把自己的研究成果与笛卡儿（Descartes）等大批数学家的成果结合在一起，写成了《数学的发现》等名著，目的是把思维方法传授给青少年。因此，注重数学思维方法的学习与训练是学好高中数学的重要基础。

二要有良好的数学学习习惯。

良好的学习习惯，对激发学习的积极性和主动性，形成学习策略，提高学习效率都有重要作用。要学好高中数学就要加强以下几种学习习惯的培养和训练。

自学的习惯。自学是获取知识的重要途径。就学习过程而言，教师只是引路人，学生才是真正的学习主体，学习中的大量问题，要靠学生自主学习去解决。

独立思考的习惯。独立思考是形成学习能力的关键。学习主要是通过思维活动来实现的，学习的核心就是思维，这是别人替代不了的，只能靠自己刻苦训练去提升。

学习全过程的习惯。学习全过程包括预习、听课、复习、作业等多个环节，要合理把握，解决好每一个环节的问题，这样才能夯实基础，事半功倍。

敢于质疑的习惯。质疑是主动学习的表现。“学问”从某种意义上说就是又“学”又“问”。每个人的思维方式都是不一样的，因此，学习上有不清楚的问题一定要大胆提出，真正释疑。

反思的习惯。反思是一种自我提升，要学会不断对学习进行归纳、概括、总结，寻找不足，不断完善、提高。

认真培养、训练这些思维方法和学习习惯，“会学”问题就会迎刃而解，提高数学学习效益就不再是一个梦想。

数学学习策略的研究是数学教学研究的热门课题。但大多数研究更多地停留在通用学习策略和一般性思维策略的层面上，而结合数学学科特点、结合学生学习实际及指导性更强的研究成果还比较欠缺。

为了解决这些问题，为学生提供更具实践性、操作性的高中数学学法指导，我以自身长期研究实践的重要成果《高中数学“问题导学”教学法》为指导，结合几十年教学和辅导学生的经验、案例、大数据，针对高中学生数学学习的重点、难点，对学习策略进行了重点梳理、提炼，力图为学生提供学习与训练的明确方向和要求，让学生有可参照实施的学习指南，促进学生有效提升数学学习能力与学习成绩，编写了《高中数学“问题导学”学习策略》。

本书共分六章：

第一章“高中数学‘问题导学’学习策略详解”，主要介绍“问题导学”学习策略的原理、方法、实施与运用，让学生对“问题导学”学习策略有宏观的认识；第二章“高中数学学习对学生的基本要求”，解读高中数学学习的任务、特点、要求，帮助学生建立明确的学习策略，培养良好的学习习惯；第三章“高中数学思维训练的重点”，介绍思维训练的基本方法和途径，引导学生在学习中主动进行高水平的思维训练；第四章“高中数学学习自我提升要诀”，引导学生以科学的方法为指导，学会反思、学习他人经验，主动提升自我；第五章“高中数学解题常用的通性通法”，着重从数学思想的层面引导学生用数学的观点去认识问题、思考问题、解决问题，培养学生站在更高的层面上把握高中数学学习的实质，提升数学解题能力；第六章“高中数学重点难点问题选讲”，选取高中学生常感到困难的系列问题进行分析、讲解，帮助学生攻克难点，对有志于深入学习高中数学、立志高考攻克难题的学生更有针对性。

本书可作为高中学生数学学习的重要参考用书，也可为青年教师快速了解高中数学教学难点、有效掌握学法指导提供借鉴，还可作为即将踏入高中的学生了解高中数学学习情况的重要读本。希望本书的出版能为学生高中数学学习带来良好的帮助和有效的指导。

黄河清

2019 年 6 月

目　录

第一章　高中数学“问题导学”学习策略详解

怎样提升高中数学学习效益？这不仅仅是高中数学教师坚持不懈研究的课题，也是广大学生、家长关心的事情。要想提升高中数学学习效益，离不开有效的学习方法，这个“方法”不仅是微观层面的方法，更是一种学习上的宏观策略。因此，深入了解学习策略，按学习策略去开展学习，就成为高中数学学习要解决的首要问题。

第一节 学习策略概述

1956 年，著名心理学家布鲁纳（Bruner）首次提出认知策略，引起了学术界的重视。随着学习策略研究的深入，学者们对学习策略内涵的认识有了更多的理解。改革开放后，我国学者对学习策略进行了深入研究，并取得了大量的研究成果。认真了解这些研究的内容和方法，对更好地认识学习策略的含义，有效制定学习策略并按学习策略去组织学习，具有重要的指导意义。

一、学习策略

近十年来，我国学者对学习策略内涵的界定，较有代表性的观点主要有以下几种：

1. 学习策略是一种措施。它认为，学习策略是为有效学习所采取的各种措施，包括学习准备、认知方法、提升手段、外部支持等①。

2. 学习策略是一种系统。它认为，学习策略是一种信息加工系统，是思维过程中一个可操作的系统，同时也是一个有规律可循的系统②。

3. 学习策略是一种方案。它认为，学习策略是学习者为了提高学习的效果和效率，有目的、有意识地制定有关学习过程的一种方案③。

4. 学习策略是一种规则。它认为，学习策略是在学习活动中，学习者为了达到一定的学习目标而遵守的规则④。

---

① 穆志刚．我国学习策略研究综述［J］．疯狂英语（教师版），2007（8）：29-31，80.
② 王颖．学习策略研究述评［J］．北华大学学报（社会科学版），2003（4）：62-64.
③ 周永垒．学习困难生的学习策略研究［D］．大连：辽宁师范大学，2004.
④ 吴洪武．初中生英语词汇学习策略研究［D］．上海：上海师范大学，2006.

二、学习行为

学习行为主要集中反映在几个方面：一是学习行为的本质与特征，二是学习行为的类型，三是学习行为的影响因素，四是不良学习行为的优化。通过分析学习行为的结构、职能与特性，研究学习行为的展开与压缩，或通过对学生学习特征的分析，研究学生学习行为的差异性、建构性和情境性等，这些，都是学习行为研究的主要内容①。

对学习行为的类型，学术界有多种不同的分类。有学者将学习行为分为个体学习行为和群体学习行为，其中个体学习行为主要有听讲、笔记、阅读等，群体学习行为主要有合作、讨论等，二者都包括认知行为（如信息选择行为、记忆行为和知识组织行为）、元认知行为与资源管理行为（如时间管理行为、环境管理行为和科学用脑行为）②。也有学者将学习行为分为三类：一是倾听行为，包括听教师、听同学、听文本等；二是言说行为，包括朗读、回答、提问、讨论等；三是操练行为，包括操作与练习③。还有学者将学习行为分为“对象—操作—结果”三维分类框架，提出促进学生学习行为变革的策略与条件。在课程改革的大背景下，学者们对新的学习方式，如自主学习、合作学习与探究学习等也有了许多新的见解和认识④。

三、学习的影响因素

学习的影响因素主要体现在三个方面：一是有效学习的非语言因素，包括学习动机、学习能力、学习机会等；促进有效学习的教师行为，包括教师自身的业务素质、教学设计、课堂教学方法、对学生学习的评价观念、对学生学习方法和方式的培养手段等。二是有效学习的易控变量，包括学习时间间隔的动态分配、不同学习事件的交错式安排以及提取练习对知识识记的作用等。三是有效学习发生的条件，包括内部条件（如学生已有的知识储备和

---

① 齐聪，陈旭远，于超．我国学习策略研究十年述评（2003—2012）［J］．鸡西大学学报，2014，14（6）：1-3，12．

② 王姣姣．实践与反思：课堂教学行为研究——以六所中小学校为个案［D］．长沙：湖南师范大学，2009．

③ 岳超楠．初中课堂教学行为分析与优化策略研究［D］．温州：温州大学，2011．

④ 张迪．小班教学中学生学习行为的研究［D］．南京：南京师范大学，2011．

主动的认知加工活动等）和外部条件（如学校、家庭、社会环境等）。[①]

很多研究表明，影响学习行为的最主要因素不是认知，而是意向和情感。因此，培养一种能够促进和优化学生学习行为的学习态度，激发学生对学习的愉悦体验和强烈的投入意愿[②]，对学生学习行为和动机有着重要的影响。培养学生成熟的学习信念，激发学生积极的学习行为和动机，就成为提高学习效益的重要保证[③]。

四、学习策略的分类

对于学习策略的分类，目前学术界普遍较为认同麦基奇（Mckeachie）的分类体系。它有以下主要内容：学习策略包括元认知策略、认知策略和资源管理策略三部分。元认知策略包括计划策略、监控策略、调节策略等；认知策略包括复述策略、精细加工策略和组织策略；资源管理策略包括时间管理策略、学习环境管理策略、努力管理策略、寻求支持策略等[④]。元认知策略通常被认为是较为高级的学习策略，因为它需要调动学习者的多种意识、行为参与学习过程。

近年来，认知科学领域关于学习问题的研究主要在教育实践中如何帮助学生找到操控性强的学习策略，真正实现深度学习。有学者梳理、论证了影响有效学习的三个易控制变量，研究发现：提取练习相比于其他学习易控变量可以更为有效地促进学习。值得注意的是，研究还发现：一些学生的学习策略很可能是次优的甚至是低效的，纠正这些学习策略将有助于学生实现深度学习[⑤]。还有学者建立了有效学习的管理制度，包括课前预习及自学管理、课堂学习管理、作业管理及考核评价管理[⑥]。这些，都为学习策略的制

---

① 张诗雅．课堂有效学习的指导策略研究［D］．上海：上海师范大学，2015.

② 李小平，郭江澜．学习态度与学习行为的相关性研究［J］．心理与行为研究，2005（4）：265-267.

③ 宋志燕，梁彦清．学习信念及其对学习行为和学习动机的影响［J］．长治学院学报，2009，26（3）：67-69.

④ MCKEACHIE W J．Teaching and Learning in the College Classroom：A Review of the Research Literature［M］．Michigan：The University of Michigan Press，1987.

⑤ 张锦坤，连榕．有效学习的三个易控变量：间隔、顺序与提取练习［J］．心理与行为研究，2013，11（2）：276-281.

⑥ 朱雪峰．论促进学生有效学习的学习管理制度构建［J］．西北师大学报（社会科学版），2009，46（2）：104-106.

定提供了更多的参考。

五、学习的意义

“学习策略”中的“学习”主要是指学生的自主学习。法国著名学者Holec将自主学习定义为“自我负责学习的能力”（the ability to take charge of one's own learning），并将体现自主学习的能力概括为五个方面：（1）确定学习目标；（2）决定学习内容；（3）选择学习方法和资源；（4）监控学习过程；（5）评价学习效果。迪金森（Dickinson）认为“自修”（self-instruction）是指“学习者完全负责与学习有关的所有决策以及这些决策的实行”，即学习者可以识别和重建教师的教学目标，确立适合自己的学习目标，满足个性化的需要，并能自我决定学习内容，判断选择的策略是否符合自己的需要，再根据情况做出适当调整，以达到满意的学习效果。Dickinson将自主学习看作是学习者自我负责的学习态度和能够完全独立学习的能力。①

“学习策略”中的“学习”是两种观点的统一，既包括学生在没有教师指导下的自主学习，又包括学生在教师指导下的独立学习。它的本质是让学生成为学习的主人，发挥自身学习的主动性和积极性，主宰自己的学习，变“要我学”为真正的“我能学、我会学、我乐学”。我们认为“学习”有两个层次，第一层次是让学生掌握基础知识与基本技能，第二层次是让学生学会“学习指导”，培养学生会学的能力。联合国教科文组织在《教育——财富蕴藏其中》一书中提出的学会求知（1earning to know）、学会做事（1earning to do）、学会共处（1earning to live together）和学会做人（1earning to be-have），就明确指出了这四种学习的内涵②。

数学学习是指数学知识和数学活动经验的获得以及由此产生的行为变化的信息。它不仅包括数学知识本身的学习，也包括这些知识在发生过程和运用过程以及解决问题过程中形成的经验，还包括伴随着学习过程而产生的外

---

① DICKINSON L. Self-instruction in Language Learning [M]. Cambridge: Cambridge University Press, 1987.

② 联合国教科文组织总部．教育——财富蕴藏其中［M］．联合国教科文组织总部中文科，译．北京：教育科学出版社，2014．

显行为结果，即数学认知的操作技能与能力表现以及非认知的情感、兴趣、意志、态度等的变化①。数学学习是根据教学计划进行的，它是学生在教师的指导下获得数学知识、技能和能力，发展个性品质的过程②。

数学学习强调数学知识的获得与数学能力的提升，并由此伴随着学习兴趣、学习意志、学习态度、学习意识、学习情感等的变化。或者说，数学学习过程就是学生在教师的指导下，获取数学知识，形成数学认知结构，提高数学学习能力，发展个性品质，并由此伴随着精神、意识的变化的过程。

① 马忠林．数学思维论［M］．南宁：广西教育出版社，1996.
② 郑君文，张恩华．数学学习论［M］．南宁：广西教育出版社，1998.

第二节 “问题导学”学习策略的理论基础

“问题导学”学习策略是在“问题解决”基本理论的深入理解和研究的基础上，融合建构主义学习理论、多元智能学习理论、认知学习理论、最近发展区理论提出的。“问题导学”学习策略综合已有的学习理论，进行学习策略的探索与发展，寻找有利于提升学生学习效果的方式和策略，使该学习策略最大化地服务学生学习过程，满足学习需求。

一、“问题导学”学习策略的内涵

“问题导学”学习策略，是指学生在自主学习中，以问题为导向，制定旨在提高学生学习效果和效率的有关学习过程的方案。

“问题”在《现代汉语词典》（第 7 版）中的解释是：要求回答或解释的题目，或者是须要研究讨论并加以解决的矛盾、疑难。“问题”反映了事物现有水平与客观需要的矛盾，它是为知识系统和认知结构准备的素材和创设的情境。同时，“问题”与“问题解决”又如同因果关系：有了“问题”，就为“问题解决”提供了一个研究的方向；而“问题解决”的思想方法反过来又为“问题”的合理性、可解性提供了检验的标准。换句话说，学习的过程，就是不断解决问题的过程。因此，同学们运用“问题导学”学习策略开展学习，首先要思考需要解决什么问题，明确学习的目标、方向，然后按照一定的实施路径，通过积极的思维，将知识、能力、情感、价值观融合提升，培养数学素质，提高数学能力。

二、“问题导学”学习策略的理论基础

1. 基于“问题解决”的基本理论

1900 年，德国数学家希尔伯特（Hilbert）在巴黎国际数学大会上发表

题为“数学问题”的演讲时指出：“只要一门科学分支能提出大量的问题，它就充满着生命力；而问题的缺乏则预示着独立发展的衰亡或中止。正如人类的每项事业都追求确定的目标一样，数学研究也需要自己的问题。正是通过这些问题的解决，研究者锻炼其钢铁意志，发现新方法和新观点，达到更为广阔和自由的境界。”① 之后，“问题解决”就一直成为数学研究与数学教育关注的问题之一。

美国著名数学家波利亚（Polya）对“问题解决”有几个重要的见解：

一是提出了系统的解题观。他认为，问题解决作为一个大系统，是由提出问题和解决问题两个小系统组成的。在提出问题这个系统中，着重有归纳、类比、一般化、特殊化等发现问题的方法，由此可以得出一系列合情推理模式。而在问题解决系统中，则强调了基本的解题程序：弄清问题—拟定计划—实现计划—回顾。并根据每一步的特征，拟定了更详细的策略，即“怎样解题表”。“怎样解题表”集解题思想、解题过程、解题思路、解题方法于一身，融理论与实践于一体，形成了一个相对完善的解题系统。②

二是提出了问题解决的启发策略。“怎样解题表”指出：在解题中，要不断地提出有启发性的问题，引导思维起步、展开，有效帮助解题者发现好的或正确的解题方法。同时，解题者通过对解题过程的深入研究，由已有的成功实践，总结出一般的方法或模式，对以后的解题活动起到启发和指导的作用。波利亚还具体地给出了一些解题的模式及策略，如分解与组合、笛卡儿模式、递归模式、叠加模式、双轨迹模式、合情推理模式等。

三是对解题思维做了深层的描述。波利亚认为，人的解题思维分为四个水平：图象的水平——表示所研究的问题在解题者头脑中的画面演化过程。表示关系的水平——用点表示对象，用线段表示关系，如果点用线段联结了，就表示解题者认识到了这些对象间的关系。数学的水平——由数学公式组成，与表示关系的水平恰好形成对照。启发的水平——适用于每一个阶段，提出自然恰当的问句提示，促使解题者进入解题程序。

“问题解决”的基本理论不仅对数学课程改革产生极大的影响，也对数

① 希尔伯特. 数学问题［M］. 李文林，袁向东，译. 大连：大连理工大学出版社，2009.
② 陈珂. 初中生数学解题心理研究［D］. 长沙：湖南师范大学，2006.

学学习产生了深远的影响。"问题解决"学习策略不应仅仅理解为一种具体的技能，客观存在并贯穿于整个数学学习中，更应该被提升到作为数学学习的一条主线的地位。"问题解决"能够在学习中为学生提供一个发现、创造的环境和机会，提供一条培养解题能力、自控能力和应用数学知识能力的有效途径。基于这样的认识，我们把"问题导学"作为一种学习的范式，以"问题"引导学生学习，以"问题"促进学生学习，这符合数学教育改革和发展的方向。

2. 基于建构主义学习理论

建构主义思想最早来自瑞士的认知心理学家皮亚杰（Piaget），他从内因和外因相互作用的关系上来研究儿童的认知发展。他认为，儿童通过顺应和同化两种方式，与外界建立联系，不断地建构自己的认知图式，逐步建构起关于外部世界的知识，这是学习者主动建构的过程，具有多元性[①]。

建构主义学习理论有以下基本观点：首先，建构主义理论认为知识是相对的。知识并不是对现实世界的客观反映和准确表征，而是动态生成的，是学习者在与自然的对话中主动建构的[②]。因而科学探究活动应该是从问题开始的，寻求问题进而解决问题，或者说创设问题情境，然后深入探索问题的起因和关系，这是学习的重要任务。其次，建构主义理论主张学习者是学习的主体，学习过程是学习者主动建构自己知识的过程。它认为，人的学习可以分为"初级学习"和"高级学习"两种类型。在初级学习阶段，学习过程主要是一个掌握结构性知识的过程，学习者由此获得的一般是普遍而抽象的事实、概念和原理。高级学习过程主要是获得非结构性的知识与经验，学习者由此获得的是与具体情境相关联的知识，这些知识是在解决问题的过程中不断建构出来的[③]。最后，建构主义理论认为，学习应该是让学习者从生活实践经验和已有知识中理解数学知识和原理，有效地进行知识迁移，构建自我的新的数学知识架构，获得新的技能，不断发展思维的过程[④]。

---

① 张志峰．建构主义理论在培养学生跨文化交际能力的应用［J］．学理论，2011（15）：211-212.
② 江建芳．建构主义学习理论对中学历史教学的启示［J］．丽水学院学报，2004（6）：106-109.
③ 吴俊．认知灵活性理论指导下的高中化学概念教学［J］．基础教育研究，2017（24）：32-33.
④ 陈义元．谈知识迁移应注意的几个问题［J］．中学数学，2011（10）：8-10.

建构主义理论为“问题导学”学习策略提供重要的支持。首先，在“问题导学”学习中，以问题情境为依托，为学生搭建学习和思考的平台，让学生有机会在解决问题中运用已有的知识和经验去构建新的知识与技能，产生新的连接，重组或调整已有知识结构。这符合建构主义倡导的“把学习回归到学习的主体，让学习者有主动参与知识建构机会”的理念①。其次，“问题导学”学习策略的特点是设置一连串的问题组引导学生思考，随着思考的不断深入和对核心目标问题的层层逼近，使学生在问题情境下的探索走向学习需要，不断挖掘学习的增长点和新知识的生长点。对学习者来说，因为重视了自己的主动建构，所以可以真正成为学习过程的主角。

3. 基于多元智能的学习理论

从比奈-西蒙（Binet - Simon）的一元智力到加德纳（Garder）的多元智能，智能的研究一直是20世纪心理学的一个基石，也是21世纪众多学者研究关注的焦点。坎贝尔（Campbell）在其所著的《多元智力教与学的策略》一书中，称加德纳将智能定义为三个方面：一是在生活中解决所面临的实际问题的能力；二是提出并解决新问题的能力；三是对自己所属的文化提供有价值的创造和服务的能力。

多元智能理论强调以下基本观点：

一是智能的情境性与社会性。在不同的社会和文化环境下，人们所认定的智能标准也是不同的，智能的表现形式也各有千秋。某种能力在一种文化背景中被视为有价值，这种能力就可列为智能。

二是智能的核心是解决问题的能力。这些能力体现在解决特定情景中的问题，特别是解决主体所面临的实际问题，这是人的生理潜能被问题情景激活而表现出来的效能。

三是创造不仅体现在解决新问题、创造新产品上，也应体现在创造性地解决问题上。而这种创造应是有价值的，即是符合某种特定文化与社会价值标准要求的创造②。

多元智能学习理论为“问题导学”学习策略提供了丰富的理论基础。首

① 朱继美. 高中地理“问题解决”学习模式的应用研究［D］. 长春：长春师范学院，2010.
② 陈爱苾. 课程改革与问题解决［M］. 北京：首都师范大学出版社，2004.

先，多元智能学习理论认为智能的确定是依靠问题情景来决定的，只有在具体的解决问题的过程中才能知道某个人的智力水平。而“问题导学”学习策略强调的是通过设立的问题情境，引发学生展开积极的思考，为学生提供开发多元解决问题的平台，促进学生多元智能的发展，最终从根本上发展智力。其次，多元智能学习理论的评价具有强调多元多维、发展性与重过程的特点。在测量与评价领域，多元智能学习理论除了强调从多种角度来辨识个人能力之外，更主张智力必须经由发现与解决问题的过程来验证，强调智力评价不仅仅评价结果，更要评价过程。“问题导学”学习策略鼓励学生在思考、解决问题的过程中，要充分发挥主观能动性，这与教学评价的理念是相通的，在实践中也是相互依赖的。最后，多元智能学习理论引导学生通过自己的智能优势解决问题，最终实现教育、教学目标。而“问题导学”学习策略强调要充分遵循认知规律，注重从学生学情出发去组织学习，为学生智能的发展提供空间，为具有不同智能类型的学生提供各展其长，获取成功的机会。

4. 基于奥苏贝尔的认知学习理论

美国教育心理学家奥苏贝尔（Ausubel）是当代著名的教育心理学家。他认为，学习的最佳方式是意义接受学习。意义接受学习是指符号表达的新观念与学习者认知结构中的有关观念建立实质性和非人为联系的过程。其前提条件是：(1) 学习材料具有潜在逻辑意义；(2) 学习者认知结构中具有同化新观念的相应知识结构；(3) 学习者具有意义学习的心向①。奥苏贝尔主张学校应采用意义接受学习法，把有意义的讲解式教学作为课堂教学的主要形式。他认为，满足以上条件的意义接受学习是一种主动的学习，他坚信学习者已有的先备知识在其后继学习中具有重要的作用。

意义接受学习分成两个阶段。第一阶段：提供先行组织者。所谓“先行组织者”，就是先于学习任务本身呈现的一种材料，这有助于学生发现自己已有的认知结构中与新知识有关的其他知识，提醒学生主动将新知识与这些知识建立意义联系，从而为学习和接受新知识提供帮助。第二阶段：呈现学

① 佐藤学. 学习的快乐——走向对话 [M]. 钟启泉，译. 北京：教育科学出版社，2004.

习材料。教师需遵守两个原则，即逐渐分化原则和整合协调原则。教师可以通过举例或类比等方式，从一般概念出发逐渐进入详细的讲解，同时随时引导学生了解新知识与既有先备知识的异同，并主动将分化后的知识连接起来，形成一个有组织的系统结构①。

“问题导学”学习策略将问题的提出和解决作为学习的基本环节，追求满足学习目标和学生学情基础的双重要求，致力于激发学生学习的主动性和积极性。对问题的设置，强调要遵循学生的认知基础，以“先行组织者”组织学生先于课堂教学进行知识铺垫，在生活、实验情境中结合已有认知发现问题，提前进入学习状态。同时，要以确定的学习目标来组织富有逻辑性的学习材料，以已解决问题的规范解析和变式拓展吸引、调动学生意义学习的心向；对于疑难问题，既要做好精确的分析，又要关注规范的解答过程，让学生的认知从分化走向协调整合，实现主动的意义接受。

5. 基于最近发展区理论

20 世纪 30 年代初，维果茨基（Lev Vygotsky）首先将“最近发展区”这一概念引入心理学的研究中。他提出了要确定儿童心理发展的两种水平，即“现有发展水平”和“最近发展区”。“现有发展水平”指儿童独立完成作业的心理水平，“最近发展区”则是指儿童在有指导的情况下，借助外界的帮助所能达到的解决问题的水平与现有发展水平之间的差距，实际上是两个邻近发展阶段间的过渡状态。他认为，重要的不是今天为止已经完结了的发展过程，而是那些现在仍处于形成状态的、刚刚在发展的过程，依靠这些过程，才能有力地推动发展。② 他倡导，要对学习材料进行预设与甄别，选择、设置一定的问题，让学生对真实情境进行思考，自己独立发现问题，学习运用追问、反问和练习的对象，以求瞄准“最近发展区”，实现学习效果最大化。

最近发展区理论为“问题导学”学习策略提供了重要的理论支撑。“问题导学”学习策略对问题设置有一个重要的要求，就是要考虑学生自身的学习需求。对于学有余力的学生，问题的设置可以深入、拓展更多，促进其内

① 汪凤炎，燕良轼，郑红. 教育心理学新编［M］. 4 版. 广州：暨南大学出版社，2016.
② 邵潇野. 初中数学教学中培养学生问题意识的实践研究［D］. 长春：东北师范大学，2011.

在的提升；而对于基础有些薄弱的学生，问题的设置要重在基础知识、基本技能的落实。这样，区别对待学习活动，把握问题的针对性，才能真正提高学习效率。同时，运用最近发展区理论指导教学时，教师要善于在尽可能多的维度上挖掘问题，善于多步骤、小幅度设疑引导，使学生认识不断深化。问题解决后，学生要善于回头看，促进思维向更高层次发展。

6. 弗莱威尔的元认知理论

元认知又称为反省认知，是美国心理学家弗莱威尔（J. Flavell）于1976年在《认知发展》一书中提出的。书中表述为“学生关于自身认知过程、结果或与他们相关的事情的知识，如与信息或学习资源有关的学习特征等”，以及“学生为完成某一具体的学习目标或学习任务，依据认知对象的特征对自己的认知过程进行主动地监测以及连续地调节和协调”。简而言之，元认知就是对认知的认识，就是学生在自身的认知过程中将自己的认知活动作为意识的对象，积极、持续对其进行监控和调节，以高效完成学习目标的活动。其实质就是学生对自己的认知活动进行自我监控和自我调节。

元认知在学习过程中的主要表现是学生通过元认知知识、元认知体验、元认知监控来调节自己的学习活动和认知活动。学生元认知的知识和能力不是天生就有的，它是在长期的学习活动中逐步形成的。学生元认知能力的发展有以下特点：一是随年龄的增长而增长；二是从外控到内控；三是从无意识到有意识，再到自动化；四是从局部到整体。

元认知知识、元认知体验、元认知监控三者在学生实际的学习活动中是相互联系、相互影响、相互制约的。“问题导学”学习策略要求学生注重对问题的不断深化，促进学生对元认知知识的掌握和元认知能力的培养，有助于学生在学习活动中对自己的学习过程进行及时的监控，使学生能够主动、高效地选择、制定、评价、修正自己的学习目标、学习任务、学习资源以及学习策略。同样，学生对元认知知识的使用也能引起学生对学习目标、学习任务以及学习过程的元认知体验，帮助学生深入地理解这些元认知体验对于学习的意义，以及这些体验在行为方面的作用。学生的元认知体验反过来也会对学生的元认知知识和元认知监控有非常重要的促进作用。学生可以通过各种元认知体验，对自己原有的元认知知识进行补充、修正或删除。

第三节 “问题导学”学习策略的实施与运用

为保证“问题导学”学习策略对学生学习的有效性，作为学生首先要注重培养和树立以下学习的观念：问题意识，学习兴趣，学习态度，理解能力，学习方法，思维能力，时间管理。只有建立了这些学习观念，才能更好地把握“问题导学”学习策略的实质，灵活运用，取得更好的效果。

一、树立问题意识

问题意识主要是指学生具有自主探索、积极思考、发现问题、提出问题、阐述问题等自觉的心理活动。问题意识可以激发学生的学习愿望，激发学生勇于探索、创造和追求真理的科学精神，促使学生积极思考，质疑、解疑，最终达到对事物认识的深化进而创新。

问题意识的培养可以从以下三个方面入手：

一是学习“质疑”。“学贵有疑”，这是关于学习的至理名言。疑问可以调动学生学习的积极性，促进其思考，使之主动地投入学习。不少学生不知道怎样才能发现问题，也提不出问题，更不知道自己存在的问题。这需要学生在学习中努力去训练，可以从模仿开始，提出明确的设问引发思考，如“解题中的每一步自己能说出理由吗?”“我们已经学习了实数，为什么还要引进复数?”等，反复强调和训练，形成“质疑”的习惯。

二是大胆猜想和发现。以数学以例，数学上的许多结论都是由观察、试验后提出猜想，进而判断猜想是否正确，或举反例推翻猜想，或证明猜想的正确性。学习中要积极思考，体验发现新知识的愉快，进一步了解数学的研究方法。恩格斯曾这样赞扬黑格尔：“黑格尔第一次——这是他的巨大功绩——把整个自然的、历史的和精神的世界描写成一个过程，即把它描写为处在不断的运动、变化、转变和发展中，并企图揭示这种运动和发展的内在联系。”“黑格尔没有解决这个任务，这在这里没有多大关系，他的功绩是提出了这个任务。”恩格斯的评价方式启示我们，能提出问题，特别是“第一次”提出问题，不论他解决与否，都是了不起的，因为这本身就是一种能力水平的表现。

三是反思省察，再生问题。任何一位学生都是在学习活动中对自己的学习过程进行监控、反思，不断修正自己，而且在回顾与反思问题解决的过程中，提出新的问题，以获得进一步探究的源泉和动力。因此，培养评价、反思的能力，自行调节学习策略，选择学习方法，增强主体意识，有利于提高学习的质量和增强对自己负责的责任感。

二、培养学习兴趣

兴趣指对知识积极认知的倾向，是推动学习的内在力量，是推动学习活动的动力。兴趣是最好的老师。从心理学视角来看，兴趣是一种积极的认识倾向，是一种复杂的个性品质。兴趣可以推动人们去探求新的知识，发展新的能力，使人获得持久的兴趣，是促其主体性发展的基础条件。兴趣对一个人的个性形成和发展具有举足轻重的作用。兴趣表明了个体未来发展的方向，兴趣提供了当下活动的能量，兴趣揭开了发现发明的航程。当兴趣发生作用时，个体的潜能将得到高度的释放，个体的生理状况也会处于一种最佳状态。我国古代伟大的教育家孔子说过：“知之者不如好之者，好之者不如乐之者。”学生要在学习过程中以强烈的兴趣驱动好奇心，以此来带动自身学习，从中发现知识之美、思维之美、数学之美，进而构建自身知识体系结构，这样才能不断克服困难，勇往直前，实现个人成长。

三、端正学习态度

学习态度指学习者对待学习的一种比较稳定的具有选择性的反应倾向，是在学习活动中习得的一种内部状态，它是由认知因素、情感因素和意志因素三者组成的互相关联的统一体。学习者拥有积极主动的学习态度，明确学习的意义，做好面对困难的心理准备，才能不断克服困难，不断体验取得进步的愉悦心情，进而坚定数学学习的目标。态度决定高度，好的态度是数学学习成功的基石。若学习者的学习态度本身就是消极的、逃避的，那么他就不会愿意去思考、去探索、去主动寻求解决办法，自然就谈不上良好的学习体验了。比如大家都知道学习是个先苦后甜的过程，但是无论其他人把后面的“甜”描述得多么可口鲜美，我们都得学会自己主动咽下前面的“苦”，这就是一种学习态度。再比如如果学生能够主动购买额外的学习资料，就说明他知道多做题多练习的重要性，已经有初步的独立学习的能力了。如果学生还能具体说出自己选购的是哪些资料，比较了哪些资料，为什么选这些学习资料，就说明他已经具备了基本的独立学习能力。总之，学习态度不是口头上若干形容词的集合，而是体现在对各方面细节的注重，以及基础工作的切实执行。当然如果把国家兴旺、民族的振兴作为学习的出发点和归宿，自然会珍惜每一次学习的机会，端正学习态度，积极面对困难和挑战。

四、提升理解能力

很多人认为数学就是加减乘除、分数、代数、几何等，但其实数学是一种用来描述各种模式、结构、规律的语言。数学能够帮助人们从一个结构的内部去观察，去认识到它的本质。现代认知心理学认为：理解是建立在学习者对信息的传输与编码的基础上，学习者根据自己的已有经验和认知结构，主动建构心理表征进而获得心理意义，在此过程中原有知识与新的外界刺激相互作用，发生了意义同化。① 理解力是一个人认识和解释事物内在本质和原理的一种能力，也是人的逻辑思维能力、想象力、洞察力、判断力和解释能力等的综合体现。北京师范大学綦春霞教授认为，数学理解是一种结构化的学习能力，是在学习过程中表现出来的认识数学的个性特征。在数学观察、数学发现、数学猜想、数学探索、数学分析、数学表达等众多数学学习能力中，数学理解处于核心地位，对学生数学学习的可持续发展至关重要。② 理解能力可以分为低级水平、中级水平和高级水平。从认识事物到理解其内涵、法则和原理，最后到达知识的系统化和具体化认识，调整自我认

---

① 李新成. 现代认知心理学关于理解过程的研究［J］. 教育理论与实践，1997（2）：46-50.
② 王瑞霖，綦春霞. 数学理解的五层递进及教学策略［J］. 中国教育学刊，2014（12）：40-45.

知结构，达到融会贯通、自然迁移的阶段。因此，理解能力是可以不断提高的。一方面，同学们可以扩大生活体验，广泛阅读，通过实践与思考，把感性知识转化为理性知识，逐渐提升自我的理解能力。同学们在生活学习中，要多发现、多思考，扩大自己的知识结构网络，主动去发现问题、解决问题，这样有助于提升自己的理解能力。在平时的学习过程中，要有不怕苦的钻研精神，要多问、多思考，把基本概念和原理理解清楚，梳理逻辑关系，不断提升自己的理解能力。

五、总结学习方法

行之有效的数学学习方法是数学学习成功的重要因素。学习方法讲究实用性，适合自己的才是最好的。同学们在学习过程中要学会不断总结、摸索，通过多次的尝试和反思归纳，找到最适合自己的学习方法。科学的学习方法能够让学习变得更加轻松，并且能够快速地掌握到事物与事物之间的联系。要把每天所学转换成自己的思维过程，真正理解数学过程与知识的关系。心理学家曾经做了一个关于重复阅读测试：第一组人不停地读，连续读十遍；第二组人是读一遍，读完一遍以后，过了一个星期再读一遍。然后把这两组人放在一起，测试结果发现，过了一个星期再读了一遍的人，比那个连着读了十遍的人要记得多，记忆的成绩高很多。那么比过了一个星期再读一次记忆效果更好的是什么呢？答案是考他一次。只要给他一个检索的机会，让他运用大脑使劲地回忆一次，就能够大幅度提高记忆的效果。所以说我们通过记笔记、建立纠错本、熟记数学规律、做学习小结、及时复习等有效的学习方法，并结合自身情况探索有效的方法可以促进数学学习的有效性。“磨刀不误砍柴工”，对有效学习方法的探索比茫然地刷题要重要得多。学习重要的不是写了多少题，而是能否从题海中找到最适合的方法，走出题海。通过解题来检验学习效果，发现学习中存在的不足，以便进一步改进，而解题后的反馈与总结会“逼迫”我们把所有学过的知识联系起来，形成一条“检索线”，这样日后回忆起这些知识时才游刃有余，这才是我们追求的有效学习。

六、强化思维能力

思维指的是人脑对客观现实世界的概括和抽象反映，良好的思维能力促进数学的有效学习。数学思维指的是数学思维能力，是指能够从数学的视角去思考问题和解决问题的能力。数学思考的过程包含两个大的维度：一是思考时序；二是思考空间。思考空间是指学生面对问题从不同的点出发，向不同的方向、不同的维度、不同的状态，进行发散、链接、转换，从而产生和选择不同的思考路径和方法。这种数学思维使学生在学习的时候能够触类旁通，提高效率。数学是培养学生思维能力的重要学科。思维能力的培养可以从生活实际的感性认识开始，逐渐进入数学的抽象过程，形成数学概念或过程，然后再用抽象所得的数学规律去解决生活中的实际问题，不断提高数学思维能力，提升数学学习的有效性。

七、加强时间管理

时间管理是为了更高效、更方便地实现自我提升而建立的一种相互作用、相互促进的价值观、决策判断、思考模式、任务流程、生活习惯等一系列世界观、方法论形成的有机整体。有效的时间管理强调在有限的时间内寻找最重要的事情来做。比如一道难度极高的题目，总是让人忍不住想去挑战一下。如果在做完试卷大部分的题目之后还有充足的时间，这样的难题当然值得去挑战，因为它会给你加分。但是，如果多数的题目做起来都很困难，那么花时间去挑战这样的难题，不仅不会有结果，甚至还会让你减分，因为你没有更多的时间去做那些你本来可以拿分的题目。我们要保证自己的学习效率，就要多做和自己水平相适应的题目，太简单的题目少做，太难的题目也少做，这样既有成就感又能提高自己的解题能力。等把符合自己水平难度的题目做熟练之后，自然就会发现原来很难的题目已经不那么难了。

数学学科的自我监控是数学学习的重要因素，作为一名积极主动学习的学生，首先要对自己有清晰的认识和管理目标，培养个人时间观念和注意时间管理的技巧养成。培养自己的时间观念，首先，要克服自己的惰性，养成良好使用时间的习惯。要培养自己的专注度，养成一个时间段只做一件事的习惯，设立目标，排除一切干扰，快速进入学习状态。其次，学会结合自我管理进行任务分配也是提高学习效率的基础。整段的时间可以用来进行深度的学习和解题，碎片化的时间适合用来进行笔记整理和错题纠正。学会不断地反思和复习，才能更好地把握自己的精力和时间，做到学习效益最大化。

时间意识也是可以逐渐养成的，刚开始可以关注学习任务和学习时间的关系，注意记录自己单位时间段的学习量，这样才能对自己的学习效率有清晰的认识，而不是看起来忙碌，比如学习了一个晚上，却什么学习目标也没有达到。如果对时间的态度是认真的，就会主动培养效率意识，从容不迫地实现自己的学习目标。

数学学习是一个长期的过程，是一个磨炼意志品质、提高逻辑思维能力的过程。良好的数学学习能力有助于学生加强自我管理，同时自我管理能力的加强也能提升各学科学习的有效性。

第二章 高中数学学习对学生的基本要求

高中数学学习无论是内容的深度、广度还是学习方法的灵活、多变，与初中数学学习都有较大的区别。怎样迅速地从宏观上去了解高中数学的任务、特点、要求，建立明确的学习策略，培养良好的学习习惯，对学好高中数学是十分重要的。

第一节 高中数学学习的主要任务

从初中升入高中后，很多同学普遍感到数学难学："我在数学上花的时间、精力最多，为什么成效却不大?"不少学生家长也疑惑不解：原来数学成绩一向较好的孩子，为什么进入高中后就迅速失去了往日的"辉煌"？高中数学与初中数学究竟有什么区别？怎样才能学好高中数学呢？

要解决这个问题，首先要对高中数学学习有个大致的了解，从多个层面去认识和感悟高中数学的内涵，从总体上把握高中数学学习的目的和要求。

《普通高中数学课程标准（2017 年版）》指出，高中数学课程的总目标是：

通过高中数学课程的学习，学生能获得进一步学习以及未来发展所必需的数学基础知识、基本技能、基本思想、基本活动经验（简称"四基"）；提高从数学角度发现和提出问题的能力、分析和解决问题的能力（简称"四能"）。

在学习数学和应用数学的过程中，学生能发展数学抽象、逻辑推理、数学建模、直观想象、数学运算、数据分析等数学学科核心素养。

通过高中数学课程的学习，学生能提高学习数学的兴趣，增强学好数学的自信心，养成良好的数学学习习惯，发展自主学习的能力；树立敢于质疑、善于思考、严谨求实的科学精神；不断提高实践能力，提升创新意识；认识数学的科学价值、应用价值、文化价值和审美价值。

将这些目标要求具体化，就是：

第一，获得必要的数学基础知识和基本技能，理解基本的数学概念、数学结论的本质，了解这些概念、结论等产生的背景、应用价值，体会其中所蕴含的数学思想和方法，以及它们在后续学习中的作用。通过不同形式的自主学习、探究活动，体验数学发现和创造的历程。

第二，发展数学抽象、逻辑推理、数学建模、直观想象、数学运算、数据分析等数学学科核心素养。

第三，提高发现和提出问题、分析和解决问题（包括简单的实际问题）的能力，数学表达和交流的能力，发展独立获取数学知识的能力。

第四，发展数学应用意识和创新意识，力求对现实世界中蕴含的一些数学模式进行思考和做出判断。

第五，提高学习数学的兴趣，树立学好数学的信心，形成锲而不舍的钻研精神和科学态度。

第六，具有一定的数学视野，逐步认识数学的科学价值、应用价值和文化价值，形成批判性的思维习惯，崇尚数学的理性精神，体会数学的美学意义，从而进一步树立辩证唯物主义和历史唯物主义世界观。

要将上述课程目标具体落实到学习中，需要注重抓好以下几点：

一、掌握科学的方法

数学是一门科学，科学是人们对客观世界的理性认识的总和。数学是思维的科学。在数学学习中，形象思维、逻辑思维、直觉思维、灵感思维、辩证思维、求同思维、求异思维、归纳思维和演绎思维无处不在，无时不有，可以说，数学是思维的体操。

因此，数学学习要学会思考。数学学习要掌握思维的基本程序，培养良好的思维习惯，建立自身合理的思维结构。数学学习反映在对每一个概念、定理、方法的学习中，都要注重分析它的特点和关键，它能起什么作用，想通问题的前因后果，学会提出问题，学会问“为什么”。主动思考问题，这是学好数学最重要的条件。

数学是经验的科学。数学中的定理、规律的获得都有一个观察、实验、归纳、猜想的过程。数学定理、规律证明前都有一个尝试、探索证明思路的过程。猜想、实验、尝试、归纳等合情推理是数学经常使用的经验型的推理方法。

因此，数学学习要善于积累。要把成功解决问题的方法或思路进行总结、归纳、提炼，形成能力，形成经验。因为在解题过程中，我们总要在陌生的问题中寻找熟悉的东西，通过“见微知著”寻找解题的办法。但“巧妇难为无米之炊”，没有一定的知识积累，要学好数学无异于建空中楼阁。所以坚持积累，有助于完善认知结构，厚积薄发。

数学是演绎的科学。数学本身就是一个经过严密的演绎推理而形成的系统化的知识体系。数学常常从很少的几个定义、公理出发，运用演绎推理，获得数个定理，最终形成一门较独立的学科体系。随着数学研究的深入，数学向抽象、多元、高维发展，与现实的距离越来越远，从而演绎证明的地位越来越重要。

因此，数学学习要注重联系。数学知识的产生和发展有着特定的背景和意义，学习中要抓住知识发生发展的主线，弄清其来龙去脉，学会将一个个孤立的知识点联系起来，这样知识才能学“活”。所以数学知识的学习不只求“会”，更在求“联（系）”。

二、运用数学的语言

数学是一个庞大的知识体系，它的内容博大精深，为了表达得准确、简明，仅有文字语言（自然语言）是不够的。因此，数学拓展了它的语言空间，形成了包括文字语言、符号语言和图表语言在内的数学语言。但是，高中学生对数学语言学习的重要性并不十分了解，对如何掌握好数学语言也没有明确的认识，这直接影响了数学学习的效益。

事实上，高中数学学习的一个重要特点是数学语言在抽象程度上的突变，这给刚进入高中学习的学生带来了一定的困难。初中、高中的数学语言有着明显的区别：初中数学主要以形象、通俗的语言进行表达，学生有较多的感性认识做基础。而高中数学从一开始就接触抽象的集合语言、函数语言、逻辑运算语言等，学生不能很快适应。因此，尽快了解高中数学语言的基本形式和特点，熟练掌握数学语言及其应用，是高中数学学习的一个关键。

高中数学语言有以下几大类：

文字语言。文字语言是数学语言的基础，是数学化的自然语言，它在描述数学问题时比普通的自然语言更简明、精确、严谨。也正因为它的“数学化”，使它与日常情景和生活体验有一定差别，需要抓住关键的字、词、句，联系相关知识、问题和学习经验，才能理解其含义。

符号语言。数学广泛地引进了符号，用数学符号来表示数、量、图形、语句、方法、规律、关系、思想等，这就是符号语言。符号语言是一种简明易懂的、深刻的、使用广泛的数学语言。

图表语言。平面图形、立体图形、函数图象、统计图表、集合图形在数学的绝大多数分支中被广泛使用。用图表来表达问题、表达思想，这就是图表语言。直观形象的图表语言是广泛使用的数学语言。

高中数学学习要努力了解每一种数学语言的特征，熟练地进行语言转换，即熟练地将文字语言、符号语言和图表语言进行相互转换。具体来说就是，当看到文字语言呈现的数学问题时，要能迅速想象或描述出这个问题的符号语言和图表语言；当看到符号语言呈现的数学问题时，要能迅速还原成文字语言和图表语言；当看到图表语言呈现的数学问题时，要能迅速想象或描述出这个问题的符号语言和文字语言，这是非常关键的。数学问题的很多特征，用不同语言表述时其呈现的形态是不一样的，带给我们的启发也是不一样的，这就需要在解题时注重转换，因为在转换的过程中，其特征很有可能已经显露出来了，解题思路或方法就更容易发现。事实上，数学解题在“审题”环节的一个重要内容，就是进行语言转换，谁能迅速、准确地进行转换，谁就能更快发现不同语言中蕴藏的条件，从而迅速形成判断，进而更快、更好地解题。因此，注重在学习中用心去思考、理解不同数学语言的内涵，熟练掌握数学语言及其转换，这是学好高中数学的一个重要要求。

三、了解思维的过程

数学是一种知识体系。知识体系的形成是一个过程，而且是一个动态变化的过程。因此，数学是一个过程，是一个思维活动的过程，是人们认识世界的数量关系和空间形式及推理形式的过程。

学习数学要注重思维过程的学习。学习数学，不仅仅是学习数学的知识，更重要的是学习数学知识产生的背景，理解这些数学知识产生的合理性，特别是数学知识来龙去脉的整个过程。比如，对一个定理的学习，前人是怎样想到这个定理的证明方法的？他为什么会有这样的思维切入点？老师对此又是怎样理解的？这个思维进程正是学生独立解决问题最需要了解和掌握的。

数学是一个抽象概括的过程。抽象和概括既是数学思维方法，也是数学思维过程。抛弃事物的具体性质而只从“量和形”上去研究，是一个数学化的过程，是一个高度抽象概括的过程。数学还研究行为科学、思维科学、推理形式，从现象中寻找规律，从混沌中寻找秩序，寻找“模式”的发现形成过程等，就是一个抽象概括的过程。高度的抽象性是数学的一大特征，这是由数学的研究对象决定的。这就要求数学学习要学会寻找“规律”。要在数学知识的学习中发现共性的东西，在观察问题的过程中总结共同的特征。在成功解题后总结解题方法的本质，养成看问题时注重特点，注重本质，去粗存精，去伪存真，触类旁通，提高对问题抽象概括的能力。

数学是一个推理的过程。推理既是一种思维形式，又是一个思维过程。经过抽象概括获得的命题，只有经过演绎推理证明正确后才能称为定理。定理的发现和确认是一个推理过程，公式、规律的获得是推理过程，可以说数学知识体系的形成和发展都是一个推理过程，没有推理，就没有数学和数学的发展。数学推理的严密性、系统性和广泛性是其他学科无法比拟的。推理的严密性是数学的另一大特征。所以，数学学习要学会推理。要掌握推理的基本程序，按规则办事：每一步运算都要符合算理，每一步推证都要有根有据。不少学生解题时总是想当然，觉得问题应该成立，忽略了很重要的一点，就是没有思考是否每一步推理都有依据，这是要注重训练的。

四、感悟数学的思想

数学是一种科学思想，称为数学思想，它是人们对世界的数量关系和空间形式及推理形式的本质认识。数学思想隐藏在数学概念、法则、定理、公理等知识的背后，反映了这些知识的共同本质。数学思想是数学知识的核心，是数学的精髓和灵魂。

在高中数学中，基本的数学思想主要有：符号思想——引进数学符号来简化和表达问题的思想；集合思想——运用近代数学最基本的理论集合论来处理数学问题的思想；函数思想——通过建立函数关系，并运用函数性质来解决数学问题的思想；方程思想——运用方程这一工具来解决数学问题的思想；数形结合思想——将数量关系和对应的图形结合起来解决问题的思想；分类思想——运用分类方法来解决数学问题的思想；转化思想——运用转化方法来解决数学问题的思想；等等。数学思想总体上较多地带有思想、观点的属性，它们揭示的是数学发展中极其普遍的想法，为数学的发展起着指引方向的作用。

因此，对高中数学的学习要努力掌握数学思想。遇到问题如何决策？正向遇阻如何逆向解决？复杂问题如何简化？这种数学能力的形成和发展，会为学生今后人生带来很大的帮助。当他们走上社会，学习的数学知识会渐渐淡忘，但数学的思想、数学的精神和数学的思维方式却会铭刻在心中，受益终身。

五、培养数学的精神

精神是一种追求，一种理想，一种境界。数学是一种精神，一种求实、求真、求简、求新的精神，是一种科学精神。

求实，就是实事求是，就是反映事物的本来面貌。数学中任何一个概念和规律都是客观现实世界的反映。数学的求实精神不仅反映在概念、规律、内容的表达上，而且还反映在规律的形成和推证过程中：规律的获得与证明是十分严谨的，不容有半点虚假。求实是一种可贵的理性精神。

求真，就是追求真理，是一种探求客观规律的精神。数学中的定理、公式、公理是关于数量关系和空间形式及推理形式的规律，都是真理，整个数学体系都是真理的集合。这一集合与获得集合的过程体现着求真的数学精神，这种精神鼓舞着人们前赴后继去探求未知，去探求现实世界中关于数量、空间和思维的奥秘。

求简，就是追求简洁。它要求表达形式简明，不仅是数学概念、规律在内容的表达上要简单明了，而且在规律推导证明过程的表达上也要简单明了。数学中的各种标准式就是求简精神的体现。表达的简洁，方法的简捷，始终是数学追求的目标。可以说，简洁是数学对美的一种追求。

求新，就是不断开拓、大胆创新。开拓创新是一种重要的数学精神。数学中的定理、公式、公理都是数学家创新的成果，从笛卡儿的坐标系到康托儿的集合论，数学史上的重大里程碑都是创新精神的产物。没有创新，就没有数学和数学的发展。

数学学习要注重培养科学精神。数学作为理性的化身，体现了严谨求实、理智自律、执着求真、开拓创新等哲理，它的精神、它的思想、它的观念和思维方式、它的语言已渗透到各个领域，成为思想和行动的指南。通过数学学习，既巩固了知识，培养了能力，同时也发展了一个人坚持公正、忠于科学、一丝不苟、不懈探索的优良品质，这种科学精神更多时候比数学知识本身更为重要。

六、融入数学的文化

学科教学和人文教育是两种基础的教育方式，如果说学科教学是一个人的骨骼和肌肉，那么人文教育就是要塑造这个人的灵魂。作为基础学科之首的数学，蕴含着丰富的人文教育功能，无论是研究“数量关系”“空间形式”，还是“推理形式”，其解决问题时构造的巧妙、推证的严密、结果的精确，其中所蕴含的数学美让人叹为观止。数学文化凭借其独特的思想、内容、语言及方法，广泛地渗透于人们的日常工作和生活中，是提升人的文化内涵和塑造高尚人格的重要途径。

因此，数学学习要用心感悟数学中的文化元素，努力理解数学史、数学应用价值、数学美等，充分感受数学文化的魅力，提高数学文化素养，使自己在数学学习中得到心灵的愉悦，享受快乐，收获学习数学的信心，提高对美的理解和追求。

以上这些学习要求，也仅仅是数学内涵的“冰山一角”，但是，它已经能让我们感受到：数学，对人的一生的发展起着多么重要的作用。因此，在高中数学学习中，同学们首先要从这些宏观要求入手，明确高中数学学习的特点，有针对性地进行学习。

第二节 高中学生应具备的数学素养

著名的诺贝尔物理学奖获得者杨振宁说过：“我赞美数学的优美和力量，它有战术上的机巧与灵活，又有战略上的雄才远虑。”

学习数学，不是单纯为了获得相关知识，也不仅仅是为了掌握公式、定理，更重要的是通过学习接受数学精神和思想方法，逐步学会从数学的视角观察世界，用数学的思维思考世界，用数学的语言表达世界，培养数学特有的学科素养，提高自身学习的兴趣和自信，发展数学的应用意识和创新能力，感悟数学的科学价值、应用价值、文化价值、审美价值，把它们迁移到工作、学习和生活的各个方面。

2017 年新修订的高中数学课程标准提出的数学核心素养包括以下六个方面：

一、数学抽象

数学抽象是数学哲学的基本概念，是指抽取出同类数学对象的共同的、本质的属性或特征，舍弃其他非本质的属性或特征的思维过程。主要包括：从数量与数量关系、图形与图形关系中抽象出数学概念及概念之间的关系，从事物的具体背景中抽象出一般规律和结构，并且用数学符号或者数学语言予以表征。

数学抽象是数学的基本思想，是形成理性思维的重要基础，反映了数学的本质特征，贯穿于数学的产生、发展、应用的过程中。数学抽象使得数学成为高度概括、表达准确、结论一般、有序多级的系统。

培养数学抽象的学习过程，就是积累从具体到抽象的活动经验的过程。它能使人更好地理解数学概念、命题、方法和体系，能通过抽象、概括去认识、理解、把握事物的数学本质，逐渐养成一般性思考问题的习惯，能在其他学科的学习中主动运用数学抽象的思维方式解决问题。

二、逻辑推理

逻辑推理是指从一些事实和命题出发，依据逻辑规则推出一个命题的思维过程。主要包括两类：一类是从特殊到一般的推理，推理形式主要有归纳、类比；另一类是从一般到特殊的推理，推理形式主要有演绎。

逻辑推理是获得数学结论、构建数学体系的重要方式，是数学严谨性的基本保证，是人们在数学活动中进行交流的基本思维品质。

培养逻辑推理的学习过程，可以通过发现问题和提出命题，了解推理的基本形式和表述论证，理解数学知识之间的联系，建构知识框架，形成有论据、有条理、合乎逻辑的思维品质，增强数学交流能力。

三、数学建模

数学建模是对现实问题进行数学抽象，用数学语言表达问题，用数学知识与方法构建模型解决问题的过程。主要包括：在实际情境中从数学的视角发现问题、提出问题，分析问题、构建模型，求解结论，验证结果并改进模型，最终解决实际问题。

数学模型搭建了数学与外部世界的桥梁，是数学应用的重要形式。数学建模是应用数学解决实际问题的基本手段，也是推动数学发展的动力。

培养数学建模的学习过程，就是要在实际情境中发现问题和提出问题，针对问题建立数学模型，然后运用所学的数学知识去求解模型，最后根据现实情境来验证模型和完善模型，提升应用能力，增强创新意识。

四、直观想象

直观想象是指借助几何直观和空间想象感知事物的形态与变化，利用图形理解和解决数学问题。主要包括：借助空间认识事物的位置关系、形态变化与运动规律；利用图形描述、分析数学问题；建立数与形的联系；构建数学问题的直观模型，探索解决问题的思路。

直观想象是发现和提出数学问题、分析和解决数学问题的重要手段，是探索和形成论证思路、进行逻辑推理、构建抽象结构的思维基础。

培养直观想象的学习过程，也是归纳、演绎等数学思维的训练过程，例如可以通过几何直观和空间想象，增强运用图形和空间想象思考问题的意识，提升数形结合的能力，感悟事物的本质，培养创新思维。

五、数学运算

数学运算是指在明晰运算对象的基础上，依据运算法则解决数学问题的过程。主要包括：理解运算对象，掌握运算法则，探究运算方向，选择运算方法，设计运算程序，求得运算结果等。

数学运算是数学活动的基本形式，也是演绎推理的一种形式，是获得数学结果的重要手段。数学运算也是计算机解决问题的基础。

培养数学运算的学习过程，就是借助运算方法解决实际问题，养成程序化思考问题的习惯，形成一丝不苟、严谨求实的科学精神，通过运算促进数学思维和数学运算能力的发展。

六、数据分析

数据分析是指针对研究对象获得相关数据，运用统计方法对数据中的有用信息进行分析和推断，形成知识的过程。主要包括：收集数据，整理数据，提取信息，构建模型对信息进行分析、推断，获得结论。

数据分析是大数据时代数学应用的主要方法，它已经深入到现代社会生活和科学研究的各个方面。

培养数据分析的学习过程，就是掌握数据处理、数据表达的基本方法，养成通过数据思考问题的习惯，积累依托数据探索事物本质、关联和规律的活动经验。

如果将上述数学核心素养细化为更明确清晰的学习目标，可从以下几个方面锻炼：

1. 要树立明确的数量观念

“胸中有数”，是数学学习的重要内容。通过数学的训练，学会注意和观察事物中的数量关系及其变化规律，学会用数量关系来描述事物的某些特征，将现实世界的实际问题转化为数学问题，并通过对数学问题的求解来对事物做出定性或者定量的判断，从而认识事物、认识世界。

首先，数量是生活中最常见的数学。生活中最常见到的、感觉到的一切都可以用数量来表示，数与形是世间万事万物的共同属性。长度、面积、体积、时间、质量等都可以度量，可以用数量来描述。数学学习中，要注重联系生活实际，将抽象的数学具体化，提升对数量的认识。

其次，用“数”表达“量”。用定量的方式去考查物体和事件时，不仅能获得定性的知识，对事物的认识更精确，辨别更清楚，还能获得对事物以及事物之间的关系的新的理解。比如时间，我们可以用以线性的和均匀的方式移动这一概念去理解，这样就会对时间的理解更深刻、更精细。

最后，“数”是数学最初的起源。数量的观念也是很多数学分支研究的内容，如专门研究数的数学分支——数论。数论是数学中最令人感兴趣的、最迷人的学科。数学家高斯说过，“数论是数学的女王”，“哥德巴赫猜想是数学皇冠上的明珠”。我国著名数学家陈景润正是在数论方面的著名问题“哥德巴赫猜想”上取得了重要的进展，而在数学界享有盛名。可见，数量观念在数学学习中占有重要地位。

2. 要提高逻辑思维的能力

数学的运算、推理都有必须严格遵循的法则，数学问题的解决是要严格遵守这些法则的，不能违反和超越它。坚持这样的学习和训练，会使人养成良好的思维习惯和行为准则，如遵规守纪、按章办事，思路清晰、条理分明，有条不紊地处理繁杂的各项工作。

3. 要培养认真细致、一丝不苟的作风

数学上的运算、推导是十分严密的，每一个正负号、每一个小数点都不能含糊，每一个概念都有自身特有的性质，这些性质既有区别又有联系。数学中，对问题的判断一就是一，二就是二，这样的训练会使人养成严谨的生活态度和工作作风。

4. 要形成精益求精的品质

数学追求的是最有用（广泛）的结论、最低的条件（代价）以及最简明的证明。在数学学习中，无论是问题的阐述，还是式子的化简，或者是定理推理的过程，都要求得出正确的答案，而且这个答案必须是最简的、最优的，这就是数学追求的境界，这样的追求能培养人精益求精的态度和追求完美的品质。

5. 要提高处理复杂问题的意识、信念和能力

通过数学的训练，可以知道数学概念、方法和理论的产生和发展的背景，也可以感受到解决数学问题艰苦的探索过程。无论是多么复杂的运算，多么抽象的概念，甚至从有限到无限，在数学中总是能由基本原理出发，化繁为简，化难为易，步步推进，直到解决问题。这种由实际需要出发，到建立数学模型，再到解决实际问题的全过程，正是今后我们处理复杂问题可以依照的范式。

6. 要增强拼搏精神和应变能力

学习数学也是一个战胜困难、挑战自我的过程。通过数学的训练，不断分析问题，不断寻找解决问题的方法，学会从表面上看起来一团乱麻的局面中理出头绪，最终解决问题，这个过程就是培养自己拼搏精神和应变能力的过程。从某个方面说，数学题就是现实问题的模拟化，而解数学题正是为今后解决实际问题打牢基础。

7. 要激发探索精神和创造力

数学技能的一大特征就是“变化”，当我们不断地改善所学的数学结论，改进证明的思路和方法，发现不同的数学结论之间的内在联系，拓展数学知识的应用范围时，我们的思路就会更加灵活，我们的聪明才智也会逐步显露出来。

8. 要养成数学的直觉和想象力

学习数学，不仅要学习形式化的知识，也要学习非形式化的知识。解决数学问题，不仅要学会按逻辑进行判断、推理，也要凭着一种数学的直觉和想象力，根据所面对的问题的本质或特点，估计到可能的结论，为实际的需要提供借鉴。

因此，学习数学，要注重从全面提高自己数学素养的视角去理解、感悟，自觉去锻炼和培养自己的数学能力。

第三节　高中数学学习的特点与变化

初中、高中数学学习都是在数学教学中所进行的获得数学知识经验，逐步发展各种能力（尤其是数学能力），发展个性品质（尤其是养成良好的数学心理品质）的过程。但由于课程标准与教学要求不同，初中、高中数学学习有着各自鲜明的特点，认真了解高中数学学习的特点与变化，对尽快适应高中数学学习十分重要。

一、高中数学学习的基本特征

1. 形式抽象、高度概括

高中数学相比于初中数学，其显著的区别在于数学“形式抽象”的特征，它与现实世界呈现出既密切联系又相互独立的关系。

例如“几何图形”，它由点、线、面构成，然而“点”无大小、“线”无粗细、“面”无厚薄，由它们组成的“几何体”决非生活中的物体，但它又理所当然地充当了表示“物体”的责任。这种关系注定了它必然是一种抽象的概念。

又如数学符号“$\varnothing$”，它表示不含任何元素的“集合”，生活中怎么寻找得到与之对应的东西呢？但在数学意义上，它又实实在在地表现了生活中的某种现象。

正是这种高度的抽象性使得数学中的抽象概念可以用来研究宇宙万物而被人们承认，也正是这种抽象性，使得数学问题的阐述简洁、明了、精炼，但同时它也给数学学习增加了难度。因为对习惯于用具体事例作为参照的初中学生来说，去感悟看不见、摸不着的抽象的概念、定理，会感到心中没底，不易适应。

数学不仅研究对象抽象，在数学语言方面也表现出高度的形式化、抽象化。数学的符号与语言是用来表示和认识数量和空间形式及其关系的工具，是数学科学和数学文化的结晶。从这个意义上来说，数学教学就是传播数学语言，培养学生使用数学语言能力，提高学生用数学语言分析和解决问题的能力的过程。但是由于高中数学语言在抽象程度上的突变，因此给学生的数学学习带来了不少困难。

初中、高中在数学语言上的显著区别在于：初中主要以形象、通俗的语言方式进行表达，学生有较多的感性认识做基础。而高中从一开始就接触抽象的集合语言、函数语言、逻辑运算语言等，这些语言更形式化、逻辑化，具有极大的抽象性。

例如，“函数 $f(x)$ 对任意的 a，$b\in\mathbf{R}$ 都有 $f(a+b)=f(a)+f(b)-1$，并且当 $x>0$ 时，$f(x)>1$，求证：$f(x)$ 是 $\mathbf{R}$ 上的增函数。”这样的数学题对问题的表述方式抽象程度高，对尚不习惯高中数学语言的学生来说较难理解。因此，当教师以这样一种语言方式进行课堂教学时，一些学生会感到听课困难，不能迅速理解和领会数学语言和符号背后的实际意义，造成上课听不懂，从而影响了学习的质量。

同时，数学概念一般经过一级级抽象，对前一级的抽象把握得不好，那么在更高级概念的理解方面会存在困难。对于学生来说，直接的影响就是如果上一节课的概念理解不清，那么对下一节课的概念等知识的学习就会出现困难。

2. 逻辑严谨、概念精确

数学是建立在公理体系基础上，逻辑极为严谨的科学。数学的一切结论都需要十分严格的推理、证明，在推理的过程中要步步有据、理由充分、保证逻辑的严谨性并用完善恰当的形式表现出来。特别指出的是数学学习的这一特点会给学生带来比其他学科更大的困难，这就是学生到了高中阶段，用在数学学习上的时间特别多的一个重要原因。

对于数学学习的这些特点，学生在学习上就要认真解决思维方法如何尽快向理性层次跃进的问题。

在初中阶段由于学生思维发展状况的差异，有些教师习惯于程序化的思维训练模式，如解分式方程分几步，因式分解先看什么，即使是思维非常灵活的几何问题，也对线段相等、角相等等问题分别确定了各自的“思维套路”，因此，学生习惯于这种较机械的、便于操作的思维模式。到了高中，思维模式产生了很大的变化，如数学语言抽象化、经验型抽象思维向理论型抽象思维过渡，特别是问题的解决没有相对固定的模式，更多的是一种数学的思想。想要学好高中数学就要具有一种宏观的、全局性的理念，很多学生觉得这样的思维方式离自己熟悉的形式很远、很玄，思考问题“无路可走”，不再像初中一样有那么多的具体的方法可以遵循，使得高中数学学习存在困难。

同时，由于数学科学的体系是以演绎体系展开的，高中数学教材的演绎体系保证了其逻辑的严谨性，但与此同时也忽略了知识的发现和认识过程，从演绎体系中看不到前人的思维线索，只能见到精彩的证明和正确无误的推导过程，因此学生学习时会不自觉地陷入推导和形式论证中去，而缺乏主动发现、探索问题的意识和举一反三的能力，这使学生在面对变化多端、对能力要求较高的高中数学问题时感到困难。

3. 单位时间内学习的容量剧增

初中、高中数学学习一个明显的不同是高中数学在知识内容的容量上急剧增加了，单位时间内接受信息的量与初中相比增加了许多。具体表现在：

一是知识容量大了。高中数学一节课要学习的内容也许是多个概念、定理、性质，学生理解这些知识需要一定的时间，这对习惯于初中较慢教学进度的学生来说，无疑是一大挑战。一般是一些学生还处于对所学知识一知半解的状态时，又要接受新的知识信息，负担较重。同时，高中数学辅助练习、消化的时间也相应减少了，上一节课的知识还来不及真正弄懂，又要接受下一节课新知识的学习，问题就会越积越多，造成学习上的困难也就不足为奇了。

二是思维强度大了。高中数学不仅要求形式的、表面的数学知识的学习，即要对教材中的知识能理解、记忆、运用，还要求对问题的形式、提法能进行转换、变化；不仅要理解前人是如何发现问题、提出问题、解决问题的整个思维过程，还要注重引申发展，寻找更优的途径，这是一个很高的要求。因为，人类历史经过很多年才发现的定理，要学生在短时间里去完成理解并发展它的目标要求，其思维强度是很大的，这对习惯于“接受”知识的高一学生来说，难度的确较高。

三是高中教材中不但习题类型多，且较灵活，加上各种参考资料中复杂多变的习题，老师不可能对每种类型的习题都能面面俱到，讲清讲全，这对习惯于“依样画葫芦”的高一学生来说就需要有一个逐步适应的过程。

四是初中学生依赖老师的心理比较严重，自主学习的意识较差，习惯于跟着老师转，老师要求做什么就做什么，不善于独立思考和钻研问题，也不善于主动学习，对知识和方法还缺乏总结归纳的能力。但高中数学学习则要求学生勤于思考，勇于钻研，善于触类旁通、举一反三，学会自主归纳、探索规律。而刚步入高一的学生一般沿用初中的学习方法，被动地等待老师的指导、安排、布置，缺乏学习的主动性，不适应高中数学学习重过程学习、重问题讨论、重能力培养的教学方法，影响了学习效益。

由于以上原因，不少学生感到高中数学难学，面对接踵而来的各种困难，不及时解决，就容易产生畏难情绪，学好高中数学的信心就会受挫。而缺少了学习的目标与动力，学习感到困难也就在所难免了。

二、提高主动学习的意识和能力

除了上述学科特点与变化外，初中、高中数学学习还有一个重要的区别，就是学习的主动性和自我改变意识是否增强。由于初中数学内容深度较浅、广度较小的原因，学习中可以凭借一些“小聪明”学好，但面对高中数学较为庞大的知识结构，没有坚定的学习信念、毅力和良好的学习方法、习惯，要学好、学精是很难的。

1. 可能存在的问题与困难

(1) 对高中数学学习是否投入了全力

一分耕耘一分收获。高中数学学习的容量大了，难度深了，要求高了，如果缺乏自主学习的意识，是很难学好高中数学的。刚步入高一的学生有些沿用初中的学习方法，被动地等待老师的指导、安排、布置学习任务，甚至课后的练习也要老师检查才能完成，这样的学习状态是达不到高中数学学习要求的。

（2）学习的方法是否正确

如果很勤奋去学习了仍然觉得困难，就要注重改进自己的学习方法了。高中数学教学中老师更重过程学习、重问题讨论、重能力培养，轻模式、结果的灌输。老师教学生的是一种思维方式，思维方式是一种并不都能以显性形式表达的东西，而是需要用心去感悟的。因此高中数学学习中要学会主动探索、思考、反思，不断改进学习的方式、方法，才能快速适应高中数学的学习。

（3）与老师的交流是否充分

教学是师生双方教与学的交流活动，“学问”就是又“学”又“问”，老师看问题的视野、解决问题的切入点、思维的引发，这些都能给学生很多的启迪。多主动和老师交流，感悟老师的各种经验，这对缩短高中数学学习适应的过程是十分重要的。同时，多与老师沟通可以让老师更加了解自己的思维状况和学习特点，得到老师更有针对性的学法指导，对自己的数学学习有很大的帮助。特别是要多与不同的老师交流，因为每位老师的风格不同，看问题的视角和指导方法都会有所区别，学生的收获与体会也不同，所以，要主动征得老师的指导，广开思路。

（4）年龄造成的智力差异

每个人的智力发展水平是有阶段性的，学生的年龄特征也会影响其对学习的感悟力。怎样正确对待学习上的困难，主动去适应教师可能更高的教学要求，这是十分重要的。

（5）活动考验自控力

为了让学生得到全面的发展，各个学校都会举办各种的文化活动、社团活动，为充分发展学生各方面潜能提供更好的平台。但是丰富多彩的校园生活对学生来说也是一种很大的挑战，就是他们能否有较强的自控能力？不少学生对参加活动一直处在“期待三天，回味三天”的状态，这必然会对高中数学学习造成一定的影响。

如果这些问题都没处理好，高中数学学习暂时存在一些困难就在所难免了。

2. 改变学习方式的十点策略

怎样解决上述这些问题？以下着重从“学习方法”的角度来讨论。

事实上，对于高中数学的学习，很重要的一点就是培养良好的学习习惯。马克·吐温说过：“习惯就是习惯，谁也不能将其扔出窗外，只能一步一步地引下楼。”培养好习惯，要从一点一滴做起。

以下给出培养高中数学良好学习习惯的十点策略。

策略一：课前预习

预习指在学习知识或某件事情之前进行的自学准备，以达到更好学习效果的学习方法。课前预习能对学习内容有一个大致的了解，使自己在课堂上处于主动接受的状态，长此以往，就容易形成自身的认知结构，有利于独立思维能力的培养。

因此，在高中数学新课上课前要努力浏览一遍课文，了解所学内容的重点和难点，听课时注重听老师对自己所遇问题的解读，听课的效益就会更高。

策略二：先知后记

常言道：“好记性不如烂笔头。”学习笔记就是把课堂上老师讲的精要部分和自身学习感悟记录下来，它对积累知识是很重要的。但一些学生课堂学习中常常忙着记笔记而不注重听课、思考，使得自己对知识的学习缺乏深刻的理解，课后要花更多时间去重新学习，反而事倍功半。

因此，高中数学做笔记要建立在对课堂学习内容的“理解、感悟、真知”基础上，先“知”而后“记”，使笔记成为帮助记忆、温习的工具，不能本末倒置。

策略三：注重质疑

一些学生在学习上习惯于被动地“接受”知识，很少主动去思考知识产生的前因后果，思考其合理性，对老师讲的问题即使不理解也不敢质疑，使得课堂学习不能有效解决自己认知上的困难，难以形成清晰完整的认知结构，学习就停留在表面上了。

“学贵多疑”，学习都是“不疑不进，小疑小进，大疑大进”的，学好高中数学就要从自己所“惑”开始，学会质疑、敢于质疑，及时解决自己认知上的困难，做到每节课都不留疑问，明明白白，每章节的学习都过关。

策略四：限时训练

一些学生课堂训练时缺乏“限时”的概念，动作慢吞吞的，课后作业更是轻轻松松做，甚至边听音乐边做作业，半个小时能完成的作业却用了一个小时。这不是一个好习惯，它会降低思维的强度和思维的速度，让本来应该在极限速度下进行的训练达不到要求，削弱了训练的价值，这是非常可惜的。

高中数学学习倡导“限时训练”。训练时，要注重开始、完成的时间，努力“以考试状态”去思考解决问题，保证训练的强度。特别要记住：宁可做完再休息，也不可边玩边做，否则时间花了却达不到训练目的。

策略五：善于纠错

我们每次考试、作业，可能都会出现一些错误，它反映了我们学习过程中的知识漏洞和思维缺陷，纠正这些错误是改进和提升自身思维品质和学习能力的重要途径。但是一些学生对错题的归因分析和纠错过程并不重视，使问题越积越多，积重难返，降低了学习的效益。

事实上，从某种意义上说，我们做 1000 道数学题，就是为了找出做错的那 100 道题，然后从中发现问题，对问题进行归纳、总结和反思，查找知识漏洞和做错原因，查漏补缺，这是完善、提升学习效率的好办法。

策略六：认真书写

一些学生平时作业、考试有些不好的习惯：字迹潦草，随意涂改，卷面脏乱，错别字多。这些不好的习惯带来的直接恶果就是解题步骤容易缺失，逻辑混乱，容易造成不必要的失分。

因此，我们在做数学题时要严格按规范要求作答，也要适当学习和参考高考答题的评分标准，这是提高规范性的重要依据。只有书写标准规范，才能让他人更好地了解和认识自己对问题的思路、解法，这点十分重要。

策略七：大声朗读

不知同学们是否意识到，如果在早读、晚读不愿张嘴读书，我们的语感就会缺失，也就失去了一个极好的锻炼机会，不利于学习能力的提高。不朗读会阻碍右脑开发，也不能从感性上、直觉上去体验名篇佳作的精髓。可以说，没有真正的大声朗读，就不会有真正的语感，所以在高中数学学习中要注重大声朗读，并长期坚持，养成眼到、口到、耳到、心到的良好阅读习惯，调动各个器官参与学习过程。长此以往，我们的感悟力、思考力和创造力就会不断增强。

策略八：做好规划

有些学生对学习缺少时间规划，无自我监控意识，使得学习没有明确的目标要求，针对性不强，造成学习效率低，这是需要重视的。事实上，没有目标和计划的学习，其恶果是学习效果不理想，要知道，顺其自然学到哪算哪，与有规划主动地学习，其结果是天壤之别的。

因此，在高中数学学习上要做好规划。例如规划学习时间，制订每周、每日学习计划表，今日事，今日毕。要启用自主学习多流程管理，树立自我监控意识，使高中数学学习在自己的理想和计划中进行。

策略九：按时作息

学习是个系统工程，良好的身体素质是专注学习的重要保障。但一些学生缺乏休息意识，如常常运动过量，没有良好的午休习惯，晚上不能正常作息，能稍作休息时也用于闲聊、打闹等，造成身体疲劳，其恶果就是睡眠不足，上课精神不济，思考力下降，直接降低了学习效益。

因此，在高中数学学习时要树立健康学习的意识，养成按时作息的好习惯。在起居、饮食、娱乐、运动等方面，要有好的计划和安排，要学会节制，保证良好的身体状况，在精力充沛的状态下进行学习。

策略十：管理手机

现代社会人们对手机的依赖已成为通病，但对于应该专注于学习的高中学生来说，对手机的过分依赖，会占用较多学习、休息、运动时间，影响正常的学习和生活。

因此，在高中数学学习时要克服对手机的依赖心理，明确过度使用手机会给学习带来的影响，要努力解决好手机管理问题，用决心和毅力战胜手机的诱惑，只有这样，我们才能在专注学习的较量中占据先机，这是提高学习效益十分重要的非智力因素。

我们了解了高中数学学习的这些基本的特点，制定高中数学根本性的学习策略，就能“知己知彼，百战不殆”。只要把握住高中数学学习的基本规律，制订好明确的学习目标，加上正确的学习方法，学好高中数学就不是难事，就能为今后的发展奠定良好的数学基础。

第四节　提高听课效益

课堂是教师传播知识、启迪思维、发展智力的主场所，也是学生掌握知识、培养能力的主渠道。听课，能聆听教师对知识的精心讲解，感受教师发现问题、提出问题、解决问题的整个思维过程，从中领悟到分析、思考和解决问题的思想方法步骤，培养和提高思维的能力；听课，能在上课过程中提出自己的疑惑，通过课堂交流、讨论，解决自己的思维障碍，丰富自己的认知结构；听课，还能从其他同学讨论和回答问题的过程中，感受到很多自己不曾想到的好见解和好想法，开拓自己的视野。可以说，听课是高中数学学习最重要的一个环节。听课需要有明确的目标，需要掌握听课的基本要求。

一、抓好听课各环节要领

课堂教学绝大多数都是新授课。新授课是传授新知识、新技能，对教师而言，新授课的目的就是“授新知”。从知识与技能的目标上看，新授课重在新知识的掌握，突出新知识内涵、外延的挖掘与分析；从过程与方法的目标上看，新授课的教学内容探究性强，突出体验探究的过程与方法；从情感、态度与价值观的目标上看，新授课的素材更多来自认知内容本身，注重对学生非智力因素的开发。这是教师新授课的总体思路。

对学生而言，新授课的目的就是“获新知”，在获取新知的过程中，进行思维训练，培养思维品质。因此，了解和熟悉教师新授课的特点就非常重要了。通常，教师新授课教学有几个主要的环节，学生需要注重抓好以下各环节的要点。

1. 新课引入——理解“必要性”

“新课引入”是一节新授课的基础，为什么要学它？它是什么？它有什么用？这是听课时要注重思考的。教师的每一节课都有一个完整的教学设计和清晰的教学思路，听课时，要主动去领会教师的教学意图，了解教师是如何由旧引新，如何提出问题，让自己对这节课的学习有一个明确的思路，这是非常重要的。

2. 概念形成——思考“合理性”

“概念形成”是一节新授课的重点，这一环节需要认真感悟、理解概念形成的“合理性”，要对所学知识做到“知其然知其所以然”。任何知识都不是平白无故产生的，它一定有循序渐进的发展过程。这一环节，同学们要重点思考“为什么课本这样规定是合理的”，努力厘清这些概念的合理性。在数学概念的定义中，“确定性”是最重要的因素，只有所研究的对象是确定的，知识才有引申的必要和可能。抓住这一特点去思考感悟数学概念，所学习的知识才是主动建构而不是盲目接受的，坚持不懈，才能逐步建立起“忠于事实，不人云亦云”的科学态度和精神。

3. 概念深化——强化对概念内涵和外延的挖掘

“概念深化”是一节新授课的灵魂，这一环节学习的重点应立足于理解、学会分析概念的内涵和外延。

概念的内涵指概念所反映的事物的本质属性。概念的外延指概念所反映的对象的范围。内涵是概念“质”的方面，外延是概念“量”的方面。在逻辑学里，“定义”是明确概念内涵的逻辑方法，“划分”则是明确概念外延的逻辑方法。比如，“平行四边形”这个概念，它的内涵是：一切平行四边形所共有的“有四条边”“两组对边互相平行”这两个本质属性；而它的外延则是：包含一切正方形、菱形、矩形以及一般的平行四边形（要能联想到各种位置、不同形状的图形）。只有对概念的内涵认识得更深刻，对概念的外延了解得更丰富，高中数学学习才算真正深入。

4. 应用探索——注重对数学思想方法的感悟

“应用探索”是一节新授课的关键，也是高中数学学习的根本目的之一。这一环节的主要任务是听老师对例题的讲解，师生共同探究。例题是高中数学教学中传授知识、展示数学思想方法、培养学生数学解题能力的重要载体，例题的解题模式、思路和步骤，是实现解题类化的典范。听课时要思考老师为什么要讲这道题，目的是什么，例 1 与例 2 有何区别，为什么讲了例

1 还要讲例 2。认真听老师的解题过程分析，努力理解老师是如何看待问题，又是如何找出解决问题的办法的思维进程。要认真思考和认识知识发生和发展的必然的因果关系，关注例题的目的性、启发性、示范性、延伸性、规律性，从中领悟分析、思考和解决问题的思想方法和步骤，提高思维品质。

5. 总结归纳——用自己习惯的思维方式构建知识网络

“总结归纳”是一节新授课的升华，它对学生能否深入理解新知识的重点和关键，能否构建起自己的知识网络，起着十分重要的作用。奥苏贝尔在其最有影响的著作《教育心理学：一种认知观》上所说的“影响学习的唯一最重要的因素就是学习者已经知道了什么”，说的就是这一点。

总结归纳环节，要重点围绕新知识脉络、教学重点，学习总结归纳的方法、策略，建立系统学习的方法。要注重自己构建知识网络，明确每一个内容、每一种方法的特征，熟练于心。每个人的思维特点是不一样的，只有用自己习惯的思维方式去构建知识网络，所学知识才能清晰、迅速地反映在自己的脑海中，为己所用。

二、问题导向，主动学习

如今的课堂学习，从教学论走向学习论是教学发展的普遍趋势。这种变化下课堂上最大的改变就是：学生必须主动参与课堂教学的每一个环节，不仅仅是“听”，更重要的是参与，参与知识发生、发展的整个思维过程，在参与中感悟，在感悟中发现，在发现中理解，在理解中掌握，在掌握中创新。

1. 主动对话，让“听课”变成“交流”

巴西教育家保罗·弗莱雷（P. Freire）有一句经典名言：没有对话，就没有交流；没有交流，也就没有了真正的教育。这句话充分体现了对话在学习中的重要作用。积极对话，勇于表达自己的观点，主动参与到教学活动中，这是主动学习的重要标志。

对话可体现在三个层面上：

同客观世界对话——认识性实践。听课要结合阅读教材，学会与教材“对话”，把接受前人智慧结晶的过程当成对话的过程，学会问“为什么”，学会思考认知性概念形成的原因，弄清它的来龙去脉，对客观世界有自己的判断。当读书变成了一种对话，学习就变得“活”了起来。

同他人对话——社会性实践。人们常这样比喻：一个苹果交换一个苹果，得到的是一个苹果；而一种思想交换一种思想，得到的却是两种思想。要积极在课堂中寻找对话的机会，面对教师的提问、同学的质疑等，要迅速形成想法并积极发言，让自己的想法与他人思想发生碰撞，相互学习借鉴。

同自身对话——伦理性实践。学会反思，这是完善自我知识体系的重要途径，也是学习的一项基本任务。听课时，要不断修正自己对知识的理解：概念是否清楚，能否正确阐述，例题是否学懂，方法是否掌握，疑惑是否解除，上下能否联系，能否用自己的方式进行总结、记忆，等等，这些都是课堂上听课时要努力思考和做到的。

2. 尝试用有别于教材或老师的方法去思考问题

教师课堂教学中常常采用启发式教学，教学过程更多地表现为“阶梯型”：目标—成就—评价，引导学生朝预设的目标前进。但学习时仅仅沿着老师预设的目标和方向思考是远远不够的。同学们听课时要尝试“登山式”的学习方式：主题—探究—表达，即明确目标，开放路径，努力尝试寻求超出教师预设方案的见解，在“登山”的过程中自主去探索、发现和感悟。要敢于想象，敢于超越，力争获得更多亲身的体验和感受。就像吃田螺，如果都是他人帮挑出来的，你就体会不到“吮”那一瞬间的味道。学习也是如此，如果仅仅是接受知识，就感受不到那份“体验”，享受不到那份“喜悦”，剩下的就是“痛苦”了。所以，要有意识地提醒自己主动学习、主动发现、主动探索。

3. 超前思考，比较听课

积极听讲是听课的基本要求，积极听讲的含义就是拒绝做一个被动的信息接受者，要充分调动自己的积极性，使自己的思考与教师的引导紧密结合起来。听课不仅要跟着老师的思路走，还要力争走在老师思路的前面。例如老师提出一个问题时，自己要迅速寻找自己的想法和思路，然后与老师的讲解进行比较；或者，老师提出了一种方法，自己就主动去思考老师是怎么想到的，还有没有别的更好的方法，等等。这样，自己的理解就会更深刻。听课中遇到不明白的地方，就记录下来，先继续往下听，可能在后面的学习中就明白了，切忌听课时遇到问题就整节课放弃的做法，实在不清楚，课后就请教老师或同学。

认真听课，不仅是学习的一种要求，更是学习的一种方法，只有明确目标，执行标准，才能做到事半功倍，才能更好地提高学习效益。

第五节　做好课后复习

课后复习是整个学习过程中的一个重要环节。课后复习的作用在于：能促进记忆的巩固，防止遗忘；能深化对所学知识的理解，使所学知识系统化、技能化；能检验学习的效果，及时发现薄弱环节，弥补缺漏，为学习新知识做好铺垫。课后复习也是培养学习能力的重要途径。

课后复习有一定的规律，也有很多成功的经验，归纳起来，重点要解决以下两个方面的问题。

一、时间安排

心理学研究表明，人脑在刚学过知识之后的一小时内，记忆量会短暂地上升，但此后的 24 小时内记忆会迅速衰退。著名心理学家艾宾浩斯（Ebbinghaus）在对遗忘现象进行研究时发现：人们对学到的新知识，一小时后可以保持 44%，两天后只留下 28%，六天后只剩下 25%。这些数据表明，知识刚学过之后，遗忘特别快，经过较长时间以后，虽然记忆保留的量减少了，但遗忘的速度也放慢了。即遗忘的规律是：先快后慢，先多后少。所以同学们经常感受到课堂上都能听懂好像也记住了的知识，几天以后却什么也不记得了，不及时复习，日积月累，所学知识就不能牢牢地掌握，困难就会越来越多。

脑科学的研究成果表明，要使短时记忆发展为长期记忆，必须经过多次复习，最好是经历多次以上的重复学习。科学规律是不以人们的意志为转移的，同学们应该遵循记忆的这些基本规律。较理想的复习安排是：

第一次，学习后 24 小时内进行一次复习，可以弥补最初记忆的衰退；而第一次及时复习也是最重要的，因为它是影响记忆效果最重要的因素。

第二次，在第一次复习后的一个星期内，再次进行复习，起到长期记忆恢复效应并能较长时间地稳定记忆。

第三次，第二次复习一个月后进行一次复习，这时能够增强记忆。

第四次，新知识学习六个月后，再复习一次，这时大部分内容将会长久保留在记忆中。

从这一规律可以看出，学校每学期安排的期中考试、期末考试等，让同学们有一个较为系统的复习时间，而老师每天也都会安排一定量的作业，这样的教学安排是符合学习记忆的规律的。那么，对于同学们来说，最关键的就在于怎样抓好课后复习了。

从教学实践上看，晚自习是复习功课的最好时机。复习并非要用很多时间，只要方法得当，十分钟甚至几分钟就能达到目的。大量的实践案例证明，能做好这一点，并持之以恒，就会对知识熟练记忆，知识掌握的程度就会越高，能够真正做到事半功倍。

二、怎样复习

1. 尝试回忆

回忆是一种积极的复习方式，可以将复习变成“知识再现”的过程，通过回忆、思考的方式来理解、记忆概念、公式、规律，利用大脑的放射性思维，充分联想，巩固所学知识。事实上，如果不能在脑海中重复所学知识或定理的论证过程，那么知识就没有成为自己的知识。

回忆时可用问题提问自己：今天的课学了哪些知识？有哪些重点的知识和方法？典型的例题有哪些？分别叙述或写出来。要明确自己哪些已经弄明白了，哪些还理解不透。注重将新知识与背景知识相联系，将新方法与旧方法相比较，使所学内容在脑海中留下较深的印象。当回忆不起来或模糊不清时，再认真阅读有关概念和内容，这样记忆更加深刻。如果教材中仍有令自己感到记忆困难的知识点，可以先做标记，第二天不看书再努力回忆。

2. 精读教材

教材可以说就是一部经典著作，它是专家、学者和有经验的一线教师根据课程标准、知识的学科体系、学生的学情特点和社会发展的需要而编写的，内容非常精练、严谨、深刻，是一般参考书无法替代的。深刻理解教材的内容，也就抓住了知识的基础和根本。

所谓精读教材，就是阅读时要抓住重点，着重抓那些回忆不起来的、记不清楚的、印象模糊的或尚未理解的部分，力争真正弄懂。大量的实践证明，只有理解后的知识才会牢记，理解是记忆的前提和基础。在精读教材的过程中要努力做到“五到”：眼到、手到、口到、耳到、心到，全身心地投入，多个器官感知信息，提高记忆的效率。研究表明，只看能获取知识的20％，只听能获得知识的15％，如果眼看、耳听、手写、脑思并用，则可获取知识的50％，所以“五到”是提高复习效率、增强记忆能力的关键所在，一定要养成全身心投入复习的习惯。

特别是高中数学中有大量的定理、公式、性质，要通过默写、背诵等方式才能记下来，要勤动手，把重点知识、新知识和容易忽略的部分画出来、写出来，决不能懂个大概，要真正做到能讲得出、写得对，这是后续学习和训练的基础。

3. 整理笔记

课堂听课的时间是有限的，而且老师讲课的速度较快，难免会漏记一些内容，这就需要在课后整理笔记时加以补充。笔记着重记听课时的体会、疑问，老师强调的重点，容易出错和混淆的概念问题，补上漏记的部分，更正不准确的部分，同时把疑问弄清楚。对于自己发现的问题和体会更要重点记录，记录时线索要清晰，中心要突出，内容要精练，节省复习时大量查书、找资料、重新思考、重新记忆的时间。同时要注意对笔记进行加工整理，使所学知识和方法有一条清晰的主线，把它提炼成一种适用的复习资料，保管好，随时翻阅。要注意把自己感悟深刻的知识用一些带提示性的语句记下，这样有利于记忆，以便以后再复习时能迅速抓住要点，回忆起关键内容。

4. 强化练习

运用、实践，就是最好的复习，这个道理是很明显的，知识是“死”的，而运用是“活”的，学习的知识能否真正为自己所用，通过强化练习环节就可以得到很好的检验。在完成上面的复习工作后，还要做一定数量的练习，包括书面作业、实际操作等。

“练”有以下几点基本的要求：

(1) 要养成先复习后作业的良好习惯

练习的目的在于巩固所学知识和方法，夯实基础，提高思维能力。因此做练习前一定要先复习，要对所学知识有明确的认识，在理解和掌握的基础上再运用所学知识来解决问题，达到深化理解知识的目的，这也是我们认识客观事物的规律。不能在对知识还一知半解时就去做题，解不了时才回头看书，这样会本末倒置，事倍功半。

(2) 要有针对性

针对重点、难点练习，完成老师布置的作业。老师最清楚所学知识的重点和难点，作业的布置也是针对这些重点、难点知识的，切忌盲目进行题海战术。

(3) 加强题后反思

解题心理规律表明，同学们在解题过程中可能先会百思不解，尔后又可能顿悟，此时的思维具有很大的直觉性，可能顾及不到对自己思维过程的分析、整理。事实上，有效的解题方法体现了很多重要的数学思想，它对解决同类问题、拓宽思路、提高解题决策能力是十分重要的。要学会从正确的解题中总结方法，寻找解题规律，提高对解法的理解，形成能力，并通过反思，能举一反三、触类旁通。同时，对习题中的错误也要进行剖析。错误的解法，真实地反映了自身对知识的理解和掌握上的不足，总结思维受阻、解法错误的原因，才能对正确解法认识得更深刻。

例如，在解对数方程 $\lg(x-1)^2=2$ 时，很多同学会出现以下错误：

$\lg(x-1)^2=2\rightarrow 2\lg(x-1)=2\rightarrow \lg(x-1)=1\rightarrow x-1=10\rightarrow x=11$

分析其原因可知：①解对数方程时，每一步化简不一定能保证为恒等变形，可能会产生增根或失根，因此解对数方程要验根。②由于舍去增根比找回失根更易做到，因此化简中对变量的取值范围一般“宁增勿减”。由此从反面促进对解法的理解和掌握。这就是反思收到的效果。

(4) 要知难而进

在解题时不要一有问题就马上求助于他人，应力争先自己解决，即使请教老师，也应建立在自己充分思考的基础上，这样才能印象深刻。

（5）要独立完成，切忌抄袭与照搬

如今很多同步练习都配有解答，一些同学过于依赖答案，对自己的解题过程尚未有清楚的认识就急于翻看答案，再以答案来修正解答，这不利于自身思维能力的提高，一定要注意改正。

提高复习的效益，还有一个关键的因素，那就是学习的态度和恒心。要建立积极的复习态度，即有明确的复习目标，明确的记忆内容，恰当安排复习时间，并坚持不懈，这样才能为学好高中数学提供坚实的保障。

第六节　构建知识网络

在和同学们讨论问题时，常常发现很多同学对概念、定理、公式记忆不清，或是不能完整地叙述有关概念，对很多方法总感到“似曾相识”，老师引导一下就能回忆起来，而没有人提示就很难想起来。事实上，这是高中数学学习的一个普遍性的突出问题，说明相当一部分同学对于高中数学知识和方法还没有形成自己的认知结构，遇到问题时，在思维上会漫无边际地去寻找相关的内容和方法，这种无序状态是高中数学学习的“拦路虎”。

这让人想起盖楼房给我们带来的启示：一堆砖头，当杂乱无章地放在一起，它什么也不是，可把它们整齐地排放在一起（砌起来）时，它就成了一幢雄伟的大楼。高中数学学习从某个角度看也是同样的道理。高中数学知识、方法其实就像工具，学习就是不断地充实工具箱并不断地使用工具去解决问题的过程。除了理解、记忆知识之外，还有一个重要的问题必须重视，那就是：你的记忆空间是否“有序”，你是否很清楚地知道自己已经掌握了哪些知识和方法？

怎样使学过的知识能清晰、迅速地反映在自己的脑海中，为己所用呢？这就是建立知识网络所要考虑的问题。

从理论上说，知识网络是一种由节点和连线组成的知识之间关系的结构表征，是一种检查、修正和进一步完善个体知识结构的认知工具。在知识领域中，知识点之间既存在纵向的联系，也存在横向的联系。纵向联系表明了知识之间不同的概括和抽象水平及知识之间的类属关系，横向联系则表示了处于同一水平的知识点之间的联系。怎样挖掘知识间的联系并将其组成网络系统，是进一步认识这些知识的重要因素。教育心理学的大量研究表明，有组织的学习材料将有助于学习者对知识的识记、理解和应用。

因此，在学习中注重建立起认知上的网络系统，可以帮助自己组织、建构和整合信息，能较清晰地、全面地、系统地掌握所学知识的整体结构及各知识点之间的联系，有利于联想记忆，有利于发现问题、提出问题，也有利于深层次地拓展知识，更好地体现自己在学习过程中的主体地位。通俗地说，就是对自己的东西“有哪些，放在哪里，用的时候从哪里拿”的问题要做到十分清楚，这是非常重要的。

怎样构建知识网络?

一、以概念和基本方法为出发点

概念是高中数学中至关重要的一项内容，学好概念是学好高中数学最重要的一个环节，也是提高高中数学学习成绩的根本途径。有些同学之所以在高中数学学习上存在很多困难，最直接的原因是概念不清。概念学习首先要深刻理解概念的内涵和外延。概念是从一些具有相同属性的事物或现象中抽象出来的，这些本质属性就是这一概念的内涵，满足这些内涵的全部对象就是这个概念的外延。如何在概念学习中，对概念的内涵认识得更深刻，对概念的外延了解得更丰富，这是学好概念的关键。因此，构建知识网络要紧紧抓住概念这条主线。

思想方法是高中数学的灵魂，掌握高中数学的思想方法也是提高高中数学解题能力的关键。在课堂学习中，有时候某一方法在这节课的内容中是孤立的，但是在整个章节中它却起到联系和转化的桥梁作用，是解决全局性问题的根本办法，这就需要同学们进行归纳、整理，使这些方法的作用在自己的知识网络中充分体现出来。同时，熟练地把每一种方法的特点、用途明确、清晰、井然有序地记在脑海中，熟练于心，这对同学们实现解题的类化、举一反三是很有用的。因此，对于一些问题，同学们并不需要看具体的题目，因为在自己的知识网络中已经对很多基本问题有了解题的策略了，这就是“胸有成竹”。

二、以习惯的思维方式去构建

每个人的思维习惯是不一样的，对问题的理解和看法也会有所不同，记忆的方式也各有特点，因此，构建知识网络要从自己的思维习惯出发，用有利于自己学习和记忆的方式去进行。但是要有一定的规则，要使知识网络有一条清晰的主线，有一定的规律可循，这样才能便于自己联想和运用。最全面的归纳并不一定就是最好的，因为它不一定适合自己，与其花很大的功夫去记别人总结的东西，还不如把自己最深的感悟总结出来，这样更有利于自己的理解、记忆，只有“适合自己的东西才是最好的”。当然，在构建知识网络的过程中，参考别人的经验和做法，把对自己有用的东西内化为自己的认识，也会使知识网络更为充实。

以下是一个案例，是某学生自己归纳的知识网络内容：

函数

（一）函数概念

数集到数集的映射。包括三要素：定义域、值域、对应法则。

1. 定义域的求法：分母不为0，开偶次方被开方的式子要大于等于0；对数的真数要大于0；指数函数、对数函数的底数要大于0且不等于1。

2. 值域的求法：观察法、判别式法、反函数法、二次函数法（含复合函数）、单调性法、导数法。

3. 对应法则的求法：构造法、换元法。

（二）函数的性质

1. 讨论函数的性质有五点：定义域、值域、单调性、奇偶性、周期性。

2. 单调性的判断有：定义法、作差法（作差后要化为几个乘积的形式，然后判断它是大于0还是小于0）、作商法（与1比较大小）、导数法。

3. 奇偶性的判断有：定义法，要注意函数的定义域是否对称。

4. 周期性的判断有：定义法，要注意 T 是周期，则 nT 也是周期。

（三）函数的图象

要画好一次函数、反比例函数、二次函数、指数函数、对数函数、三角函数图象，由图象可以看出相关的性质。例如，两个指数函数要判断底数谁大时，只要令 $x=1$，比较 y 的大小就可以通过图象判断了；两个对数函数要判断底数谁大时，只要令 $y=1$，比较 x 的大小就可以通过图象判断了；二次函数要特别注意对称轴对图象的影响。

（四）函数图象的变换

给出函数 $y=f(x)$，则很多函数都能由它变化得来。

1. 平移变换

(1) 水平平移：$y=f(x\pm a)$（$a>0$）的图象，可由 $y=f(x)$ 的图象向左（+）或向右（−）平移 a 个单位而得到。

(2) 竖直平移：$y=f(x)\pm b(b>0)$ 的图象，可由 $y=f(x)$ 的图象向上（+）或向下（−）平移 b 个单位而得到。

2. 对称变换

(1) $y=f(-x)$ 与 $y=f(x)$ 关于 y 轴对称。

(2) $y=-f(x)$ 与 $y=f(x)$ 关于 x 轴对称。

(3) $y=-f(-x)$ 与 $y=f(x)$ 关于原点对称。

(4) $y=f^{-1}(x)$ 与 $y=f(x)$ 关于直线 $y=x$ 对称。

(5) $y=f(2a-x)$ 的图象与 $y=f(x)$ 的图象关于直线 $x=a$ 对称，或对任意 x 满足 $f(a-x)=f(a+x)\Leftrightarrow$函数 $f(x)$ 图象关于直线 $x=a$ 对称。

(6) $y=|f(x)|$ 的图象：可将 $y=f(x)$ 的图象在 x 轴下方的部分以 x 轴为对称轴翻折到 x 轴上方，其余部分不变而得到。

(7) $y=f(|x|)$ 的图象：可将 $y=f(x)$（$x\geqslant 0$）的部分作出，再利用偶函数的图象关于 y 轴的对称性，作出 $x<0$ 的图象而得到。

3. 伸缩变换

(1) $y=af(x)$（$a>0$）的图象：可将 $y=f(x)$ 图象上所有点的纵坐标变为原来的 a 倍，横坐标保持不变而得到。

(2) $y=f(ax)$（$a>0$）的图象：可将 $y=f(x)$ 图象上所有点的横坐标变为原来的$\frac{1}{a}$倍，纵坐标保持不变而得到。

（五）反函数

1. 反函数求法的步骤

2. 反函数的性质（图象对称问题）

（六）导数的作用

1. 求函数的单调性

（1）性质：（略）

（2）求可导函数单调区间的步骤和方法：（略）

2. 求函数的极值

（1）概念：（略）

（2）求可导函数极值的步骤和方法：（略）

3. 求函数的最大值与最小值

（1）概念（闭区间上函数的最值）：（略）

（2）求最值的步骤：（略）

（七）二次函数在闭区间上的最值

1. 要注意常常是考虑局部的性质而不是整个图象的性质。

2. 一般要分四种情况讨论。

从案例中可以看出，这个学生对函数的内容已经熟练掌握，这些方法对于他来说是随时可以派上用场的。尽管归纳中还有很多不足，但是与没有建立知识网络的同学相比，他对这些知识已经掌握牢固，用起来更轻松。

事实上，高中数学知识的复习本身不需要用很多时间，每天闭上眼睛思考五分钟到十分钟就可以了。思考的内容就是自己脑子里的“知识网络”，它会让自己保持对已学知识认知上的熟悉感，“熟能生巧”这是学好高中数学的重要因素。

第三章　高中数学思维训练的重点

数学是思维的科学。高中数学能力的高低，从某种意义上说，就是思维水平的差异。那么怎样让自己在学习中能有效进行高水平的思维训练，促进学习能力的不断提升呢？这需要熟悉和了解高中数学学习基本的训练方法与手段。

第一节 学会发现

为什么同样的高中数学课堂，同样的学习内容，同学们的学习水平差异很大？从微观上看，主要是同学们知识检索的能力不同：有的想得起来，有的想不起来，有的想起的速度慢，有的却很快；而同样搜索到了相关知识点，有的会用，有的却不会用。从宏观上看，这种差别主要在于思维方法的多寡和优劣，或者说是数学发现的意识和能力的差距。有些同学可以把注意力迅速引到所需知识和思维方法的领域，并迅速做出关于解题方向的猜测性判断，而一些同学则不能迅速做到这一点。因此，怎样有目的地去提升自己数学发现的能力就显得十分重要了。

数学发现能力的提升有哪些主要的途径呢？以下对高中常用的几种思维模式做简要的解读。

一、观察

数学学习常常是从经验出发的，或者说，学习数学应当从经验开始，为什么呢？因为人们对很多概念的认识，常常是从其经常性的体验转化来的，现代心理学称之为动作经验的内化。比如，我们对"数"的最初概念，就是从反复点数物体、手指的动作而感受到的，对"形"的概念则来自对各种物体的抚摩、摆弄、测量、观看的经验。直接或间接的亲身实践经验对数学知识的学习是非常重要的。

经验从哪里来？经验就是我们所听到、看到、尝到、动手做过、亲身经历的，这对我们学习和认识事物非常重要。为什么物理学家、化学家、生物学家、天文学家、地理学家用大量时间去做实验？他们就是要在体验中去观察、思考、发现问题，从而形成经验。数学学习也是如此，它不仅要研究生活中的事物，还要注重把数、式子、符号、图形作为实验和观察的对象。

什么是观察？观察是一种有目的、有计划、较持久的知觉活动。观察不是单纯地去看，只“看”可能会视而不见，观察必须与有意注意结合在一起，与思维相联系。学习观察，要加强以下几个方面的训练。

一是观察要有意识、有目标。留心找“问题”，力争寻找自己的“发现”，努力“看到别人看不到的东西”，这是“观察”的更高要求。因为明确的任务就是无形的动力，它能激发人的潜能，促使人观察更专注，这也是“问题导向”成为高中数学学习的重要方法的原因。

二是观察要有基础。高中数学学习要具备必要的相关知识，这需要同学们注重积累，平时多看书勤实践，熟练记住已经学过的知识，课前做好新学习内容相关背景资料的收集、整理，这些经验的积累都会为观察提供有力的支持。

三是观察要有方法。从“数”上找规律，从“形”上找特殊，从特殊中想一般，从平常中找异常，这些，都是观察的切入点。

例 1 观察自然数 1，2，3，4，5，6，7，8，9，10，11，12，13，14，15，16，17，18，19，20，…，98，99，100，101，…的规律性。你发现了什么？

分析：

(1) 从个数看：自然数列，无穷个数。

(2) 从奇偶性看：奇数和偶数相间排列，奇数（偶数）构成无穷个等差、等比数列。

1，3，5，7，9，…（等差数列）

1，5，9，13，17，…（等差数列）

2，4，6，8，10，…（等差数列）

1，3，9，27，81，243，…（等比数列）

2，16，128，1024，…（等比数列）

(3) 从位数看：一位数有 9 个，二位数有 90 个，三位数有 900 个，四位数有 9000 个……

(4) 从“和、差、倍、半”的关系看，有无数种关系。

如有连续的三个数，则正好有一个是 3 的倍数。

特别的如果还懂得什么是素数（也叫质数），还可发现有趣的规律：

$3+3=6$

$3+5=8$

$5+5=10$

$3+7=10$

$7+7=14$

$3+11=14$

……

猜想规律：任意两个奇素数的和都是偶数。即设 m，n 为自然数，则 $(2m-1)+(2n-1)=2(m+n-1)$。

如果把上面的等式反过来写：

$6=3+3$

$8=3+5$

$10=3+7=5+5$

$14=3+11=7+7$

……

可以得到以下猜想：任何一个大于 6 的偶数都可以表示成两个素数（质数）之和。这就是著名的哥德巴赫猜想的两个论断之一。

可见，认真观察事物的特征，透过现象看本质，这是数学发现的重要途径。

二、归纳

什么是归纳？归纳是指从许多个别的事物中概括出一般性概念、原则或结论的思维方法。归纳是一种对已有经验、实验观察结果进行去粗取精、去伪存真的处理方法，通过归纳，最终厘清事实、概括经验、处理资料、形成认知、发现规律。

对归纳的哲学根据，普遍的观点是：由于特殊的事物是和普遍的事物联结的，由于每一个事物内部不但包含了矛盾的特殊性，而且包含了矛盾的普遍性，普遍性即存在于特殊性之中，所以，当我们研究一定事物的时候，就应当去发现这两方面及其相互联结，发现一事物内部的特殊性和普遍性的两方面及其相互联结，发现一事物和它以外的许多事物的相互联结。可见，归纳就是寻找“相互联结”——事物的共性。

学习归纳，可从以下两方面展开训练：

一是注重事物同一性的考察。要注重从数学对象的若干个别情形中定量概括出共同的或一般的数学性质，发现各种特殊情形中蕴含的共性。

二是注重直观归纳（通过观察）、经验归纳（对实验或模型检验等进行不完全归纳）、完全归纳及无穷归纳（即数学归纳法）等思想方法的学习与训练。

例 2 请写出以下式子的幂展开式。

$(a+b)^2=?$

$(a+b)^3=?$

$(a+b)^4=?$

$(a+b)^5=?$

前两个我们知道，它是著名的完全平方和立方的展开式，但 $(a+b)^4$，$(a+b)^5$ 呢？怎样寻找规律？观察下面的展开式。

$(a+b)^2=(a+b)(a+b)=a^2+2ab+b^2$

$(a+b)^3=(a+b)^2(a+b)=a^3+3a^2b+3ab^2+b^3$

$(a+b)^4=(a+b)^3(a+b)=a^4+4a^3b+6a^2b^2+4ab^3+b^4$

$(a+b)^5=(a+b)^4(a+b)=a^5+5a^4b+10a^3b^2+10a^2b^3+5ab^4+b^5$

归纳它有什么规律?

把各项按一个字母降幂（另一个字母升幂）排列的方式看：a 从最高次幂 n 开始，逐次降 1，到 0 为止；b 正好相反，共有 $n+1$ 项，每项的次数（两字母的指数和）都为 n。

$(a+b)$ …… 1 1

$(a+b)^2$…… 1 2 1

$(a+b)^3$…… 1 3 3 1

$(a+b)^4$…… 1 4 6 4 1

$(a+b)^5$…… 1 5 10 10 5 1

以上式子中，右边为展开式中各项的系数，从这些数字中可看出，边界上的数都是1，从上到下，把上一排的两个数和下一排对应的一个数看成一个三角形，其下部分每个数等于上一排两个数之和。如第5行的数：5=1+4，10=4+6，10=6+4，5=4+1。

如果猜想成立，那么第6行，即 $(a+b)^6$ 展开式的系数应当是1，6，15，20，15，6，1。我们通过实际计算来检验这一预测。

$$\begin{aligned}(a+b)^6&=(a+b)^5(a+b)\\&=(a^5+5a^4b+10a^3b^2+10a^2b^3+5ab^4+b^5)(a+b)\\&=a^6+5a^5b+10a^4b^2+10a^3b^3+5a^2b^4+ab^5+a^5b+5a^4b^2+\\&\quad 10a^3b^3+10a^2b^4+5ab^5+b^6\\&=a^6+6a^5b+15a^4b^2+20a^3b^3+15a^2b^4+6ab^5+b^6\end{aligned}$$

结果证实了猜想的正确性。

类推下去，第7行至第10行相应系数为：

1　7　21　35　35　21　7　1

1　8　28　56　70　56　28　8　1

1　9　36　84　126　126　84　36　9　1

1　10　45　120　210　252　210　120　45　10　1

就可以得到

$$\begin{aligned}(a+b)^{10}=&a^{10}+10a^9b+45a^8b^2+120a^7b^3+210a^6b^4+252a^5b^5+\\&210a^4b^6+120a^3b^7+45a^2b^8+10ab^9+b^{10}\end{aligned}$$

三、类比

类比是根据两个对象或两类事物的一些属性相同或相似，猜想另一些属性也可能相同或相似的思维方法。具体来说，就是在研究问题中，如果发现 A、B 两类事物有很多类似的性质：A 有性质 P_1，P_2，…，P_n，B 也有性质 P_1，P_2，…，P_n，若 A 还有性质 P，我们完全有理由猜测 B 也具有性质 P。这就是类比发现。

事实上，在思考一个高中数学新问题解决办法的时候，一般可以从自身已经学习并掌握的知识、方法中，通过新事物与旧事物存在的“相似性”，从旧事物的解决办法中得到启发，悟出解决新事物的办法，这是数学发现的重要思维方法。

类比的形式多种多样，可分为简单的类比（形式类比）、复杂的类比（实质类比）和精确的类比（关系同一的类比、系统同构或同态的类比）等。高中数学学习中，数式与图形的类比、平面与空间的类比、高维与低维的类比、有限与无限的类比等，都是常用的类比形式。

学习类比，可以从几个方面进行训练：

（1）类比联想：要研究问题 B，首先联想有哪些形式上、内容上与其相似的问题 A。

（2）系统同构：找出 B 的某些属性与 A 的某些属性类似，注意尚未参与对比的 A 的属性 P，寻找类似的 B 的属性 P。

（3）建立映射：建立 A，B 之间的对应关系，即构建由 A 到 B 的映射法则，利用这个法则，把 A 的 P“翻译”成 B 的 P，并给出证明。

类比不仅是一种从特殊到特殊的推理方法，也是寻求解题思路、猜测问题答案或结论的方法。尽管由类比得出的结论不一定正确，必须加以论证才能确立，但它对数学发现及发展创造性思维有重要作用，需加强训练。

例 3　求 $\cos^2 10°+\cos^2 50°-\sin 40°\sin 80°$的值。

（注：由于 $\sin 80°=\cos 10°$，$\sin 40°=\cos 50°$，故本题也相当于求 $\sin^2 80°+\sin^2 40°-\sin 40°\sin 80°$或 $\cos^2 10°+\cos^2 50°-\cos 50°\cos 10°$的值。）

类比 1：观察所求式子的结构，其特点类似 a^2+b^2-ab，类比公式 $a^3+b^3=(a+b)(a^2+b^2-ab)$。

解法 1：原式 $=\cos^2 10°+\cos^2 50°-\cos 50°\cos 10°$

$$=\frac{\cos^3 10°+\cos^3 50°}{\cos 10°+\cos 50°}$$

$$=\frac{\frac{1}{4}(\cos 30°+3\cos 10°)+\frac{1}{4}(\cos 150°+3\cos 50°)}{\cos 10°+\cos 50°}$$

$$=\frac{3}{4}。$$

（运用三倍角公式）

类比 2：由所求式子的结构特点，类比到正弦定理、余弦定理得到的结论。

$\sin^2 A=\sin^2 B+\sin^2 C-2\sin B\sin C\cos A$。

解法 2：设△ABC 的内角 $A=60°$，$B=80°$，$C=40°$，由以上结论得

原式$=\sin^2 80°+\sin^2 40°-2\sin 40°\sin 80°\cos 60°=\sin^2 60°=\frac{3}{4}$。

类比 3：由所求式子的结构特点，类比构造式子的对偶式，得第 3 种解法。

解法 3：令 $A=\cos^2 10°+\cos^2 50°-\sin 40°\sin 80°$，

$B=\sin^2 10°+\sin^2 50°-\cos 40°\cos 80°$，

则 $A+B=2-\cos 40°$，$A-B=\cos 20°+\cos 100°+\cos 120°=\cos 40°-\frac{1}{2}$，

$\therefore 2A=\frac{3}{2}\Rightarrow A=\frac{3}{4}$。

例 4 类比勾股定理，在立体几何中可以得到下列定理。

勾股定理：在直角三角形中，斜边的平方等于两条直角边的平方和。

类比定理 1：在长方体中，对角线的平方等于长方体同一个顶点上三条棱长的平方和。

类比定理 2：在长方体中，对角线的平方的两倍等于交于同顶点的三个面的面对角线的平方和。

四、联想

联想是指因一个事物而想起与之有关事物的思想活动。世界上的客观事物都是相互联系的，它们之间的各种关系反映在人脑中就会有各种联想。亚里士多德指出，一种观念的产生必伴以另一种与之相似的或相反的，或在过去经验中曾与之同时出现的观念的产生。

高中数学学习中，联想是一种法则，其精髓是：一看到新问题的假设或结论，已知或未知，与某公式、定理或解答过的老问题有某些相同的成分或相同的结构，甚至仅仅有类似之处，就立即回想其解法，考虑迁移的可能性。

例如，求解球的体积公式。球与先前学习的圆柱、圆锥不一样，圆柱、圆锥的曲面可展开成平面，而球的曲面不可展开成平面，但它们之间是否存在一定的联系呢？可建立以下联想：

联想 1：等底等高的圆柱、半球、圆锥的体积公式有何联系？

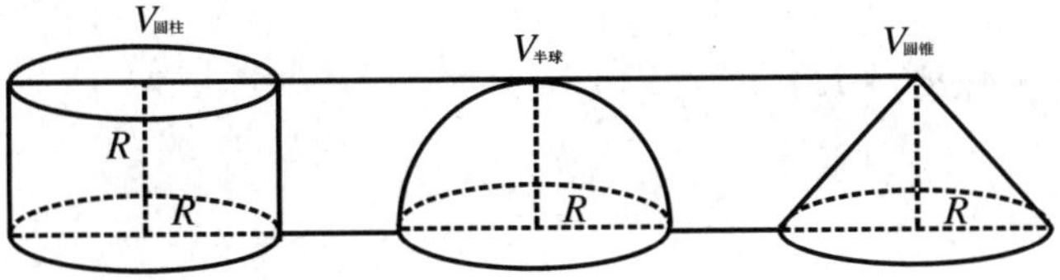

可观察到：$V_{圆柱}>V_{半球}>V_{圆锥}$。

其体积公式 $\pi R^3>V_{半球}>\frac{1}{3}\pi R^3$，

即$\frac{3}{3}\pi R^3>V_{半球}>\frac{1}{3}\pi R^3$。

猜想：$V_{半球}=\frac{2}{3}\pi R^3$。

联想 2：由上述猜想进一步联想，可以用祖暅原理构造出一个与之体积相等且容易求出其体积的几何体——一个圆柱挖去一个倒立的圆锥。

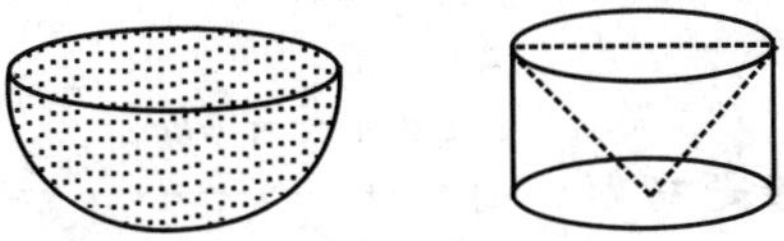

按照这一思路可得出证明（略）。

联想 3：回忆在平面中求圆的面积时，可以把圆分成无数个以圆心为顶点的小三角形，当边数 n 趋向无限多时，每一个三角形的面积为

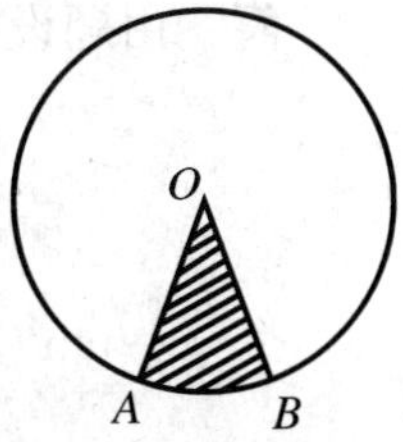

$S_n=\frac{1}{2}R\cdot a_n$，

$\therefore S_{圆}=\frac{1}{2}R\cdot(a_1+a_2+\cdots+a_n)$，

则 $S_{圆}=\frac{1}{2}R\cdot C=\frac{1}{2}R\cdot 2\pi R=\pi R^2$。

在三维空间中能否用类似的方法思考推导出球的体积呢？将球分成无数个以球心为顶点的小锥体，小锥体的底面是不是平面？（不是，是曲面）怎么样才能使曲面接近平面？（块数无限增多）

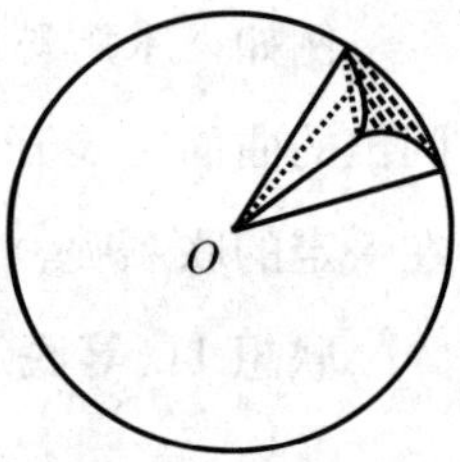

这样，$V_n=\frac{1}{3}R\cdot S_n$，

当 $n\to\infty$ 时，

$$V_{球}=\frac{1}{3}(S_1+S_2+\cdots+S_n)R$$

$$=\frac{1}{3}\cdot 4\pi R^2\cdot R$$

$$=\frac{4}{3}\pi R^3。$$

这样，又发现了一个更为"高级"的求球的体积的方法，这就是联想——从结构特征联想解题思路。

例 5 已知非零实数 a，b 满足 $\dfrac{a\sin\frac{\pi}{5}+b\cos\frac{\pi}{5}}{a\cos\frac{\pi}{5}-b\sin\frac{\pi}{5}}=\tan\dfrac{8\pi}{15}$，求 $\dfrac{b}{a}$ 的值。

分析：在高中数学解题中，常常会碰到形如 $\dfrac{x+y}{1-xy}$ 的结构，可类比两角和的正切公式 $\tan(\alpha+\beta)=\dfrac{\tan\alpha+\tan\beta}{1-\tan\alpha\cdot\tan\beta}$，进行三角代换，使比较隐蔽的关系显现出来，实现难题巧解。由 $\dfrac{a\sin\frac{\pi}{5}+b\cos\frac{\pi}{5}}{a\cos\frac{\pi}{5}-b\sin\frac{\pi}{5}}=\dfrac{\tan\frac{\pi}{5}+\frac{b}{a}}{1-\frac{b}{a}\cdot\tan\frac{\pi}{5}}$，联想到两角和的正切公式，得出以下解法。

解：由题设得 $\dfrac{\tan\frac{\pi}{5}+\frac{b}{a}}{1-\frac{b}{a}\cdot\tan\frac{\pi}{5}}=\tan\dfrac{8\pi}{15}$，

令 $\dfrac{b}{a}=\tan\theta$，则 $\dfrac{\tan\frac{\pi}{5}+\tan\theta}{1-\tan\theta\cdot\tan\frac{\pi}{5}}=\tan\dfrac{8\pi}{15}$，

即 $\tan\theta=\dfrac{\tan\frac{8\pi}{15}-\tan\frac{\pi}{5}}{1+\tan\frac{8\pi}{15}\cdot\tan\frac{\pi}{5}}=\tan\left(\dfrac{8\pi}{15}-\dfrac{\pi}{5}\right)=\tan\dfrac{\pi}{3}=\sqrt{3}$，

$\therefore \frac{b}{a}=\sqrt{3}$。

五、猜想

猜想是依据某些知识和已知事实，对未知量及其关系做出的似真推理，是科学假说在数学中的体现。牛顿有一句名言：没有大胆的猜想，就做不出伟大的发现。波利亚也指出：要成为一个好的数学家，必须首先是一个好的猜想家。猜想是点燃创造思维的火花，数学创造往往开始于不严格的猜想，“观察（实验、分析）—猜想—证明”是数学乃至科学发展的重要途径。因此，高中数学学习中要注重依据经验素材，利用实验、归纳、类比、直觉变换条件等手段，对所研究的问题通过合理猜测，形成数学猜想，并通过逻辑验证其结论，从而发展自己的创新能力。

例如解方程 $x^2-4x+7+\sqrt{x^2-4x+7}=6$。除了常规的换元法和移项平方求解外，个别学生发现 $6=4+\sqrt{4}$，于是推出 $x^2-4x+7=4$，解得：$x_1=1$，$x_2=3$ 都是原方程的解。这是多么有创见的解法。如果我们在学习中注重不断地激发创新热情和创新意识，并加强训练，我们的创新能力就会不断提高。

当然在解题过程中仅仅有猜想是不够的，还要有勇于实践的行动。勇于实践是重要的科学素质，大凡有成就的科学家都具备很强的实践能力。许多同学在认知或解题时，都会有很好的想法，但就是缺少试一试的行动，有时会错失一个很好的解法。波利亚在评价欧拉出色解决伯努利级数求和问题时说“欧拉成功的决定因素是大胆”。因此，学习中要鼓励自己大胆一试，把想法变成行动，逐渐形成对科学执着追求的品质，这是创新型人才应有的素质。

第二节　独立思考

“数学是思维的体操。”著名数学家波利亚在谈到数学课的目的时，最为强调的两点就是：一要教会学生思考，二要培养学生的兴趣、好奇心、毅力、意志、情感体验等非智力品质。这里的“思考”包括两个方面：一是指“有目的的思考”；二是“形式的”思维和“非形式的”思维，即“教学生证明问题，也教他们猜想问题”。

事实上，数学学习的核心价值，就在于高水平的思维训练。具体来说，就是学会“想”问题。但是，“想”什么？怎样“想”？这需要通过一定的手段去进行训练。

一、学习“下结论”

下结论是有目的思考的结果。对课堂上出现的每一个问题（无论是老师提出的还是同学提问的），都要力争迅速形成“自己”的想法。心理学认为，学习者积极主动地把新知识与自己认知结构中的原有知识进行联系，学习材料就构成了潜在的意义，新知识与旧知识就能相互作用，旧知识就获得了改造，新知识就获得了实际的意义。

对于问题，可以通过观察、猜想或直觉，迅速给出自己的结论。结论正确与否并不是最重要的，关键在它是“自己”的想法。这样的锻炼是提高独立思考能力必须经过的一道“坎”。因为在今后的解题中，看条件下结论是我们进行推理、判断的基础。

例 1　观察右图，你能从中发现哪些结论？

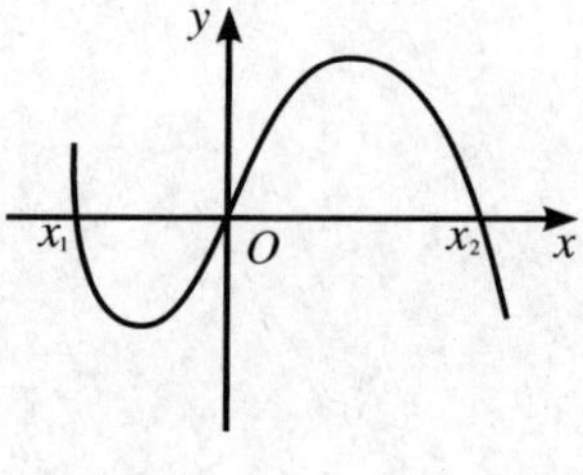

你能否发现以下众多的结论？

（1）函数的定义域为 **R**。

（2）函数的值域为 **R**。

(3) 函数图象经过原点。

(4) 对应方程有三个根，一个零根、一个正根和一个负根。

(5) 正根比负根的绝对值大。

(6) 函数值有正有负（存在很多不等式）。

(7) 函数有极大值、极小值。

(8) 函数无最大值、最小值。

(9) 函数在区间上具有单调性。

(10) 函数具有凹凸性。

……

如此，坚持不懈地进行"下结论"的训练，就会逐步开阔眼界，能够想到原来想不到的东西，从而逐步提升理解问题和解决问题的能力。

二、学习"复述"

复述本质上是一种"转化"。对于课堂上学习的知识，要能用自己的语言表达出来。每个人都有自己的思维图式，学习的意义在于不断丰富和完善自身的思维结构。特别是高中数学的语言比较抽象，要把符号语言、图形语言很好地"翻译"为文字语言，能"讲"得出来，并不是一件容易做到的事，要通过长期坚持训练才能做好。

很多同学对高中数学知识常常"只能意会不能言传"，这是同学们解题时表达思维不清的重要原因——"讲"不清楚。因此，对于课堂上学习的知识，要注重训练用自己的语言表达出来。"复述"是提升思考能力的重要手段。

例 2 用"自己"的语言复述"曲线的方程"与"方程的曲线"两个概念。

定义：

在平面直角坐标系中，如果某曲线 C 上的点与一个二元方程 $f(x, y)=0$ 的实数解建立了如下关系：

(1) 曲线上的点的坐标都是这个方程的解；

(2) 以方程的解为坐标的点都是曲线上的点。

那么，这个方程叫曲线的方程，这条曲线叫方程的曲线。

复述：

（1）以上两个条件反映的是“曲线上的点”和“以方程的解为坐标的点”的关系：既“不多”又“不少”——刚合适。

条件1：说明“曲线上的点”不多于“以方程的解为坐标的点”，即说明曲线上的点都适合条件——无一例外。

条件2：说明“曲线上的点”不少于“以方程的解为坐标的点”，即说明适合条件的所有点都在曲线上——毫无遗漏。

（2）定义的集合表述。曲线可以看成点的集合，记为C；一个二元方程的实数解可以看成点的坐标，其解集也描述了一个点集，记为F。

$$\left.\begin{array}{l}\text{条件1：} C\subseteq F \\ \text{条件2：} F\subseteq C\end{array}\right\}\Rightarrow C=F\text{，即 } C=\{(x,\ y)\mid F(x,\ y)=0\}\text{。}$$

可见，加强“复述”训练，用自己特有的思维方式去理解和记忆知识点，所学知识就会内化为自身的学习系统，就会成为富有价值的知识。

三、学习“变式”

变式是指相对于某种范式（即数学教材中具体的数学思维成果，含基础知识、知识结构、典型问题、思维模式等）的变化形式。它是解题思维展开的一种重要途径。

学习变式就是要注重观察有关概念、性质、公式、题型等是如何从简单演变、派生到复杂的，从中理解变式的基本思想，学会归纳出解决问题的方法、策略、技巧，熟练地掌握变式的思维方法。学习变式对提高思维的辩证能力，促进自己不断地向思维的自觉领悟阶段转变，具有不可替代的作用。

变式，常常通过以下方式进行：

1. 语言变式

高中数学语言有文字语言、图形语言、符号语言。从某种意义上来说，高中数学解题就是不断进行语言的转化，从中发现解题思路，进而求解的过程。在高中数学解题过程中应自觉锻炼将文字语言、符号语言和图形语言进行相互转化的能力。

2. 图形变式

在高中数学解题过程中应注重训练将图形由标准位置改变为非标准位置，将基本图形改变为非基本图形，它能增强我们对概念的本质特征的理解和引申。要注重以基本图形为“生长点”，将其引申变换为组合图形而得到变式题组，培养自己的想象能力、变换能力及创新意识。

3. 概念变式

概念变式包括反映该概念本质属性的各种变化形式，如符号表示、等价说法、图形变式及反面实例等。

4. 定理变式

数学定理揭示了几个概念之间的某种本质联系，是经过严格论证的数学命题。掌握定理就意味着要明确定理的结构特征（条件和结论），弄清定理的来龙去脉、推证方法和适用范围。改变条件或改变结论，会产生怎样的命题？该命题正确吗？定理的逆命题是否成立？定理的等价命题是怎样的？等等，这都是定理变式。

5. 公式变式

公式变式与定理变式相似，但公式更注重符号表示和式子结构，改变公式的式子结构，可得出各种变式。如由公式 $\tan(\alpha+\beta)=\dfrac{\tan\alpha+\tan\beta}{1-\tan\alpha\cdot\tan\beta}$，可得 $\tan\alpha+\tan\beta=\tan(\alpha+\beta)\cdot(1-\tan\alpha\cdot\tan\beta)$，它的一大特征是出现“两项的和与积”，其直接的应用就如例 3。

例 3 求 $\tan17^\circ+\tan43^\circ+\sqrt{3}\tan17^\circ\cdot\tan43^\circ$的值。

解：$\tan17^\circ+\tan43^\circ+\sqrt{3}\tan17^\circ\cdot\tan43^\circ$

$=\tan(17^\circ+43^\circ)(1-\tan17^\circ\cdot\tan43^\circ)+\sqrt{3}\tan17^\circ\cdot\tan43^\circ$

$=\tan60^\circ(1-\tan17^\circ\cdot\tan43^\circ)+\sqrt{3}\tan17^\circ\cdot\tan43^\circ$

$=\sqrt{3}(1-\tan17^\circ\cdot\tan43^\circ)+\sqrt{3}\tan17^\circ\cdot\tan43^\circ$

$=\sqrt{3}$。

6. 题目变式

题目变式即一题多变，其实质是问题结构的变式。从一道例（习）题出发，运用逆向或横向思维，通过改变题目的条件，如变数字、变字母、变符号，或运用一般化、特殊化等手段，使原题变成一组变式题。通过研究这组变式题，形成完整的知识结构。

例 4 已知数列 $\{a_n\}$，其中 $a_1=1$，$a_{n+1}=a_n+1(n\in\mathbf{N}^*)$ ①，求它的通项公式。

若着眼于条件变更及结论变更，可提出如下问题：

变式 1：把①式中的 1 改为 n，即 $a_{n+1}=a_n+n$②，求它的通项公式。

解：依题意有 $a_{n+1}-a_n=n$，故

$a_2-a_1=1$，

$a_3-a_2=2$，

……

$a_n-a_{n-1}=n-1$。

将以上 $n-1$ 个式子相加，得 $a_n-a_1=1+2+\cdots+(n-1)=\dfrac{n(n-1)}{2}$，

$\therefore a_n=\dfrac{n(n-1)}{2}+1$。

变式 2：把①式中的 1 改为 2^{n-1}，即 $a_{n+1}=a_n+2^{n-1}$③，求它的通项公式。

同变式 1 的解法得出答案：$a_n=2^{n-1}$。

小结：形如 $a_{n+1}=a_n+f(n)$ 的递推关系式，常用叠加的思维方法，化归为等差或等比数列求和。

变式 3：把①式中 a_n 前面的系数变化，如改成 2，即 $a_{n+1}=2a_n+1$④，求它的通项公式。

解：$\because a_{n+1}=2a_n+1$，

$\therefore a_{n+1}+1=2(a_n+1)$ ⑤，

$\therefore \dfrac{a_{n+1}+1}{a_n+1}=2$。

$\therefore \{a_n+1\}$ 是以首项为 $a_1+1=2$，公比为 2 的等比数列。

$\therefore a_n+1=2\cdot 2^{n-1}=2^n$，

$\therefore a_n=2^n-1$。

（注：⑤式中的 1 是凑配而来的，也可用待定系数法确定。）

小结：形如 $a_{n+1}=ca_n+d(c\neq 0,\ c\neq 1,\ d\neq 0)$ 的递推关系式，常用凑配方法或待定系数法，设 $a_{n+1}+l=c(a_n+l)$，则 $a_{n+1}=ca_n+cl-l$，与原递推式比较得 $(c-1)l=d$，$l=\dfrac{d}{c-1}$，再用构造法将其化归为等比数列问题。

变式 4：将④式中的常数换成一个幂，比如，$a_{n+1}=2a_n-3^n$⑥，求其通项公式。

解法 1：仿照变式 3 的解法，将递推关系式变形为 $a_{n+1}+3^{n+1}=2(a_n+3^n)$，则凑配成一个 $\{a_n+3^n\}$ 的等比数列，由此得到 $a_n=2^{n+1}-3^n$。

解法 2：把递推式⑥式两边同除以 3^{n+1}，得 $\dfrac{a_{n+1}}{3^{n+1}}=\dfrac{2}{3}\cdot\dfrac{a_n}{3^n}-\dfrac{1}{3}$，再把 $\dfrac{a_n}{3^n}$ 看成一个整体，令 $c_n=\dfrac{a_n}{3^n}$，则 $c_{n+1}=\dfrac{2}{3}c_n-\dfrac{1}{3}$。这就回到类似于④式的递推形式，可用待定系数法配凑成等比数列解之，这是求解这类问题的通法。

小结：形如 $a_{n+1}=ca_n+d^n$ $(c\neq 0,\ c\neq 1,\ d\neq 0)$ 的递推关系式，可采用类似于⑥式的凑配方法，再用构造法化归为等比数列问题。

变式 5：将①式中的 a_{n+1}，a_n 换成倒数，即 $\dfrac{1}{a_{n+1}}=\dfrac{1}{a_n}+1$，

将此式化简，得 $a_n=a_{n+1}+a_na_{n+1}$，即 $a_{n+1}=\dfrac{a_n}{1+a_n}$⑦。

因此对递推关系⑦式可凑配成倒数的递推关系式，转化成等差数列解之。

变式 6：将⑦式改为 $a_{n+1}=\dfrac{3a_n}{1+a_n}$⑧。

解：⑧式可化为 $a_{n+1}+a_na_{n+1}=3a_n$，两边同除以 $a_{n+1}a_n$，得 $\dfrac{1}{a_n}+1=\dfrac{3}{a_{n+1}}$，即 $\dfrac{1}{a_{n+1}}=\dfrac{1}{3}\cdot\dfrac{1}{a_n}+\dfrac{1}{3}$。

令 $b_n=\dfrac{1}{a_n}$，则 $b_{n+1}=\dfrac{1}{3}b_n+\dfrac{1}{3}$，回到类似于④式的递推形式，再凑配成等比数列求解。

小结：形如 $a_{n+1}=\frac{ma_n}{b+ca_n}$（其中 m，b，c 均为非零常数）的递推关系式，采用凑配成倒数的思想方法，化归为等差、等比数列问题。

我们知道数列 $\{a_n\}$ 如果满足关系式 $a_{n+1}=qa_n(q\neq0)$ ⑨，则数列为等比数列。

变式 7：将⑨式中的 q 改为 $\frac{n}{n+1}$，即 $a_{n+1}=\frac{n}{n+1}a_n$ ⑩，求 a_n。

解法 1：$\because \frac{a_{n+1}}{a_n}=\frac{n}{n+1}$，

$\therefore \frac{a_2}{a_1}=\frac{1}{2}$，$\frac{a_3}{a_2}=\frac{2}{3}$，$\frac{a_4}{a_3}=\frac{3}{4}$，…，$\frac{a_n}{a_{n-1}}=\frac{n-1}{n}$，

将以上 $n-1$ 个式子相乘，得 $\frac{a_n}{a_1}=\frac{1}{2}\cdot\frac{2}{3}\cdot\frac{3}{4}\cdot\cdots\cdot\frac{n-1}{n}=\frac{1}{n}$，

$\therefore a_n=\frac{1}{n}$。

解法 2：$a_n=\frac{n-1}{n}a_{n-1}=\frac{n-1}{n}\cdot\frac{n-2}{n-1}a_{n-2}=\frac{n-1}{n}\cdot\frac{n-2}{n-1}\cdot\cdots\cdot\frac{2}{3}\cdot\frac{1}{2}$

$=\frac{1}{n}$。

小结：形如 $a_{n+1}=f(n)a_n$ 的递推关系式，可采用叠乘或迭代递推的思想方法。

题目变式有利于培养学生的问题意识和创新品质，提高高中数学解题能力。

7. 方法变式

方法变式指对同一道题目从不同角度进行思考，探求出不同的解决方法。一题多解的实质是问题解法的变式。一题多解是创新意识的具体运用，其作用有三：一是开拓解题思路、激发探索兴趣；二是寻找解题捷径，培养求简意识；三是创新解题模式，提高创新能力。

例 5　已知二次函数 $f(x)$ 满足 $f\left(\frac{1+x}{x}\right)=\frac{x^2+1}{x^2}+\frac{1}{x}$，求 $f(x)$ 的表达式。

分析 1：已知条件中自变量为复合的分式，从分式到整式是实施运算化

简的目标，为此可用换元法来解决。

解法1：令 $t=\frac{1+x}{x}$，则 $x=\frac{1}{t-1}$，$\frac{1}{x}=t-1$。

$$\therefore f(t)=\frac{\left(\frac{1}{t-1}\right)^2+1}{\left(\frac{1}{t-1}\right)^2}+(t-1)=1+(t-1)^2+(t-1)=t^2-t+1,$$

$\therefore f(x)=x^2-x+1$。

分析2：因为题设 $f(x)$ 是二次函数，所以把 $\frac{x^2+1}{x^2}+\frac{1}{x}$ 配凑成以 $\frac{1+x}{x}$ 为变量的二次函数，可得到 $f(x)$ 的表达式。

解法2：
$$f\left(\frac{1+x}{x}\right)=\frac{x^2+1}{x^2}+\frac{1}{x}=\left(\frac{1+x}{x}\right)^2-\frac{2x}{x^2}+\frac{1}{x}=\left(\frac{1+x}{x}\right)^2-\frac{1}{x}$$
$$=\left(\frac{1+x}{x}\right)^2-\frac{1+x}{x}+1,$$

$\therefore f(x)=x^2-x+1$。

分析3：既然已知所求的函数肯定是二次函数，不妨直接设出二次函数的标准式 $f(u)=au^2+bu+c$，其待定的三个系数 a，b，c 可通过自变量与函数的对应关系转化为一次方程组求解。

解法3：设二次函数为 $f(u)=au^2+bu+c$，当 $u=0$ 时，$c=f(0)$。

由 $\frac{1+x}{x}=0$，得 $x=-1$，$\therefore f(0)=\frac{(-1)^2+1}{(-1)^2}+\frac{1}{-1}=1$，

故 $f(u)=au^2+bu+1$，从而 $f(2)=4a+2b+1$①，

由 $\frac{1+x}{x}=2$，得 $x=1$，$\therefore f(2)=\frac{1+1}{1}+\frac{1}{1}=3$。

同理，$f(3)=9a+3b+1=7$②，由①②两式解得 $a=1$，$b=-1$。

$\therefore f(x)=x^2-x+1$。

四、学习“提问”

古代把学习叫“做学问”，一个人有知识叫“有学问”，可见“问”字在学习中多么重要。高中数学学习中常常会遇到思维受阻的情况，或者思路与老师的想法不一致，或者在讨论中与其他同学的看法有冲突。这时，要勇于

提问，勇于阐述自己的见解，提出自己的质疑，通过与老师、同学的交流，肯定自己对问题的见解，或纠正自己理解上的偏差，从而对问题理解得更深刻、更全面。

当在解题遇到困难向老师请教时，要注重把自己解题的想法、遇到的困难、自己设想而又行不通的解决办法等向老师提出，让老师了解自己的解题思路，诊断思维受阻的根源，提出解决问题的办法，这样，才能真正解除心中的疑惑，使问题的解决符合自己的认知水平。否则，仅仅问老师怎么做，老师可能会按他的想法作答，但这一解法未必和自己所想的一致，并未解决自己的疑问。总的来说就是主动让老师了解自己的学习现状、思维发展状况，以得到老师有针对性的帮助和指导。长此以往，我们分析问题、解决问题的能力就可以得到有效的提高。

以下是一位学生做题中向老师“提问”的实录，可以成为同学们学习的范例。

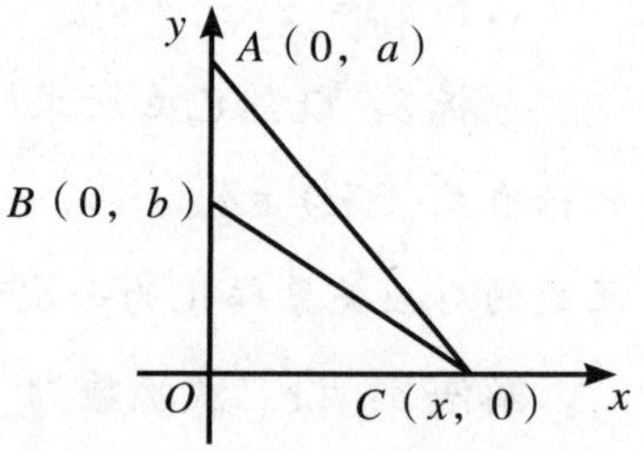

题目：已知 A，B 两点的坐标分别为 $(0, a)$，$(0, b)$，在 x 轴上求一点 $C(x, 0)$，使得 $\angle ACB$ 最大。(1986 年高考题)

高考标准答案如下：

$\because \angle ACB=\angle ACO-\angle BCO$，

$\therefore \tan\angle ACB=\tan(\angle ACO-\angle BCO)=\dfrac{\tan\angle ACO-\tan\angle BCO}{1+\tan\angle ACO\cdot\tan\angle BCO}=$

$\dfrac{\dfrac{a}{x}-\dfrac{b}{x}}{1+\dfrac{a}{x}\cdot\dfrac{b}{x}}=\dfrac{a-b}{x+\dfrac{ab}{x}}$。

由于 x 与 $\dfrac{ab}{x}$ 的积为定值 $(x>0)$，$x+\dfrac{ab}{x}\geqslant 2\sqrt{x\cdot\dfrac{ab}{x}}=2\sqrt{ab}$，故 $\tan\angle ACB\leqslant\dfrac{a-b}{2\sqrt{ab}}$，当 $x=\dfrac{ab}{x}$，$x^2=ab$，$x=\sqrt{ab}$ 时取等号，即当 $x=\sqrt{ab}$ 时，$\tan\angle ACB$ 最大，由于在 $0^\circ\sim 90^\circ$ 内正切函数为增函数，故当 $x=\sqrt{ab}$ 时，$\angle ACB$ 最大。

但这位学生由于思路不同，解答过程遇到了很多困难。他是这样做的：

由$\triangle ABC$中的关系，得$\dfrac{AB}{\sin\angle ACB}=\dfrac{AC}{\sin\angle ABC}$。

$\because \sin\angle ABC=\sin\angle OBC=\dfrac{x}{\sqrt{b^2+x^2}}$，$AC=\sqrt{a^2+x^2}$，$AB=a-b$，

$\therefore \sin\angle ACB=\dfrac{AB\cdot\sin\angle ABC}{AC}=\dfrac{(a-b)x}{\sqrt{a^2+x^2}\cdot\sqrt{b^2+x^2}}$ ①。

但他无法由①式求出最值，进而向老师请教，让老师帮他分析，以下是师生的对话：

师：你认为难在哪里？

生：①式中分母有根号，没学过这类问题求最值的方法。

师：能不能不管根号呢？

生：（思考）恐怕不行。

师：观察一下，将①式变形为

$\sin\angle ACB=\dfrac{(a-b)x}{\sqrt{(a^2+x^2)(b^2+x^2)}}=\sqrt{\dfrac{(a-b)^2x^2}{(a^2+x^2)(b^2+x^2)}}$，你发现什么了吗？

生：根号还是存在呀？

师：$\dfrac{(a-b)^2x^2}{(a^2+x^2)(b^2+x^2)}$有最大值时，$\sqrt{\dfrac{(a-b)^2x^2}{(a^2+x^2)(b^2+x^2)}}$是否也达到最大值？

生：对，这样就不用考虑根号了。（思考）不过$\dfrac{(a-b)^2x^2}{(a^2+x^2)(b^2+x^2)}$②分母次数超过二次，还是没法用判别式求最值。

师：如果分母次数不超过二次你就可以求对吗？那你能不能想办法把x^2换一换，使分子分母都不超过二次？

生：（稍做思考后发现）用t替换x^2就可以将原式变成$\dfrac{(a-b)^2t}{(a^2+t)(b^2+t)}$，这是较熟悉的求值域问题，可以做了。

至此，老师已解决了学生遇到的困难，完成了答疑的基本目标。但老师

却继续与他讨论下去，让他得到更多的收获。

师：如果不做换元能处理吗？观察一下，②式分子、分母均含变量，能否经过变换分子不含变量 x^2 呢？

生：（观察②式，发现）用 x^2 同除分子、分母就行，做变换：

$\dfrac{(a-b)^2x^2}{(a^2+x^2)(b^2+x^2)}=\dfrac{(a-b)^2}{x^2+\dfrac{a^2b^2}{x^2}+a^2+b^2}$，发现当 $x^2=\dfrac{a^2b^2}{x^2}$，即 $x=\sqrt{ab}$ 时，分母值最小，此时原式的值最大。

生：原来还以为是思路不对，其实列式没问题，只是不会设法变换求最值的问题。

至此，学生不仅得到老师的“排忧解难”，而且将思维引向了更深层次，更重要的是学生这样的提问完全从自己思维的路径出发，解决了自身的认知困难，真正做到了“释疑”，长此以往，思维能力就会得到更大的提高。

五、学习“感悟”

“悟”是一种更深层次的思考，它反映了一个人思考能力的水平。

一悟基本的知识要求。一节课，老师讲了哪些问题，如概念、性质、定理，它们的内涵和外延是什么，或者说这些知识有什么特点，要抓住哪些关键，它与已学知识有哪些联系，发展的主线是什么，等等，这些都是我们要去思考、发现的。因为老师不可能在短短的课堂时间内把所有的问题都讲全讲透，对很多问题都只能做些点拨、提示，需要我们自己去感悟理解。如果我们缺乏这种主动“悟”的意识，就不能全面地理解知识的本质，学习就会处于一种比较浅显的状态，对今后的学习会带来一定的困难。

二悟重要的解题方法。成功的解题方法，指明了从思维的引发、展开到分析、判断等一系列决策过程的基本程序，是我们今后学习高中数学可以类比的一种模式。因此，我们要注重思考这一方法的基本特征，它的主要步骤，如有哪些基本的技巧，能够解决哪些问题，然后把它内化为自己的认识，实现将其他人的方法变成自己的方法。

三悟蕴含的数学思想。如果说解题方法是实施层面的“技巧型”的办法，那么怎样感悟其背后蕴藏着的丰富的数学思想就更为重要了。因为数学思想是一种策略上的全局性的方法，要真正做到举一反三、触类旁通，我们就必须要有这种高度和意识，才能在复杂多变的数学问题面前有思路、有办法。

四悟知识的广泛应用。对知识的学习，我们不仅要会，更重要的是要学会联系，因为只有联系，知识才能“活”起来。因此，听课时要注意老师对知识点来龙去脉的分析，认真领悟所学知识的作用，学会运用这些知识去解决问题。教材上的练习、习题就是一种最直接的运用，要认真做，感受知识在运用上的变化，真正把知识学懂、用活。

坚持这样的训练，我们就会有很多“问题”可想，这样独立思考问题能力、理解问题能力、分析问题能力、解决问题能力也会逐步提高。

第三节 掌握正确的解题程序

怎样提高高中数学解题的能力？除了要熟练掌握基础知识外，掌握正确的解题决策模式也是至关重要的。基础知识与解题能力犹如地基与高楼、树根与大树的关系，而解题决策模式则反映了数学解题思维的基本规律。一些同学觉得高中数学题“难解”，难在哪里？最主要的原因就是面对问题时无“路”可走。因此，加强对解题规律的学习，掌握正确的解题模式，使自己在解题时有清晰的思路、有“路”可走，这是提高解题能力的关键。

著名数学家波利亚曾在《怎样解题》一书中对如何解题做过精辟的论述，他提出，在解题中要不断向自己提出有启发性的问题，引导思维起步、展开，“就像轻轻地推动着小船前进”。他将解题过程分为四个步骤：(1) 审题，即理解题意；明确题目条件和要求；尽可能画出直观图或示意图。(2) 寻找解法，即辨别题目类型，联系可能用到的知识、方法，找出已知与未知间的关系。(3) 写出解法，即用正确、合理而简明的式子或文字表达出来，然后检验其正确性。(4) 小结，即寻找更佳解法，归纳解题规律。这四个步骤，深刻阐明了解题过程的基本结构，它不仅是启发数学解题思维的具体方法，也是解题必须遵循的基本原则，更是数学解题方法的精髓。以下谈谈怎样在解题的过程中掌握并实施这些策略。

一、审清题意，明确目标

审题，就是要读懂题目的含义，发现其阐述问题的本质特征，明确解题最终要达到的目标，从中寻找解题的方向和办法。审题是解题各环节的重中之重，练好审题的基本功是迅速提高解题能力的关键。一些同学由于缺乏对审题重要性和审题基本方法的了解，使解题从开始就处于一种盲目的状态，直接影响了解题过程的实施，这是亟待改进的。那么，审题应该抓住哪些关键呢？

1. 读题——学会问“是什么”

数学命题是以最简洁的表达方式来阐述问题的，题目中的每一句话、每一个关键字都隐含着对解题的暗示，因此认真读题十分重要。怎样“读”出题目中的每一个条件的含义，最主要的方法就是问“是什么”，这是引发思维的关键，也是审题的重要任务。

例1 已知二次函数 $f(x)=ax^2+bx+c(a>b>c)$，图象上有两点 $A(m_1, f(m_1))$，$B(m_2, f(m_2))$，$f(x)$ 满足 $f(1)=0$，$a^2+[f(m_1)+f(m_2)]\cdot a+f(m_1)f(m_2)=0$。

(1) 求证：$b\geqslant 0$；

(2) 求证：$f(x)$ 的图象被 x 轴所截得的线段长的取值范围是 $[2, 3)$；

(3) 能否得出 $f(m_1+3)$，$f(m_2+3)$ 中至少有一个为正数？请证明你的结论。

分析：认真读题，分析题目条件的特征，把信息尽可能挖掘出来。

(1) 条件1：二次函数 $f(x)=ax^2+bx+c(a>b>c)$

思考1：这是一条什么样的抛物线？

(2) 条件2：$f(1)=0$

思考2：等式的含义是什么？

从函数值的概念可知 $a+b+c=0$①；

从方程的概念可知1是 $f(x)=0$ 的一个根，则另一个根是 $\frac{c}{a}$②；

由①和题目条件 $a>b>c$ 可知 $a>0$，$c<0$③。

从而回答了思考1的问题：这是一条开口向上、以1和 $\frac{c}{a}$ 为根的抛物线。

(3) 条件3：$a^2+[f(m_1)+f(m_2)]\cdot a+f(m_1)f(m_2)=0$

思考3：给出一个一元二次方程说明什么？能求根吗？

因式分解可知 $[a+f(m_1)][a+f(m_2)]=0$，

$\Rightarrow f(m_1)=-a$ 或 $f(m_2)=-a$，

$\Rightarrow m_1$ 或 m_2 是 $f(x)=-a$ 的一个实根，

$\Rightarrow \Delta \geqslant 0$。

(4) 思考4：问题 (2) 中“$f(x)$ 的图象被 x 轴所截得的线段长”是什么含义？

$\Rightarrow$就是两根1和$\frac{c}{a}$的距离即$\left|1-\frac{c}{a}\right|$。

(5) 思考5：问题 (3) 中“$f(m_1+3)$，$f(m_2+3)$ 中至少有一个为正数”是什么含义？

$\Rightarrow$由于这是一条开口向上的抛物线，两根分别为1和$\frac{c}{a}$，要证明 $f(m_1+3)>0$，只要证明 m_1+3 在两根之外即可。

可见，学会问“是什么”，实际上就是在不断启发解题思维的起步和展开，这就是我们说的“发现解题思路”。做好了这项工作，得出正确解答也就不难了。本例是一道训练“代数推理”的经典题，它为如何认真读题以发现信息进而进行代数推理，提供了一个很好的范例。以下给出完整的解法。

解：(1) **证明**：$\because f(m_1)$，$f(m_2)$ 满足 $a^2+[f(m_1)+f(m_2)]a+f(m_1)f(m_2)=0$，即 $[a+f(m_1)][a+f(m_2)]=0$，

$\therefore f(m_1)=-a$ 或 $f(m_2)=-a$。

$\therefore m_1$ 或 m_2 是 $f(x)=-a$ 的一个实根，

$\therefore \Delta \geqslant 0$ 即 $b^2 \geqslant 4a(a+c)$。

$\because f(1)=0$，$\therefore a+b+c=0$。

$\therefore b=-(a+c)$，

$\therefore b^2+4ab \geqslant 0$，$b(b+4a)>0$。

又 $a>b>c$，$\therefore a>0$，$c<0$，$\therefore 3a-c>0$，

$\therefore b+4a=3a-c>0$，$\therefore b \geqslant 0$。

(2) **证明**：设 $f(x)=ax^2+bx+c=0$ 的两根分别为 x_1，x_2，若一个根为1，则另一个根为$\frac{c}{a}$。

又$\because a>0$，$c<0$，$\therefore \frac{c}{a}<0$。

$\because a>b>c$ 且 $b=-a-c \geqslant 0$，

$\therefore a > -a-c > c$，$\therefore -2 < \dfrac{c}{a} \leqslant -1$，

$\therefore 2 \leqslant |x_1 - x_2| < 3$。

(3) $f(m_1+3)$，$f(m_2+3)$ 中至少有一个为正数。

证明：设 $f(x)=a(x-x_1)(x-x_2)=a(x-1)\left(x-\dfrac{c}{a}\right)$，

由已知 $f(m_1)=-a$ 或 $f(m_2)=-a$，

不妨设 $f(m_1)=-a$，则 $a(m_1-1)\left(m_1-\dfrac{c}{a}\right)=-a<0$。

$\therefore \dfrac{c}{a} < m_1 < 1$，$\therefore m_1+3 > \dfrac{c}{a}+3 > 1$，

$\therefore f(m_1+3) > f(1) > 0$，$\therefore f(m_1+3) > 0$。

同理当 $f(m_2)=-a$ 时，有 $f(m_2+3)>0$。

$\therefore f(m_2+3)$ 或 $f(m_1+3)$ 中至少有一个为正数。

2. 数学语言的转化——挖掘题目信息

高中数学命题通常以文字语言、符号语言、图形语言方式呈现，每种语言都从特定的视角描述了数学问题的实质，具有鲜明的启发性。因此，审题就是要能熟练地对命题进行“三种语言”的相互转化，引发多层面地理解、发现问题的属性。

例2 设函数 $f(x)=ax^3+bx^2+cx+d$ 的图象如图所示，$|x_1|<|x_2|$，则 $f(-1)+f(1)$（　　）。

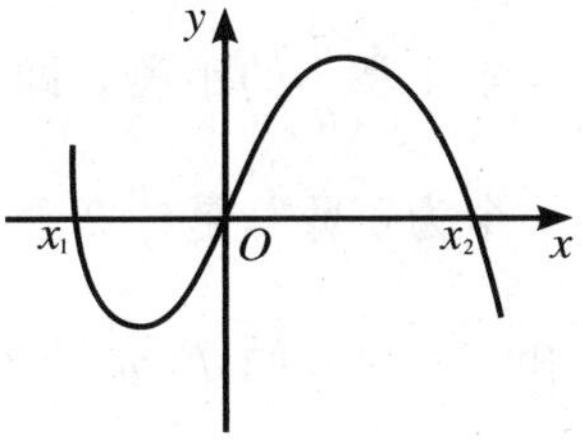

A. 大于0　　　　B. 等于0

C. 小于0　　　　D. 不能确定

分析：我们先将图形语言、符号语言转化为文字语言——读懂题意，再转化为符号语言进行推理求解。

我们可以从图中“翻译”出如下文字描述：图象过原点，方程有三个根，一个零根、一个正根和一个负根，且正根比负根绝对值大，函数无最大最小值，在区间上具有单调性……再转化为符号语言进行推理：图象过原点 $\Rightarrow d=0$；方程有一个正根、一个负根，且正根比负根绝对值大 $\Rightarrow x_1+x_2>0$，

$x_1x_2<0$……同样，从题目条件中的符号表述中可“读出”：x_2 与原点的距离比 x_1 与原点的距离大，要求出式子 $f(-1)+f(1)=2b$ 的范围，只需判断 b 的符号就可以了。这些都是解题的重要信息。

解：图象过原点，故 $d=0$。

$\therefore f(x)=x(ax^2+bx+c)=xa(x-x_1)(x-x_2)$ ①。

$\because |x_1|<|x_2|$，$\therefore x_1+x_2=-\dfrac{b}{a}>0$，$x_1x_2=\dfrac{c}{a}<0$，

$\therefore f(-1)+f(1)=-a+b-c+a+b+c=2b$。

由图象可知，当 $x\in(0, x_2)$ 时，$f(x)>0$，由①可知 $a<0\Rightarrow b>0$，故选 A。

3. 明确解题目标——知道要做什么

审题，不仅要弄清题目的条件，解决“已经知道什么”的问题，还要解决到底“还要做什么”的问题，这就需要明确解题的目标。事实上，高中数学问题的解决更多运用的是分析综合法，“执因寻果”和“执果寻因”都是重要的解题方式，因此对“果”即解题目标“是什么、需要什么条件”的分析和判断都必须在审题环节中得到解决，这就需要认真分析题目要求，并根据这一要求去寻找所需的条件，这也就是思考的方向。如例 1 中的思考 4“$f(x)$ 的图象被 x 轴所截得的线段长”是什么含义？截得的线段长就是两个根 1 和 $\dfrac{c}{a}$ 的距离，即 $\left|1-\dfrac{c}{a}\right|$，思考 5“$f(m_1+3)$，$f(m_2+3)$ 中至少有一个为正数”是什么含义？由于这是一条开口向上的抛物线，两根分别为 1 和 $\dfrac{c}{a}$，要证明 $f(m_1+3)>0$，只要证明 m_1+3 在两根之外即可。又如例 2 中“要求出式子 $f(-1)+f(1)=2b$ 的范围，只需判断 b 的符号就可以了”，等等，这些问题都是审题时必须要解决的。

二、类比联想，方法引路

数学问题直接反映了数学学习的基本内容、方法，考查的是对知识、方法的理解能力和运用能力，它不是凭空产生的。因此，在解题中要注重思考：这个问题涉及哪些知识，解决这类问题常用哪些方法，这就是类比联

想。类比联想是产生直觉的先导，它能孕育预感，催生灵感，是培养高中数学解题能力的重要途径。

这里特别强调的是，在解题过程中，类比联想要注重与数学思想方法相联系，如技巧型方法：换元法、待定系数法、错位相消法等。解题的重要任务就是要将"问题"与这些方法联系起来，以方法引路。这就需要类比联想：辨别题目类型，联想那些形式相同、思考方法相似、结构相近的熟悉问题或常规问题，类比解决这些问题所用的方法、技巧，从而思考发现解决问题的办法。

例 3 已知抛物线 C：$x^2=2y$，点 $A(0, a)$。如果抛物线 C 上到点 A 距离最近的是抛物线 C 的顶点，那么 a 的取值范围是（　　）。

A. $a=1$　　B. $0\leqslant a\leqslant 1$　　C. $a\leqslant 1$　　D. $a\leqslant 0$

解法 1：将文字语言转化为符号语言。设 $M(x, y)\in C$，函数 $D=\sqrt{x^2+(y-a)^2}$，当 $x=y=0$ 时有最小值 $|a|$。

类比：解二元函数问题的常用方法是转化为一元函数问题求解，本题是否也可以转化?

将问题变为求"$D=\sqrt{y^2+(2-2a)y+a^2}$ 在定义域 $[0, +\infty)$ 的左端点取得最小值"，这是我们所熟知的，只需令二次函数 $U=y^2+(2-2a)y+a^2$ 的对称轴位于原点左侧，即 $\frac{2a-2}{2}\leqslant 0$，得 $a\leqslant 1$，故选 C。

解法 2：函数问题常常与方程、不等式问题相关联，可通过从不等式的角度对命题进行转化与求解。

已知几何命题	⇒	关于 x，y 的不等式 $x^2+(y-a)^2\geqslant a^2$①，对一切满足 $x^2=2y$ 的实数成立，且 $x=y=0$ 时，等号成立	⇔	关于 y 的不等式 $y^2+(2-2a)y\geqslant 0$②，在 $[0, +\infty)$ 上成立，且 $y=0$ 时，等号成立

由于②的解集是"两根之外"，因此 $[0, +\infty)$ 应在大根之外，故另一个根 $2a-2\leqslant 0$，得 $a\leqslant 1$，故选 C。

解法 3：同理，考虑把命题转化为方程问题求解。

已知几何命题 ⇒ 方程组 $\begin{cases} x^2=2y & ① \\ x^2+(y-a)^2=a^2 & ② \end{cases}$ 只有一个解 $\begin{cases} x=0, \\ y=0 \end{cases}$ ⇔ 方程 $y^2+(2-2a)y=0$ ③，在 $[0, +\infty)$ 上只有一个解 $y=0$

但方程③又有两个解：$y_1=0$，$y_2=2a-2$，只能说明另一根 $2a-2\leqslant 0$，从而得 $a\leqslant 1$，故选 C。

解法 4：数学问题的呈现方式除了文字语言，还有符号语言、图形语言，如果说上述三种方法是从符号语言的特征去思考，那么我们也可以从利用数形结合去思考求解。

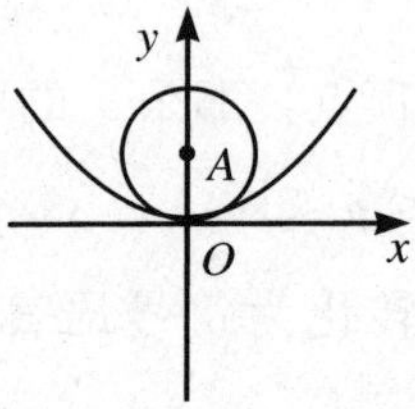

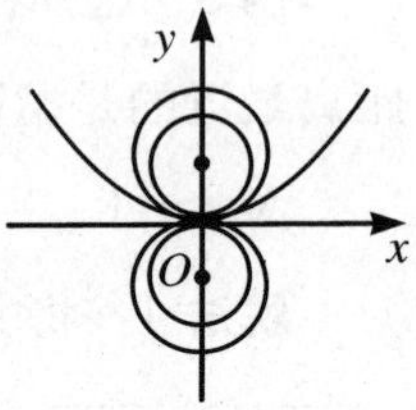

分析图象，显然，$a\leqslant 0$ 时符合题意，排除选项 A、B，又令 $\Delta=(2-2a)^2=0$，得 $a=1$，即 $a=1$ 也符合题意，故选 C。

三、因思而变，转化求解

转化是数学思维的重要方式，从知识的正向迁移到逆向化归，每一步都体现了“变”的思想。通过不断改变问题的情境或改变思维的角度，在保证事物的本质特征不变的情况下，使事物的非本质属性不断迁移、变化，从中发现解决问题的办法。

学习转化，要加强两方面的训练。一是在高中数学知识的学习中，要注重观察有关概念、性质、公式、题型等是如何从简单演变、派生到复杂的，学会归纳出解决问题的方法、策略与技巧，从中理解转化的基本思想，掌握转化的思维方法。二是要注重等价变换，学会将命题从一种表现形式等价转化为另一种表现形式，以利于从中发现解决问题的办法。学会转化，对提高思维的辩证能力，拓展解题思路，促进自已不断地向思维的自觉领悟阶段转变，都具有不可替代的作用。

例 4 设 a，$b\in\mathbf{R}$，且方程 $x^4+ax^3+bx^2+ax+1=0$ 至少有一个正根，试求 a^2+b^2 的最小值。

思考 1（转化 1）：高次方程是我们不太熟悉的问题，可否转化为一元二次方程问题呢？

两边除以 x^2，得 $x^2+ax+b+\frac{a}{x}+\frac{1}{x^2}=0$，即 $\left(x+\frac{1}{x}\right)^2+a\left(x+\frac{1}{x}\right)+b-2=0$。

令 $u=x+\frac{1}{x}$，得 $u^2+au+b-2=0$①，其中 $u\geqslant2$，由此原题条件就变为方程①至少有一个不小于 2 的实根的问题，易知 $2a+b+2\leqslant0$②，从而原题转化为“在条件②下，求 a^2+b^2 的最小值”问题。

思考 2（转化 2）：利用代数方法求解。

由②知，$a^2+b^2=a^2+(-2-2a)^2=5a^2+8a+4=5\left(a+\frac{4}{5}\right)^2+\frac{4}{5}\geqslant\frac{4}{5}$，故 a^2+b^2 的最小值为$\frac{4}{5}$。

思考 3（转化 3）：利用几何方法求解。

问题可变更为：在直线 $2a+b+2=0$ 的下方（包括边界）的所有点中，找到与原点距离有最小值的点（显然就是原点到直线 $2a+b+2=0$ 的距离）。由 $d=\frac{|2\times0+0+2|}{\sqrt{2^2+1^2}}=\frac{2}{\sqrt{5}}$知，$a^2+b^2=d^2=\frac{4}{5}$，即 a^2+b^2 的最小值为$\frac{4}{5}$。

思考 4（转化 4）：利用三角方法求解。

利用三角函数有界性求最值，令 $a=\rho\cos\theta$，$b=\rho\sin\theta$，代入 $2a+b+2=0$ 有 $2\rho\cos\theta+\rho\sin\theta+2=0$，即 $\rho(2\cos\theta+\sin\theta)+2=0$，

$$|\rho|=\left|-\frac{2}{2\cos\theta+\sin\theta}\right|=\left|\frac{2}{\sqrt{5}\sin(\theta+\varphi)}\right|\geqslant\frac{2}{\sqrt{5}},$$

故 $\rho^2=a^2+b^2\geqslant\frac{4}{5}$，即 a^2+b^2 的最小值为$\frac{4}{5}$。

四、另辟蹊径，标新立异

发散性思维是创造性思维的主导成分，对创造性思维的产生和发展有着极大的作用。解题后的反思，探求更优解法，是丰富认知结构、拓展思维空间的重要途径，要加强训练。

例5 已知$c>0$，不等式$x+|x-2c|>1$的解集为**R**，求c的取值范围。

分析：此类题的通法是去掉绝对值符号，通过数形结合的方法去寻求答案。但是如果能就“解集为**R**”对问题进行类比、分析，就可以得出更多的解法，这里仅举一例进行说明。

解：要使原不等式的解集为**R**，只需不等式中不含x即可，即$x-x+2c>1$，$\therefore c>\dfrac{1}{2}$。

成功解题的思维活动是一个有明确的计划（策略）、自觉的实施、必要的检验等活动的综合体，特别是波利亚对解题过程基本结构的阐述，充分体现了数学解题的基本规律，需要很好地感悟、理解和实践，这是提高高中数学解题能力的必由之路。

以上仅从几个方面谈了高中数学学习的一些方法，这些都是高中数学学习的基本规律。要学好高中数学，特别对于高一学生来说，养成良好的学习习惯至关重要。只要勤于思考，认真感悟，勇于实践并持之以恒，同学们就可以很快适应高中的数学学习，不断提高高中数学学习的能力，为后续学习打下坚实的基础。

第四节 强化定义、定理、公式的学习

高中数学学习，遇到最多的就是对定义（概念）、定理、公式的学习，它是高中数学学习的中心活动，也是学习新知识、新方法最基本的途径。从狭义上看，定义是对一种事物的本质特征或其内涵、外延进行的确切而简要的说明；定理是经过受逻辑限制的证明为真的陈述；公式则是将事物与事物间的联系以一定方式呈现的表达方法。

定义、定理、公式的学习有一定的共性，我们可以从以下三个方面去加强训练。

一、读懂定义、定理、公式的意义

数学中的定义、定理、公式的呈现方式是极其严谨的，无论是用文字语言、符号语言还是图形语言来描述，仔细阅读就会发现，它非常精炼和合理，体现了数学的简洁美。但恰恰也因为其“简洁”的特性，使得它所包含的丰富内涵不易全面理解和掌握，需要我们在学习时更加努力地去思考、领会。因此，“读”懂定义、定理、公式本身的文字、符号和内容，了解它“是”什么，这是我们学好高中数学要过的第一关。

一要思内涵。定义、定理、公式的内涵就是其本质属性，或者说就是其特点。为什么这节课的定义、定理、公式“与众不同”，“特别”在哪里，这需要我们去寻找、挖掘、发现。对于定义，要想其关键词是哪些，包含哪几个要素；对于定理，要明确其条件是什么，结论是什么；对于公式，要从其结构特征入手，观察公式左右两边的变化，如是否是分式与整式的互化、和差与乘积的互化、次数与项数发生改变，等等。

二要想外延。定义、定理、公式的外延就是其不同的表现形式，在本质属性不变的前提下，其呈现的方式是多种多样的。如“椭圆”的定义，其形式可以是"大小不一"的椭圆，"圆扁不一"的椭圆，"横竖不一"的椭圆，也可以是"位置不一"的椭圆，这是学习椭圆定义后我们应该有的认识。又如三垂线定理，水平方向上的三垂线可以容易看出，但竖直方向、不同位置的三垂线我们还能像水平方向那样看得出来吗？当图形不在我们熟悉或习惯的位置时，是否还能按"先找面，后找面的垂线，再找斜线、射影"的顺序去思考并有效转换呢？只有将定义、定理、公式的外延想得更全面，解决高中数学问题时才能真正做到事半功倍。

二、了解定义、定理、公式的地位和作用

任何知识都不是平白无故产生的，定义、定理、公式的出现也是知识发展的必然产物，是因为需要而产生的。这就需要我们在学习中注重了解其产生的背景、在知识体系中的作用、与其他数学内容的逻辑关系，包括该定义或定理是如何推出来的，它又可以推出些什么，等等，这些都是我们在高中数学学习中要努力思考的。这样的训练能激发我们学会对知识进行充分联系，而联系正是高中数学学习最重要的一种意识和能力。

一是"为什么要学它"。首先，要抓住知识的关联性，努力理解新概念、新知识的引进为什么是自然的、合理的；其次，思考学习新知识的必要性，从而增强对新知识的理解。如果对新知识的学习有认知上的冲突，需认真思考产生冲突的原因，这也能从另一个层面上增强对新知识的理解。

二是"它有什么用"。要以问题为导向，把知识发生、发展的脉络厘清，建立起新旧知识的联系，促使自己对新旧知识进行广泛联想、类比、发现，开启更多积极的思考，这样，我们对定义、定理、公式学习的空间就会进一步打开，思维发展也将跃上新台阶。

三、对定义、定理、公式运用的实例做深入分析

例题是诠释定义、定理、公式内涵和外延的基本途径，也是数学思想方法具体运用的一个载体。要做到学以致用，不断提高运用新知识去分析和解决新问题的能力，我们必须有目的地加强对例题的分析、总结的训练。

一要弄清例题解题的过程。要认真分析例题解题的基本过程，明确这一过程的实施步骤，理解每一步骤的特征和处理方法，在脑海里形成一条解决问题的基本“路子”。

二要明确例题运用的范围。要深入分析例题，归纳题目的结构特点和类型，总结解决这类问题的基本思路，明确例题的解题方法在今后解题中的适用范围，遇到怎样的问题能联想、类比该例题的解题思路和方法步骤，形成自身经验。

三要感悟例题蕴含的数学思想方法。感悟、学习数学思想方法是例题学习的更高目标。要寻找例题解决过程中的数学思想方法的体现类型，它属于技巧型、逻辑型还是全局型，理解这些方法的作用和对今后解题的意义所在，等等。

以上三个层面实际上就是数学对象的本体论、方法论和目的论，是数学学习的重要环节，解决好这三个问题，能从根本上提升高中数学学习的质量。

以下以一个公式的学习为例，举例说明怎样更好地去学习定义、定理、公式。

课题：正弦、余弦的诱导公式

1. 怎样读懂、读透公式？

公式：$\sin(180^\circ+\alpha)=-\sin\alpha$，$\cos(180^\circ+\alpha)=-\cos\alpha$ ①

认真观察公式，得出：

(1) 角：是复（和）角与单角的关系。

(2) 函数名：是同名函数。

(3) 符号：保证两边同号（可记为“符号看象限”）。

(4) 角的任意性：公式对任意角 α 都成立。

(5) 公式的推导（作图分析，利用正弦线、余弦线以几何方法推证公式）。

问题：当 α 是任意角时，公式还成立吗？

以 α 为第二象限角为例（作图略）。

α 的终边与单位圆交于点 $P(x, y)$，依三角函数的定义有 $\sin\alpha=y$，$\cos\alpha=x$。

那么，α 的终边与角 $180^\circ+\alpha$ 的终边有何关系呢？

（作图分析，以代数方法推证公式，略）

反向延长线与单位圆的交点为 P_1，点 P 与点 P_1 关于原点对称，点 P_1 的坐标为 $P_1(-x, -y)$，则 $\sin(180°+\alpha)=-y$，$\cos(180°+\alpha)=-x$。

所以有 $\sin(180°+\alpha)=-\sin\alpha$，$\cos(180°+\alpha)=-\cos\alpha$。

可以这样记：函数名不变，符号看象限（把 α 想成锐角时来记）。

（6）公式推导所蕴含的数形结合思想

怎样体现？在寻找解决问题的办法时，“角的终边的对称性”为我们准确地写出对称点的坐标指明了方向，这就是数形结合思想的体现。

（注：公式学习的整个过程，体现了很多重要的数学思想方法，而这些思想方法在对公式探究的过程中往往是一种常规的运用，我们可能没有意识到，但通过这样的分析，我们对这些数学思想方法在解决问题时是怎样运用的，就会有新的认识和感悟，长此以往，就会形成数学的思想、意识，并内化为自己的能力。）

（7）公式变式

我们知道，减法是加法的逆运算，因此，$180°-\alpha=180°+(-\alpha)$，

$\sin(180°-\alpha)=\sin[180°+(-\alpha)]=-\sin(-\alpha)$，

$\sin(360°-\alpha)=\sin(180°+180°-\alpha)=-\sin(180°-\alpha)=\sin(-\alpha)$，

所以我们只要找到 $-\alpha$ 与 α 的三角函数关系，就能求出 $180°-\alpha$ 和 $360°-\alpha$ 的正弦值和余弦值。

与推导 $\sin(180°+\alpha)$、$\cos(180°+\alpha)$ 方法相同，设 α 的终边与单位圆相交于点 $P(x, y)$，$-\alpha$ 的终边与单位圆相交于点 P_1，这两个角的终边关于 x 轴对称，所以点 P_1 的坐标为 $(x, -y)$。又因为 $r=1$，所以 $\sin(-\alpha)=-y$，$\cos(-\alpha)=x$，所以 $\sin(-\alpha)=-\sin\alpha$，$\cos(-\alpha)=\cos\alpha$，故 $\sin(180°-\alpha)=\sin\alpha$，$\sin(360°-\alpha)=-\sin\alpha$②。

与公式①类似，公式②有这些特点：

（1）角：是复（和）角与单角的关系。

（2）函数名：是同名函数。

（3）符号：保证两边同号（可记为“符号看象限”）。

（4）角的任意性：公式对任意角 α 都成立。

努力这样去思考，我们才更能“读懂”公式。

2. 公式在知识体系中的地位和作用

为什么要学习这个公式？我们可以从以下问题串中去寻求答案：

问题 1：你能求出 $\sin570^\circ$ 的值吗？

解：$\sin570^\circ=\sin(360^\circ+210^\circ)=\sin210^\circ$

诱导公式一（前面学习的知识）的作用就是把任意角的正弦、余弦、正切化为 $0^\circ\sim360^\circ$ 的角的正弦、余弦、正切，但是怎么求 210° 的三角函数值却是我们未知的。

联想初中阶段学过的锐角三角函数值。

问题 2：能否找到一个锐角，使 210° 与这个锐角建立起一种关系呢？

可能有很多想法，比如：$210^\circ=180^\circ+30^\circ$①，

$210^\circ=270^\circ-60^\circ$②，

$210^\circ=150^\circ+60^\circ$③。

问题 3：如果要你去研究讨论，你会选择哪一种关系入手？为什么？

（1）直觉上觉得应该研究①②。因为 180°、270° 是终边落在坐标轴上的角，而坐标轴将平面划分为四个区域，习惯上对任意一个角我们常常用坐标轴来做参照。而用 150° 做参照与习惯上的划分不一致，所以不首选它。

（2）从对称性的角度看，研究①的合理性在于：$180^\circ+\alpha$ 角的终边与 α 角的终边关于原点对称，这给研究带来很大的方便。

事实上，对于任意一个 $0^\circ\sim360^\circ$ 的 β 角，我们可以找到一个锐角 α，使 β 和 α 有如下关系：

$\beta=\alpha$，$0^\circ\leqslant\beta<90^\circ$；

$\beta=180^\circ-\alpha$，$90^\circ\leqslant\beta<180^\circ$；

$\beta=180^\circ+\alpha$，$180^\circ\leqslant\beta<270^\circ$；

$\beta=360^\circ-\alpha$，$270^\circ\leqslant\beta<360^\circ$。

所以研究 $180^\circ-\alpha$、$180^\circ+\alpha$、$360^\circ-\alpha$ 与 α 的三角函数关系更合理。

（注：为什么课本要将问题转化为形如 $180^\circ+\alpha$ 的形式来研究？这是疑惑所在，也是我们要着力弄清的，只有这样质疑，我们才能学会选择、学会优化，这是高中数学学习更高层面的思维训练目标。）

问题4：你怎样总结归纳本节课的学习？

（1）正弦、余弦的诱导公式有何特点、作用（如上）？

（2）学习正弦、余弦的诱导公式的启示。

公式的证明我们可以用几何方法，也可以用代数方法，这种切入点对开拓我们解题的思路是非常重要的；使用代数方法证明公式，利用角的终边图形对称性，为我们准确写出对称点的坐标提供了很大帮助，充分体现了数形结合思想的优越性。

3. 公式运用的实例分析

例1 求下列三角函数的值（已知 $\sin 18°=0.309$）。

（1）$\cos 225°$；（2）$\sin \frac{11}{10}\pi$。

解：（1）$\cos 225°=\cos(180°+45°)=-\cos 45°=-\frac{\sqrt{2}}{2}$。

（2）$\sin \frac{11}{10}\pi=\sin\left(\pi+\frac{1}{10}\pi\right)=-\sin \frac{1}{10}\pi=-\sin 18°=-0.309$。

小结：本例是直接运用公式，把 0°～360°的角化为锐角求解。

例2 求下列三角函数的值（已知 $\cos 60°12'=0.497$）。

（1）$\sin\left(-\frac{\pi}{3}\right)$；（2）$\cos(-240°12')$。

解：（1）$\sin\left(-\frac{\pi}{3}\right)=-\sin \frac{\pi}{3}=-\frac{\sqrt{3}}{2}$。

（2）$\cos(-240°12')=\cos 240°12'=\cos(180°+60°12')$

$=-\cos 60°12'=-0.497$。

小结：遇到负角，先运用公式转化为正角，再把 0°～360°的角化为锐角求解。

例3 化简 $\frac{\cos(180°+\alpha)\sin(360°+\alpha)}{\sin(-\alpha-180°)\cos(-180°-\alpha)}$。

解：原式 $=\frac{-\cos\alpha\sin\alpha}{-\sin(180°+\alpha)\ \cos(180°+\alpha)}=\frac{\cos\alpha\sin\alpha}{\sin\alpha\cos\alpha}=1$。

小结：遇到多项运算，先运用公式将各项化简，再求值。

以上三个例子是直接运用公式转化的例子，目的在于让大家熟悉公式的形式和解决问题的一般方法。今后遇到复杂的三角函数式，先看每一项是否是公式形式，能否先行化简，然后再看有多少个角，角之间是否有和差倍半的关系，最后根据其关系特征寻求相关公式进行化简。

注重对不同层次的问题引申思考，能检查我们学习目标的达成情况，这是一个非常重要的学习环节。可见，对定义、定理、公式的学习，坚持做到有目标、有要求的训练，会大大提高我们对知识的理解和掌握，有助于高中数学学习能力的提升。

第五节 注重数学思想方法的学习

数学思想方法是数学中所蕴含的一般的思维规律。在2017年新的课程标准和高考命题指导思想中，都把数学思想方法作为重要的内容来要求和考查。那么，高中生在数学思想方法的学习上处于一种什么样的现状呢？一方面从高中数学教材内容上看，随着数学知识的逐步深化，数学思想方法的表现形式呈现出不同的层次性；另一方面，教师对数学思想方法的教学一般是贯穿在数学活动中的，以一种潜移默化的方式去引导学生学习和感悟，而教学实际上普遍的现象就是“教者有心，学者无意”。因此，学生对数学思想方法的学习更多地处在一种“操练”的层面，欠缺站在全局的高度上认识、理解并自觉运用数学思想方法来解决问题的意识和能力，影响了学生数学思维的发展和数学素养的提高，这是急需改进的一个重要课题。那么，作为学生“学”的层面，应该如何加强对数学思想方法的学习和深化呢？

一、增强对数学思想方法的认识

数学的内容，包括数学知识和蕴含于知识中的数学思想方法两个组成部分。定义、定理、公式等都是数学知识的外在表现形式，而数学思想方法则是数学发展的内在动力，促进数学知识的发现和探索，具有潜在的价值，把握住它就可以把握住数学发展的脉络。

方法与思想之间，没有严格的界限。人们习惯上把那些具体的、操作性较强的办法称为方法，而把那些抽象的、涉及范围较广的或框架性的办法称为思想。高中数学思想方法可以粗略地分为三种类型：

一是操作性较强的方法，称之为技巧型思想方法。比如换元法、待定系数法、反证法、数学归纳法、错位相消法、参数法等。它们与知识并行同生，其特点是与解题紧密联系，具体且便于操作。

二是逻辑型思想方法。包括类比、归纳、演绎、分析、综合、抽象、概括等。这些方法具有确定的逻辑结构，是普遍适用的推理论证模式，需要教师有意识、有目的地从数学内容中发掘，并对学生进行训练和培养。

三是全局型思想方法。比如公理法、坐标法、极限法、模型法等。它们较多地带有思想、观点的属性，揭示的是数学发展中极其普遍的思想，为数学的发展起着指引方向的作用。这些思想方法虽不像技巧型思想方法那样具体，却牵动着数学发展的全局，或为新学科的诞生起着指导作用。

三种思想方法相辅相成，共同促进数学的发展。

二、加强对数学思想方法的学习运用

（一）注重挖掘隐藏于知识中的思想方法

数学科学是知识和思想方法的有机结合，没有不包含数学思想方法的知识，也没有游离于数学知识之外的思想方法。但由于教材是按照逻辑系统和认知理论相结合的思想来安排知识的顺序，因此高中数学教材也只能以演绎结构的方法把知识串联起来。对许多重要的定理和公式，在教材中只能看到严谨的结论和严格的证明。许多例题的解法，只能看到其巧妙的处理，却看不到其由特殊实例观察、试验、分析、归纳、抽象概括或探索推理的心理活动过程。因此，在学习中一定要注重去发现和感悟知识中所蕴含的思想方法，从具体事例中抽象，从大量事实中概括。

以下通过一个例子去感悟如何从课本知识中学习数学的思想方法。

例 1 对研究“椭圆$\frac{x^2}{a^2}+\frac{y^2}{b^2}=1(a>0, b>0)$中 x，y 的取值范围”的教学思考。

以下是教材（人教版“椭圆的简单几何性质”）中的内容：

讨论方程$\frac{x^2}{a^2}+\frac{y^2}{b^2}=1(a>0, b>0)$中 x，y 的取值范围，可以得到曲线在坐标系中的范围。

由标准方程可知，椭圆上的点的坐标（x，y）都适合不等式

$\frac{x^2}{a^2}\leqslant 1$，$\frac{y^2}{a^2}\leqslant 1$，即 $x^2\leqslant a^2$，$y^2\leqslant b^2$，$\therefore |x|\leqslant a$，$|y|\leqslant b$。

这说明椭圆位于直线 $x=\pm a$ 和 $y=\pm b$ 所围成的矩形里。（图略）

1. 多角度思考问题

思考 1：在椭圆方程中，变量的取值是受到限制的，这个限制条件能否通过方程中的“非负项”去讨论得到呢？

由$\frac{x^2}{a^2}+\frac{y^2}{b^2}=1$，得$\frac{y^2}{b^2}=1-\frac{x^2}{a^2}\geqslant 0$，得$\frac{x^2}{a^2}\leqslant 1\Rightarrow |x|\leqslant a$，同理可得$|y|\leqslant b$。

思考 2：“判别式法”是我们熟悉的一种解题方法，能否将椭圆方程化为关于某一变量为主元的一元二次方程，从而通过方程有实根化为 $\Delta\geqslant 0$ 来求解呢？

由$\frac{x^2}{a^2}+\frac{y^2}{b^2}=1$，得 $a^2y^2+b^2x^2-a^2b^2=0$。

由 $\Delta=0-4a^2(b^2x^2-a^2b^2)\geqslant 0$ 化简得 $x^2-a^2\leqslant 0\Rightarrow |x|\leqslant a$，同理可得$|y|\leqslant b$。

思考 3：我们知道函数、方程、不等式有着紧密的联系，能否在椭圆方程中将要研究的变量解出，化为目标函数，然后通过对函数的性质进行研究求解呢？

由$\frac{x^2}{a^2}+\frac{y^2}{b^2}=1$，得 $x^2=a^2\left(1-\frac{y^2}{b^2}\right)=-\frac{a^2}{b^2}y^2+a^2\leqslant a^2\Rightarrow |x|\leqslant a$，同理可得$|y|\leqslant b$。

2. 将“方法”提升到“思想”的层面

从以上三种具体的解题方法中，可以做以下归纳：

拓展 1：思考 1 的解法特征——通过“非负项”可以构造不等式解题。

拓展 2：思考 2 的解法特征——利用“判别式”可以构造不等式解题。

拓展 3：思考 3 的解法特征——通过构造目标函数研究其性质化为不等式解题。

提升：可见，有了“等式”，就会有“不等式”，这种将研究等式问题转化为研究不等式问题的“转化”思想，就是一种十分重要的数学思想，它可以通过以上三种基本途径去实现。同样，研究不等式问题也可以转化为研究等式的问题，由此发现“等”与“不等”，它既是研究问题的不同方面，又是相互依存、相互联系的，在一定条件下可以相互转化——这就是数学的哲学思想。

（二）注重将数学思想方法进行迁移、运用

如果说对数学思想方法的学习、领悟是“认识”，那么对数学思想方法进行迁移、运用则是“实践”，实践—认识—再实践—再认识，这是认知发展的必然规律。要通过训练去感受数学思想方法的迁移、运用，使思维更规范、更科学。

例2 已知$\triangle ABC$的三个内角A，B，C成等差数列，它们所对的边a，b，c满足$a+c=kb$，求实数k的取值范围。

解：$\because A$，B，C成等差数列，$\therefore A+C=2B$，$\therefore B=60°$。

由余弦定理得：$b^2=a^2+c^2-2ac\cdot\cos B$，即

$b^2=a^2+c^2-2ac\cdot\cos60°$。

又由$a+c=kb$，得$a=kb-c$，代入上式，得

$b^2=k^2b^2-2kbc+c^2+c^2-(kb-c)c$，即

$$(k^2-1)b^2-3kbc+3c^2=0\Rightarrow (k^2-1)\left(\frac{b}{c}\right)^2-3k\frac{b}{c}+3=0。$$

由$\Delta\geqslant0$得$9k^2-4\times3(k^2-1)\geqslant0$，$\therefore k^2\leqslant4$，解得$-2\leqslant k\leqslant2$。

又$\because a+c>b$，$\therefore kb>b(b>0)$，$\therefore k>1$，可得$1<k\leqslant2$。

评析：根据条件建立等式，再确定主元转化为一元二次方程，利用判别式求解，是解此类问题的基本方法，具有一般性。

第六节　培养思维的广阔性

数学是思维的体操。在学习中想要进行高水平的思维训练，更好地运用原有知识技能认识问题，形成独立解决问题的能力，并不断上升到具有创新实践能力的层面，使自身的创造力得到充分的发展，除了要按照一般的学习方法路径训练外，还要在学习中注重思考下列问题，促进思维的开放和深入。

一、注重对问题情境的分析

数学思维活动始于问题情境，要从问题情境中接受信息，不断地朝目标状态前进。高中数学学习中要注重激发好奇本能及心理需求，有意识地营造"问题解决"的氛围，使自己能临其境、观其形、察其变，引发对新事物的敏感性，及时点燃思维的火花，进入求知和思维状态，这是需要在学习中用心思考解决的。

例 1　求函数 $y=\sin x+\cos x$ 的最大值和最小值。(课本习题)

解：$\sin x+\cos x=\sqrt{2}\left(\frac{\sqrt{2}}{2}\sin x+\frac{\sqrt{2}}{2}\cos x\right)=\sqrt{2}\sin\left(x+\frac{\pi}{4}\right)$，故函数 $y=\sin x+\cos x$ 的最大值为$\sqrt{2}$，最小值为$-\sqrt{2}$。

思考 1：课本（或教辅资料）上还有哪些题与它类似？

(1) 化简 $y=\sin x+\cos x$。(课本习题)

(2) 将 $a\sin x+b\cos x$ 化为一个角的三角函数形式。(课本例题)

(3) 求 $y=\sin^2 x+2\sin x\cos x+3\cos^2 x$ 的最大、最小值。(高考题，多次出现)

思考 2：这三个问题有什么关系吗？

分析：这三个问题，分别是课本习题、课本例题、高考题，它们密切相关。在（2）中令 $a=b=1$，可得（1）；在（2）中用 $2x$ 代替 x，按二倍角展开，再添加常数 $2(\sin 2x+\cos 2x+2)$，化简即为（3）。可见，它们虽然形式不同，但从解题的本质上说都是一样的：可化为一个角的三角函数求解。

思考3：（1）（2）形式比较明显，困难就在于：怎样把（3）化为（1）（2）的形式？

解：
$$\begin{aligned}y&=\sin^2 x+2\sin x\cos x+3\cos^2 x\\&=\frac{1-\cos 2x}{2}+\sin 2x+3\cdot\frac{1+\cos 2x}{2}\\&=2+\sin 2x+\cos 2x\\&=\sqrt{2}\sin\left(2x+\frac{\pi}{4}\right)+2。\end{aligned}$$

所以函数 $y=\sin^2 x+2\sin x\cos x+3\cos^2 x$ 的最大值为 $2+\sqrt{2}$，最小值为 $2-\sqrt{2}$。

思考4：这三个问题的解题过程有哪些共性？

分析：这三个问题的解题过程中都用到了两种基本的方法。

（1）降幂变换：$\sin^2 x=\frac{1-\cos 2x}{2}$，$\cos^2 x=\frac{1+\cos 2x}{2}$。

（2）添加辅助角：$a\sin x+b\cos x=\sqrt{a^2+b^2}\sin(x+\varphi)$，其中 φ 由 $\tan\varphi=\frac{b}{a}$ 确定。

这两种方法是我们解决可化为 $y=A\sin(\omega x+\varphi)+B$ 一类问题的基本方法，需要熟练掌握。

思考5：能寻找与之相类似的题来研究吗？

例2 已知函数 $f(x)=2\sin^2 x+2\sqrt{3}\sin x\cos x+1$。

（1）求 $f(x)$的单调递增区间；

（2）若不等式 $f(x)-m\geqslant 0$ 对一切 $x\in\left[0,\frac{\pi}{2}\right]$ 都成立，求实数 m 的最大值。

思考6：本例与上述思考1的（3）中有哪些联系与区别？

分析：这两个例子的共同点是所给式子都有二次项，都有两项积

$\sin x\cos x$，都是研究性质（如定义域、值域、单调性、周期性等问题）。不同点是将问题引申到不等式中，或者说不等式问题也可以转化为研究三角函数的性质问题。

解：(1) 依题意得 $f(x)=1-\cos 2x+\sqrt{3}\sin 2x+1=2\sin\left(2x-\dfrac{\pi}{6}\right)+2$，

令 $2k\pi-\dfrac{\pi}{2}\leqslant 2x-\dfrac{\pi}{6}\leqslant 2k\pi+\dfrac{\pi}{2}(k\in\mathbf{Z})$，解得 $k\pi-\dfrac{\pi}{6}\leqslant x\leqslant k\pi+\dfrac{\pi}{3}$ $(k\in\mathbf{Z})$。

$\therefore f(x)$ 的单调递增区间是 $\left[k\pi-\dfrac{\pi}{6},\ k\pi+\dfrac{\pi}{3}\right]$ $(k\in\mathbf{Z})$。

(2) $\because 0\leqslant x\leqslant\dfrac{\pi}{2}$，$\therefore -\dfrac{\pi}{6}\leqslant 2x-\dfrac{\pi}{6}\leqslant\dfrac{5}{6}\pi$，$\therefore -\dfrac{1}{2}\leqslant\sin\left(2x-\dfrac{\pi}{6}\right)\leqslant 1$。

$\therefore 1\leqslant f(x)\leqslant 4$，$\therefore m\leqslant 1$，即 m 的最大值为 1。

评析：(1) 要研究三角函数性质，可以通过降幂变换、添加辅助角两种基本方法转化为 $y=A\sin(\omega x+\varphi)+B$ 进而求解，这是解决此类问题的通法。(2) 对一类恒成立问题，可化为求目标函数 $f(x)$的最大（小）值来求解。

可见，学会比较，是实施转化的前提，只有注重求同存异，才能引发联想，做到举一反三、触类旁通。

思考 7：这类题目还能有什么样的变换形式？

例 3 设函数 $f(x)=\vec{a}\cdot(\vec{b}+\vec{c})$，其中向量 $\vec{a}=(\sin x,\ -\cos x)$，$\vec{b}=(\sin x,\ -3\cos x)$，$\vec{c}=(-\cos x,\ \sin x)$，$x\in\mathbf{R}$。

(1) 求函数 $f(x)$的最大值与最小正周期；

(2) 将函数 $y=f(x)$的图象按向量 $\vec{d}$ 平移，使平移后得到的图象关于坐标原点成中心对称，求长度最小的 $\vec{d}$。

分析：本题有两个突出的特点，一是它没有直接给出含三角函数的等式，而是以向量为载体，通过转化才能化为类似例 1 的形式；二是对于第 (2) 问，无论是用代数法求解还是通过图象法求解，怎样选取向量 $\vec{d}$，这是认知上的难点，要认真把它弄清。

解：(1) 依题意得

$f(x)=\vec{a}\cdot(\vec{b}+\vec{c})$

$=(\sin x, -\cos x)(\sin x-\cos x, \sin x-3\cos x)$

$=\sin^2 x-2\sin x\cos x+3\cos^2 x$

$=2+\cos 2x-\sin 2x$

$=\sqrt{2}\sin\left(2x+\frac{3\pi}{4}\right)+2$。

故 $f(x)$ 的最大值为 $2+\sqrt{2}$，最小正周期为 π。

（2）**解法 1**：由 $\sin\left(2x+\frac{3\pi}{4}\right)=0$，得 $2x+\frac{3\pi}{4}=k\pi$，即 $x=\frac{k\pi}{2}-\frac{3\pi}{8}$ $(k\in\mathbf{Z})$，于是 $\vec{d}=\left(\frac{3\pi}{8}-\frac{k\pi}{2}, -2\right)$，$|\vec{d}|=\sqrt{\left(\frac{k\pi}{2}-\frac{3\pi}{8}\right)^2+4}$ $(k\in\mathbf{Z})$。

要使 $\vec{d}$ 最小则只有 $k=1$，此时 $\vec{d}=\left(-\frac{\pi}{8}, -2\right)$。

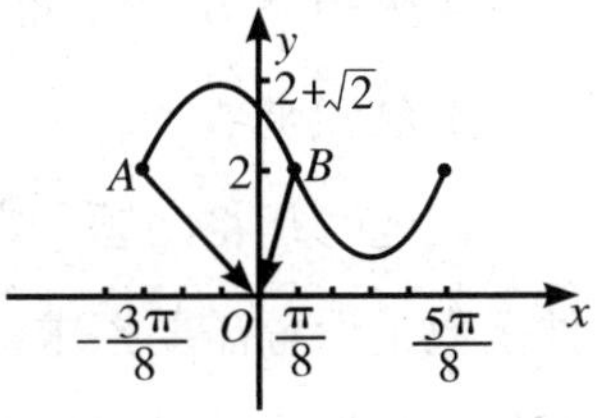

解法 2：描点作图，依题意按向量 $\vec{d}$ 平移，使平移后得到的图象关于坐标原点成中心对称，这样的向量 $\vec{d}$ 有无数个，而长度最小的 $\vec{d}$ 只有一个，就是向量 $\overrightarrow{BO}$，即 $\vec{d}=\left(-\frac{\pi}{8}, -2\right)$。

小结：通过例题的解答我们可以看出，这类问题的共性就是要化为一个角的三角函数来求解，而前提就是要掌握“降幂变换”“添加辅助角”两种基本方法，在此基础上，问题可以拓展到与其他知识的联系和整合上，衍生为综合性的问题。

思考 8：这类问题能否引申到其他问题？

①当 a 取何值时，方程 $\sin x+\cos x=a$ 有解？有唯一解？无解？

②令 $x=\cos\alpha$，$y=\sin\alpha$，当 a 为何值时，方程组 $\begin{cases}x+y=a\\x^2+y^2=1\end{cases}$ 有解？无解？或直线 $x+y=a$ 与圆 $x^2+y^2=1$ 有公共点？无公共点？

③当 a 为何值时，集合 $A=\left\{(x, y)\,\middle|\,\begin{cases}x+y=a\\x^2+y^2=1\end{cases}\right\}\neq\varnothing$？

④若在②中规定 $y\geqslant 0$，由 $x^2+y^2=1$，得 $y=\sqrt{1-x^2}$，那么问题又可

转化为：a 为何值时，方程 $x+\sqrt{1-x^2}=a$ 有解？或求 $y=x+\sqrt{1-x^2}$ 的值域。

可见，这是一道由简单的三角函数基础题通过变形得到的，它由浅入深，经过不断地改造、变化、引申，成了融代数、三角函数、解析几何为一体的四个问题，这样，高中数学学习中就能充分发挥例题潜在的价值功能，有效地拓展了我们的思维。

二、注重对问题进行转换

在高中数学学习中，尤其是数学习题的解答中，转换是解决问题的关键步骤，是沟通已知和未知的桥梁。如：

①求函数 $f(x)=x+4\sqrt{5-x}$ 的值域及单调区间。

②已知函数 $f(x)=x+4\sqrt{a-x}$ 的单调区间为（$-\infty$，1），求实数 a。

问题②是将问题①实施转换，将原来的结论变为已知条件，在原来的条件函数中设置需要探求的未知参数 a。这样，在分析解决问题②时，就可以联想到问题①的求解过程。这一过程并非完全简单的重复，它蕴含了创造性思维。因为在问题②的新情境下，需要尝试如何与原有的认知结构进行重新建构，利用原有的认知经验（求该类函数值域、单调区间的方法）来解决新问题，这种化归思想的运用，对促进思维的灵活性有很大帮助。

例 4 设全集 $U=\{1, 2, 3, 4, 5, 6\}$，A，B 是 U 的两个子集，若 $A\cap B=\{1, 3, 5\}$，则称 A，B 为“理想配集”，记作（A，B），问这样的（A，B）共有几对？

这是在新的定义背景下的信息迁移题，有问题转换的基础，是训练学生思维能力的优秀题材。以下是不同思维水平层次的学生得出的解答：

解法 1：由 $A\cap B=\{1, 3, 5\}$，可按 $A\cup B$ 分成以下四类求解：① $A\cup B=\{1, 3, 5\}$，则（A，B）只有 1 对；② $A\cup B=\{1, 3, 5, 2\}$ 或 $\{1, 3, 5, 4\}$ 或 $\{1, 3, 5, 6\}$，则（A，B）各有 2 对，共有 6 对；③若 $A\cup B=\{1, 3, 5, 2, 4\}$ 或 $\{1, 3, 5, 4, 6\}$ 或 $\{1, 3, 5, 2, 6\}$，则（A，B）各有 2^2 对，共计 $3\times2^2=12$ 对；④若 $A\cup B=\{1, 3, 5, 2, 4,$

6}，则（A，B）有 $2^3=8$ 对。所以理想配集（A，B）共有 $1+6+12+8=27$ 对。

这是解决问题的一般方法，从思维角度看，思维水平层次较低，停留在表层。

解法 2：$\because A\cup B=\{1，3，5\}$，$\therefore$ 把问题转化成“将 2，4，6 三个元素分给 A，B 两人，有几种不同的分法”的问题。可做这样的考虑：①先从 2，4，6 三个元素中取 0 个，分给 A，B 两人，有 1 种分法；②从 2，4，6 三个元素中任取 1 个分给 A，B 两人，有 $C_3^1\cdot C_2^1=6$ 种不同的分法；③从 2，4，6 中任取 2 个分给 A，B 两人，有 $C_3^2\cdot(2+2)=12$ 种不同的分法；④从 2，4，6 三个元素中任取 3 个分给 A，B 两人，有 $C_3^3\cdot(2+C_3^2C_2^1)=8$ 种不同的分法。所以一共有 $1+6+12+8=27$ 对理想配集（A，B）。

显然，解法 2 的思维视角比解法 1 要高，但解法还没达到最优化。

解法 3：因为 2，4，6 三个元素可以同时分给 A 或 B，或只给其中一个，也可都不给，相当于将问题再进一步转化为“把 2，4，6 三个不同的元素分给 A，B，C 三个子集，允许重复，有几种分法?”的问题。答案有 $3^3=27$ 种。

在解法 3 下，问题能轻松获解。解法 3 不仅仅表现在解法的简洁和对问题的本质有更深刻的理解上，它更大的特点在于能将问题做进一步的引申和推广：$U=\{a_1，a_2，\cdots，a_n\}$，A_1，A_2，$\cdots$，A_i 是 U 的子集，若 $A_1\cap A_2\cap\cdots\cap A_k=\{a_1，a_2，\cdots，a_i\}$（$k\leqslant 2^n$，$i<n$，$i$，$k$，$n$ 均为自然数），称 A_1，A_2，$\cdots$，A_k 为理想配对，记为（A_1，A_2，$\cdots$，A_k），问这样的配对有几个？——运用解法 3 的思路能很快求解。

因此，在以解决问题为中心的教学中，要抓住问题的数学本质，注重发散思维，大胆联想，实现转化，优化数学问题的解法。

三、注重形成思维策略

高中数学常用的思维策略有：化归与转化、分类讨论、类比、联想、数形结合等。教师在平时教学中，要注意思维策略的渗透，在条件成熟后进行归纳、总结，最后进行专题讨论与训练，这对学生提高解题能力、拓宽思路十分有益。

例 5 已知：$f(x)=\sqrt{1+x^2}$，a，b 为相异实数，求证：$|f(a)-f(b)|<|a-b|$。

思路 1：按证明绝对值不等式的常规方法，通过平方去掉绝对值符号，作差比较，再利用配方法证明。

思路 2：作商比较。利用共轭根式将分子有理化，再利用放缩法证明。

思路 3：注意函数的结构特征，利用三角代换，令 $x=\tan\theta$ 转化为三角不等式证明。

思路 4：观察函数的特点，联想向量的模，可构造向量 $\vec{a}=(1, x)$，利用向量模的三角不等式进行证明。

思路 5：$f(x)=\sqrt{1+x^2}=\sqrt{(1-0)^2+(x-0)^2}$ 可视作点 $P(x, 1)$ 到点 $O(0, 0)$ 的距离，当 $a\neq b$ 时，由点 $P_1(a, 1)$，$P_2(b, 1)$ 和原点确定 $\triangle OP_1P_2$ 中任一边大于其余两边之差可以证明。

思路 6：考虑方程 $y=\sqrt{1+x^2}$ 表示双曲线 $y^2-x^2=1$ 的上支，$\left|\dfrac{f(a)-f(b)}{a-b}\right|$ 是双曲线上两点 $(a, f(a))$，$(b, f(b))$ 连线斜率的绝对值，于是问题可以转化为双曲线上任一支弦所连直线斜率的范围问题，而 $y^2-x^2=1$ 的渐近线斜率等于 ±1，于是问题得证。

思路 7：利用导数的几何意义构造函数 $y=\sqrt{x^2+1}$，转化为在函数 $y=\sqrt{x^2+1}$ 的图象上任意两点连线的斜率的范围，就是曲线上任一点切线斜率的范围。因此将问题进一步转化成求 $y=f(x)$ 的导数 $f'(x)$ 的值域问题。这样，问题便轻松获解。

注重以数学思维策略进行分析、试验，探求解题方法，可以有效地培养学生思维的广阔性。

四、注重解题后的反思

现代认知心理学告诉我们：解题训练必须与反省认知相结合才能达到良好的迁移效果。解题之后进行反思，是提高高中数学思维能力的有效方法。

解题反思，不仅要反思计算的正误、方法的优劣、题目的拓展等，更重要的还应从思维的视角引导学生反思解题所用的知识点，解题的思维起点和规律，从根本上促进学生数学思维能力的发展，达到数学思维优化的目的。

例 6 已知函数 $f(x)=-x^2+8x$，$g(x)=6\ln x+m$，是否存在实数 m，使得 $y=f(x)$的图象与 $y=g(x)$的图象有且只有三个不同的交点？若存在，求出 m 的取值范围；若不存在，说明理由。

解：函数 $y=f(x)$的图象与 $y=g(x)$的图象有且只有三个不同的交点，即函数 $\varphi(x)=g(x)-f(x)$的图象与 x 轴的正半轴有且只有三个不同的交点。

依题意得 $\varphi(x)=x^2-8x+6\ln x+m$。

故 $\varphi'(x)=2x-8+\dfrac{6}{x}=\dfrac{2x^2-8x+6}{x}=\dfrac{2(x-1)(x-3)}{x}$ $(x>0)$，

当 $x\in(0,1)$ 时，$\varphi'(x)>0$，$\varphi(x)$是增函数；

当 $x\in(1,3)$ 时，$\varphi'(x)<0$，$\varphi(x)$是减函数；

当 $x\in(3,+\infty)$ 时，$\varphi'(x)>0$，$\varphi(x)$是增函数；

当 $x=1$，或 $x=3$ 时，$\varphi'(x)=0$。

$\therefore\varphi(x)_{极大值}=\varphi(1)=m-7$，$\varphi(x)_{极小值}=\varphi(3)=m+6\ln 3-15$。

$\because$当 x 充分接近 0 时，$\varphi(x)<0$，当 x 充分大时，$\varphi(x)>0$。

$\therefore$要使 $\varphi(x)$的图象与 x 轴的正半轴有三个不同的交点，必须且只需

$$\begin{cases}\varphi(x)_{极大值}=m-7>0\\ \varphi(x)_{极小值}=m+6\ln 3-15<0\end{cases}，即 7<m<15-6\ln 3。$$

所以存在实数 m，使得函数 $y=f(x)$与 $y=g(x)$的图象有且只有三个不同的交点，m 的取值范围为 $(7,15-6\ln 3)$。

评析：本题的特点是综合程度高，涉及的知识点多，思维跨度大，考查了较高层次的数学思想和方法。学生一时难以找到解题的突破口，选择这样的问题引导学生进行反思，能使学生在剖析解题思维过程、思维模式、思维层次中，激活自身思维潜力，构建适当的思维模式，丰富思维经验，提高思维能力。

对于本题的解题思维过程可以从三个层次反思。

一般性反思：它是解题的方向和策略的反思。通常求两个函数 $y=f(x)$，$y=g(x)$的交点个数问题，首先要转化成方程 $g(x)-f(x)=0$ 的根的个数来解决。但转化后的方程 $x^2-8x+6\ln x+m=0$ 是个超越方程，一般情况下很难找到解决这类方程的初等方法，因此还可考虑构造函数 $\varphi(x)=x^2-8x+6\ln x+m$，然后再转化成研究函数的图象与 x 轴的交点问题。

功能性反思：它是在数学学科内的解题方法的反思。如何求 $\varphi(x)=x^2-8x+6\ln x+m$ 与 x 轴的交点？由于 $\varphi(x)$在 $(0, +\infty)$ 上是连续函数，可以利用导数求出函数的单调区间 (a, b)，再验证 $\varphi(a)$，$\varphi(b)$的符号即可解决。

特殊性反思：它是对题目的具体解法的反思。对函数 $\varphi(x)$如何求导，怎么确定它的驻点 $x_1=1$，$x_2=3$ 和极大值 $m-7$、极小值 $m+6\ln 3-15$，还得考虑 $\lim\limits_{x\to 0^+}\varphi(x)<0$，$\lim\limits_{x\to +\infty}\varphi(x)>0$，这样问题便获得解决。

上述思维层次是紧扣解题目标层层深入的。通过反思，让学生明确数学思想和方法在解题中的作用，培养思维的深刻性。

而进一步的思考：问题是否能引申、变化、推广？又可以得两个的变式。

变式 1：已知函数 $f(x)=x^4-4x^3+4x^2-1$，是否存在实数 b，使得函数 $g(x)=bx^2-1$ 的图象与函数 $f(x)$的图象恰有 3 个交点？若存在，请求出实数 b 的值；若不存在，请说明理由。

变式 2：设函数 $f(x)=x-\ln(x+m)$，其中 m 为常数。

(1) 当 m 为何值时，$f(x)\geqslant 0$；

(2) 证明：若函数 $\varphi(x)$在 $[a, b]$ 上连续，且 $g(a)$ 与 $g(b)$ 异号，则至少存在一点 $x_0\in(a, b)$ 使 $g(x_0)=0$。

试用上述方法证明当常数 $m>1$ 时，$f(x)=0$ 在 $[e^{-m}-m, e^{2m}-m]$ 内有两个实根。

可见，思维的训练，应注重问题情境的设置，注重问题的转换，注重解决问题的通性通法，注重思维策略的训练，注重解题的反思。引申、变化、推广的目的在于找到不同背景问题中的数学本质，达到多题一解，真正做到举一反三、融会贯通，提高学生的数学解题能力。只有这样，学生独立思考问题、解决问题的能力才能得到更好的发展。

五、加强发散性思维训练

发散思维是创造思维的基础，包括求同思维、求异思维、直觉思维等，这些都是数学学习中要着重培养的能力。要通过对不同问题的思考，加强对发散思维的训练，提高高中数学解题能力。

如开放性问题。开放性问题具有下列基本的特征：一是问题常常是不确定的；二是没有现成的解题模式；三是在寻求解答的过程中要不断进行认知结构的重建；四是在求解的过程中可以引出新的问题。开放性问题可粗略分为几类：第一类是条件开放型，即问题的条件不完备或满足结论的条件不唯一；第二类是结论开放型，即在给定条件下，结论不唯一；第三类是策略开放型，即思维策略与解题方法不唯一；第四类是综合型，即条件、结论、策略中至少有两项是开放的；第五类是设计（实践）型，需要用数学进行计划性的预测和规划。

例如，一个长方形，剪掉一个角，剩下部分还有几个角？就是开放性问题。学习过程中应注重分析、鉴别、类比、抽象概括，这对促进思维活动的丰富性、多变性和复杂性以及激发思维的能动性都有着积极的作用。

第四章　高中数学学习自我提升要诀

高中数学学习除了明确目标、注重思考、强化训练外，还要学会反思自己、注重学习他人经验、做到取长补短。了解自己需要有科学的方法指导，向他人学习，要有清晰的目标导向，这是自我提升的重要诀窍。

第一节 “读懂”自己

《孙子兵法·谋攻篇》中说道：“知己知彼，百战不殆。”意思是说，在军事纷争中，既了解敌人，又了解自己，这样百战都不会有危险。将这句名言运用到高中数学学习上，给我们的启示就是：学习上的“知己”更为重要。知己，就是要了解自身的学习特点，熟悉自身的认知规律，遵循学习的基本准则进而开展学习活动。但是，如果认真审视同学们的学习状况就会发现，不少同学都存在一个很大的问题，即缺乏对自身学习状况的真正了解。而缺乏对自身学习状况的了解，学习就会缺少针对性。因此，我们需要加强对自身学习情况的科学分析和实证研究，“读懂”自己。只有这样，我们才能提升学习的针对性，更好地提高学习效益。

怎样才能更好地“读懂”自己？

一、做好学情分析表

每个人的已有知识、经验、能力、学习方式、心理结构都是不一样的，认真做好自身的学情分析表，了解自己的学习特点、优势所在、突出问题，对学习情况有较全面的掌握，才能为改变自己学习方式提供参考。

学情分析表要着重做好三个方面的工作：

一是问题统计。要注意将自己重要考试、测验、作业中的问题记录下来，了解哪些知识掌握比较牢固，哪些方法尚未充分理解，哪些问题的解答总是出错？这些就是我们学习状况的真实反映，也是我们分析学情的重要依据。通俗地说，就是要做好“错题分析”，做好“错题本”，因为我们所做的大量练习，从某种程度上讲就是为了找出我们自己还“不懂”“不熟”的知识，然后进行强化训练。

二是归因分析。通过错题本分析产生错误的原因，梳理与此有关的知识背景和方法，了解自身认知中存在的问题和知识缺陷，为有针对性地解决、完善知识结构提供依据。

三是改进策略。根据上面的分析判断，明确自己在今后学习中需要注重解决的问题和努力的方向；同时，也可以据此征得老师的帮助和指导，让老师对自己的弱项进行诊断，提出具体的改进策略，以此增强学习的针对性。

案例 1 学情分析表示例。

高三 13 **班（文科）　姓名**＿＿××＿＿

内容	分数	错题	问题及原因
综合训练 1	133	选择题	16. 新定义问题；17. 求分式函数值域；18. 由复合函数单调性求参数范围；19. 求数列通项、裂项、求和；20. 求函数解析式、单调区间、最值；21. 求数列通项、错位求和；22. 二次函数与根关联的基本问题
		填空题 16	
		解答题 17(10)，18(10)，19(12)，20(12)，21(12)，22(2)	
综合训练 2	136	选择题 12	12. 新定义问题；16. 二次函数求参数范围；17. 指数、对数函数基本问题；18. 反函数问题；19. 由函数单调性求参数范围；20. 抽象函数求值、解不等式；21. 函数应用题；22. 求二次函数解析式
		填空题 16	
		解答题 17(10)，18(12)，19(12)，20(12)，21(12)，22(8)	
9 月月考	118	选择题 12	12. 由超越方程的解确定参数值；14. 集合运算；16. 对称、平移等问题；17. 求定义域、值域；18. 求复合函数的单调区间、最值；19. 二次函数求参数问题；20. 函数定义域、奇偶性、单调性的证明；21. 抽象函数单调性的证明；22. 反函数、解不等式（运算）、基本不等式求最值
		填空题 14，16	
		解答题 17(8)，18(12)，19(12) 20(9)，21(7)，22(5)	

续表

内容	分数	错题	问题及原因
10 月月考	143	选择题	17. 三角函数两根和问题；18. 对数函数、二次函数复合求最值问题；19. 三角函数求值；20. 基本数列求和；21. 由递推关系求数列通项及求和；22. 由递推数列求通项、前 n 项和、比较大小
		填空题	
		解答题 17(10)，18(12)，19(12)，20(12)，21(8)，22(9)	
综合训练 3	135	选择题	17. 函数定义域、值域为定值，求参数范围；18. 求向量的模、平行条件；19. 解三角形；20. 三角函数求值；21. 由递推关系求数列通项，解数列不等式；22. 数列、三角函数综合题，证明数列不等式
		填空题	
		解答题 17(10)，18(12)，19(12)，20(0)，21(12)，22(4)	
自主分析	主要缺陷： 1. 新定义问题；2. 二次函数求参数问题；3. 由递推数列求通项、前 n 项和 改进策略： 1. 征求老师的指导意见，修正、完善自身分析问题的策略和方法； 2. 加强以上三个问题的难点分析和难度训练（每周一次专项训练）		

注：表中“错题”一栏中没有标出题号的题目表示该生解答正确，题号后括号内数字表示学生该题的得分（即没得满分存在缺陷）。

有了这样的分析统计，同学们对自身的学习就会心中有底，能做到有的放矢。

二、做好训练题的“资料库”

学习与训练有一个难度控制的问题，特别到了高三，我们要进一步了解自己解题能力的水平，区分这些问题的“难”“易”，需要一些参照，这就需要建立一个有不同难度程度问题的“系统”，使这些问题有较好的实验数据支撑。因此，平时应注重积累相关信息、资料。现在很多学校都实行月考制度，每次月考后老师会对试卷进行讲评，会对每道题学生的失误率、为什么错等做很好的分析，同学们要注意听并做好记录，因为这是建立自己资料库的良机。经过平常学习中的积累，同学们的资料库一定很丰富，这对我们平时的复习和高考冲刺提供了很好的支持，可以了解哪些是原来自己不够清楚的问题现在已经解决了，也能够发现哪些是过去的难题现在已经不难了，当然也会找出哪些是过去不懂现在依然没掌握好的知识，这样就能够对学习有更强的针对性和指导性。

案例 2 训练题“资料库”习题选。

1. 若 $x\in\mathbf{R}$，$n\in\mathbf{N}^*$，定义：$M_x^n=x(x+1)(x+2)(x+3)\cdots(x+n-1)$，如 $M_{-3}^3=(-3)(-2)(-1)=-6$，则函数 $f(x)=xM_{x-19}^{19}$ 的奇偶性为________。$\left(\frac{28}{55}\right)$

2. 已知 $f(x)$的图象经过点 $A(0,1)$，则 $f(5-x)$ 的反函数图象经过点________。$\left(\frac{35}{55}\right)$

3. $f(x)$是定义在 $\mathbf{R}$ 上，以 3 为周期的奇函数，且 $f(2)=0$，则 $f(x)=0$ 在区间 $(0,6)$ 内解的个数的最小值是________。$\left(\frac{45}{55}\right)$

（注：习题后面的分数是全班学生答题的错误率，如习题 1 表示有一半同学做错，习题 2 是有五分之三以上同学做错，习题 3 是有五分之四以上同学做错。）

有了这样的记录、分析，我们就能够形成有很强针对性的、个性化的资料库，而有了这些实证研究的成果做保障，我们就能够逐步做到“知己知彼”了，学习质量就会有所提高。

三、做好学习品质分析

学习品质是影响我们学习的重要因素。对自身的心理特征和个性品质的测量，教育心理学已经有了很多研究成果，我们可以学习借鉴。例如著名的“画树测验”就是一种简单有效的测量方法。其做法是：请测试者在纸上画一棵“树”，不用考虑绘画技巧、树种和构图等因素，只要求画一棵心目中的树，然后对照相应的理论对自己画的树进行分析，了解自身的人格特征。

案例 3 图画分析，以下是一名学生的测试画。

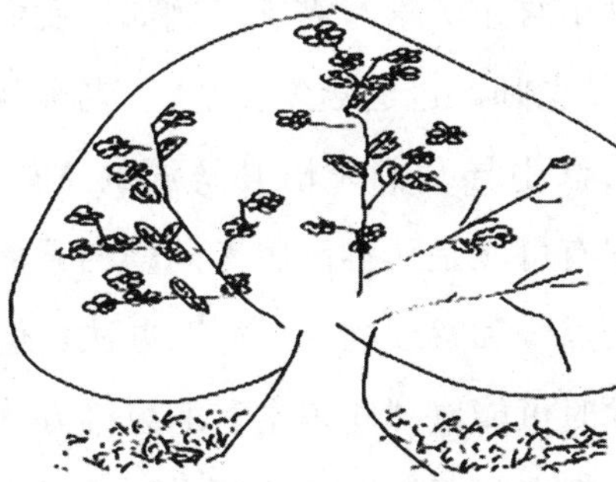

现象特征：①树冠宽大，内部空间开阔，基根厚实；②倒心形的树冠。

分析判断：该生心胸较宽广，开朗大方，与人相处能力较强，做事踏实；但创新意识较弱，没有明确目标和压力时，主动性较差。

改进策略：加强计划性，努力将学习目标具体化，并很好地执行。但由于自身可能缺乏主动的意识，需要主动征得老师的指导和同学的帮助。

同样，我们还可以通过“学习方法评估测试”“心理智能评估测试”等辅助方法，对自身学习特点、个性品质、智能优势等做更深入地了解，为改进自身不足提供指导。

四、主动寻求与老师的“一对一交流”

老师是我们学习最丰富的外在资源，他们的经验，看问题的高度，指导学生时画龙点睛的能力，常常能给我们及时的点拨和帮助，也能给我们提出更有针对性的建议。所以我们应该更主动、大胆地与老师交流。可以从两个方面下功夫：

一是努力跟上老师的教学思路。每位老师都有自己的讲课风格，要学会主动了解老师的教学特点。比如课堂上老师如何设置问题让大家思考，他善于组织大家讨论还是自问自答。如果是前者，就要积极参与讨论，在与同学们的讨论和老师的引导中深刻理解所学知识。如果是后者，就要超前思考，努力领悟老师的思路，想不明白就主动与老师讨论，真正明白老师所讲的知识点。老师的每一个教学设计都有其想达到的目标，跟上老师的思路，我们才能更好地掌握老师希望我们学习与训练的知识。

二是努力让老师更多地了解自己。老师对学生的了解同样也存在很多困难，主要体现在不了解学生真正的学习需求。例如，我们解题遇到困难时向老师请教，如果这样问："老师，这道题怎么解?"老师就会耐心地为我们讲解，可能还会用不同的方法引导我们领悟其解法的本质，但效果可能并不好。因为老师讲题时，很有可能是从自己思考问题的习惯或高度出发，告诉我们他认为的解题的"难点"和解题的"最好"办法，但这也许并不是我们最需要的，因为我们解题时可能以"向东走"的思维方式去思考，我们遇到的是"向东走"的困难，但老师可能以"往西去"的思维方式去帮助我们解决问题，并没能解决我们心中之惑。因此，我们应该改变问法，应该这么问："老师，这道题我是这样想的，但遇到这些困难，应该怎么办?"这样，老师才能从我们的思维角度去思考，寻找原因，帮助我们解决问题，这样的指导才真正符合我们的认知需求，才是真正的解惑。

可见，要征得老师更多的指导，一要主动大胆，二要讲究方法，这样我们才能全面了解自己，更主动学习。坚持用上述这些"实证"的方法去了解自己，我们就能更好地"读懂"自己，更好地"有的放矢"，使学习更为有效、高效。

第二节　向优秀生学习

我们常常惊叹一些同学优异的高中数学成绩，羡慕他们数学学习上的悟性，甚至认为这都是遗传或天赋所然。事实并非如此，很多理论与实践研究表明，优秀生能力超人主要靠后天积累，其中，思维方法精良、思维积极性超群是最重要的因素。深入了解优秀生的思维方法，促进自己改变不良的学习方式，提高思维能力，这是每一位同学都要努力去学习与实践的。

优秀生的数学思维有哪些基本特征呢?

一、注重“拓展”，想得更“远”

借用《桃花源记》中的情景：走进桃花林，有些人只会欣赏桃花，眼睛只停留在桃花上；但有些人不仅会欣赏桃花，还要寻到桃林尽处、溪流源头才罢休；而真正的探寻者哪怕到山穷水尽时，仍努力发现山洞，凭借仿佛若有光，猜想山洞那头必有新天地并努力前往，最终发现新景象。

这和高中数学学习的道理是一样的。一些同学想象太“窄”，学习只考虑眼前事，很少主动往“远”处想，限制了思维的展开。如对公式的学习，一些同学只局限于套用公式，思维停留在“认知”阶段；一些同学虽然解决了认知问题，但很少思考公式变形、转化等。优秀生则不满足于一般的认知，不满足于“已理解”，他们喜欢刨根问底，努力寻找疑点，猜想公式的多种形式，以及存在的反例。遇到问题，他们喜欢“正反”看、“左右”看、“前后”看、“上下”看，这既能整体思考又能局部分析，使得他们的思维空间更大。例如，对一个变“元”，一般学生常常习惯用一个 x 表示，但优秀生就敢于把代数式中多次出现的同一结构成分看作新“元”，从而把复杂的代数式看成关于新“元”的简单式子，使思维得以顺利进行。主动拓展，这是优秀生反应快的原因之一。

二、注重“积累”，记得更“牢”

高中数学学习不是建“空中楼阁”，它是建立在一定知识、技能基础上的。要联想，就要有东西可“想”，这些“东西”就是我们学过的知识、方法，没有丰富的知识储备，记得不“熟”、不“牢”，“联想”就无法展开。

优秀生之所以能对所学知识做到熟记于心，其奥秘在于他们会“读”书，能主动构建自身的知识框架。这体现在以下几个方面：

一是读课本，过好教材关。课本是知识的呈现和概括，要读懂、读透。读课本可从三个方面去抓好：读目录、列知识清单、找核心内容。

首先，读目录，每本书、每章、每节到底讲什么内容，读目录是最快捷的方法，要读好、记牢目录，这样知识要点、脉络就清楚了。其次，列知识清单，要根据课本内容把相关知识做个梳理，进行排序或列框架图，使众多的知识一目了然，帮助记忆。最后，找核心内容，要将整本书的重要概念、方法、数学思想进行提炼，使重点知识更突出。知识能否记“熟”、记“牢”，取决于我们是否认真读课本，是否认真训练，是否坚持。

二是读题，过好习题关。习题是检验运用所学知识解决问题的基本手段，认真读题，就是要学会了解题目设置的目的所在，题目考查的知识、方法，其与所学知识的内在联系等，强化对知识的深入理解。

读题，首先要一题一题地读。课本每道题都有其鲜明的用意，考查什么，怎样考查，要求各有不同，要读懂其含义，明白为什么出了第一题还要出第二题。其次要一套一套地读。套题从某个层面上讲，就是一章（节）知识的概括，反映了一章（节）学习的主要内容和方法，把套题读懂、读熟，这样既训练了题目，也对本章（节）知识做了很好的复习，一举两得。最后要一遍一遍地读。一遍读不懂再来一遍，我们对知识的认知就强化了一遍，再分析哪些题是真“懂”真“会”的，哪些题是“懂”而“不会”的（课堂上听得懂遇到问题不会做的），哪些题是不“懂”又“不会”的，从而明确自己努力的方向。

多“读”，我们对知识和解题方法的理解就会不断深入，才能做到熟能生巧，解题能力的提升就会更快。这是优秀生反应快的原因之二。

三、注重“联系”，转化更“快”

一些学生遇到新问题时，常常找不到思路，不知如何入手。这是因为他们缺少广泛的“联系”意识，不会主动将新问题与旧知识联系起来，造成思维受阻。

优秀生的一个重要特质就是他们喜欢联系。一遇到新问题，就会立即回忆以前学过的知识，努力从中得到启发。而能否找到合适的旧知识，常常取决于如何在新问题中寻找熟悉的点，以便回想有关的题目，回忆其解法，利用它拟出全局或局部解题方案，哪怕是引出关于解题方向的预感、猜测。换言之，优秀生总是试图把学过的知识或解过的问题都变成解新问题的跳板，在知识与新问题之间架设一座桥梁。

优秀生善于转化。当一时想不到合适的定理或公式，没办法把难题分解时，他们就迅速转换思路，觅取其他解题信息，引出新的猜想，从而找到下一步思维的方向，使问题由陌生转化为熟悉。

转化有多种形式：加减法的转化、乘除法的转化、乘方与开方的转化、对数与指数的转化、数形转化等，而添加辅助线、设辅助元、构造方程、构造不等式、构造模型等，也是实现转化的具体手段。转化有等价转化与不等价转化两种。等价转化后的新对象与原对象的形式不同，但实质一样，不等价转化则部分地改变了原对象的实质。例如解简单的无理方程时，通过在方程两端乘方将无理方程转化为有理方程，新方程与原方程不一定同解，这个转化就是不等价转化，这时就要对所得的结论进行必要的修正（如验根）。转化的意识不仅来源于做题，更来源于对习题典型解法的总结、概括与提炼，坚持训练，思维才能更规范、更科学。注重联系，迅速转化，这是优秀生反应快的原因之三。

四、注重“发散”，探索更“深”

发散性思维是创造性思维的主导成分，其对创造性思维的产生和发展有着极大的作用。高中数学学习要敢于发散和标新立异，敢于另辟蹊径，培养创新品质。

优秀生从不就题论题，他们常常在解决问题的过程中努力感悟更多的数学思想方法。他们通过一题多解、一题多串、一空多填、一问多答、一题多证等形式的训练，培养思维的发散性。他们十分注重挖掘解题过程中的“副产品”，常常会把习题升华为定理形式，训练自己由表及里、去粗取精、抽象概括和文字表达等能力。他们喜欢通过减弱条件、加强结论等方式，尝试得到更“精”的命题，或者去探讨逆命题的真假，等等。换言之，优秀生解一道题往往可以引出几道新题，并存入脑海，不断积累自己的知识体系和方法，使思路向各方延伸，这让他们在解决新问题时，更容易识别那些改头换面的题目。这是优秀生有惊人的联想力和记忆力的奥秘所在，也是优秀生反应快的原因之四。

五、注重“猜想”，方法更“多”

数学中的猜想是依据某些知识和已知事实，对未知量及其关系做出的似真推理，是科学假说在数学中的体现。牛顿有一句名言：没有大胆的猜想，就做不出伟大的发现。猜想是点燃创造思维的火花，数学的创造往往开始于不严格的猜想，“观察（实验、分析）—猜想—证明”是数学乃至科学发展的重要途径。因此，高中数学学习要注重依据经验素材，利用实验、归纳、类比、变换条件等手段，对所研究的问题进行合情猜测，形成数学猜想，并通过逻辑验证其结论，寻找解决问题的办法。

优秀生经常训练似真推理和反面思维。他们以特殊化、极限化、猜测、类比、归纳、模拟等似真推理为尝试，寻找可能的解题方向，不断提高自己自主发现、举一反三的能力。他们不满足于似是而非的猜测，一定要弄个水落石出；他们不盲从于任何结论，总想构造反例推翻它，实在找不出反例才想办法证明它。注重构造反例也是优秀生的一种特质，它是一个人理解力、创造力和论证力的集中反映，是思维能力的重要表现。优秀生还常常运用特殊化手法先检验命题的可靠性，并顺着这条思路寻找反例或解法。注重“猜想”，强化似真推理是优秀生反应快的原因之五。

六、注重“内化”，掌握更“实”

优秀生在学习上特别体现出建构主义学习理论的观点，他们积极参与教学活动的感知过程和理解过程：参与定义、结论的引入过程，主动培养实验观察能力和探求意识；参与定义、结论的抽象过程，积极发展抽象思维能力和理解能力；参与例题分析过程，培养想象力和运用数学思想方法的能力。总的来说，优秀生在学习过程中十分注重知识的内化，总是努力从自己的角度出发思考问题、理解问题。他们很少死记硬背自己不理解的东西，总是努力在理解的基础上掌握每一个知识点。优秀生在解决数学问题遇到疑难时，他们请教老师的方式也和一般同学不一样，他们不仅请教老师怎么做，而且把自己解决问题的思路向老师提出，让老师了解自己的困惑，引导老师沿着自己的思路去分析问题，指导自己突破难点。因此，每一次请教老师，优秀生都能真正解决自己的所惑，这比很多同学简单地让老师帮助解题受益大得多。日积月累，他们拥有的知识更“实”，这是优秀生反应快的原因之六。

七、注重“超前”，思考更“广”

创造性思维的特点是创新，不是重复，它要求具有较强的思维独立性。思维的独立性就是善于独立地发现问题、分析问题、解决问题。

优秀生大多数都具有超前的意识和能力，无论在听课还是在自学上，他们都注重超前思考、超前学习。课堂中只要留心观察我们就会发现，当老师还在帮助一般学生理解问题、解释命题的教学环节时，在许多学生还在等待老师“下回分解”时，优秀生早就自行“上路”了：老师才走第一步，他们就已经走了第二步、第三步，甚至已经“跑完”了老师的思路，正在寻找别的解法。超前思考有很多益处，能先于其他同学遇到问题，在遇到问题时，能有目的地等待老师的讲解，而当老师刚讲解到，一般学生还未深入其中时，他们就已经熟记于心了。优秀生为什么能做到超前思考？究其原因，主要是因为他们思维方法精良，也是因为长期坚持积极思维训练的结果。如果我们缺乏这样的习惯和毅力，常常会只学到“半桶水”时就沾沾自喜、自我满足，不愿超前思考，最终就会与优秀生拉开差距。这里要特别说明的是，预习不是超前思考，预习只是超前认知，与超前思考截然不同。做到超前思考，这是优秀生反应快的原因之七。

以上可见，优秀生的“天赋”其实是超前思考的综合体，我们要从他们的思维方式中萃取精华和适合自己的学习方法，不断地转变思维方式，如此我们也能让思维更活，高中数学学习就会更顺畅，数学学习能力也可以更快提升。

第三节 提高运算能力

运算能力是指在有目的的数学运算活动中，能合理、灵活、正确地完成数学运算活动效率的个性心理特征，是一种与观察能力、记忆能力、理解能力、表达能力、想象能力等有关的由低级到高级的综合能力。它可分为三个层次：(1) 能熟练运用法则、公式、定义、定理，正确、迅速、合理地进行运算；(2) 能善于观察数学问题，有较强的变换能力；(3) 能揭示数学问题的本质，有较强的综合运用数学知识与数学思想方法的能力。

在学习过程中我们常常看到，一些同学每次考试后都捶胸顿足："天呀，我算错了""太可惜了，我没算完""没办法，太复杂我算不下去"等等。而在平时的解题中，因运算问题产生的错误更是不胜枚举。可以说，运算能力不足正在严重影响着一些同学高中数学学习的效益，但运算却又是大家所忽视的"不是问题"的问题。那么，同学们在运算上究竟存在哪些问题，原因何在，如何在学习中解决这些问题呢？

我曾对自己任教的高二年级两个班共 114 名学生（省级示范性高中学生）进行了一次"学生运算能力情况"的问卷调查，从某个角度上看，它是学生存在问题共性的集中反映。调查的内容和结果如下表：

"学生运算能力情况"调查表

题目	选项	人数
(一) 你课外做题遇到计算题时，是否算出结果（单选）	总要算出结果	36
	找到思路后有时算一算	59
	找到思路后不再计算	10
	不算，跳过这一题做其他题	9
(二) 对计算题，你是否懂得解题的思路（单选）	懂	8
	一般能懂	74
	有些困难	27
	很难	5

续表

题目	选项	人数
（三）对计算题，你常犯的错误是（多选）	看错	44
	想错	60
	算错	69
	写错	34
	不会算	42
（四）计算中，你有几成把握一次算对（单选）	100%	0
	90%	9
	80%	30
	不能确定	47
	没想过	28

一、成因分析

从调查结果看，情况不容乐观，运算中存在的问题要比我们想象中严重得多。总体上看，有两大因素：

1. 不重视运算

从表中题目（二）看出，对计算题“懂”和“一般能懂”的学生为82人，占71.9%，表明大多数学生对运算法则是清楚的。但从表中题目（一）也能看出，能踏踏实实计算的只有36人，占31.6%，说明很多学生解题时不重视计算，总以为思路懂了就行，计算不是“问题”，待考试时认真起来就行。殊不知，平时没练好过硬本领，一上考场心里就没底，一旦稍遇复杂的计算，就手忙脚乱，错漏百出。

这种“不重视”与同学们平时学习的习惯是密切相关的。比如同学们在课堂听课中对运算是否重视，对老师课堂上讲解的例题，是否只重老师的思路分析而轻老师的具体运算过程；在课外练习中，是否只重对答案，只满足一句“解得、化得、易得”就一带而过，很少从运算的角度去“复盘”解题过程，不去思考运算中存在的问题和困难；等等。

2. 不遵守运算规则

从表中题目（三）看出，同学们对计算题常犯“看错、想错、算错、写错”四种错误，甚至“不会算”，且比例相当高。这反映了同学们学习习惯上的缺陷：不细心、不认真、不规范，也反映出同学们基本功不扎实，导致了计算中一次算对的概率低：没有一个人能保证自己可以一次运算成功，而没把握和不考虑正误的有 75 人，占 65.8%，这是值得注意的。

其实，这种“不细心、不认真、不规范”的背后是对运算规则的忽视。很多同学计算时不是严格按照运算规则去实施运算，常常想当然，习惯于以“口算、心算、缺步解答、跳步解答”等方式进行计算，殊不知这很容易产生错、漏、扩大（缩小）应用范围、增（失）根等问题，而这些问题又常常不易被发现，造成解题错误。

二、提高运算能力需做好的几项工作

1. 提高认识，转变态度

要提高运算能力，首先要转变观念。运算能力是数学能力的重要组成部分，数学运算与数学抽象、逻辑推理、数学建模、直观想象、数据分析一起，被视为数学核心素养的重要内容，只有充分认识运算能力的重要性，明确培养运算能力的基本任务，自觉地进行探索和实践，才能不断提升运算能力。

（1）深刻认识正确运算的重要意义和运算错误的危害性。1999 年，美国宇航局“火星气候探测者”号发现，其距离火星比科学家预测的近了 96 千米。这并不是因为时空关系出现了问题，而是因为在“火星气候探测者”号开发中出现了一个小小的疏忽，美国宇航局科学家在计算中用的是公制单位，但提供导航软件的公司采用的却是英制单位，结果由于运行轨道总不稳定，导致斥巨资制造的“火星气候探测者”号撞向火星表面销毁了。这一“探测器因计算时计量单位的纰漏而坠毁的事件”被视为科学史上八大重大失误之一。可见，运算对我们的工作、生活有着重要的影响。

（2）正确、迅速运算的能力，是高考的重要要求。作为高中数学核心素养的重要部分，运算能力也成为高考考查的重点内容。如今高考数学试题涉及运算的分值几乎每年都超过 110 分，很多题目对运算能力的要求不断提高，在考场上发现了思路而没有相应的运算能力，是不能完成解答的。因此，培养正确、迅速运算的能力是同学们应对高考乃至今后工作的需要。

(3) 提高运算能力是提升效益的需要。做任何事情都是要讲究效益的，“事半功倍”与“事倍功半”差距是巨大的，花同样的时间、精力，有的同学一次做对，而有的同学却每次都因运算失误导致错误，从做题与考试效益的角度看，艰难得分与轻易失分的巨大反差会让我们的学习效益大大降低。

2. 明确目标，强化意识

(1) 从课堂学习做起。课堂学习是高中数学学习的主阵地，运算的方法、步骤、技巧，课堂上老师都有严格的示范，有严密的推证化简，规范整齐的板书、格式，还有老师对运算的专注投入等，这些都是同学们学习的榜样。课堂上，要注重聆听老师对运算问题的讲解与分析，注重领悟老师是如何揭示问题本质的，如何展示公式变形过程中技巧、规律运用的整个思维过程以及所体现的数学思想的，学习这些我们可以从深层次上提高自身的综合分析能力，促进运算能力的进一步提高。

(2) 强化“遵守规则”意识。运算决不仅是一种简单、机械的“操作”，它还是创造性执行规则的一种活动。遵守规则有两个方面的含义：一是要“读懂”，要熟练掌握运算法则的规定和要求，熟悉法则运算、公式运算、定理运算、定义运算的基本程序和步骤，在这些基础上，加强对运算规律、技巧的理解和掌握，逐步提高综合运用数学知识进行计算的能力。二是要“遵守”，知而后行，要严格按照运算规则去计算，不能打折扣，要讲“顺序”，要明确先算什么后算什么。如去括号，要从里到外，不能一次全去掉，图省事一次把所有括号去掉，很容易将正负号、数据等弄错；又如去分母，一定要加上分母不能为零的条件，忽视这一步骤，可能产生增（失）根等错误。大量的实践研究数据表明，运算错误最大的原因是不遵守运算规则、计算随意性。遵守运算规则也是提高运算能力需要注重加强的重点工作。

(3) 培养良好的运算习惯。习惯是需要培养的，同学们平时运算是怎样一个状态，考试或真正解决问题时就是怎样的状态，因此，我们要从平时的运算训练做起，无论在草稿上还是作业上，都应该严格地按照运算程序、步骤实施，做到每一步有根据、无疑点，做到字迹工整，过程细致，像考试一样认真对待每一次运算，提高责任心。只有在平时做题中养成良好的运算习惯，才能在考试中减少失误。

例 1 已知向量 $\vec{a}=(x,\sqrt{3}y)$，$\vec{b}=(1,0)$，且 $(\vec{a}+\sqrt{3}\vec{b})\perp(\vec{a}-\sqrt{3}\vec{b})$。

(1) 求点 $Q(x,y)$ 的轨迹 C 的方程；

(2) 设曲线 C 与直线 $y=kx+m$ 相交于不同的两点 M，N，点 $A(0,-1)$，当 $|AM|=|AN|$ 时，求实数 m 的取值范围。

解析几何题目的运算往往较复杂，解题时一定要一步一步地把过程具体化。

解：(1) $\because (\vec{a}+\sqrt{3}\vec{b})\perp(\vec{a}-\sqrt{3}\vec{b})$，

$\therefore (\vec{a}+\sqrt{3}\vec{b})\cdot(\vec{a}-\sqrt{3}\vec{b})=0$，

即 $|\vec{a}|^2-3|\vec{b}|^2=x^2+3y^2-3=0$，得 $\dfrac{x^2}{3}+y^2=1$。

$\therefore$点 Q 的轨迹 C 的方程为 $\dfrac{x^2}{3}+y^2=1$。

(2) 由 $\begin{cases}y=kx+m\\ \dfrac{x^2}{3}+y^2=1\end{cases}$ 得 $(3k^2+1)x^2+6mkx+3(m^2-1)=0$，

由于直线与椭圆有两个交点，$\therefore \Delta>0$，即 $m^2<3k^2+1$①。

(i) 当 $k\neq 0$ 时，设 $P(x_P,y_P)$ 为弦 MN 的中点，x_M，x_N 分别为点 M，N 的横坐标，则

$$x_P=\frac{x_M+x_N}{2}=-\frac{3mk}{3k^2+1},$$

从而 $y_P=kx_P+m=\dfrac{m}{3k^2+1}$，

$\therefore k_{AP}=\dfrac{y_P+1}{x_P}=-\dfrac{m+3k^2+1}{3mk}$。

又$\because |AM|=|AN|$，$\therefore AP\perp MN$，

则 $-\dfrac{m+3k^2+1}{3mk}=-\dfrac{1}{k}$，即 $2m=3k^2+1$②。

把②代入①得 $2m>m^2$，解得 $0<m<2$；由②得 $k^2=\dfrac{2m-1}{3}>0$，解得

$m>\frac{1}{2}$，故 m 的取值范围是 $\left(\frac{1}{2}，2\right)$。

(ii) 当 $k=0$ 时，$|AM|=|AN|$，$\therefore AP\perp MN$，$m^2<3k^2+1$，解得 $-1<m<1$，故 m 的取值范围是 $(-1，1)$。

综合以上，当 $k\neq 0$ 时，m 的取值范围是 $\left(\frac{1}{2}，2\right)$；当 $k=0$ 时，m 的取值范围是 $(-1，1)$。

这样的解答过程就直观、清楚，不易出错，易于检验。

(4) 加强训练的针对性。要强化对运算规则、方法、技巧的学习掌握，就要注重加强观察、分析、判断，形成较强的综合运用相关知识的能力，以促进运算能力的提升。对运算过程中的难点应加强研究，寻求解决问题的一些常用策略，这有助于提高运算的正确率。

(5) 加强非智力因素的训练。越是困难的题目，运算量越大、越繁杂，而且越是学习困难的学生，对法则的理解、运用的能力就越低，困难就更大，这对每个人来说都是严峻的考验。这时，战胜困难的信心和勇气就显得非常重要了，这是需要努力锻炼的。事实上，非智力因素在人的发展中也是十分重要的，比如自信，它是成功的第一要素，伟人之所以伟大，是因为他与别人共处逆境时，别人失去信心，他却下决心要实现自己的目标。解题也是如此，需要我们有战胜困难的信心。同时，运算还要注重保持稳定的心理状态，无论是简单还是复杂的题目，都要保持冷静的头脑和镇定的情绪，不急不躁、稳扎稳打，保证一次运算就成功。

运算能力的培养，不是一朝一夕就能够做到的，也不是仅靠老师的提醒就能做好的，需要有目的、有层次地培养和训练，只有这样，才能真正提高自己的运算能力。

第四节　培养空间想象能力

立体几何是高中数学的重要内容之一，它对空间概念的建立、空间思维能力的形成和想象力的发展起着重要的作用。但是同学们在学习立体几何时，常常感到十分困难，究其原因是因为立体几何学习中抽象思维占主导地位，且立体几何空间图形复杂，其学习方法与学习平面几何的方法有较大的差异。因此，怎样根据学习的认知规律，改进学习方法，这对尽快适应高中立体几何的学习要求、增强学习效果是十分重要的。

一、认知的主要特点和规律

学习是一种特殊的认识活动，认识过程有其基本的特点和规律，需要我们认真了解。

1. 感知具有目的性

教育心理学的研究表明，高中时期同学们在认识过程中有较强的目的性。表现在观察事物时，能更全面和深刻地进行观察，能区分主要的和次要的、必然的和偶然的现象；注意力更加稳定，能够比较集中和持久地注意自己要学习和研究的问题，同时注意的范围也有所扩大，能从局部注意到整体；在记忆上能更多地运用意义识记，逐步从形象记忆向逻辑记忆过渡，但认识的基础仍主要依赖于生动具体的感知对象。

2. 逻辑思维具有进取性

表现在学习上，同学们已不满足于接受未经严格推证而做出的现成的结论，而热衷于探索事物的根源和因果关系，常常提出一些富有理性的问题："怎么来的?""根据什么?""怎么会这样想的?"等等，思维形式由形象思维过渡到抽象思维，能够对一些现象和经验材料进行理论上的概括，会运用概念、判断进行逻辑思维。

3. 原有观念、认识存在守势性

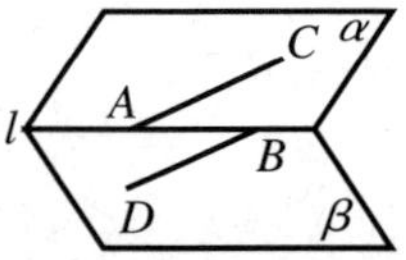

甲

在平面几何学习中，同学们在识图、推证等方面依赖于平面图形的直观性。因此，同学们的思维在由二维空间向三维空间转换的过程中，产生了两方面的困难。一是在空间图形的识图与画图上。如图甲，二面角 α-l-β 中，已知$\angle CAB=\angle DBA$，很多同学就得出 $AC/\!/BD$ 的错误判断。又如图乙中，正方体的画法突出了水平方向上四边形“正方形”的思维定式。二是在空间推理方面，常常把平面几何中获得的定理不假思索地推广到立体几何中。例如“垂直于同一直线的两条直线平行”，忽视了原命题正确的条件是三条直线共面，进入立体几何后，已知条件发生了变化（由共面变为不共面），从而导致错误。

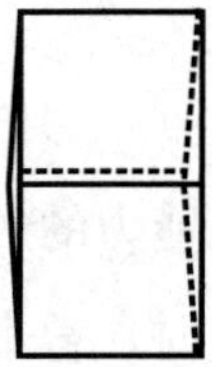
乙

4. 思维过程存在多元化影响

（1）要领不清，一知半解，造成思维混乱。立体几何内容概念多且集中，学习时一些同学抓不住概念的实质，或不重视概念的学习，诸多概念只了解个大概，遇到问题分不清是与非。

（2）原有观念和思维习惯的影响，造成了对问题的理解和认识上的干扰。例如我们一般认为水平放置的面才是平面，而且一般是平行四边形形状的，若将图形位置、形状改变，就觉得这样的平面很别扭，难以理解。

（3）新、旧知识的纵横交错，高中数学中空间图形的多种变化以及新的思维方法和解题方法的提出，都对同学们接受和学习新知识有较大的影响。

二、遵循认知规律开展学习活动

鉴于以上认识，在高中数学学习活动中，同学们应该依照教育心理学原理，采取切实可行的措施，充分发挥认知上的积极因素，克服思维定式的消极影响。在遵循认识规律的基础上，循序渐进，实现知识的正向迁移，发展空间思维能力。为此，要有针对性地抓好以下几个方面的工作：

1. 抓好认知难点的学习

认知难点会阻碍深入思考。这就要求同学们在学习中必须认真分析教材，正确对待认知冲突，进行积极、主动的思维活动，使自己亲身经历解决问题、探求结论、发现结论的全过程，满足心理上进取的要求，感受成功的喜悦。

例如，学习三垂线定理时，要注重思考下列问题：

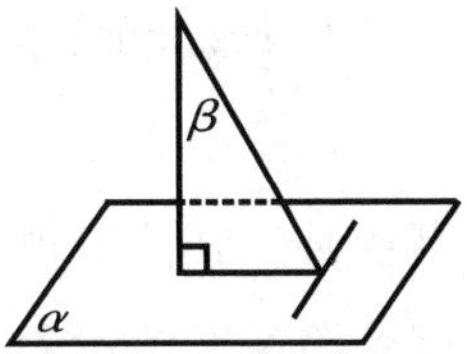

(1) 如图，已知平面 α 内任意一条直线都和平面 β 垂直，那么平面 α 内任意一条直线是否也都和平面 β 的一条斜线垂直呢？

(2) 平面 α 内一条直线具备什么条件，才能和平面 β 的一条斜线垂直呢？(用三角板和铅笔在桌面上搭成如图的模型，发现规律)

(3) 如何归纳为数学命题呢？(发现并得出定理)

有了高度的学习积极性，加上良好的学习方法，才能为高中立体几何的学习打下良好的基础。

2. 抓好识图绘图的训练

培养看图和画图能力是建立空间观念的重要环节。由于直观图的“变形”，同学们一般容易产生错觉，从而影响了对图形几何性质的深入分析，是解决立体几何问题的障碍。努力排除这些障碍，是同学们实现由平面图形研究向空间图形研究飞跃的关键。

(1) 联系实际，丰富感知。例如学习线面、面面关系时，先在典型模型正方体中找出具有这种关系的线和面，然后在直观图中找出相应部分，并用笔标出，再将其从典型模型的直观图中“肢解”出来（如下图）。这样通过实物与图形、整体和局部的对照，同学们就可以逐渐把直观图立体化、形象化了。

（2）训练画直观图。同学们要建立文字语言和直观图的联系，充分调动多种感官参与学习。画图时，充分利用“衬托”或“断开”法，以形成较强的立体感。例如右图就是利用了辅助虚线衬托二面角的“内部”位置。这样，逐步掌握画立体图的原理、方法和技巧，形成新的心理适应能力。

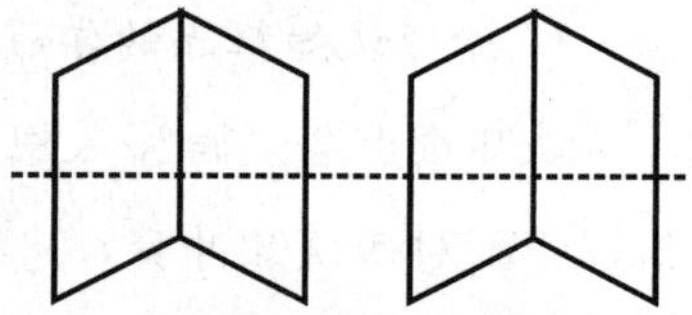

3. 概念和定理的学习要突出第一感知的印象

在高中立体几何学习中，会遇到很多新问题、新矛盾，第一次接触这些事物时，其认识很容易形成“先入为主”的思维定式，这对形成正确的空间概念关系至关重要，并影响着后续内容的学习。因此，在概念、定理的学习中，同学们要抓好起点，突出立体几何的本质属性，再进行深入的剖析，并注意正、反例的比较，克服相似问题的迷惑，获取正确的认识。

例如，学习异面直线的概念后，对照定义说出如图甲中 EF 与 GH，AB，CD 的位置关系，以及图乙中 AB 与 CD 的位置关系，发现在两个平面内的直线不一定是异面直线，从而对定义中“不在同一平面内的两条直线”的“不在”理解为“永远不在”的意思，而不会理解为“分别在两个平面内的两条直线叫异面直线”，加深了对异面直线的理解。

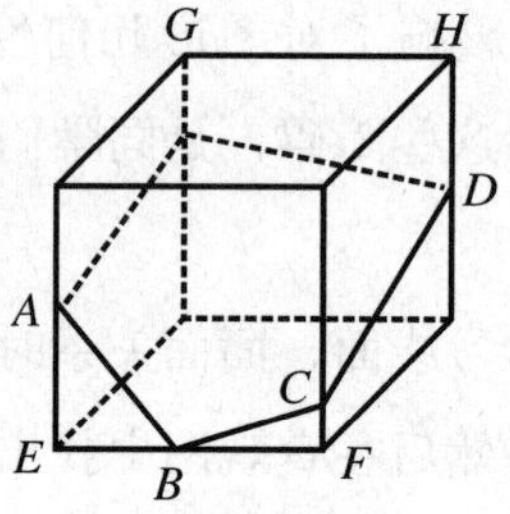

甲

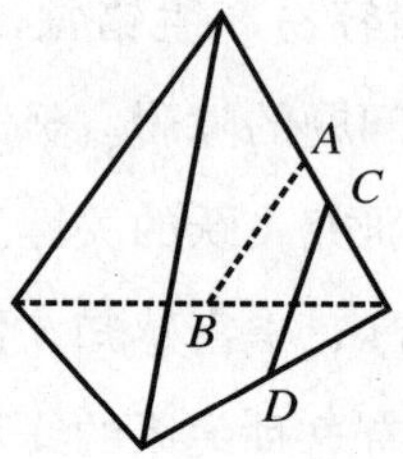

乙

4. 加强解题思维的训练

空间图形中，点、线、面的位置关系和结构比较复杂，在分析和推证这些关系时，同学们常会受各种因素的影响，而感到难以下手。所以同学们在学习中要加强解题思维的训练，明确思考的范围、方法和规律，逐步形成新的心理习惯，这对促进空间想象能力的发展、推证能力的提高十分重要。

例如，证明线面位置关系的一般思路为：证线面平行⇒先证线线平行；证面面平行⇒先证线面平行；证线面垂直⇒先证线线垂直；证面面垂直⇒先证线面垂直；等等。

5. 系统归纳，抓住实质

高中立体几何中的很多概念，是在教材中逐渐深化的，内容交错，相辅相成，这也常使学习变得困难。因此，同学们在学习中要有一个归纳类比、多次反复、使认识逐步深化的过程。这就要求同学们在学习中要抓住实质，系统归纳，创造一个良好的思维环境。

例如，对高中数学“直线与平面”的重点知识要做到以下四个熟练：

(1) 熟练掌握两类相互转化关系：平行转化、垂直转化。

(2) 熟练掌握三垂线定理的应用：判定两条直线相互垂直；确定点到直线的距离；作、证二面角的平面角；确定几何体的高线的落足点。

(3) 熟练掌握空间角（异面直线所成的角、直线与平面所成的角、二面角）的作法（定义法、性质法等）、证法（定义法）和算法（一般通过解三角形或射影面积求解），即“一作二证三算”。

(4) 熟练掌握空间距离（平面上两点间的距离、点到直线的距离、平行线间的距离、平面上两直线间的距离、直线与平面间的距离、两平面间的距离）的求法（直接法：按定义作出、证明、计算；间接法：等积法、转化法、代数法等）。

6. 注重典型例题精析

例题是传授知识、展示方法、培养能力的重要载体，它对同学们学习、模仿，实现解题的类化具有十分重要的作用。注重对立体几何典型例题的分析、讲解，能有效地拓展同学们的思维空间，培养空间想象能力。

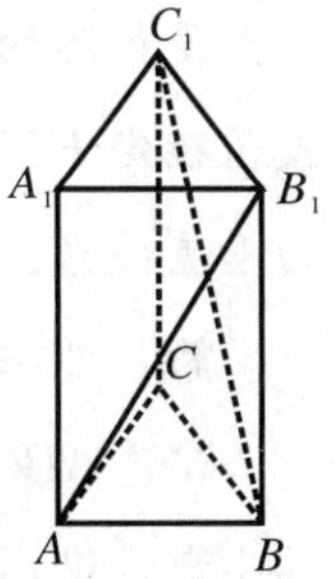

例 1 如图，已知正三棱柱 $ABC\text{-}A_1B_1C_1$，若过面对角线 AB_1 且与另一对角线 BC_1 平行的平面交平面 $A_1B_1C_1$ 的一边 A_1C_1 于点 D。

(1) 确定点 D 的位置，并证明你的结论；

(2) 证明：平面 $AB_1D\perp$平面 AA_1D。

分析：本题的结论是“开放性”的，点 D 的位置如果仅凭已知条件难以推理出来，由于 AB_1 与 BC_1 这两条面对角线是相邻两侧面上的异面直线，于是可考虑将 BC_1 沿 BA 平行移动，BC_1 取 AE_1 的位置，则平面 AB_1E_1 一定平行 BC_1，问题可以解决。

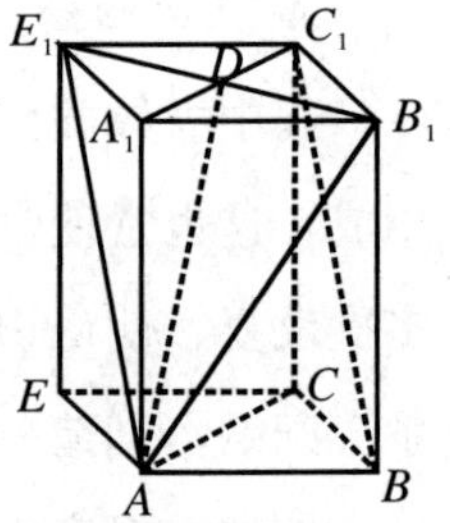

解：(1) 如图，将正三棱柱 $ABC\text{-}A_1B_1C_1$ 补成一直平行六面体 $ABCE\text{-}A_1B_1C_1E_1$，由 $AE_1 /\!/ BC_1$，$AE_1 \subset$ 平面 AB_1E_1 知 $BC_1 /\!/$ 平面 AB_1E_1，故平面 AB_1E_1 应为所求平面，此时平面 AB_1E_1 交 A_1C_1 于点 D。由平行四边形对角线互相平分性质知点 D 为 A_1C_1 的中点。

(2) **证明**：连接 AD，从直平行六面体的定义和 $AA_1 \perp$ 平面 $A_1B_1C_1E_1$，且从平面 $A_1B_1C_1E_1$ 是菱形知 $B_1E_1 \perp A_1C_1$，据三垂线定理知 $B_1E_1 \perp AD$。又 $\because AD \cap A_1C_1 = D$，$\therefore B_1E_1 \perp$ 平面 AA_1D，而 $B_1E_1 \subset$ 平面 AB_1D，$\therefore$ 平面 $AB_1D \perp$ 平面 AA_1D。

评析：本题对知识与能力的考查有三个特点：(1) 结论的开放性，考查了同学们研究性学习的能力，它代表了今后的一个命题方向，值得重视和把握。(2) 将直线与平面的知识有机地渗透到简单几何体中，这是立体几何的一大特点，不能将直线和平面问题与简单几何体分割开来孤立地看待。(3) 重点知识与方法（如本题的面面垂直、三垂线定理等）必是高考考查的重点。

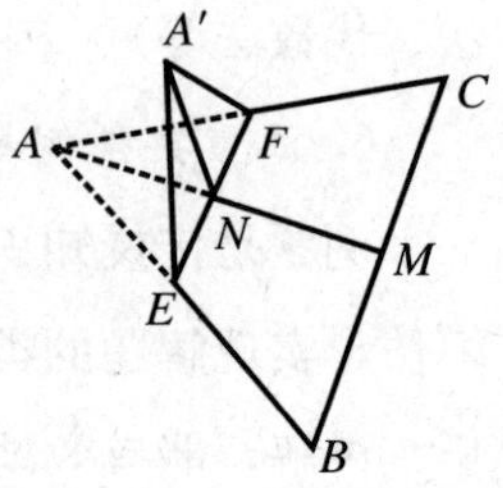

例 2 如图，边长为 a 的正△ABC 中，$EF /\!/ BC$，把△AEF 沿着 EF 折起至△$A'EF$ 的位置，使平面 $A'EF \perp$ 平面 $BCFE$，当 EF 离 BC 多远时，$A'B$ 的长度最小？

分析：这是一道最值问题，难点在于折叠时折痕位置是待定的。解此题的基本方法是引进变量，构造函数关系式，借助函数最值确定 EF 的位置，其中折叠前后不变量是线段 AN 的长度和 AN 与 EF 的垂直关系。

解：如图，设 M 为 BC 的中点，$AM \cap EF = N$。

$\because$ △ABC 为正三角形，$EF /\!/ BC$，则 $AM \perp BC$，$AN \perp EF$，N 为 EF 的中点，把△AEF 折起至△$A'EF$ 的位置，$A'N \perp EF$ 的关系不变。

$\because$ 二面角 $A'\text{-}EF\text{-}M$ 为直二面角，

$\therefore A'N \perp$ 平面 $BCFE$，$A'N \perp MN$。

又$\because BC\perp MN$，$\therefore MN$ 是 $A'N$ 和 BC 的公垂线。

设 $MN=x$，则 $A'N=AN=\frac{\sqrt{3}}{2}a-x$。

由异面直线上两点间距离公式，有

$$A'B^2=MN^2+A'N^2+BM^2-2MN\cdot BM\cos 90^\circ$$
$$=x^2+\left(\frac{\sqrt{3}}{2}a-x\right)^2+\left(\frac{a}{2}\right)^2$$
$$=2x^2-\sqrt{3}ax+a^2$$
$$=2\left(x-\frac{\sqrt{3}}{4}a\right)^2+\frac{5}{8}a^2,$$

当 $x=\frac{\sqrt{3}}{4}a$ 时，$A'B^2$ 有最小值，即 $A'B$ 有最小值，最小值为 $\frac{\sqrt{10}}{4}a$，此时 EF 为三角形的中位线。

评析：平面图形的折叠是考查空间想象能力的重要题型。解决这类问题时，要抓住以下两点：

一是抓折叠前后的不变元素，特别是一些垂直与平行等特殊位置关系的不变性；二是抓折叠所成的二面角，平面图形沿一条折痕翻折后形成了一个二面角，它是解题的纽带，在解题中要紧紧抓住折叠所成二面角的平面角这个关键点。

要特别注意，解题时不能把平面图形和由平面图形折叠而成的空间图形孤立，以防解题思路进入误区。

例 3 如图，在长方体 $ABCD\text{-}A_1B_1C_1D_1$ 中，$AB=4$，$BC=3$，$CC_1=2$。

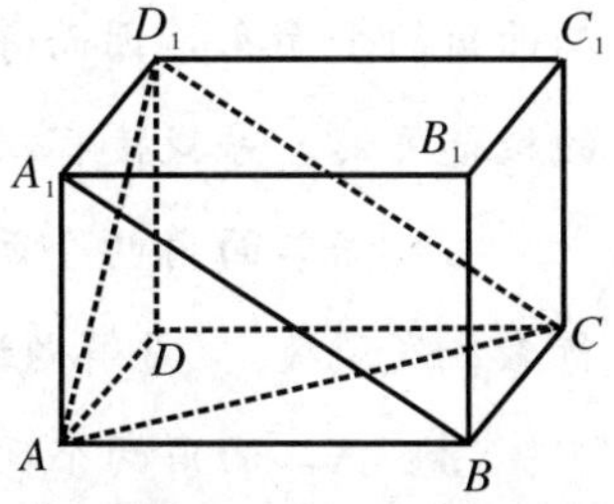

(1) 求证：平面 A_1BC_1//平面 ACD_1；

(2) 求 (1) 中两个平行平面间的距离；

(3) 求点 B_1 到平面 A_1BC_1 的距离。

分析：证面面平行，只需证明其中一个平面内的某两条相交直线平行于另一个平面即可。而计算面面距离，除找公垂线外，还可求一个平面内任一点到另一个平面的距离，甚至可用体积法计算。

解：(1) **证明**：由于 $BC_1 /\!/ AD_1$，则 $BC_1 /\!/$ 平面 ACD_1。同理，$A_1B /\!/$ 平面 ACD_1。又∵$BC_1 \cap A_1B = B$，∴平面 $A_1BC_1 /\!/$ 平面 ACD_1。

(2) 设平面 A_1BC_1 与平面 ACD_1 间的距离为 d，则 d 等于点 D_1 到平面 A_1BC_1 的距离。

易求 $A_1C_1=5$，$A_1B=2\sqrt{5}$，$BC_1=\sqrt{13}$，

则 $\cos\angle A_1BC_1=\dfrac{2}{\sqrt{65}}$，有 $\sin\angle A_1BC_1=\dfrac{\sqrt{61}}{\sqrt{65}}$，则 $S_{\triangle A_1BC_1}=\sqrt{61}$。

由于 $V_{D_1\text{-}A_1BC_1}=V_{B\text{-}A_1C_1D_1}$，

则 $\dfrac{1}{3}\cdot S_{\triangle A_1BC_1}\cdot d=\dfrac{1}{3}\cdot\left(\dfrac{1}{2}\cdot A_1D_1\cdot C_1D_1\right)\cdot BB_1$，

代入求得 $d=\dfrac{12\sqrt{61}}{61}$，即 (1) 中两个平行平面间的距离为 $\dfrac{12\sqrt{61}}{61}$。

(3) 由于线段 B_1D_1 被平面 A_1BC_1 平分，则点 B_1 与点 D_1 到平面 A_1BC_1 的距离相等，则由 (2) 知点 B_1 到平面 A_1BC_1 的距离为 $\dfrac{12\sqrt{61}}{61}$。

评析：体积法是计算点面距离、线面距离、线线距离的一个极其有效的方法。

例 4 如图，在正方体 AC_1 中，点 E，F 分别为对角线 BD_1 和棱 CC_1 的中点，求平面 EFD_1 与平面 AC 所成锐二面角的大小。

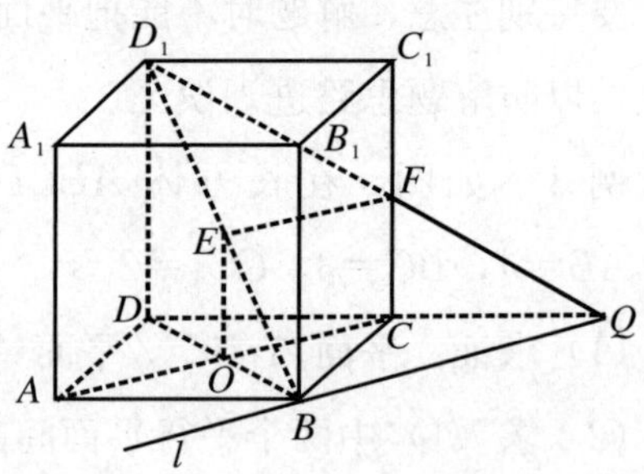

分析：已知未给出所求二面角的棱，要求二面角的大小，就要作二面角的平面角，因而寻找二面角的棱是关键。寻找棱有以下思路：

(1) 据二面角两个面内的两平行直线发现棱。(见解题过程)

(2) 据二面角两个面内的两相交直线发现棱。观察平面 EFD_1 与平面 AC 发现：平面 EFD_1 中的线段 D_1E 与平面 AC 中的线段 BD 同在平面 BDD_1B_1 内，且交于点 B，又因为平面 EFD_1 中的线段 D_1F 与平面 AC 中的线段 CD 同在平面 DD_1FC 中，设 D_1F 与 DC 延长后交于点 Q，连接

BQ，则 BQ 为所求的棱。同理可证$\angle D_1BD$ 为所求二面角的平面角。由此可得解法 2。（略）

（3）补形作几何体发现棱。由于$\triangle D_1EF$ 的三个顶点在平面 AC 上的射影分别为点 D，O，C，设$\triangle D_1EF$ 所在平面与平面 AC 所成二面角为 θ，则可不必寻找平面角，直接根据公式 $\cos\theta=\dfrac{S_{\triangle DOC}}{S_{\triangle D_1EF}}$ 亦可求出平面角的大小。由此可得解法 3。（略）

解：$\because B\in D_1E$，$\therefore B\in$ 平面 D_1EF，又 $B\in$ 平面 AC，所以可设平面 D_1EF 与平面 AC 的交线为过点 B 的直线 l。取 DB 的中点 O，连接 OC。$\because$ $OE\underline{\mathrel{/\!/}}FC$，$\therefore$四边形 $OCFE$ 为平行四边形，即 $OC/\!/EF$，$\therefore OC/\!/$平面 D_1EF。据线面平行的性质有 $OC/\!/l$。设该正方体的棱长为 1，在$\triangle D_1EF$ 中，$D_1F=\sqrt{D_1C_1^2+C_1F^2}=\dfrac{\sqrt{5}}{2}$，$D_1E=\dfrac{1}{2}D_1B=\dfrac{\sqrt{3}}{2}$，$EF=OC=\dfrac{\sqrt{2}}{2}$。

由 $D_1E^2+EF^2=D_1F^2$，知 $D_1E\perp EF$，$\therefore D_1E\perp OC$。

又 $OB\perp OC$，$OC/\!/l$，$\therefore D_1B\perp l$，$DB\perp l$。

即$\angle D_1BD$ 为所求二面角的平面角。

解 $\mathrm{Rt}\triangle D_1DB$，得 $\tan\angle D_1BD=\dfrac{D_1D}{DB}=\dfrac{1}{\sqrt{2}}=\dfrac{\sqrt{2}}{2}$。

$\therefore$所求二面角大小为 $\arctan\dfrac{\sqrt{2}}{2}$。

评析：求无棱二面角是个难点，要掌握好解决此类问题的基本思路（如上述“分析”中的几种基本解题策略）。

第五节　加强一题多解训练

一题多解，即对同一道题目能从不同角度进行思考，探求出不同的解决方案。一题多解的实质是问题解法的变式，其作用有三个方面：一是开拓解题思路、激发探索兴趣；二是寻找解题捷径，培养求简意识；三是创新解题模式，提高创新能力。注重一题多解的训练，同学们可以通过少量的问题建立各部分知识间的联系，拓宽解题的思路，有利于培养探求的精神和对数学研究的兴趣，是传统学习中一种独特的训练方法。

例 1　已知二次函数 $f(x)$满足 $f\left(\frac{1+x}{x}\right)=\frac{x^2+1}{x^2}+\frac{1}{x}$，求 $f(x)$的表达式。

分析 1：已知条件中自变量为复合的分式，从分式到整式是实施运算化简的目标，为此可用换元法解决。

解法 1：令 $t=\frac{1+x}{x}$，则 $x=\frac{1}{t-1}$ $(t\neq1)$，$\frac{1}{x}=t-1$，

$$\therefore f(t)=\frac{\left(\frac{1}{t-1}\right)^2+1}{\left(\frac{1}{t-1}\right)^2}+(t-1)=1+(t-1)^2+(t-1)=t^2-t+1,$$

$\therefore f(x)=x^2-x+1$ $(x\neq1)$。

分析 2：因为题设 $f(x)$是二次函数，所以把$\frac{x^2+1}{x^2}+\frac{1}{x}$配凑成以$\frac{1+x}{x}$为变量的二次函数，可得到 $f(x)$的表达式。

解法 2：$f\left(\frac{1+x}{x}\right)=\frac{x^2+1}{x^2}+\frac{1}{x}=\left(\frac{1+x}{x}\right)^2-\frac{2x}{x^2}+\frac{1}{x}=\left(\frac{1+x}{x}\right)^2-\frac{1}{x}$

$=\left(\frac{1+x}{x}\right)^2-\frac{1+x}{x}+1$,

$\therefore f(x)=x^2-x+1$，又$\because f(x)$ 是二次函数，故 $x\neq1$。

分析 3：既然已知所求的函数肯定是二次函数，不妨直接设出二次函数的标准式 $f(u)=au^2+bu+c$，其待定的三个系数 a，b，c 可通过自变量与函数的对应关系转化为一次方程组求解。

解法 3：设所求二次函数为 $f(u)=au^2+bu+c$，当 $u=0$ 时，$c=f(0)$。

由 $\frac{1+x}{x}=0$，得 $x=-1$，$\therefore f(0)=\frac{(-1)^2+1}{(-1)^2}+\frac{1}{-1}=1$，

故 $f(u)=au^2+bu+1$。

由 $\frac{1+x}{x}=2$，得 $x=1$，$\therefore f(2)=\frac{1+1}{1}+\frac{1}{1}=3$，

从而 $f(2)=4a+2b+1=3$①。同理 $f(3)=9a+3b+1=7$②。

由①②两式解得 $a=1$，$b=-1$。

$\therefore f(x)=x^2-x+1$，又 $\because f(x)$ 是二次函数，故 $x\neq 1$。

一题多解，有利于经常性地保持注重从不同层面去思考问题的意识，这是形成发散性思维的必由之路，是同学们思维能力更具广阔性的重要手段。

例 2　在椭圆 $\frac{x^2}{45}+\frac{y^2}{20}=1$ 上求一点 P，使它与两焦点的连线互相垂直。

解法 1：由椭圆方程得 $a=3\sqrt{5}$，$b=2\sqrt{5}$，$c=5$，设 $P(x_0, y_0)$，$F_1(-5, 0)$，$F_2(5, 0)$，由 $PF_1\perp PF_2$，$k_1k_2=-1$，得

$$\begin{cases}\frac{y_0}{x_0+5}\cdot\frac{y_0}{x_0-5}=-1 \text{①} \\ \frac{x_0^2}{45}+\frac{y_0^2}{20}=1 \text{②}\end{cases},$$

由①②，得 $\begin{cases}x_0^2=9\\ y_0^2=16\end{cases}$，

$\therefore$满足条件的点 P 有 $(3, 4)$，$(3, -4)$，$(-3, 4)$，$(-3, -4)$。

解法 2：$\because PF_1\perp PF_2$，$\therefore$点 P 在以 F_1F_2 为直径的圆周上，故有 $x_0^2+y_0^2=25$，联合 $\frac{x_0^2}{45}+\frac{y_0^2}{20}=1$，余下同解法 1。

解法 3：$\because \overrightarrow{F_1P}=(x_0+5, y_0)$，$\overrightarrow{F_2P}=(x_0-5, y_0)$，由 $PF_1\perp PF_2$，

得 $\overrightarrow{F_1P}\cdot\overrightarrow{F_2P}=0$，

$\therefore$ $(x_0+5，y_0)(x_0-5，y_0)=0$，即 $x_0^2+y_0^2=25$，余下同解法 1。

解法 4：$\because |PF_1|=3\sqrt{5}+\frac{\sqrt{5}}{3}x_0$，$|PF_2|=3\sqrt{5}-\frac{\sqrt{5}}{3}x_0$，$PF_1\perp PF_2$，

$\therefore$在 $\mathrm{Rt}\triangle F_1PF_2$ 中，$|PF_1|^2+|PF_2|^2=|F_1F_2|^2$，代入得 $x_0^2=9$，余下同解法 1。

解法 5：设$\begin{cases}x_0=3\sqrt{5}\cos\theta\\ y_0=2\sqrt{5}\sin\theta\end{cases}$，$|PF_1|^2=(3\sqrt{5}\cos\theta+5)^2+(2\sqrt{5}\sin\theta)^2$，

$|PF_2|^2=(3\sqrt{5}\cos\theta-5)^2+(2\sqrt{5}\sin\theta)^2$，由勾股定理

$|PF_1|^2+|PF_2|^2=|F_1F_2|^2$，得$\begin{cases}\cos\theta=\pm\frac{1}{\sqrt{5}}\\ \sin\theta=\pm\frac{2}{\sqrt{5}}\end{cases}$，余下同解法 1。

解法 6：设 $m=|PF_1|$，$n=|PF_2|$，由 $m^2+n^2=10^2\Rightarrow 100=(m+n)^2-2mn\Rightarrow mn=40$。

$\therefore S=\frac{1}{2}mn=20$，又 $S=\frac{1}{2}|F_1F_2|\cdot|y_0|$，$\therefore |y_0|=16$，余下同解法 1。

例 3　数列$\{a_n\}$满足：$a_1+2a_2+\cdots+na_n=4-\frac{n+2}{2^{n-1}}$，$n\in\mathbf{N}^*$。

(1) 求 a_3 的值；

(2) 求数列$\{a_n\}$的前 n 项和 T_n；

(3) 令 $b_1=a_1$，$b_n=\frac{T_{n-1}}{n}+\left(1+\frac{1}{2}+\frac{1}{3}+\cdots+\frac{1}{n}\right)a_n\ (n\geqslant 2)$，求证：数列$\{b_n\}$的前 n 项和 S_n 满足 $S_n<2+2\ln n$。

解：(1) 当 $n=1$ 时，$a_1=1$；当 $n=2$ 时，$a_1+2a_2=2$，解得 $a_2=\frac{1}{2}$；当 $n=3$ 时，$a_1+2a_2+3a_3=\frac{11}{4}$，解得 $a_3=\frac{1}{4}$。

(2) 当 $n\geqslant 2$ 时，$a_1+2a_2+\cdots+(n-1)a_{n-1}+na_n=4-\frac{n+2}{2^{n-1}}$①，

$a_1+2a_2+\cdots+(n-1)a_{n-1}=4-\dfrac{n+1}{2^{n-2}}$②,

由①－②得 $na_n=\dfrac{n}{2^{n-1}}$，所以 $a_n=\dfrac{1}{2^{n-1}}$ $(n\geqslant 2)$，

经检验，$a_1=1$ 也符合上式，所以 $a_n=\dfrac{1}{2^{n-1}}(n\in\mathbf{N}^*)$。

当 $n\geqslant 2$ 时，$\dfrac{a_n}{a_{n-1}}=\dfrac{1}{2}$，所以 $\{a_n\}$ 是以 1 为首项，$\dfrac{1}{2}$ 为公比的等比数列。

所以 $T_n=\dfrac{1\times\left(1-\frac{1}{2^n}\right)}{1-\frac{1}{2}}=2-\dfrac{1}{2^{n-1}}$。

(3) **证明 1**：设 $c_n=1+\dfrac{1}{2}+\dfrac{1}{3}+\cdots+\dfrac{1}{n}$，则当 $n\geqslant 2$ 时，

$\dfrac{1}{n}=c_n-c_{n-1}$，又当 $n\geqslant 2$ 时，$a_n=T_n-T_{n-1}$。

$$\begin{aligned}\therefore b_n&=\frac{T_{n-1}}{n}+\left(1+\frac{1}{2}+\frac{1}{3}+\cdots+\frac{1}{n}\right)a_n\\&=T_{n-1}(c_n-c_{n-1})+c_n(T_n-T_{n-1})=c_nT_n-c_{n-1}T_{n-1},\end{aligned}$$

于是 $S_n=\sum\limits_{k=1}^{n}b_k=b_1+\sum\limits_{k=2}^{n}(c_kT_k-c_{k-1}T_{k-1})=1+c_nT_n-c_1T_1=c_n\left(2-\dfrac{1}{2^{n-1}}\right)$ $<2c_n$。

令 $f(x)=\dfrac{x}{1+x}-\ln(1+x)(x>0)$，则 $f'(x)=-\dfrac{x}{(1+x)^2}<0$。

$\therefore f(x)$在 $(0,+\infty)$ 上单调递减，$\therefore f(x)<f(0)=0$，故而 $x>0$ 时，$\dfrac{x}{1+x}<\ln(1+x)$。

取 $x=\dfrac{1}{k}$ $(k=1,2,3,\cdots,n-1)$，得$\dfrac{1}{1+k}<\ln\dfrac{k+1}{k}$，

$\therefore \sum\limits_{k=1}^{n-1}\dfrac{1}{1+k}<\sum\limits_{k=1}^{n-1}\ln\dfrac{k+1}{k}=\ln n$，

$\therefore c_n=1+\sum\limits_{k=1}^{n-1}\dfrac{1}{1+k}<1+\ln n$，

$\therefore S_n<2c_n<2(1+\ln n)=2+2\ln n$。

证明 2：当 $n\geqslant 2$ 时，

$$b_n=\frac{T_{n-1}}{n}+\left(1+\frac{1}{2}+\frac{1}{3}+\cdots+\frac{1}{n}\right)a_n$$

$$=\frac{1}{n}\left(2-\frac{1}{2^{n-2}}\right)+\left(1+\frac{1}{2}+\frac{1}{3}+\cdots+\frac{1}{n}\right)\cdot\frac{1}{2^{n-1}}$$

$$=\frac{2}{n}+1\cdot\frac{1}{2^{n-1}}+\frac{1}{2}\cdot\frac{1}{2^{n-1}}+\frac{1}{3}\cdot\frac{1}{2^{n-1}}+\cdots+\frac{1}{n-1}\cdot\frac{1}{2^{n-1}}-\frac{1}{n}\cdot\frac{1}{2^{n-1}},$$

$$\sum_{k=1}^{n}b_k=1+2\left(\frac{1}{2}+\frac{1}{3}+\cdots+\frac{1}{n}\right)+\frac{\frac{1}{2}\left(1-\frac{1}{2^{n-1}}\right)}{1-\frac{1}{2}}+\frac{1}{2}\cdot\frac{\frac{1}{4}\left(1-\frac{1}{2^{n-2}}\right)}{1-\frac{1}{2}}-\frac{1}{2}$$

$$\times\frac{1}{2}+\frac{1}{3}\cdot\frac{\frac{1}{8}\left(1-\frac{1}{2^{n-3}}\right)}{1-\frac{1}{2}}-\frac{1}{3}\times\frac{1}{2^2}+\cdots+\frac{1}{n-1}\left(-\frac{1}{2^{n-1}}\right)-\frac{1}{n}\cdot\frac{1}{2^{n-1}}$$

$$=1+2\left(\frac{1}{2}+\frac{1}{3}+\cdots+\frac{1}{n}\right)+1-\left(1+\frac{1}{2}+\frac{1}{3}+\cdots+\frac{1}{n}\right)\frac{1}{2^{n-1}}$$

$$<2+2\left(\frac{1}{2}+\frac{1}{3}+\cdots+\frac{1}{n}\right)。$$

令 $f(x)=\frac{x}{1+x}-\ln(1+x)(x>0)$，则 $f'(x)=-\frac{x}{(1+x)^2}<0$，

$\therefore f(x)$在 $(0,+\infty)$ 上单调递减，$\therefore f(x)<f(0)=0$，故而 $x>0$ 时，$\frac{x}{1+x}<\ln(1+x)$。

取 $x=\frac{1}{k}(k=1,2,3,\cdots,n-1)$，得$\frac{1}{1+k}<\ln\frac{k+1}{k}$，

$\therefore\sum_{k=1}^{n-1}\frac{1}{1+k}<\sum_{k=1}^{n-1}\ln\frac{k+1}{k}=\ln n$，

$\therefore S_n<2+2\left(\frac{1}{2}+\frac{1}{3}+\cdots+\frac{1}{n}\right)<2+2\ln n$。

证明 3：当 $n\geqslant 2$ 时，

$$b_n=\frac{T_{n-1}}{n}+\left(1+\frac{1}{2}+\frac{1}{3}+\cdots+\frac{1}{n}\right)a_n$$

$$=\frac{1}{n}\left(2-\frac{1}{2^{n-2}}\right)+\left(1+\frac{1}{2}+\frac{1}{3}+\cdots+\frac{1}{n}\right)\cdot\frac{1}{2^{n-1}}$$

$$=\frac{2}{n}+\left(1+\frac{1}{2}+\frac{1}{3}+\cdots+\frac{1}{n-1}-\frac{1}{n}\right)\cdot\frac{1}{2^{n-1}},$$

$$\therefore S_n=b_1+b_2+b_3+\cdots+b_n$$

$$=1+2\cdot\left(\frac{1}{2}+\frac{1}{3}+\cdots+\frac{1}{n}\right)+\left(1-\frac{1}{2}\right)\cdot\frac{1}{2}+\left(1+\frac{1}{2}-\frac{1}{3}\right)\cdot\frac{1}{2^2}+\cdots$$

$$+\left(1+\frac{1}{2}+\frac{1}{3}+\cdots+\frac{1}{n-1}-\frac{1}{n}\right)\cdot\frac{1}{2^{n-1}}。$$

先用数学归纳法证明 $n\geqslant 2$ 时下面的等式成立。

$$\left(1-\frac{1}{2}\right)\frac{1}{2}+\left(1+\frac{1}{2}-\frac{1}{3}\right)\frac{1}{2^2}+\cdots+\left(1+\frac{1}{2}+\frac{1}{3}+\cdots+\frac{1}{n-1}-\frac{1}{n}\right)\cdot\frac{1}{2^{n-1}}$$

$$=1-\left(1+\frac{1}{2}+\frac{1}{3}+\cdots+\frac{1}{n-1}+\frac{1}{n}\right)\cdot\frac{1}{2^{n-1}},$$

①当 $n=2$ 时，左边 $=\frac{1}{4}$，右边 $=\frac{1}{4}$，等式成立；

②假设 $n=k$（$k\geqslant 2$）时，等式成立，即

$$\left(1-\frac{1}{2}\right)\frac{1}{2}+\left(1+\frac{1}{2}-\frac{1}{3}\right)\frac{1}{2^2}+\cdots+\left(1+\frac{1}{2}+\frac{1}{3}+\cdots+\frac{1}{k-1}-\frac{1}{k}\right)\cdot\frac{1}{2^{k-1}}$$

$$=1-\left(1+\frac{1}{2}+\frac{1}{3}+\cdots+\frac{1}{k-1}+\frac{1}{k}\right)\cdot\frac{1}{2^{k-1}},$$

那么 $n=k+1$ 时，

$$\left(1-\frac{1}{2}\right)\frac{1}{2}+\left(1+\frac{1}{2}-\frac{1}{3}\right)\frac{1}{2^2}+\cdots+\left(1+\frac{1}{2}+\frac{1}{3}+\cdots+\frac{1}{k-1}-\frac{1}{k}\right)\cdot\frac{1}{2^{k-1}}$$

$$+\left(1+\frac{1}{2}+\frac{1}{3}+\cdots+\frac{1}{k}-\frac{1}{k-1}\right)\cdot\frac{1}{2^k}$$

$$=1-\left(1+\frac{1}{2}+\frac{1}{3}+\cdots+\frac{1}{k-1}+\frac{1}{k}\right)\cdot\frac{1}{2^{k-1}}+\left(1+\frac{1}{2}+\frac{1}{3}+\cdots+\frac{1}{k}-\frac{1}{k+1}\right)\cdot\frac{1}{2^k}$$

$$=1-\left(1+\frac{1}{2}+\frac{1}{3}+\cdots+\frac{1}{k-1}+\frac{1}{k}+\frac{1}{k+1}\right)\cdot\frac{1}{2^k},$$

所以 $n=k+1$ 时所证等式也成立。

根据①②可知等式

$$\left(1-\frac{1}{2}\right)\frac{1}{2}+\left(1+\frac{1}{2}-\frac{1}{3}\right)\frac{1}{2^2}+\cdots+\left(1+\frac{1}{2}+\frac{1}{3}+\cdots+\frac{1}{n-1}-\frac{1}{n}\right)\cdot\frac{1}{2^{n-1}}$$

$$=1-\left(1+\frac{1}{2}+\frac{1}{3}+\cdots+\frac{1}{n-1}+\frac{1}{n}\right)\cdot\frac{1}{2^{n-1}},$$

对一切 $n\geqslant2(n\in\mathbf{N}^*)$ 都成立。从而有

$$\left(1-\frac{1}{2}\right)\frac{1}{2}+\left(1+\frac{1}{2}-\frac{1}{3}\right)\frac{1}{2^2}+\cdots+\left(1+\frac{1}{2}+\frac{1}{3}+\cdots+\frac{1}{n-1}-\frac{1}{n}\right)\cdot\frac{1}{2^{n-1}}<1。$$

再令 $f(x)=\frac{x}{1+x}-\ln(1+x)(x>0)$，则 $f'(x)=-\frac{x}{(1+x)^2}<0$，

$\therefore f(x)$在 $(0, +\infty)$ 上单调递减，$\therefore f(x)<f(0)=0$，故而 $x>0$ 时，$\frac{x}{1+x}<\ln(1+x)$。

取 $x=\frac{1}{k}$ $(k=1, 2, 3, \cdots, n-1)$，得 $\frac{1}{1+k}<\ln\frac{k+1}{k}$，

$\therefore\sum_{k=1}^{n-1}\frac{1}{1+k}<\sum_{k=1}^{n-1}\ln\frac{k+1}{k}=\ln n$。

$\therefore S_n=b_1+b_2+b_3+\cdots+b_n$

$$=1+2\left(\frac{1}{2}+\frac{1}{3}+\cdots+\frac{1}{n}\right)+\left(1-\frac{1}{2}\right)\frac{1}{2}+\left(1+\frac{1}{2}-\frac{1}{3}\right)\frac{1}{2^2}+\cdots+\left(1+\frac{1}{2}+\frac{1}{3}+\cdots+\frac{1}{n-1}-\frac{1}{n}\right)\cdot\frac{1}{2^{n-1}}$$

$$<2+2\left(\frac{1}{2}+\frac{1}{3}+\cdots+\frac{1}{n}\right)<2+2\ln n。$$

证明 4：$b_1=1$，$b_n=\frac{2}{n}-\frac{1}{n}\cdot\frac{1}{2^{n-2}}+\left(1+\frac{1}{2}+\frac{1}{3}+\cdots+\frac{1}{n}\right)\cdot\frac{1}{2^{n-1}}$ $(n\geqslant2)$。

当 $n=1$ 时，$S_1=1<2+2\ln1$ 显然成立；

当 $n=2$ 时，$S_2=1+\frac{5}{4}=2+\frac{1}{4}=2+2\ln e^{\frac{1}{8}}$，$S_2<2+2\ln2$ 也成立；

当 $n\geqslant3$ 时，$b_n=\frac{2}{n}-\frac{1}{n}\cdot\frac{1}{2^{n-2}}+\left(1+\frac{1}{2}+\frac{1}{3}+\cdots+\frac{1}{n}\right)\cdot\frac{1}{2^{n-1}}$

$$<\frac{2}{n}+\left(1+\frac{1}{2}+\frac{1}{3}+\frac{1}{3}+\cdots+\frac{1}{3}\right)\cdot\frac{1}{2^{n-1}}=\frac{2}{n}+\frac{1}{3}\cdot\frac{2n+5}{2^n},$$

令 $c_n=\frac{2n+5}{2^n}$ $(n\geqslant1)$，数列 $\{c_n\}$ 的和为 R_n，则

$R_n=\frac{7}{2}+\frac{9}{2^2}+\cdots+\frac{2n+5}{2^n}$，

$\frac{1}{2}R_n=\frac{7}{2^2}+\frac{9}{2^3}+\cdots+\frac{2n+5}{2^{n+1}}$，两式相减得

$$\frac{R_n}{2}=\frac{7}{2}+2\times\left(\frac{1}{2^2}+\frac{1}{2^3}+\cdots+\frac{1}{2^n}\right)-\frac{2n+5}{2^{n+1}}$$

$$=\frac{7}{2}+2\times\frac{\frac{1}{2^2}\left(1-\frac{1}{2^{n-1}}\right)}{1-\frac{1}{2}}-\frac{2n+5}{2^{n+1}}=\frac{9}{2}-\frac{2n+9}{2^{n+1}},$$

求得 $R_n=9-\frac{2n+9}{2^n}$。

所以当 $n\geqslant 3$ 时，$S_n<1+\frac{5}{4}+(n-2)\cdot\frac{2}{n}+\frac{1}{3}\left(9-\frac{2n+9}{2^n}-\frac{7}{2}-\frac{9}{4}\right)$

$$=2+\left[\frac{9}{4}-\frac{4}{n}+\frac{1}{3}\left(\frac{13}{4}-\frac{2n+9}{2^n}\right)\right]$$

$$<2+\left(\frac{10}{3}-\frac{4}{n}\right)。$$

构造函数 $f(x)=\frac{10}{3}-\frac{4}{x}-2\ln x\ (x\geqslant 3)$，$f'(x)=\frac{4}{x^2}-\frac{2}{x}=\frac{2(2-x)}{x^2}<0$。

所以 $f(x)$ 在 $[3,+\infty)$ 上单调递减，从而

$$f(x)\leqslant f(3)=\frac{10}{3}-\frac{4}{3}-2\ln 3=2(1-\ln 3)<0。$$

即 $\frac{10}{3}-\frac{4}{n}-2\ln n<0$，所以 $S_n<2+2\ln n$。

综上，满足 $S_n<2+2\ln n$，$n\in\mathbf{N}^*$。

证明 5：依题意，由 $b_n=\frac{a_1+a_2+\cdots+a_{n-1}}{n}+\left(1+\frac{1}{2}+\cdots+\frac{1}{n}\right)a_n$ 知

$b_1=a_1$，$b_2=\frac{a_1}{2}+\left(1+\frac{1}{2}\right)a_2$，$b_3=\frac{a_1+a_2}{3}+\left(1+\frac{1}{2}+\frac{1}{3}\right)a_3$，所以

$$S_n=b_1+b_2+\cdots+b_n$$

$$=\left(1+\frac{1}{2}+\cdots+\frac{1}{n}\right)(a_1+a_2+\cdots+a_n)$$

$=\left(1+\frac{1}{2}+\cdots+\frac{1}{n}\right)T_n$

$=\left(1+\frac{1}{2}+\cdots+\frac{1}{n}\right)\left(2-\frac{1}{2^{n-1}}\right)$

$<2\left(1+\frac{1}{2}+\cdots+\frac{1}{n}\right)$。

记 $f(x)=\ln x+\frac{1}{x}-1(x>1)$，则 $f'(x)=\frac{1}{x}-\frac{1}{x^2}=\frac{x-1}{x^2}>0$。

所以 $f(x)$ 在 $(1,+\infty)$ 上是增函数，又 $f(1)=0$，即 $f(x)>0$，

又 $k\geqslant 2$ 且 $k\in\mathbf{N}^*$ 时，$\frac{k}{k-1}>1$，

所以 $f\left(\frac{k}{k-1}\right)=\ln\frac{k}{k-1}+\frac{1}{\frac{k}{k-1}}-1>0$，即 $\ln\frac{k}{k-1}>\frac{1}{k}$，

所以 $\frac{1}{2}<\ln\frac{2}{1}$，$\frac{1}{3}<\ln\frac{3}{2},\cdots$，$\frac{1}{n}<\ln\frac{n}{n-1}$，

即有 $\frac{1}{2}+\frac{1}{3}+\cdots+\frac{1}{n}<\ln\frac{2}{1}+\ln\frac{3}{2}+\cdots+\ln\frac{n}{n-1}=\ln n$，

所以 $2\times\left(1+\frac{1}{2}+\frac{1}{3}+\cdots+\frac{1}{n}\right)<2+2\ln n$，即 $S_n<2+2\ln n$。

评析：作为高考特色的数列与不等式问题，本题的一个背景是阿贝尔(Abel) 恒等式。阿贝尔恒等式作为一个关于数列和式的恒等式，一般出现在高等数学的级数理论中，在初等数学中不太引人注意。其公式为设 $m<n$，则 $\sum\limits_{i=m}^{n}(A_i-A_{i-1})b_i=A_nb_n-A_{m-1}b_m+\sum\limits_{i=m}^{n-1}A_i(b_i-b_{i+1})$，这个恒等式也可以叫作阿贝尔和差变换公式。设 $\gamma_n=1+\frac{1}{2}+\frac{1}{3}+\cdots+\frac{1}{n}-\ln n$，令 $n\to\infty$ 时左边的极限存在，记作 γ，则 $\gamma=\lim\limits_{n\to\infty}\gamma_n=\lim\limits_{n\to\infty}\left(1+\frac{1}{2}+\frac{1}{3}+\cdots+\frac{1}{n}-\ln n\right)$，我们称 γ 为欧拉常数。这便是上述例题的第二个背景。

例 4 已知过原点的动直线 l 与圆 C_1：$x^2+y^2-6x+5=0$ 相交于不同的两点 A，B。

(1) 求圆 C_1 的圆心坐标；

(2) 求线段 AB 的中点 M 的轨迹 C 的方程；

(3) 是否存在实数 k，使得直线 L：$y=k(x-4)$ 与曲线 C 只有一个交点？若存在，求出 k 的取值范围；若不存在，说明理由。

解：(1) 圆 C_1 的方程可化为 $(x-3)^2+y^2=4$，所以圆 C_1 的圆心坐标为 $(3，0)$。

(2) **解法 1**：设 $M(x，y)$，圆 C_1 的圆心为 C_1，OC_1 的中点为 C。当直线 l 与圆 C_1 相切时，设切点为 $(x_0，y_0)$，则直线 l 的方程为 $(x_0-3)(x-3)+y_0y=4$。

因为直线 l 过原点 $(0，0)$，所以 $x_0=\frac{5}{3}$。所以当直线 l 与圆 C_1 有两个不同交点时，点 $M(x，y)$ 的横坐标满足 $\frac{5}{3}<x\leqslant 3$。

由 (1) 已知点 C 的坐标为 $\left(\frac{3}{2}，0\right)$，因为 M 是弦 AB 的中点，所以 $C_1M\perp AB$，于是可得 $\triangle OMC_1$ 是直角三角形，进而有 $|MC|=\frac{1}{2}|OC_1|=\frac{3}{2}$。

故点 M 的轨迹方程为 $\left(x-\frac{3}{2}\right)^2+y^2=\frac{9}{4}\left(\frac{5}{3}<x\leqslant 3\right)$。

解法 2：如图，当直线 AB 斜率不存在时，显然不成立。

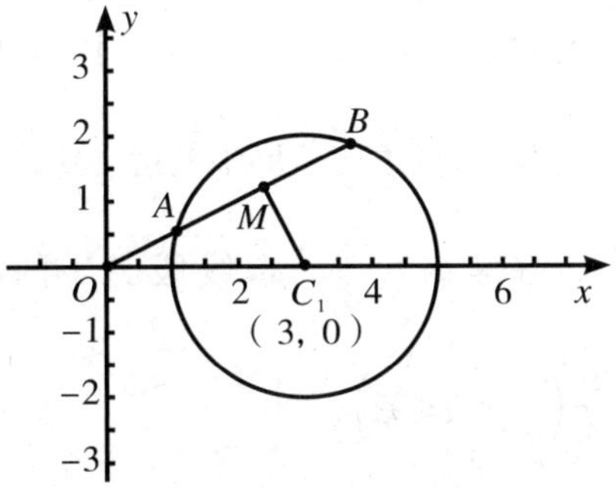

由题意可知 $C_1M\perp AB$，且 OC_1 为定值。

点 M 的轨迹是以 $\left(\frac{3}{2}，0\right)$ 为圆心，以 OC_1 为直径的圆（部分）。

点 M 的轨迹方程为 $\left(x-\frac{3}{2}\right)^2+y^2=\frac{9}{4}$。

由点 C_1 到直线 AB 的距离 $d=\frac{|3k-0|}{\sqrt{k^2+1}}=2$，得 $k=\pm\frac{2\sqrt{5}}{5}$，

联立 $\begin{cases}y=\frac{2\sqrt{5}}{5}x\\x^2+y^2-6x+5=0\end{cases}$，解得 $D\left(\frac{5}{3}，\frac{2\sqrt{5}}{3}\right)$。

由对称性可知$E\left(\frac{5}{3},\ -\frac{2\sqrt{5}}{3}\right)$，结合右图可知$\frac{5}{3}<x\leqslant 3$。

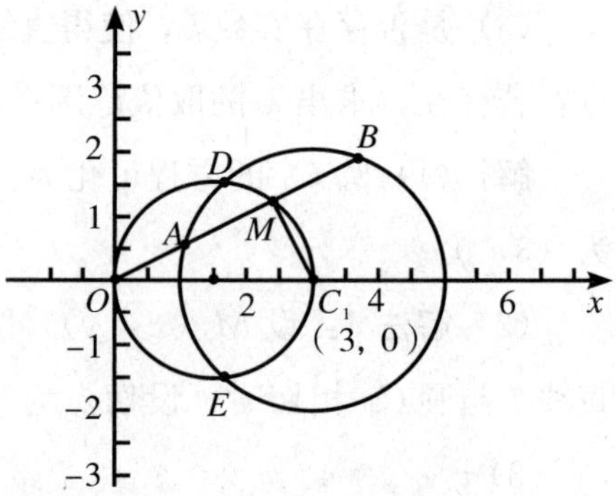

故点 M 的轨迹方程为$\left(x-\frac{3}{2}\right)^2+y^2=\frac{9}{4}\left(\frac{5}{3}<x\leqslant 3\right)$。

解法 3：由垂径定理知 $C_1M\perp AB$，则点 M 在以 OC_1 为直径的圆上，所以圆心 $C\left(\frac{3}{2},\ 0\right)$，半径为$\frac{3}{2}$，点 M 的轨迹方程为$\left(x-\frac{3}{2}\right)^2+y^2=\frac{9}{4}$。再根据过原点的直线 l 和圆 C_1 相切时切点的横坐标为$\frac{5}{3}$，则点 M 的轨迹方程为$\left(x-\frac{3}{2}\right)^2+y^2=\frac{9}{4}\left(\frac{5}{3}<x\leqslant 3\right)$。

解法 4：设 M（x，y），$\because$ 点 M 为弦 AB 的中点，$\therefore C_1M\perp AB$，即 $C_1M\perp OM$，故动点 M（x，y）的轨迹是以 OC_1 为直径的圆的部分弧长（包含在圆 C_1 内部），易知该圆方程为$\left(x-\frac{3}{2}\right)^2+y^2=\frac{9}{4}$，若 OM 与圆 C_1 相切，由直角三角形中的射影定理，得 $C_1M^2=(3-x)\cdot OC_1$，即 $4=(3-x)\cdot 3$，解得 $x=\frac{5}{3}$，$\therefore$ 线段 AB 的中点 M 的轨迹的方程为$\left(x-\frac{3}{2}\right)^2+y^2=\frac{9}{4}\left(\frac{5}{3}<x\leqslant 3\right)$。

解法 5：当直线 AB 斜率不存在时，显然不成立。直线 AB 斜率 k 存在，设 AB 的中点 M（x，y），A（$x-m$，$y-n$），B（$x+m$，$y+n$）。

$\because$ 点 A，B 都在圆上，

$$\therefore \begin{cases}(x-m)^2+(y-n)^2-6(x-m)+5=0 ①\\(x+m)^2+(y+n)^2-6(x+m)+5=0 ②\end{cases},$$

由①－②，得 $4mx+4ny-12m=0$③。

$\because k_{MO}=k_{AB}$，

$\therefore \dfrac{y-0}{x-0}=\dfrac{y+n-(y-n)}{x+m-(x-m)}$,

即$\dfrac{n}{m}=\dfrac{y}{x}$④，联立③④得

点 M 的轨迹方程为$\left(x-\dfrac{3}{2}\right)^2+y^2=\dfrac{9}{4}$。

由点 C_1 到直线 AB 的距离

$d=\dfrac{|3k-0|}{\sqrt{k^2+1}}=2$，得 $k=\pm\dfrac{2\sqrt{5}}{5}$，

联立$\begin{cases} y=\dfrac{2\sqrt{5}}{5}x \\ x^2+y^2-6x+5=0 \end{cases}$，解得 $D\left(\dfrac{5}{3},\ \dfrac{2\sqrt{5}}{3}\right)$。

由对称性可知 $E\left(\dfrac{5}{3},\ -\dfrac{2\sqrt{5}}{3}\right)$，所以$\dfrac{5}{3}<x\leqslant 3$。

$\therefore$点 M 的轨迹方程为$\left(x-\dfrac{3}{2}\right)^2+y^2=\dfrac{9}{4}\left(\dfrac{5}{3}<x\leqslant 3\right)$。

解法 6：设 M（x，y），A（x_1，y_1），B（x_2，y_2），则

$\begin{cases} x_1^2+y_1^2-6x_1+5=0 \\ x_2^2+y_2^2-6x_2+5=0 \end{cases}$，两式相减得 $(x_1-x_2)(x_1+x_2-6)=-(y_1-y_2)$

(y_1+y_2)，线段 AB 的中点为 M，$k_{AB}=k_{OM}$，故$\dfrac{2x-6}{2y}=-\dfrac{y_1-y_2}{x_1-x_2}=-\dfrac{y}{x}$，

$x^2-3x+y^2=0$，点 M 在圆 C_1 内，所以 $x^2+y^2-6x+5<0$，即 $3x-6x+5<0$，$x>\dfrac{5}{3}$，则点 M 的轨迹方程为$\left(x-\dfrac{3}{2}\right)^2+y^2=\dfrac{9}{4}\left(\dfrac{5}{3}<x\leqslant 3\right)$。

解法 7：设 M（x，y），A（x_1，y_1），B（x_2，y_2），则 $x_1^2+y_1^2-6x_1+5=0$①，$x_2^2+y_2^2-6x_2+5=0$②，$x=\dfrac{x_1+x_2}{2}$③，$y=\dfrac{y_1+y_2}{2}$④，$\dfrac{y_1-y_2}{x_1-x_2}=\dfrac{y-0}{x-0}=\dfrac{y}{x}$⑤，由③得 $x_1+x_2=2x$⑥，由④得 $y_1+y_2=2y$⑦，①－②得 $x_1^2-x_2^2+y_1^2-y_2^2-6x_1+6x_2=0$，即

$(x_1+x_2)(x_1-x_2)+(y_1+y_2)(y_1-y_2)-6(x_1-x_2)=0$⑧。

将⑥⑦代入⑧中，得 $2x(x_1-x_2)+2y(y_1-y_2)-6(x_1-x_2)=0$，即 $(x-3)(x_1-x_2)+y(y_1-y_2)=0$，又因为 $x_1-x_2\neq0$，所以 $x-3+y\dfrac{y_1-y_2}{x_1-x_2}=0$⑨。

将⑤代入⑨，得 $x-3+y\dfrac{y}{x}=0$，即 $x^2+y^2-3x=0$，所以 AB 的中点 M 的轨迹方程为 $x^2+y^2-3x=0$，点 M 在圆 C_1 内，所以 $x^2+y^2-6x+5<0$，即 $x>\dfrac{5}{3}$，则点 M 的轨迹方程为 $x^2+y^2-3x=0\left(\dfrac{5}{3}<x\leqslant3\right)$。

解法 8：设 M（x，y），由垂径定理可知 $C_1M\perp AB$，即 $C_1M\perp OM$，$\dfrac{y}{x}\cdot\dfrac{y}{x-3}=-1$，整理得 $x^2-3x+y^2=0$，因为点 M 在圆 C_1 内，所以 $x^2+y^2-6x+5<0$，即 $3x-6x+5<0$，$x>\dfrac{5}{3}$，则点 M 的轨迹方程为 $x^2+y^2-3x=0\left(\dfrac{5}{3}<x\leqslant3\right)$。

解法 9：当 M 不是 C_1 时，连接 C_1M，因为点 M 是 AB 的中点，所以 $C_1M\perp AB$，设 M（x，y），由 $k_{OM}\cdot k_{C_1M}=-1$，得 $\dfrac{y-0}{x-0}\cdot\dfrac{y-0}{x-3}=-1$，即 $x^2+y^2-3x=0$，当 M 是 C_1 时，C_1（3，0）也符合方程，又因为方程 $x^2+y^2-3x=0$ 表示圆，圆 $x^2+y^2-3x=0$ 与圆 $x^2+y^2-6x+5=0$ 的公共弦所在的直线方程为 $x=\dfrac{5}{3}$，由于点 M 只能在圆 C_1 的内部，所以线段 AB 的中点 M 的轨迹方程为 $x^2+y^2-3x=0\left(\dfrac{5}{3}<x\leqslant3\right)$。

解法 10：易知过原点的直线斜率存在，设直线 l 方程为 $y=kx$，$A(x_1,y_1)$，B（x_2，y_2），由 $\begin{cases}y=kx\\x^2+y^2-6x+5=0\end{cases}$，得 $(1+k^2)x^2-6x+5=0$，因为直线 l 与圆 C_1 有两个不同的交点，所以 $\Delta=36-20(1+k^2)>0$，$0\leqslant k^2<\dfrac{4}{5}$，从而 $\begin{cases}x_1+x_2=\dfrac{6}{1+k^2}\\x_1x_2=\dfrac{5}{1+k^2}\end{cases}$，又因为点 M 是 AB 的中点，所以 $x=$

$\frac{x_1+x_2}{2}=\frac{3}{1+k^2}$①，$y=kx=\frac{3k}{1+k^2}$②。

②÷①得 $k=\frac{y}{x}$，将其代入①得 $x^2+y^2-3x=0$，又因为 $0\leqslant k^2<\frac{4}{5}$，所以$\frac{5}{3}<\frac{3}{1+k^2}\leqslant 3$，即$\frac{5}{3}<x\leqslant 3$，所以线段 AB 的中点 M 的轨迹方程为 $x^2+y^2-3x=0\left(\frac{5}{3}<x\leqslant 3\right)$。

解法 11：设动直线 l 的方程为 $y=kx$，

由$\begin{cases}y=kx\\(x-3)^2+y^2=4\end{cases}$，得 $(k^2+1)x^2-6x+5=0$，则

$\Delta=36-20(k^2+1)>0$，即$-\frac{2}{\sqrt{5}}<k<\frac{2}{\sqrt{5}}$。

设 $A(x_1,y_1)$，$B(x_2,y_2)$，则 $x_1+x_2=\frac{6}{k^2+1}$。

设 $M(x,y)$，则$\begin{cases}x=\frac{3}{k^2+1}\\y=\frac{3k}{k^2+1}\end{cases}$，其中$-\frac{2}{\sqrt{5}}<k<\frac{2}{\sqrt{5}}$，

故线段 AB 的中点 M 的轨迹方程为$\left(x-\frac{3}{2}\right)^2+y^2=\frac{9}{4}\left(\frac{5}{3}<x\leqslant 3\right)$。

(3) **解法 1**：由$\begin{cases}y=k(x-4)\\\left(x-\frac{3}{2}\right)^2+y^2=\frac{9}{4}\end{cases}$，消去 y 得

$(1+k^2)x^2-(8k^2+3)x+16k^2=0(*)$。

直线 L：$y=k(x-4)$ 与曲线 C 只有一个交点等价于方程（*）在 $x\in\left(\frac{5}{3},3\right]$有唯一解。

①当方程（*）的判别式 $\Delta=(8k^2+3)^2-4(1+k^2)\cdot 16k^2=9-16k^2=0$ 时，得 $k=\pm\frac{3}{4}$。

此时方程（*）的根为 $x=\frac{12}{5}\in\left(\frac{5}{3},3\right]$，故 $k=\pm\frac{3}{4}$符合题意。

②当 $\Delta>0$ 时，令 $f(x)=(1+k^2)x^2-(8k^2+3)x+16k^2$。

要使方程（*）在 $\left(\frac{5}{3},\ 3\right]$ 上有唯一解，必须满足 $\begin{cases}f\left(\frac{5}{3}\right)\leqslant 0\\ f(3)\ \geqslant 0\end{cases}$，解得 $-\frac{2\sqrt{5}}{7}\leqslant k\leqslant\frac{2\sqrt{5}}{7}$，故存在 $k=\pm\frac{3}{4}$ 或 $-\frac{2\sqrt{5}}{7}\leqslant k\leqslant\frac{2\sqrt{5}}{7}$，使得直线 L：$y=k(x-4)$ 与曲线 C 只有一个交点。

解法 2：由 $\begin{cases}y=k(x-4)\\ x^2+y^2-3x=0\end{cases}$ 得 $(k^2+1)x^2-(3+8k^2)x+16k^2=0$，令 $\Delta=(3+8k^2)^2-4(k^2+1)\cdot 16k^2=0$，得 $k=\pm\frac{3}{4}$。

又因为轨迹 C 的端点 $\left(\frac{5}{3},\ \pm\frac{2\sqrt{5}}{3}\right)$ 与点 $(4,\ 0)$ 连线的斜率为 $\pm\frac{2\sqrt{5}}{7}$，故当直线 L：$y=k(x-4)$ 与曲线 C 只有一个交点时，k 的取值范围为 $\left[-\frac{2\sqrt{5}}{7},\ \frac{2\sqrt{5}}{7}\right]\cup\left\{-\frac{3}{4},\ \frac{3}{4}\right\}$。

解法 3：（图略）设圆 $x^2+y^2-3x=0$ 的圆心为 C，则 $C\left(\frac{3}{2},\ 0\right)$，设点 $(4,\ 0)$ 为 P，设直线 L 与圆 C 的切点分别为点 D，E，连接 CD，CE，DE（图略），则 $DE\perp x$ 轴，$CD\perp PD$，$CE\perp PE$。设点 D 的横坐标为 t，在 $\text{Rt}\triangle PDC$ 中，根据射影定理得 $|CD|^2=\left(t-\frac{3}{2}\right)|PC|$，即 $\left(\frac{3}{2}\right)^2=\left(t-\frac{3}{2}\right)\left(4-\frac{3}{2}\right)$，解得 $t=\frac{12}{5}>\frac{5}{3}$，$D\left(\frac{12}{5},\ \frac{6}{5}\right)$。这说明切点 D，E 在曲线 C 上。又因为公共弦 FG 的端点 $F\left(\frac{5}{3},\ \frac{2\sqrt{5}}{3}\right)$，$G\left(\frac{5}{3},\ -\frac{2\sqrt{5}}{3}\right)$，所以直线 PF 的斜率为 $\frac{\frac{2\sqrt{5}}{3}-0}{\frac{5}{3}-4}=-\frac{2\sqrt{5}}{7}$，直线 PG 的斜率为 $\frac{-\frac{2\sqrt{5}}{3}-0}{\frac{5}{3}-4}=\frac{2\sqrt{5}}{7}$，直线 PD 的斜率为 $\frac{\frac{6}{5}-0}{\frac{12}{5}-4}=\frac{3}{4}$，直线 PE 的斜率为 $-\frac{3}{4}$。

根据图形，当 $k=-\frac{3}{4}$，或 $k\in\left[-\frac{2\sqrt{5}}{7}, \frac{2\sqrt{5}}{7}\right]$，或 $k=\frac{3}{4}$时，直线 L：$y=k(x-4)$ 与曲线 C 只有一个交点。

解法 4：由（2）可知点 M 的轨迹是以 $C\left(\frac{3}{2}, 0\right)$ 为圆心，$\frac{3}{2}$ 为半径的部分圆弧 EC_1F（如图所示，不包括两端点），易知 $E\left(\frac{5}{3}, \frac{2\sqrt{5}}{3}\right)$，$F\left(\frac{5}{3}, -\frac{2\sqrt{5}}{3}\right)$。

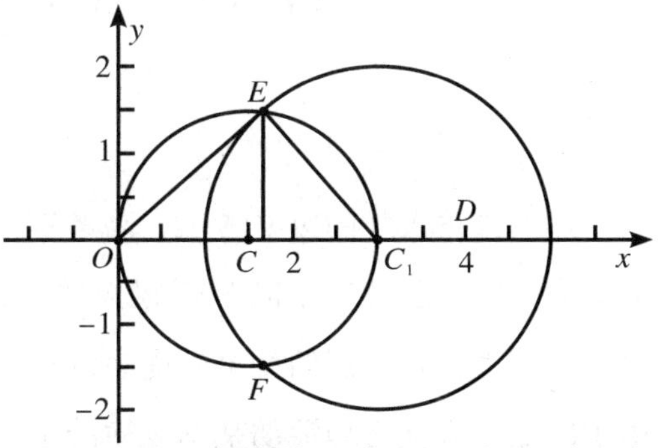

又因为直线 L：$y=k(x-4)$ 过定点 D（4，0），当直线 L 与圆 C 相切时，由 $\frac{\left|k\left(\frac{3}{2}-4\right)-0\right|}{\sqrt{k^2+1}}=\frac{3}{2}$，得 $k=\pm\frac{3}{4}$，又 $k_{DE}=-k_{DF}=-\frac{0-\left(-\frac{2\sqrt{5}}{3}\right)}{4-\frac{5}{3}}=-\frac{2\sqrt{5}}{7}$，

结合上图可知当 $k\in\left\{-\frac{3}{4}, \frac{3}{4}\right\}\cup\left[-\frac{2\sqrt{5}}{7}, \frac{2\sqrt{5}}{7}\right]$时，直线 L：$y=k(x-4)$ 与曲线 C 只有一个交点。

评析：本题既强调了轨迹考查中的纯粹性，又强调了直线与圆的位置关系，强化代数运算是解决这一问题的关键。

第六节 注重考试心理调整

作为选拔人才的重要考试，高考直接关系到考生的前途和今后事业发展的方向，因而总会带给同学们很大的心理压力。对踏入高考考场的考生而言，应试不仅是知识的竞争、能力的竞争，更是心理素质的竞争。不少考生由于缺乏对应试心理活动基本规律的了解，忽视了应试心理状态的调整，因而考试时常常紧张到不知所措，抑制了自身水平的正常发挥，直接影响了考试成绩，这是必须重视并解决的问题。那么，高考应试时应该如何有效地进行心理调整呢?

一、做好考前心理准备

1. 树立良好的考试信念

实践证明，最佳的临考状态是：信心十足，但脑中仍绷着一根弦，“不会太容易对付的”；内心平静，但仍有一丝紧张和兴奋，“就要考试了，我终于能够放手一搏了”。带着这种心态进入考场的考生，常常就是考试冲出来的黑马。要做到这一点，最重要的一条就是要有良好的考试信念。

（1）要相信自己。经过全面的备考复习，要相信自己已经做好了较充分的准备，较好地了解和掌握了应试的基本要求，而且每个人都有自己的长处，高考正是比“长处”的地方，是我们展示自己才华的天地。

（2）要有全力以赴，力争上游的精神。“人生能有几回搏”，要有“一搏”的心理准备，要知道，积极兴奋的精神，会带来敏锐的感觉、精确的记忆、丰富的想象和高度集中的注意力，这对应试是十分有利的。

（3）面对困难时要保持清醒的认识。高考作为一种选拔人才的考试，必然会有一定的难度，要有充分的思想准备。面对困难，沉着冷静，以“平常心”待之，才能在困难面前保持清醒的头脑和平静的心态，最终战胜困难。

2. 保持良好的考试状态

越临近考试，越易兴奋、紧张、焦虑不安，甚至出现“零点状态”（感觉所学知识、方法很难回忆起来，有时甚至觉得脑子里一片空白等），因此，除了保证正常的休息和娱乐放松外，应注意以下几方面的工作：

（1）每天浏览两三份测试过的且经过老师讲评和自己修正的“满分卷”，以试题为导向回忆有关的知识和方法。这样做目的性强，而且由于是自己的“满分卷”，有利于稳定心态，增强信心，同时也能保持对知识和方法掌握上的大局观。

（2）抓低起点练习，坚持每天做一两道题，重通法、轻难度，保持解题状态。

（3）有针对性地回忆一些常见的变形、技巧，或检查、反思平时解题中最常犯的错误等，保持学习的那份“感觉”。

3. 有明确清晰的应试策略

“不打无准备之战。”要使自己在考场上能保持良好的心理状态，很重要的一条就是要有明确清晰的应试策略，掌握基本的临场答题技巧和得分技巧，使自己能按一种预定的、有序的“程序”去答题，从而保持心态平稳，心里踏实，做到从容不迫、沉着应战、考出水平。

（1）解题决策做到“四先四后”。拿到考题，应迅速浏览题目，摸清“题情”，按“先易后难，先熟后生，先同（类）后异，先高（分）后低”的“四先四后”原则，坚持以自我为主。例如“先易后难”原则就是答题时按题号顺序审题，会一题先做一题，一时不会就先跳过去往下做，把会做的题目都做完了，再回头做一时不会做的题。这样能充分激活大脑中的知识结构，对智力活动有催化作用，使自己在答题过程中保持积极的、愉快的状态，逐步答完整份试卷。如此，充分扬己之长，不断扫清外围，最后实现重点、难点的突破。

（2）合理作答，分步得分。高考改卷评判关注的是解题的思路和方法，而不是见了文字就给分。因此，作答时要注重合理性，避免不必要的答题过程。合理的解答方式应为：目标明确，方法恰当，思路清晰，书写规范。高考数学答题更应注意书写规范，例如，数学中求空间元素（如角、距离等）

问题时，解答应包括三个方面：一指出哪个是，二证明为什么是，三计算出是多少。如果缺少了某一步，即使答案正确仍会被扣分，这是十分可惜的。同时，高考数学答题时对困难问题可实施分解分步策略，运用缺步解答等方法，分散难点，逐个击破，力争在得分点上都不丢分。

4. 做好考前准备

(1) 检查必备物品。赴考场前，一定要检查是否将考试必备物品带充足了，如准考证、文具等，前往考场所用的交通工具及所需时间，考场在别校的需熟悉环境等，这些都要考虑周全，以防临考前因其中某一个环节出了问题而手忙脚乱，影响考试情绪。

(2) 进行考前放松。就要进考场了，可采用自己习惯的放松方法，以消除考试紧张焦虑的情绪，平复自己的心情。经验表明，最简捷有效的放松方法有以下两种：一是深呼吸法，即静心慢慢吸气，吸足后憋一下，再吐气，进行 3～4 次。二是想象放松法，即回忆过去一件愉快的事情，想得越具体、生动、形象效果越好；或者想象一件令自己愉快的事情或场面，可以是自己没有经历过的美好设想。考前或考试中都可使用上述放松方法。

(3) 学会积极等待。进入考场后，一般都有一些等待时间，不要着急，可先熟悉一下周围的环境，如看看主考官，稍稍注意一下身边的考生等。或者，可采用自我暗示法，告诉自己，“还有那么一会儿才考试的”“我一定能考好”等，使自己在兴奋、紧张中更加从容。考试快开始时，可在座位上做一个简单的深呼吸放松。

二、有意控制和调整考试中的心理状态

1. 从容接受紧张心理

紧张，是人们常常体验的一种心理状态，从心理学的角度看，产生紧张的事物即紧张源是庞杂的，不可胜数。如刚接到试题时感觉似乎考点是较生疏的，发现监考老师好像很注意自己，答题思路一时受阻，忽然发现看错了题、少做了题，等等，这些都是最容易产生紧张情绪的。紧张会导致应激性的生理反应，如心跳加快，呼吸急促，手脚发冷、出汗等，从而降低心理认识能力，分散注意力，直接降低行为能力，影响了正常水平的发挥。但是，

紧张是人们适应环境的必然产物，是正常的心理活动现象，认识了这一点，我们就不会在必然到来的紧张面前手忙脚乱。消除紧张的正确做法是，转移注意力，从特殊事件中抽离出来，沉着应试，使用积极的语言进行心理对话，或对有关事物重新认识和评价。例如，一旦出现紧张反应，应学会积极应对：首先，在心理上接受紧张应激反应“哦，我有点紧张”，然后，告诉自己“大考当前，有点紧张是正常的”“我冷静一会儿就行”“随它去吧”，最后，稍微做深呼吸放松。事实上，在正确的认识面前，紧张反应自然就解除了。

2. 平静化解急躁情绪

高考应试中，常常会产生急躁情绪，表现为一心想赶时间，特别是解题思路受阻时，或发现剩下的时间来不及做完全部考题时，就会急躁、焦虑，这直接影响了考试的心理“节奏”和自信心。其实，这是由应试决策中定位不当造成的。在考试中对一些高档题，包括选择、填空中的难题，不妨做“冷”处理，它们毕竟不是大多数考生的主攻目标。因此，高考中产生急躁情绪时，不妨自我暗示：“不要紧，我难别人亦难”“这是大多数考生都做不好的”“我已经做好了不少题了”，并以往年高考情况做参考，以此缓解急躁情绪，保证在平静的心态下答题。

3. 注意克服粗心毛病

高考中的老大难问题就是“会而不对，对而不全”的丢分现象。不少考生一看到自己熟悉的内容、题型，就会“心中窃喜”或“忘乎所以”，造成审题不细心，答题不规范，轻易丢分。如有的考生应试时常会出现看错题目条件、计算错误、答题“心是手非”（想填 A 却填成 B)、忘记下结论（如“综上所述，……”“答：……”等）等现象，从而造成无谓丢分，十分可惜。从某种意义上说，“少丢分”是考试成败的决定因素。因此，在应试过程中，要时刻提醒自己“我易人易别大意”，力求做到胆大心细，考虑周密，会而求对，对而求全，争取在中下档题目中拿到高分。

4. 及时做好考后心理调整

高考是一种连续作战的“疲劳战”，考生各科考试发挥的水准不一，前一科考试必然会对后续考试科目造成一定的影响。因此，主动做好考后的心理调整十分必要。优秀的应试者考后常做三件事：调整考试心态，总结策略得失，检查基础知识。

每考完一科，对考生而言，应该是丢掉了一个包袱，此时考生不应纠结于已考科目成绩的高低，不必过多地去想它，也不要有意无意地去对答案，要努力保留对自己答题结果的一份美好的期待，以愉快的心情去迎接下一科的考试。每考完一科，考生必然会发现自己某些知识方面的欠缺，可以及时查漏补缺为下一科考试提供借鉴。要学会在较短的时间内做好查漏补缺工作，努力在下一科考试中不再出现同样的问题。

总之，应试心理调整的原则是：使自己既身心放松，又适应紧张情绪，保持高涨的求战欲望，这就需要同学们掌握一定的心理调整策略和方法。希望以上所述能给同学们予以有益的启示和帮助。

第五章 高中数学解题常用的通性通法

数学解题方法内涵十分丰富，既有宏观上涉及意识策略层面上的思想方法，也有微观上具体的操作层面上的技巧性方法。通俗地讲就是统领全局的“大方法”和具体实施的“小方法”，前者就是我们说的“通性通法”。

“通性”是指概念所反映的数学基本性质，“通法”是指概念所蕴含的思想方法。“通性通法”就是指运用数学定义、定理、公式、规律等所体现出来的基本法则去解决问题的思想方法。注重对“通性通法”的学习，养成从数学基本概念、基本原理及其联系出发思考和解决问题的习惯，这是锻炼和发展思维能力的主渠道。

高中数学解题有哪些常用的通性通法呢？以下结合它的运用做简要的介绍。也许每一种方法相对独立，但把它们组合起来，就会对高中数学解题通性通法形成一个基本的认识。

第一节　从问题的扩展中寻找方法

数学的一个重要学科特点就是常常从一个简单的生长点或自身存在的内在矛盾出发，提出问题，不断扩展、发展、完善，形成理论（或方法）。换句话说，解决数学问题常常可由旧的矛盾，扩展地提出某个新问题，或者从一些简单的事例中归纳地提出某个问题，从而寻求解决问题的办法。

我们以“复数是怎样扩充而来的?”为例，看看问题解决的扩展过程：

“复数”“虚数”这两个名词原来是没有的，它们是前人在解方程时遇到的怎样用公式来求一元二次、一元三次方程的根这一问题提出的。在解方程的过程中出现了负数的平方根，究竟怎么办？从而引发了对数系扩充的一场革命。

16 世纪，意大利学者卡当（1501—1576）在其《重要的艺术》一书中，公布了三次方程的一般解法，第一个把负数的平方根写进了解答中。他在讨论是否可能“把 10 分成两部分使它们的乘积等于 40”时，把答案写成 $(5+\sqrt{-15})(5-\sqrt{-15})=40$。尽管他认为等式左边两个式子并没有实际意义，是想象出来的，但他还是把 10 分成了上述两部分，并使它们的乘积等于 40。

“负数的平方根”究竟是什么？它是个什么“数”？法国数学家笛卡儿（1596—1650）在 1637 年发表的《几何学》一书中，第一次把它称作“虚数”，他提出了“要使‘虚的数’与‘实的数’相对应”这样一个命题。从此，虚数开始进入人们的视线，但仍然在数学界引起了一片质疑。瑞士数学大师欧拉（1707—1783）就曾说过，一切形如 $\sqrt{-1}$，$\sqrt{-2}$ 的数学式子都是不可能有的，都是想象的数，因为它们所表示的是负数的平方根。对于这类数，我们只能推断，它们既不是什么都不是，也不比什么都不是多些什么，更不比什么都不是少些什么，它们纯属虚构。

尽管如此，依然有很多学者对虚数充满好奇，不断去研究、探索。1747年，法国数学家达朗贝尔（1717—1783）发现，按照多项式的四则运算法则对虚数进行运算，其结果也是合理的。1730年，英国数学家棣莫弗（1667—1754）在著名的棣莫弗定理中对“虚数”一说给予了一些佐证。1777年，欧拉也在《微分公式》一文中第一次用i来表示-1的平方根，首创了用i作为虚数单位。挪威测量学家威塞尔（1745—1818）则尝试给虚数以直观的几何解释，开辟了一个新的研究方向。

1806年，德国数学家高斯（1777—1855）公布了虚数的图象表示法，指出虚数可用一个平面上的点来表示，即在平面直角坐标系中，横坐标轴上取对应实数a的点A，纵坐标轴上取对应实数b的点B，并过这两点引平行于坐标轴的直线，它们的交点C就表示复数$a+b\mathrm{i}$。这样，由各点都对应复数的平面叫作“复平面”，也称“高斯平面”。高斯把“数轴上的点与实数一一对应”扩展为“平面上的点与复数一一对应”，同时，他还将复平面上的点看作是一种向量，并利用复数与向量之间一一对应的关系，阐述了复数加法与乘法的几何意义。至此，复数理论就比较完整和系统地建立起来了。此后，在电工学、流体力学、振动理论、机翼理论等方面，复数与向量被广泛应用，还建立了以复数为变数的“复变函数”理论，使之成为一个崭新的数学分支。经过世人的不懈努力，虚数终于揭去了神秘的面纱，成为数系大家庭中的一员，实数集也才扩充到了复数集。

从虚数例子可以看出，“扩展”是数学解题一种“宏观”的思路和方法，它不仅能运用在解题上，也能运用在学习中，成为提升学习层次的一种重要手段。对同学们来说，虽然我们不一定能像数学家们一样深入研究、创造新理论，但在学习中注重“扩展”却是提升解题能力的重要渠道，需要我们有意识地去训练。

例如，“集合与函数概念”一章是高中数学的入门章节，学完这章节后，我们可以尝试从很多方面去“扩展”。

问题1：为什么要学习“集合”？

集合是高中数学中十分重要的概念，我们可以从以下几个方面进行了解：

第一，集合可以作为一种语言来使用。高中数学大量使用较抽象的符号语言，而我们所研究的各种对象都可以看作集合或集合中的元素，用集合语言可以明确地表述数学概念，准确而简捷地进行数学推理。

第二，集合论已成为现代数学的理论基础。集合论的基础是由德国数学家康托儿在19世纪70年代奠定的，科学家们经过半个世纪的努力，到20世纪20年代已建立起了完备的理论体系，现代数学各分支几乎所有成果都建立在严格的集合理论基础上。因为集合，我们能方便地定义各种量的范围，从而对各种数学概念进行分类；同时，因为数学中很多类别间的关系都可以用集合来表示，所以集合也是一种归纳总结的方法。

第三，集合思想是我们解决问题的基本依托。对高中数学学习而言，养成“集合”的思维习惯，意味着要学会把在某些方面有类似性质的对象（或满足某一条件的对象）放在一起视为一个集合，然后利用集合的有关概念或通过集合的有关计算来研究和解决问题。建立集合的观念，能规范我们的解题过程。

例1 已知x，$y\in\mathbf{R}$，且$2x^2+y^2=6x$，则x^2+y^2+2x的最大值为____________。

很多同学都会这样做：

错解：由$2x^2+y^2=6x$得$y^2=6x-2x^2$，

有$x^2+y^2+2x=x^2+6x-2x^2+2x=-x^2+8x=-(x-4)^2+16$，故所求最大值为16。

这就是缺乏“集合”观念造成的典型错误，它从一个侧面说明了学习“集合”的重要性和必要性。事实上，学完“集合与函数概念”一章内容，就意味着我们在高中数学学习时要有“集合”的意识。在研究、讨论数学问题时首先要考虑它是在哪个范围内研究，这个“范围”就是我们所说的“集合”。是否具有这种意识，是“集合”思想在我们心中是否扎根的重要表现。

事实上，这道题立意已经表明，在曲线$2x^2+y^2=6x$上寻找一点(x, y)，使x^2+y^2+2x的值最大，而曲线上点(x, y)中x，y的取值是有一定范围的，即x，y是在某个“集合”内取值的。由$y^2=6x-2x^2\geqslant 0$，得$0\leqslant x\leqslant 3$，在这个范围内，函数单调上升，故在$x=3$处取得最大值15。

正解：$\because 2x^2+y^2=6x$，$\therefore y^2=6x-2x^2=2x(3-x)\geqslant 0$，$\therefore 0\leqslant x\leqslant 3$。$\therefore x^2+y^2+2x=x^2+6x-2x^2+2x=-x^2+8x=-(x-4)^2+16$，$\therefore$当 $x=3$ 时取得最大值 15。

问题 2：怎样认识集合中的“元素”？

虽然集合是一个没有严格定义的描述性概念，但是集合中元素的特性是十分明确的。它包含三个要素：一是确定性，集合中的每个元素都是确定的，换句话说就是任意一个对象是否是这个集合中的元素，是能明确判断的；二是互异性，集合中的元素都是相互不同的；三是无序性，用列举法描述集合，元素的顺序是可先可后的。

正确认识集合中的元素是解有关集合问题的关键，需要注意两点：(1) 集合中的元素是什么？(2) 这些元素有何特性？如以下四个集合：$A=\{y=x^2\}$，$B=\{x\mid y=x^2\}$，$C=\{y\mid y=x^2\}$，$D=\{(x,y)\mid y=x^2\}$，它们所表示的意义是不同的。从集合中元素的特征上看，集合 A 是一个单元素集，其“元素”是二元二次方程 $y=x^2$；集合 B 的“元素”是函数 $y=x^2$ 的自变量 x 的所有允许值，即 $B=\mathbf{R}$；集合 C 的“元素”是函数 $y=x^2$ 的所有函数值，即 $C=\{y\mid y\geqslant 0\}$；集合 D 的“元素”是满足函数 $y=x^2$ 的有序实数对，所以说集合 A，B，C，D 是各不相同的。

在进行集合的运算时，分清集合中的元素，对有效实施运算是非常重要的。

例 2 已知 $M=\{y\mid y=x^2+1, x\in\mathbf{R}\}$，$N=\{y\mid y=-x^2+1, x\in\mathbf{R}\}$，求 $M\cap N$。

错解：不少同学认为交集为两条曲线的交点（两方程的公共解），即解方程组 $\begin{cases}y=x^2+1\\y=-x^2+1\end{cases}$，得 $\begin{cases}x=0\\y=1\end{cases}$，从而得出 $M\cap N=\{(0,1)\}$ 的错误结论。

正解：$M=\{y\mid y=x^2+1, x\in\mathbf{R}\}$ 表示函数 $y=x^2+1$ 中 y 的取值范围，即 $y\geqslant 1$，所以 $M=\{y\mid y\geqslant 1\}$；同理 $N=\{y\mid y\leqslant 1\}$，所以 $M\cap N=\{1\}$。可见，正确认识集合中的元素是正确解题的先决条件。

例 3 由实数 x，$-x$，$|x|$，$\sqrt{x^2}$，$-\sqrt[3]{x^3}$ 组成的集合中共含有几个元素？

分析：如果没有抓住“集合元素的互异性”这一特性来考虑，即在同一个集合中，不能重复出现同一个元素，那么就不会考虑对 x 进行讨论，发现“相等的数只能留下一个作为集合中的元素”这个问题，就容易产生以下错误解答。

错解 1：含有 5 个元素。

错解 2：将 $\sqrt{x^2}$，$-\sqrt[3]{x^3}$ 化简，得 $\sqrt{x^2}=|x|$，$-\sqrt[3]{x^3}=-x$，则以上 5 个实数可化为 x，$-x$，$|x|$，所以有 3 个元素。

错解 3：同错解 2，x，$-x$，$|x|$ 可化为 x，$-x$，所以有 2 个元素。

正解：当 $x=0$ 时，有 $x=-x=|x|=\sqrt{x^2}=-\sqrt[3]{x^3}$，此时集合中只有 1 个元素；当 $x>0$ 时，有 $|x|=x=\sqrt{x^2}$，$-x=-\sqrt[3]{x^3}$，这时集合中有 2 个元素；当 $x<0$ 时，有 $-x=|x|=\sqrt{x^2}=-\sqrt[3]{x^3}$，且 $-x\neq x$，所以此时集合中有 2 个元素。

问题 3：对“子集”概念应该怎样理解？

如集合 A 是集合 B 的子集，其本质是“集合 A 中的任何一个元素都是集合 B 中的元素”，它的含义有两点：(1) 不管集合 A 中是否有元素，也不管集合 A 含有有限个元素还是无限个元素；(2) 只要是集合 A 中的元素，就一定是集合 B 中的元素。如果仅仅从“子集 A 是集合 B 中‘部分元素所组成的集合’”这样一种观点去认识子集概念的话，就无法理解“空集是任何集合的子集”“A 是 A 的子集”等结论。

从知识的拓展中去寻求解决问题的办法，这是学习数学解题方法的重要渠道，因此，当我们学习完一个单元或章节后，要学会想一想：这些内容还可以怎样扩展，有什么内在矛盾或缺陷需要解决，联系实际我们还有哪些内容可以开发，等等。坚持训练，我们的思维会越来越开阔，解题方法会越来越多，解题能力自然就会提高，这是高中数学学习中最基础的“通法”。

扩展也可以从解题常犯的错误中去寻找原因，从而引发思考，由反面为正确解题提供借鉴。以下举几例关于集合问题常犯的错误进行说明。

例 4 以自然数为元素的集合 S，满足命题“若 $x\in S$，则 $8-x\in S$”，写出符合下列要求的所有集合 S：(1) 元素个数为 1；(2) 元素个数为 2。

错解：(2) 因为 $x\in\mathbf{N}$，所以 $x\geqslant 1$。又因为 $8-x\in S\subseteq\mathbf{N}$，所以 $8-x\geqslant 1$，所以 $x\leqslant 7$，则 $x\in\{1, 2, 3, 4, 5, 6, 7\}$。从中任取两个元素组成 S，共 21 个。

正解：(1) 当 S 只有一个元素时，设 $S=\{x\}$，因为 $x\in S$ 时，$8-x\in S$，所以 $8-x=x$，则 $x=4$，即元素个数为 1 的集合 S 只有 1 个，即 $S=\{4\}$。

(2) 当 S 中元素的个数为 2 时，设 $S=\{x_1, x_2\}$ $(x_1\neq x_2)$，因为 $x_1\in S$ 时，$8-x_1\in S$，所以 $8-x_1=x_2$，则 $x_1+x_2=8$，因而元素个数为 2 的集合 S 有 4 个，即 $\{1, 7\}$，$\{2, 6\}$，$\{3, 5\}$，$\{0, 8\}$。

评析：以上错误主要有三个方面：(1) 错把元素个数为 2 理解为从 1，2，3，4，5，6，7 中任取两个元素就可以组成集合 S；(2) 错把求 S 当作求 S 的个数，忽视了集合中元素的确定性；(3) 忽视了 0 是自然数。

例 5 设集合 $A=\{x \mid x^2+(b+2)x+b+1=0, b\in\mathbf{R}\}$，求 A 中所有元素之和。

错解 1：由一元二次方程根与系数的关系得方程 $x^2+(b+2)x+b+1=0$ 的两根之和为 $-(b+2)$。

错解 2：方程 $x^2+(b+2)x+b+1=0$ 可化为 $(x+1)(x+b+1)=0$，所以 $x_1=-1$，$x_2=-(b+1)$，因为 $b\in\mathbf{R}$，所以 $A=\mathbf{R}$，A 中所有元素之和为 0。

正解：方程 $x^2+(b+2)x+b+1=0$ 的判别式 $\Delta=(b+2)^2-4(b+1)=b^2\geqslant 0$。当 $b=0$ 时，$A=\{-1\}$，A 中所有元素之和为 -1；当 $b\neq 0$ 时，A 中有 2 个元素，其和为 $-(b+2)$。

评析：本题是用集合来表示一元二次方程的解，错解 1 中错把题意理解为“求一元二次方程两根之和”，因此由根与系数的关系求得结果，但却忽略了一元二次方程有等根的情况，因为集合元素具有互异性，因而此时集合是一个单元素集，其和为该元素。错解 2 在求出方程的两个根后，错把参数 $b\in\mathbf{R}$ 时，$x_2=-(b+1)$ 的值域为 $\mathbf{R}$ 当成了集合中的所有元素，这是由于概念理解不清造成的。

例6 集合 $M=\left\{x \mid x=\frac{k\pi}{2}+\frac{\pi}{4}, k\in\mathbf{Z}\right\}$，$N=\left\{x \mid x=\frac{k\pi}{4}+\frac{\pi}{2}, k\in\mathbf{Z}\right\}$，则（　　）。

A. $M=N$　　B. $M\supseteq N$　　C. $M\subseteq N$　　D. $M\cap N=\varnothing$

错解1：从两个集合中元素的表达式来看，非常相似，从而认为两个集合是相同的，选A。

错解2：分母不同，选D。

正解：$M=\left\{x \mid x=\frac{(2k+1)\pi}{4}, k\in\mathbf{Z}\right\}$，$N=\left\{x \mid x=\frac{(k+2)\pi}{4}, k\in\mathbf{Z}\right\}$，观察两式知 $(2k+1)$ 表示奇数，而 $(k+2)$ 则表示整数，后者范围更大，所以 $M\subseteq N$，故选C。

评析：类似上述比较两个集合中元素特征的问题，常用的办法之一，就是把各集合的元素整理、化简，然后比较两个集合元素的表达式，看哪些元素变了，哪些元素没有变，在变的特征中去寻找关系。

例7 设 $A=\{x \mid -1\leqslant x\leqslant 4\}$，$B=\{x \mid m-1<x<3m+1\}$，当 $x\in\mathbf{R}$ 且 $A\cap B=B$ 时，求 m 的取值范围。

错解：当 $x\in\mathbf{R}$ 且 $A\cap B=B$ 时，则 $B\subseteq A$，

$\begin{cases}-1\leqslant m-1\\3m+1\leqslant 4\end{cases}$，即 $0\leqslant m\leqslant 1$。

正解：依题意得 $B\subseteq A$。

当 $B=\varnothing$ 时，$m-1\geqslant 3m+1$，即 $m\leqslant -1$。

当 $B\neq\varnothing$ 时，$\begin{cases}-1\leqslant m-1\\3m+1\leqslant 4\end{cases}$，即 $0\leqslant m\leqslant 1$。

综上所述，$m\leqslant -1$ 或 $0\leqslant m\leqslant 1$。

评析：因为空集是任何集合的子集，所以出现子集问题时一定要考虑集合是否为空集，一般需要分类讨论。

第二节　函数和方程思想

函数和方程思想，简单地说，就是学会用函数与方程的观点来思考、转化已知量与未知量的关系，从而解决问题。

用函数思想指导解题，我们经常思考下面一些问题：是否需要把一个代数式看成一个函数？是否需要把字母看作变量？如果把一个代数式看成函数，把一个或几个字母看成变量，那么这个函数有什么性质？如果一个问题从表面上看不是函数问题，能否构造一个函数来帮助解题？是否需要把一个等式看作一个含未知数的方程？如果是一个方程，那么这个方程的根有什么要求（例如根的虚实、正负、范围）？等等。

函数是方程与不等式的中介，它们既有区别又有联系。

“关系”是数学研究的主要对象之一，例如“相等关系”就是我们最常研究的问题，寻找“等量关系”常常成为我们解题首先要做的工作。其实这并不是偶然的，因为把问题归结为解一个方程（研究一个函数）来讨论正是数学解题的一种重要方法，我们也把这种方法称为“笛卡儿模式”。

笛卡儿认为，大多数数学题的解题，就是把一个个条件变成方程，最终变成一个解方程或方程组的过程。其基本模式是：

（1）把问题转化为数学问题。

（2）把数学问题转化为代数问题。

（3）把代数问题归结为解一个方程组。

（4）解这个方程组。

波利亚把这个模式称为笛卡儿“万能”解题模式，并将此解读为：

（1）把问题归结为确定若干个未知量。

（2）用式子列出问题的条件必须满足的关系式。

（3）得出联系问题的未知量的多个方程，形成一个方程组。

(4) 通过变形、消元、代换等技巧，把方程组归结为解一个方程。

我们可以将其进一步细化，成为解题的一个基本“程序”：

(1) 先把题目条件尽量用符号表示出来。

(2) 寻找问题能够满足的“等式”。

(3) 把与问题相关的未知量代入找出的“等式”中，将它们用方程（不等式）或函数（算式）的形式表示出来，组成方程组。

(4) 解这个方程组，寻求合乎问题要求的结论、结果。

笛卡儿“万能”解题模式是一种大的通性通法，它提供了一种思考问题、解决问题可参照的方法、策略，能大量运用于高中数学解题中，需要我们在平时的学习与训练中理解和掌握。

以下给出这一思想在不同章节内容的一些运用实例，以期能举一反三。

一、解三角形问题

在解有关三角形的题目中，常利用正、余弦定理，三角形面积公式等建立方程组，实现边与角的三角函数的相互转化，即把已知的关系式化成只含边（或角）的关系式，从而使问题解决明朗化。

例 1 （2012 年高考全国理科数学卷）已知 a，b，c 分别为$\triangle ABC$ 三个内角 A，B，C 的对边，$a\cos C+\sqrt{3}a\sin C-b-c=0$。

(1) 求角 A；

(2) 若 $a=2$，$\triangle ABC$ 的面积为$\sqrt{3}$，求 b，c。

解：(1) 依题意得 $\begin{cases} a\cos C+\sqrt{3}a\sin C-b-c=0 \\ \dfrac{\sin A}{a}=\dfrac{\sin B}{b}=\dfrac{\sin C}{c} \end{cases}$，

由 $\dfrac{\sin A}{a}=\dfrac{1}{2R}$，得 $a=2R\sin A$，同理，$b=2R\sin B$，$c=2R\sin C$。代入方程消去 a，b，c，得 $\sin A\cos C+\sqrt{3}\sin A\sin C-\sin B-\sin C=0$。

因为 $B=\pi-A-C$，$\sin C\neq 0$。由上式做三角变换可推出 $\sin\left(A-\dfrac{\pi}{6}\right)=\dfrac{1}{2}$。考虑到 A 的取值范围，于是 $A=\dfrac{\pi}{3}$。

(2) 依题意以及 (1)，考虑到三角形中的边角关系，有

$$\begin{cases} a=2,\ A=\dfrac{\pi}{3} \\ S_{\triangle ABC}=\dfrac{1}{2}bc\sin A=\sqrt{3} \\ a^2=b^2+c^2-2bc\cos A \end{cases}$$，即

$$\begin{cases} bc=4 \\ b^2+c^2=8 \end{cases}$$，解方程组得 $b=c=2$。

二、解圆锥曲线问题

“五步法”是解圆锥曲线问题最基本的思维程序，最能反映笛卡儿“万能”解题模式的本质特性。这五步具体为：一设直线方程；二联立直线、曲线方程组成方程组；三消元得一元二次方程；四运用判别式；五写出韦达定理并根据需要应用。

例 2 (2016 年浙江高考理科数学卷) 如图，设椭圆 C：$\dfrac{x^2}{a^2}+y^2=1(a>1)$。

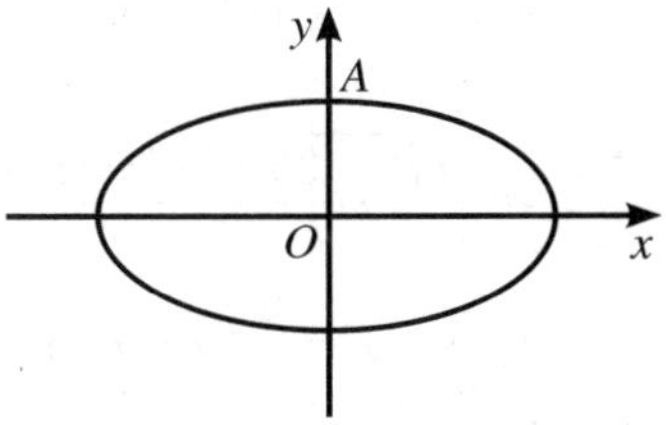

(1) 求直线 $y=kx+1$ 被椭圆截得的弦长 (用 a，k 表示)；

(2) 略。

解：(1) 设直线 $y=kx+1$ 被椭圆截得的线段为 AP，由 $\begin{cases} y=kx+1 \\ \dfrac{x^2}{a^2}+y^2=1 \end{cases}$ 得

$(1+a^2k^2)\ x^2+2a^2kx=0$，故 $x_1=0$，$x_2=-\dfrac{2a^2k}{1+a^2k^2}$。

因此 $|AP|=\sqrt{1+k^2}\,|x_1-x_2|=\dfrac{2a^2|k|}{1+a^2k^2}\cdot\sqrt{1+k^2}$。

例 3 (2016 年高考全国文科数学卷) 已知抛物线 C：$y^2=2x$ 的焦点为 F，平行于 x 轴的两条直线 l_1，l_2 分别交 C 于 A，B 两点，交 C 的准线于 P，Q 两点。

(1) 略；

(2) 若△PQF 的面积是△ABF 的面积的两倍，求 AB 中点的轨迹方程。

(2) **解法 1**：(利用韦达定理) 设 $A(x_1, y_1)$，$B(x_2, y_2)$，AB 中点 $E(x, y)$，直线 AB 的方程为 $x=my+b$，则 $P\left(-\frac{1}{2}, y_1\right)$，$Q\left(-\frac{1}{2}, y_2\right)$。

联立$\begin{cases} y^2=2x \\ x=my+b \end{cases}$，得 $y^2-2my-2b=0$，故 $y_1+y_2=2m$，$y_1y_2=-2b$，

得 $x=\frac{x_1+x_2}{2}=m^2+b$，$y=\frac{y_1+y_2}{2}=m$，所以点 E 的方程为 $y^2=x-b$。

$$S_{\triangle PQF}=\frac{|y_1-y_2|}{2}=\frac{\sqrt{(y_1+y_2)^2-4y_1y_2}}{2}=\sqrt{m^2+2b},$$

$$S_{\triangle ABF}=\frac{1}{2}|AB|d=2\sqrt{(m^2+1)(m^2+2b)}\cdot\frac{|1-2b|}{2\sqrt{m^2+1}}$$

$$=\frac{\sqrt{m^2+2b}\cdot|1-2b|}{2}。$$

由 $S_{\triangle PQF}=2S_{\triangle ABF}$ 得 $|1-2b|=1$，所以 $b=1$ 或 $b=0$(舍去)，所求轨迹方程为 $y^2=x-1$。

解法 2：设 $A(x_1, y_1)$，$B(x_2, y_2)$，直线 AB 的方程为 $x=my+b$，则 $P\left(-\frac{1}{2}, y_1\right)$，$Q\left(-\frac{1}{2}, y_2\right)$。

联立$\begin{cases} y^2=2x \\ x=my+b \end{cases}$，得 $y^2-2my-2b=0$，故 $y_1+y_2=2m$，$y_1y_2=-2b$，

$$S_{\triangle PQF}=\frac{|y_1-y_2|}{2}=\frac{\sqrt{(y_1+y_2)^2-4x_1y_1}}{2}=\sqrt{m^2+2b},$$

$$S_{\triangle ABF}=\frac{1}{2}|AB|d=2\sqrt{(m^2+1)(m^2+2b)}\cdot\frac{|1-2b|}{2\sqrt{m^2+1}}$$

$$=\frac{\sqrt{m^2+2b}\cdot|1-2b|}{2}。$$

由 $S_{\triangle PQF}=2S_{\triangle ABF}$ 得 $|1-2b|=1$，所以 $b=1$ 或 $b=0$（舍去），说明直线 AB 过定点（1，0）。当 AB 与 x 轴不垂直时，

$k_{AB}=\dfrac{y_1-y_2}{x_1-x_2}=\dfrac{2}{y_1+y_2}=\dfrac{1}{y}$，又因为 $k_{DE}=\dfrac{y}{x-1}$（$x\neq1$），

且 A，E，D，B 四点共线，所以 $\dfrac{1}{y}=\dfrac{y}{x-1}\Rightarrow y^2=x-1$（$x\neq1$）。

当 AB 与 x 轴垂直时，点 E 与点 D 重合，结论成立。

评析：在圆锥曲线解题过程中，“五步法”应用的特征十分鲜明。事实上，圆锥曲线通性通法有“思维量浅而易懂，计算量大巧如拙”的特点，只要按步骤去实施，加以一定的化简技巧，解题并不困难。

三、解数列问题

数列的一个重要特征就是项与项之间具有特定的联系，因此，“知三求二”（即知道 a_1，a_n，n 三项中的两项，就可以求第三项）、“知五求三”（即知道 a_1，a_n，n，S_n，d 或 q 五项中的两项，就可以求剩下的三项）等涉及数列相关元素的问题，可通过列出相关方程，组成方程组求解。

例 4　（2010 年浙江高考理科数学卷）设 a_1，d 为实数，首项为 a_1，公差为 d 的等差数列 $\{a_n\}$ 的前 n 项和为 S_n，满足 $S_5S_6+15=0$，则 d 的取值范围是________。

解：由条件 $S_5S_6+15=0$ 可得（$5a_1+10d$）($6a_1+15d$）$+15=0$，化简、整理得 $2a_1^2+9da_1+10d^2+1=0$，考虑到关于 a_1 的一元二次方程有实根，故 $\Delta=(9d)^2-4\times2(10d^2+1)\geqslant0$，即 $d^2\geqslant8$，解得 $d\leqslant-2\sqrt{2}$ 或 $d\geqslant2\sqrt{2}$，故 d 的取值范围是 $(-\infty,-2\sqrt{2}]\cup[2\sqrt{2},+\infty)$。

例 5　（2005 年全国高中数学联赛）数列 $\{a_n\}$ 满足：$a_0=1$，$a_{n+1}=\dfrac{7a_n+\sqrt{45a_n^2-36}}{2}$，$n\in\mathbf{N}$。

证明：(1) 对任意 $n\in\mathbf{N}$，a_n 为正整数；

(2) 对任意 $n\in\mathbf{N}$，$a_na_{n+1}-1$ 为完全平方数。

证明：(1) 由题设得 $a_1=5$，且 $\{a_n\}$ 严格单调递增。将条件式

$a_{n+1}=\frac{7a_n+\sqrt{45a_n^2-36}}{2}$变形为 $a_{n+1}^2-7a_na_{n+1}+a_n^2+9=0$①，

将 n 换成 $n-1$ 得 $a_n^2-7a_na_{n-1}+a_{n-1}^2+9=0$②，

故 a_{n+1}，a_{n-1} 可看作方程 $x^2-7a_n\cdot x+a_n^2+9=0$ 的两根，

故 $a_{n+1}+a_{n-1}=7a_n$，即 $a_{n+1}=7a_n-a_{n-1}$③，

由③及 $a_0=1$，$a_1=5$ 可知，对任意 $n\in\mathbf{N}$，a_n 为正整数。

(2) 将①两边配方，得 $(a_{n+1}+a_n)^2=9(a_na_{n+1}-1)$，

$\therefore a_na_{n+1}-1=\left(\frac{a_{n+1}+a_n}{3}\right)^2$④。

由③得 $a_{n+1}+a_n=9a_n-(a_{n-1}+a_n)\equiv-(a_n+a_{n-1})(\mathrm{mod}3)$，

$\therefore a_{n+1}+a_n\equiv(-1)^n(a_1+a_0)\equiv 0(\mathrm{mod}3)$，$\therefore\frac{a_{n+1}+a_n}{3}$为正整数，

④式成立。$\therefore a_na_{n+1}-1$ 是完全平方数。

评析：本题通过对已知条件进行转化变形，得到 $a_{n+1}^2-7a_na_{n+1}+a_n^2+9=0$ 和 $a_n^2-7a_na_{n-1}+a_{n-1}^2+9=0$ 两个相近的式子，可以将 a_{n+1}，a_{n-1} 看作方程 $x^2-7a_n\cdot x+a_n^2+9=0$ 的两根，利用根与系数的关系求解。实际上，形如 $a_{n+1}=Aa_n+\sqrt{(A^2-1)a_n^2+B}$ 的递推数列，都可以用韦达定理构造递推关系式求解。

四、解立体几何问题

向量能带给我们程序化的思想：在解立体几何问题时可以根据图形特点建立坐标系，把相关点的坐标表示出来，则向量的坐标就可以求出来，再根据向量的几何意义和运算规律，建立方程或方程组，从而解决问题。向量法在解决立体几何中涉及距离、角度等相关量及平行、垂直等位置关系的问题中是一种通用的方法。

例 6 (2007 年陕西高考理科数学卷) 如图，在底面为直角梯形的四棱锥 P-$ABCD$ 中，$AD\parallel BC$，$\angle ABC=90°$，$PA\perp$平面 $ABCD$，$PA=4$，$AD=2$，$AB=2\sqrt{3}$，$BC=6$。

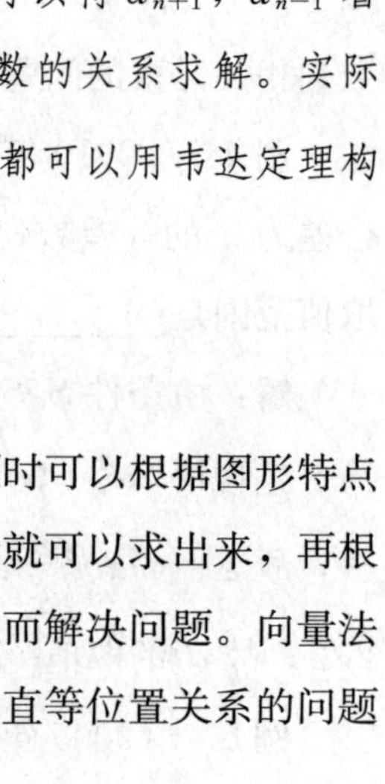

(1) 求证：$BD\perp$平面 PAC；

(2) 求二面角 A-PC-D 的大小。

解：(1) **证明**：建立坐标系（图略），则 A (0，0，0)，B $(2\sqrt{3}，0，0)$，C $(2\sqrt{3}，6，0)$，D (0，2，0)，P (0，0，4)。

$\therefore \overrightarrow{AP}=(0，0，4)$，$\overrightarrow{AC}=(2\sqrt{3}，6，0)$，$\overrightarrow{BD}=(-2\sqrt{3}，2，0)$，

$\therefore \overrightarrow{BD}\cdot\overrightarrow{AP}=0$，$\overrightarrow{BD}\cdot\overrightarrow{AC}=0$。$\therefore BD\perp AP$，$BD\perp AC$。

又$\because PA\cap AC=A$，$\therefore BD\perp$平面 PAC。

(2) 设平面 PCD 的法向量为 $\vec{n}=(x，y，1)$，

则 $\overrightarrow{CD}\cdot\vec{n}=0$，$\overrightarrow{PD}\cdot\vec{n}=0$，

又$\because \overrightarrow{CD}=(-2\sqrt{3}，-4，0)$，$\overrightarrow{PD}=(0，2，-4)$，

$$\therefore\begin{cases}-2\sqrt{3}x-4y=0\\2y-4=0\end{cases}，解得\begin{cases}x=-\dfrac{4\sqrt{3}}{3}\\y=2\end{cases}。$$

$$\therefore \vec{n}=\left(-\frac{4\sqrt{3}}{3}，2，1\right)。$$

平面 PAC 的法向量取为 $\vec{m}=\overrightarrow{BD}=(-2\sqrt{3}，2，0)$，

$$\therefore \cos\langle\vec{n}，\vec{m}\rangle=\frac{\vec{m}\cdot\vec{n}}{|\vec{m}||\vec{n}|}=\frac{3\sqrt{93}}{31}。$$

$\therefore$二面角 A-PC-D 的大小为 $\arccos\dfrac{3\sqrt{93}}{31}$。

评析：本题考查线线垂直和线面垂直的性质和判定，二面角的作法和求法，三垂线定理的灵活运用，以及空间想象能力和空间计算能力。使用向量法求解，相比于纯几何法减少了思维量和降低了思维难度，解题程序更明了。可见，解题时思维的多元化，能让我们尽快实现解题目标。

五、解向量问题

向量是近代数学中最重要的基本数学概念之一，它集形、数于一身，是数形结合的有效载体，也是沟通代数、几何与三角函数的重要工具。解题时要抓住向量概念的核心，即向量具有几何形式与代数形式的“双重身份”，

因此解决向量问题时，有向量代数与向量几何两个基本思路，其中向量代数的思路就是要从坐标化方法出发，将其化为方程或函数问题求解。

例 7 （2015 年浙江高考理科数学卷）已知 $\overrightarrow{e_1}$，$\overrightarrow{e_2}$ 是空间单位向量，$\overrightarrow{e_1}\cdot\overrightarrow{e_2}=\frac{1}{2}$，若空间向量 $\vec{b}$ 满足 $\vec{b}\cdot\overrightarrow{e_1}=2$，$\vec{b}\cdot\overrightarrow{e_2}=\frac{5}{2}$，且对任意 x，$y\in\mathbf{R}$，$|\vec{b}-(x\overrightarrow{e_1}+y\overrightarrow{e_2})|\geqslant|\vec{b}-(x_0\overrightarrow{e_1}+y_0\overrightarrow{e_2})|=1(x_0,\ y_0\in\mathbf{R})$，则 $x_0=$______，$y_0=$______，$|\vec{b}|=$______。

分析：本题考查综合运用所学知识解决问题的创新能力。

解：原问题的本质是，当且仅当 $x=x_0$，$y=y_0$ 时，$|\vec{b}-(x\overrightarrow{e_1}+y\overrightarrow{e_2})|$ 有最小值 1。于是，

$$|\vec{b}-(x\overrightarrow{e_1}+y\overrightarrow{e_2})|^2=|\vec{b}|^2-2\vec{b}\cdot(x\overrightarrow{e_1}+y\overrightarrow{e_2})+(x\overrightarrow{e_1}+y\overrightarrow{e_2})^2$$

$$=|\vec{b}|^2+x^2+y^2-4x-5y+xy=\left(x+\frac{y-4}{2}\right)^2+\frac{3}{4}(y-2)^2-7+|\vec{b}|^2,$$

所以 $\begin{cases}x_0+\dfrac{y_0-4}{2}=0\\ y_0-2=0\\ -7+|\vec{b}|^2=1\end{cases}$，解得 $x_0=1$，$y_0=2$，$|\vec{b}|=2\sqrt{2}$。

这里，配方的技巧比较强了，也可以这样来求：

设 $|\vec{b}|^2+x^2+y^2-4x-5y+xy=t$，即

$x^2+(y-4)x+y^2-5y+|\vec{b}|^2-t=0$，

因为关于 x 的一元二次方程有实根，故

$\Delta=(y-4)^2-4(y^2-5y+|\vec{b}|^2-t)\geqslant0$，整理得

$t\geqslant\frac{3}{4}y^2-3y-4+|\vec{b}|^2=\frac{3}{4}(y-2)^2-7+|\vec{b}|^2\geqslant1$，

当且仅当 $y_0=2$ 且 $x_0=-\frac{y_0-4}{2}=1$ 时，所求最小值为 $|\vec{b}|^2-7=1$，解得 $|\vec{b}|=2\sqrt{2}$。

评析：面对背景新颖、创新力度大的综合性问题，常用构造形如二次函数，或判别式法求解。

六、解线性规划问题

通过目标函数对线性规划问题进行度量，找出可行域，建立不等式组，从而获得线性规划问题的解，这是解线性规划问题的常用方法，也是把实际问题转化为数学问题的关键。

例 8 （2010 年陕西高考理科数学卷）铁矿石 A 和 B 的含铁率 a，冶炼每万吨铁矿石的 CO_2 的排放量 b 及每万吨铁矿石的价格 c 如下表：

铁矿石种类	a	b/万吨	c/百万元
A	50%	1	3
B	70%	0.5	6

某冶炼厂至少要生产 1.9(万吨) 铁，若要求 CO_2 的排放量不超过 2(万吨)，则购买铁矿石的最少费用为________（百万元）。

解：设需购买铁矿石 Ax 万吨，铁矿石 By 万吨，由题意得可行域为

$$\begin{cases}x\geqslant 0\\ y\geqslant 0\\ 0.5x+0.7y\geqslant 1.9\\ x+0.5y\leqslant 2\end{cases}，即\begin{cases}x\geqslant 0\\ y\geqslant 0\\ 5x+7y\geqslant 19\\ 2x+y\leqslant 4\end{cases}。$$

设购买铁矿石的最少费用为 z（百万元），则有 $z=3x+6y$ 为探求的目标函数，当目标函数经过点（1，2）时，z 取得最小值，最小值是 $z_{\min}=3\times1+6\times2=15$。

评析：本题考查运用线性规划的基础知识，分析和解决实际问题的能力。找出可行域，确立所要探求的目标函数，关键是把实际问题转化为数学问题，这需要建立不等式组来求解。

七、解不等式问题

不等式和函数方程是密不可分的，如一元二次不等式的解法就是借助相应的二次函数的图象和一元二次方程的根来求解。其实一个不等式的解集的端点值一般就是相应方程的根。

例 9 若不等式 $2x-1>m(x^2-1)$ 对满足 $-2\leqslant m\leqslant 2$ 的所有 m 都成立，求 x 的取值范围。

解：原不等式化为 $m(x^2-1)-(2x-1)<0$。

令 $f(m)=m(x^2-1)-(2x-1)(-2\leqslant m\leqslant 2)$，

根据题意有 $\begin{cases} f(-2)=-2(x^2-1)-(2x-1)<0 \\ f(2)=2(x^2-1)-(2x-1)<0 \end{cases}$，即 $\begin{cases} 2x^2+2x-3>0 \\ 2x^2-2x-1<0 \end{cases}$，

解得 $\frac{-1+\sqrt{7}}{2}<x<\frac{1+\sqrt{3}}{2}$，所以 x 的取值范围是 $\left(\frac{-1+\sqrt{7}}{2},\ \frac{1+\sqrt{3}}{2}\right)$。

评析：本题利用函数思想，变换主元，利用直线型函数的特点求解。

八、解复数问题

复数由于自身的特点，可以转化为方程或方程组，运用方程思想求解，将较复杂的问题简单化，从而达到解决问题的目的。

例 10 （2013 年安徽高考理科数学卷）设 i 是虚数单位，$\bar{z}$ 是复数 z 的共轭复数，若 $z\cdot\bar{z}\mathrm{i}+2=2z$，则 $z=$（　　）。

A. $1+\mathrm{i}$　　B. $1-\mathrm{i}$　　C. $-1+\mathrm{i}$　　D. $-1-\mathrm{i}$

解：设 $z=a+b\mathrm{i}$，则有 $(a+b\mathrm{i})(a-b\mathrm{i})\mathrm{i}+2=2(a+b\mathrm{i})$，整理得 $(a^2+b^2)\mathrm{i}+2=2b\mathrm{i}+2a$，则 $\begin{cases} a^2+b^2=2b \\ 2a=2 \end{cases}$，解得 $\begin{cases} b=1 \\ a=1 \end{cases}$。所以 $z=1+\mathrm{i}$，故选 A。

第三节　转化思想

转化是指在解决问题时，通过某种手段，在保持事物本质特征不变的情况下，使事物的非本质属性不断迁移、变化，从中发现解决问题的一种策略。

解题过程很大程度上是一个缩小已知量与求解的差异的过程，是求解系统趋近于目标系统的过程，是未知量向已知量转化的过程。换句话说，问题的解决过程就是一系列转化的过程。相比其他学科，化归与转化是数学学科特有的思想方法，其本质是：化繁为简，化难为易，化未知量为已知量，化陌生为熟悉，它是数学思维的重要方式。用哲学的观点来说，化归与转化是一种运动，只有在不断的运动中，矛盾才能得到解决。

我们常见的转化方式，如化无理为有理，化分式为整式，化高次为低次，化立体几何为平面几何，化复杂为简单，化多元为少元，化“异”为“同”等，都是化归与转化思想的体现。

例如，对于锐角 α，β，若 $\cos\alpha>\sin\beta$，求 $\alpha+\beta$ 的范围。式中两个函数是“不同”名的函数，不好比较，我们可以先将其转化为“同”名的正弦函数，由已知得 $\sin\left(\frac{\pi}{2}-\alpha\right)>\sin\beta$，此时，$\frac{\pi}{2}-\alpha$ 与 β 都是锐角，而对于锐角而言，正弦函数递增，从而 $\frac{\pi}{2}-\alpha>\beta$，得 $\alpha+\beta<\frac{\pi}{2}(\alpha+\beta>0)$。可见，化“异”为“同”对问题的解决起了关键的作用。

转化思想是高中数学学习的一种重要思维方式，也是高考考试大纲的重要要求。在数学高考中，对化归与转化思想的考查，常常结合演绎证明、运算推理、模式构建等理性思维能力的考查进行，从某种意义上说，数学高考中的每一道试题，都在考查化归意识和转化能力。

转化要遵循的原则有：陌生转向熟悉原则、正面转向反面原则、多元转向少元原则、一般转向特殊原则、复杂转向简单原则、局部和整体转化原则、主元和参变量转化原则、新定义运算转向普通运算原则、等与不等之间的转化原则。

常用的转化方法有：直接转化法、换元法、数形结合法、等价转化法、特殊化法、构造法、坐标法、类比法、参数法、补集法等。

学习转化要加强的训练有两方面：一是在数学知识的学习中，要注重观察有关概念、性质、公式、题型等是如何从简单演变派生到复杂的，学会归纳出解决问题的方法、策略与技巧，从中理解转化的基本思想，掌握转化的思维方法；二是要注重等价变换，学会将命题从一种表现形式等价转化为另一种表现形式，从中发现解决问题的办法。学会转化对提高思维的辩证能力，拓展解题的思路，促进自己不断地向思维的自觉领悟阶段转变，都具有不可替代的作用。

一、函数问题的转化

函数常常由于其形式抽象、运算复杂而让解题变得困难，因此解题时常常需要转化命题，如代数命题之间的转化，数形之间的转化，从中寻找办法。因此，树立转化意识对提高解题能力不仅是一种策略，更是一种具体的方法。

例 1 已知关于 x 的方程 $\lg(4x^2+4ax)=\lg(4x-a+1)$ 有唯一实数解，求 a 的取值范围。

分析：解这类题的一般思路是，由题设得 $\begin{cases}4x^2+4ax>0\\4x-a+1>0\\4x^2+4ax=4x-a+1\end{cases}$，代数运算的方式繁杂，难以实施，考虑转化命题形式。题目中的几何表述是什么？——作函数 $y=4x^2+4ax$ 的图象，它与 x 轴有两个交点 $(-a,0)$ 和 $(0,0)$，作函数 $y=4x-a+1$ 的图象，它与 x 轴交于点 $\left(\frac{a-1}{4},0\right)$，则原题目条件等价于图象在 x 轴的上方只有一个交点。这里运用的就是"数"向"形"的转化，利用几何条件的直观性求解，这就是解题中的转化思想。

解：如图所示，由图象性质知，a 应满足下列条件：

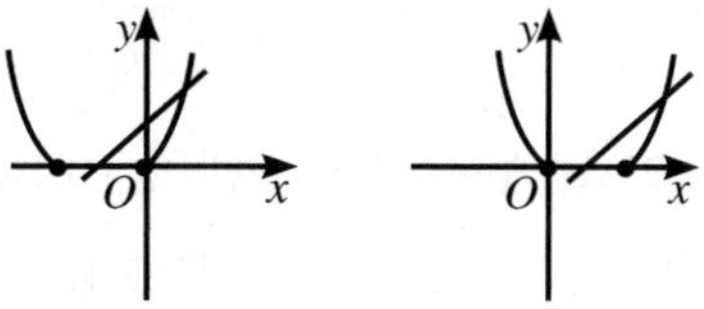

$\begin{cases} a>0 \\ -a\leqslant\dfrac{a-1}{4}<0 \end{cases}$ ①，或

$\begin{cases} a<0 \\ 0\leqslant\dfrac{a-1}{4}<-a \end{cases}$ ②，由①得 $\dfrac{1}{5}\leqslant a<1$，②无解。$\therefore a$ 的取值范围是 $\left[\dfrac{1}{5}, 1\right)$。

例 2 设 a，$b\in\mathbf{R}$，且方程 $x^4+ax^3+bx^2+ax+1=0$ 至少有一个正根，试求 a^2+b^2 的最小值。

转化 1：高次方程是我们不太熟悉的问题，可转化为解一元二次方程问题。

两边同除以 x^2 得 $x^2+ax+b+\dfrac{a}{x}+\dfrac{1}{x^2}=0$，即 $\left(x+\dfrac{1}{x}\right)^2+a\left(x+\dfrac{1}{x}\right)+b-2=0$。令 $u=x+\dfrac{1}{x}$，得 $u^2+au+b-2=0$①，其中 $u\geqslant 2$。

由此原题条件就变为方程①至少有一个不小于 2 的实根的问题，易知：$2a+b+2\leqslant 0$②，从而原题转化为"在条件②下，求 a^2+b^2 的最小值"问题。

解法 1：转化 2——利用代数方法求解。

由②知，$a^2+b^2=a^2+(-2-2a)^2=5a^2+8a+4=5\left(a+\dfrac{4}{5}\right)^2+\dfrac{4}{5}\geqslant\dfrac{4}{5}$，故 a^2+b^2 的最小值为$\dfrac{4}{5}$。

解法 2：转化 3——利用几何方法求解。

问题可变更为：在直线 $2a+b+2=0$ 的下方（包括边界）的所有点，找到与原点距离有最小值的点（显然就是求原点到直线 $2a+b+2=0$ 的距离），由 $d=\dfrac{|2\times0+0+2|}{\sqrt{2^2+1^2}}=\dfrac{2}{\sqrt{5}}$，知 $a^2+b^2=d^2=\dfrac{4}{5}$，即 a^2+b^2 的最小

值为$\frac{4}{5}$。

解法3：转化4——利用三角函数方法求解。

利用三角函数有界性求最值。令 $a=\rho\cos\theta$，$b=\rho\sin\theta$，代入 $2a+b+2=0$，有 $2\rho\cos\theta+\rho\sin\theta+2=0$，即 $\rho(2\cos\theta+\sin\theta)+2=0$，

$$|\rho|=\left|-\frac{2}{2\cos\theta+\sin\theta}\right|=\left|\frac{2}{\sqrt{5}\sin(\theta+\varphi)}\right|\geqslant\frac{2}{\sqrt{5}}。$$

故 $\rho^2=a^2+b^2\geqslant\frac{4}{5}$，即 a^2+b^2 的最小值为$\frac{4}{5}$。

例3 如果函数 $f(x)=\sin\left(a\pi x-\frac{\pi}{4}\right)(a>0)$ 在区间（-1，0）上有且仅有一条平行于 y 轴的对称轴，求 a 的取值范围。

解：正弦曲线的对称轴是经过图象的最高点或最低点的平行（或重合）于 y 轴的直线。

令 $a\pi x-\frac{\pi}{4}=k\pi+\frac{\pi}{2}$，$k\in\mathbf{Z}$，则其对称轴方程为 $x=\frac{k+\frac{3}{4}}{a}$，$k\in\mathbf{Z}$。

依题意，有且仅有一个整数 k（几何命题转化为代数命题，这是解题的难点），使 $-1<\frac{k+\frac{3}{4}}{a}<0$ 成立，就是 $-a-\frac{3}{4}<k<-\frac{3}{4}$。这个不等式有唯一整数解的充要条件是（代数命题再一次转化）$-2\leqslant-a-\frac{3}{4}<-1$，且 $k=-1$，故$\frac{1}{4}<a\leqslant\frac{5}{4}$。

评析：很多同学不会解这道题，关键是不能流畅地将图形的几何特征转化为关于 k 的不等式有唯一解，进一步转化为关于 a 的不等式。这个转化体现了几何与代数的交汇和融合。熟练地运用代数手段，定量地描述图形的几何特征是同学们应具备的能力。

二、解析几何问题的转化

解析几何主要通过代数方法研究几何问题，因此转化思想在解析几何中

的应用是十分广泛的。解析几何中既有数形的转化，又有坐标系的转化以及方程的转化等，是学习转化的有力途径，要注重感悟、理解。

例 4 过抛物线 $y^2=4x$ 的焦点 F 的直线交抛物线于 A，B 两点，点 O 是原点，若 $|AF|=3$，则 $\triangle AOB$ 的面积为（　　）。

A. $\frac{\sqrt{2}}{2}$　　B. $\sqrt{2}$　　C. $\frac{3\sqrt{2}}{2}$　　D. $2\sqrt{2}$

分析：这是圆锥曲线焦点弦问题，是一种常见的题型。从图形看，最容易想到的方法就是采取"底乘高的一半"的常规算法。

解法 1：焦点坐标为 $F(1,\ 0)$，设点 $A(x_1,\ y_1)$，$B(x_2,\ y_2)$，由两点间距离公式 $|AF|=\sqrt{(x_1-1)^2+y_1^2}=\sqrt{(x_1-1)^2+4x_1}=3$ 或由抛物线的定义 $|AF|=x_1+\frac{p}{2}=x_1+1=3$ 得 $A(2,\ 2\sqrt{2})$，则直线方程为 $y=2\sqrt{2}(x-1)$，联立抛物线 $y^2=4x$，则 $2x^2-5x+2=0$，$|AB|=\sqrt{1+k^2}\,|x_1-x_2|=3\sqrt{(x_1+x_2)^2-4x_1x_2}=\frac{9}{2}$，则原点到直线的方程为 $d=\frac{|-2\sqrt{2}|}{\sqrt{1+(2\sqrt{2})^2}}=\frac{2\sqrt{2}}{3}$，$\therefore S_{\triangle AOB}=\frac{1}{2}|AB|\cdot d=\frac{3\sqrt{2}}{2}$，故选 C。

评析：解法 1 的思路虽然较容易想到，但把线段 AB 当作底边，把坐标原点到直线 AB 的距离当作高，计算量较大且较难算，当方程含参数或更复杂时运算会很困难。

转化 1：换一个角度来选择"新的三角形的底边和高"，以 OF 为底边，则 $\triangle AOF$ 和 $\triangle BOF$ 的高之和恰好就是 A，B 两点纵坐标之差，可得解法 2。

解法 2：接解法 1，$A(2,\ 2\sqrt{2})$，则直线方程为 $x=\frac{\sqrt{2}}{4}y+1$，联立抛物线 $y^2=4x$，$\therefore y^2-\sqrt{2}y-4=0$，由 $y_1+y_2=\sqrt{2}$，$y_1y_2=-4$，有 $(y_1-y_2)^2=(y_1+y_2)^2-4y_1y_2=18$，$\therefore S_{\triangle AOB}=\frac{1}{2}|OF|\cdot|y_1-y_2|=\frac{3\sqrt{2}}{2}$，故选 C。

评析：合理地选择底边和高，不仅在圆锥曲线的解题中能够大大降低计算量，在立体几何等其他题型中也能够使用并取得良好的效果。

转化 2：向定值问题转化。

定值问题指当一部分元素按某种规律在一定范围内变动时，与它有关的某些量始终会保持不变。定值问题一般分为两类：定量和定形。在圆锥曲线中蕴含着许多结构新颖独特、内容丰富的定值问题，它们涉及圆锥曲线的定义、几何性质、直线与圆锥曲线位置关系等。圆锥曲线的定值问题有如下几个特征：角度定值，长度定值，曲线或直线过定点，坐标之和或之积为定值，曲线所围图形面积为定值，等等。解这些定值问题时，一般要借助圆锥曲线的基本性质，要设一个或两个参数（比如直线的斜率 k），在已知条件下，通过基本运算，达到或证明其值的目的，需要在变量当中寻找不变量。适当记住一些定值问题的结论也是非常重要的。

解法 3：设过焦点的直线为 $x=my+\frac{p}{2}$，联立抛物线 $y^2=2px$，得 $y^2-2pmy-p^2=0$，$\therefore y_1y_2=-p^2$，$x_1x_2=\frac{y_1^2}{2p}\cdot\frac{y_2^2}{2p}=\frac{p^2}{4}$。

由 $y_1=2\sqrt{2}$，易得 $y_2=-\sqrt{2}$，$\therefore S_{\triangle AOB}=\frac{1}{2}|OF|\cdot|y_1-y_2|=\frac{3\sqrt{2}}{2}$，故选 C。

转化 3：运用极坐标求解。

极坐标系下，圆锥曲线问题往往通过建立以焦点为极点的极坐标系，使其极坐标方程适用于椭圆、双曲线、抛物线。相对于传统方法，极坐标法在处理圆锥曲线问题中具有优越性和普遍性。

解法 4：设直线 AF 与 x 轴的夹角为 θ，由抛物线的定义得

$|AF|=|AA_1|=p+|AF|\cos\theta$，$\therefore |AF|=\frac{p}{1-\cos\theta}$，同理 $|BF|=\frac{p}{1+\cos\theta}$，$\therefore |AB|=|AF|+|BF|=\frac{p}{1-\cos\theta}+\frac{p}{1+\cos\theta}=\frac{2p}{\sin^2\theta}$，$S_{\triangle AOB}=\frac{|OF|}{2}\cdot\frac{2p}{\sin^2\theta}\cdot\sin\theta=\frac{p^2}{2\sin\theta}$。

本题中$|AF|=\dfrac{p}{1-\cos\theta}=3$，$\therefore \cos\theta=\dfrac{1}{3}$，$\sin\theta=\dfrac{2\sqrt{2}}{3}$，$\therefore S_{\triangle AOB}=\dfrac{4}{2\cdot\dfrac{2\sqrt{2}}{3}}=\dfrac{3\sqrt{2}}{2}$，故选 C。

评析：极坐标形式的焦半径及焦点弦形式，本质上是圆锥曲线的第二定义，椭圆、双曲线与抛物线这三种圆锥曲线的焦半径极坐标形式是相同的。

例 5　（2016 年四川高考理科数学卷）已知椭圆 E：$\dfrac{x^2}{a^2}+\dfrac{y^2}{b^2}=1(a>b>0)$ 的两个焦点与短轴的一个端点是直角三角形的三个顶点，直线 l：$y=-x+3$ 与椭圆 E 有且只有一个公共点 T。

（1）求椭圆 E 的方程及点 T 的坐标；

（2）设 O 是坐标原点，直线 l' 平行于 OT，与椭圆 E 交于不同的两点 A，B，且与直线 l 交于点 P。证明：存在常数 λ，使得 $|PT|^2=\lambda|PA|\cdot|PB|$，并求 λ 的值。

分析：（1）由椭圆两个焦点与短轴的一个端点是直角三角形的三个顶点可得 $a=\sqrt{2}c$，从而可得 $a=\sqrt{2}b$，椭圆的标准方程中可减少一个参数，再利用直线和椭圆只有一个公共点，联立方程，方程有两个相等实根，解出 b 的值，从而得到椭圆的标准方程。（2）先设直线 l' 的方程为 $y=\dfrac{1}{2}x+m(m\neq 0)$，再由两直线方程求出点 P 的坐标，得 $|PT|^2$，同时设交点 $A(x_1, y_1)$，$B(x_2, y_2)$，把直线 l' 方程与椭圆方程联立后消去 y 得出关于 x 的二次方程，利用根与系数的关系，得 x_1+x_2，x_1x_2，再计算 $|PA|\cdot|PB|$，比较可得 λ 的值。也可以设直线 l' 的参数方程，利用参数 t 的几何意义快速求出 $|PA|\cdot|PB|$，从而得出 λ 的值。

解：（1）由已知，得 $a^2+a^2=(2c)^2$，即 $a=\sqrt{2}c$，所以 $a=\sqrt{2}b$，则椭圆 E 的方程为 $\dfrac{x^2}{2b^2}+\dfrac{y^2}{b^2}=1$。

由方程组 $\begin{cases}\dfrac{x^2}{2b^2}+\dfrac{y^2}{b^2}=1\\ y=-x+3\end{cases}$，得 $3x^2-12x+18-2b^2=0$①。

方程①的判别式 $\Delta=24(b^2-3)$，由 $\Delta=0$，得 $b^2=3$，方程①的解为 $x=2$，所以椭圆 E 的方程为$\frac{x^2}{6}+\frac{y^2}{3}=1$。点 T 的坐标为（2，1）。

（2）**证明 1**：如图，由已知可设直线 l' 的方程为

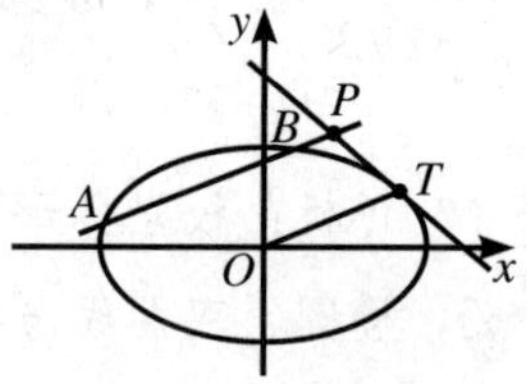

$y=\frac{1}{2}x+m(m\neq 0)$，

由方程组$\begin{cases}y=\frac{1}{2}x+m\\ y=-x+3\end{cases}$，可得$\begin{cases}x=2-\frac{2m}{3}\\ y=1+\frac{2m}{3}\end{cases}$。

所以点 P 的坐标为$\left(2-\frac{2m}{3}，1+\frac{2m}{3}\right)$，$|PT|^2=\frac{8}{9}m^2$。

设 A，B 两点的坐标分别为 $A(x_1，y_1)$，$B(x_2，y_2)$。

由方程组$\begin{cases}\frac{x^2}{6}+\frac{y^2}{3}=1\\ y=\frac{1}{2}x+m\end{cases}$，可得 $3x^2+4mx+4m^2-12=0$②。

方程②的判别式 $\Delta=16(9-2m^2)$，由 $\Delta>0$，解得$-\frac{3\sqrt{2}}{2}<m<\frac{3\sqrt{2}}{2}$，

由②得 $x_1+x_2=-\frac{4m}{3}$，$x_1x_2=\frac{4m^2-12}{3}$。

所以 $|PA|=\sqrt{\left(2-\frac{2m}{3}-x_1\right)^2+\left(1+\frac{2m}{3}-y_1\right)^2}=\frac{\sqrt{5}}{2}\left|2-\frac{2m}{3}-x_1\right|$，

同理 $|PB|=\frac{\sqrt{5}}{2}\left|2-\frac{2m}{3}-x_2\right|$，

$$|PA|\cdot|PB|=\frac{5}{4}\left|\left(2-\frac{2m}{3}-x_1\right)\left(2-\frac{2m}{3}-x_2\right)\right|$$

$$=\frac{5}{4}\left|\left(2-\frac{2m}{3}\right)^2-\left(2-\frac{2m}{3}\right)(x_1+x_2)+x_1x_2\right|$$

$$=\frac{5}{4}\left|\left(2-\frac{2m}{3}\right)^2-\left(2-\frac{2m}{3}\right)\left(-\frac{4m}{3}\right)+\frac{4m^2-12}{3}\right|=\frac{10}{9}m^2。$$

故存在常数 $\lambda=\frac{4}{5}$，使得 $|PT|^2=\lambda|PA|\cdot|PB|$。

证明 2：设 $P(x_0, 3-x_0)$ 在直线 l 上，由 $k_{OT}=\frac{1}{2}$，直线 l' 平行 OT。

得直线 l' 的参数方程为 $\begin{cases}x=x_0+2t\\y=3-x_0+t\end{cases}$，代入椭圆 E 得

$(x_0+2t)^2+2(3-x_0+t)^2=6$，

整理可得 $2t^2+4t+x_0^2-4x_0+4=0$。

设两根为 t_A，t_B，则有 $t_A\cdot t_B=\frac{(x_0-2)^2}{2}$，

而 $|PT|^2=\left[\sqrt{(x_0-2)^2+(3-x_0-1)^2}\right]^2=2(x_0-2)^2$，

$|PA|=|\sqrt{5}t_A|$，$|PB|=|\sqrt{5}t_B|$，

故有 $|PA|\cdot|PB|=|\sqrt{5}t_A\cdot\sqrt{5}t_B|=\frac{5}{2}(x_0-2)^2$。

由题意 $|PT|^2=\lambda|PA|\cdot|PB|$，

$\therefore\lambda=\frac{|PT|^2}{|PA|\cdot|PB|}=\frac{2(x_0-2)^2}{\frac{5}{2}(x_0-2)^2}=\frac{4}{5}$。

故存在常数 $\lambda=\frac{4}{5}$，使得 $|PT|^2=\lambda|PA|\cdot|PB|$。

评析：本题考查椭圆的标准方程及其几何性质，考查同学们分析问题和解决问题的能力以及数形结合的思想。在涉及直线与椭圆（圆锥曲线）的交点问题时，一般都可以设交点坐标为 (x_1, y_1)，(x_2, y_2)，同时把直线方程与椭圆方程联立，消元后可得 x_1+x_2，x_1x_2，再把 $|PA|\cdot|PB|$ 用 x_1，x_2 表示出来，并代入所得的 x_1+x_2，x_1x_2，这是解析几何中的“设而不求”法。这种方法可减少计算量，简化解题过程。因题目中涉及直线上的线段长度问题，所以采用直线参数方程的方法，可快速得出结果。

三、不等式问题的转化

不等式的证明、求解实际上是一种等价转化的过程，不等式的应用也是将实际问题转化为数学问题，再将数学问题转化为不等式的问题，最后通过证明不等式或求解不等式来解决。等价转化是解不等式的基本思想，其转化

规律如下：

指数、对数不等式 $\xrightarrow{\text{转化}}$ 代数不等式
无理不等式 $\xrightarrow{\text{转化}}$ 有理不等式
分式不等式 $\xrightarrow{\text{转化}}$ 整式不等式
高次不等式 $\xrightarrow{\text{转化（降次）}}$ 一次不等式（组）
（以上）$\xrightarrow{\text{转化}}$ 一元一次、一元二次不等式

例6 设不等式$\sqrt{x}+\sqrt{y}\leqslant a\sqrt{x+y}$对一切$x>0$，$y>0$恒成立，求实数$a$的最小值。

解：原题即为$a\geqslant\dfrac{\sqrt{x}+\sqrt{y}}{\sqrt{x+y}}$对一切$x>0$，$y>0$恒成立。

（对原式进行参数分离的转化，构造新函数，这是解题的关键）

设$A=\dfrac{\sqrt{x}+\sqrt{y}}{\sqrt{x+y}}$，$A^2=\dfrac{x+y+2\sqrt{xy}}{x+y}=1+\dfrac{2\sqrt{xy}}{x+y}\leqslant 2$，当$x=y$时，等号成立。$\because A>0$，$\therefore 0<A\leqslant\sqrt{2}$，即$A$有最大值$\sqrt{2}$。$\because$当$a\geqslant\sqrt{2}$时，$\sqrt{x}+\sqrt{y}\leqslant a\sqrt{x+y}$对一切$x>0$，$y>0$成立。$\therefore a$的最小值为$\sqrt{2}$。

例7 （2016年清华大学自主招生数学卷）已知实数a，b，c满足$a+b+c=1$，则$\sqrt{4a+1}+\sqrt{4b+1}+\sqrt{4c+1}$的最大值和最小值乘积属于区间（　　）。

A.（11，12）　　B.（12，13）　　C.（13，14）　　D.（14，15）

分析：本题属于无理不等式问题，难度较大，需要考虑将无理式转化为有理式求解。

解：由题意知a，b，$c\in\left[-\dfrac{1}{4},\ \dfrac{3}{2}\right]$，设$f(x)=\sqrt{4x+1}$，$x\in\left[-\dfrac{1}{4},\ \dfrac{3}{2}\right]$，因为$f'(x)=\dfrac{2}{\sqrt{4x+1}}$，$f''(x)=-4(4x+1)^{-\frac{3}{2}}<0$，所以$f(x)$在$\left[-\dfrac{1}{4},\ \dfrac{3}{2}\right]$上为上凸函数，故$f(x)$的切线恒在$f(x)$上方或与$f(x)$除有一个交点外恒在$f(x)$上方。

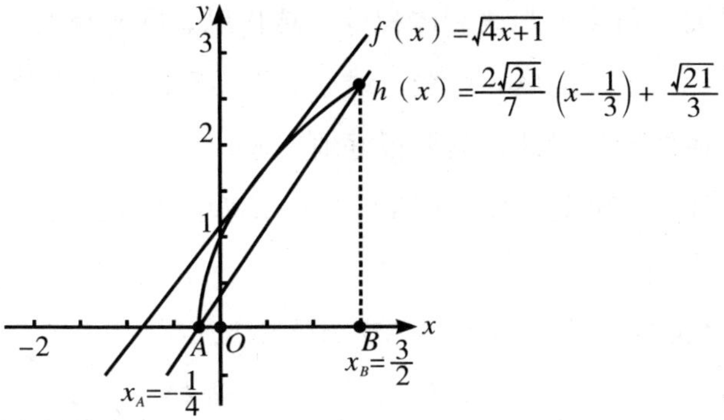

由图可知$\frac{4}{\sqrt{7}}x+\frac{1}{\sqrt{7}}\leqslant\sqrt{4x+1}\leqslant\frac{2\sqrt{21}}{7}\left(x-\frac{1}{3}\right)+\frac{\sqrt{21}}{3}$，

其中，$y=\frac{2\sqrt{21}}{7}\left(x-\frac{1}{3}\right)+\frac{\sqrt{21}}{3}$在点$\left(\frac{1}{3},\ f\left(\frac{1}{3}\right)\right)$处的切线方程 $y=\frac{4}{\sqrt{7}}x+\frac{1}{\sqrt{7}}$为过点$\left(-\frac{1}{4},\ 0\right)$和点$\left(\frac{3}{2},\ f\left(\frac{3}{2}\right)\right)$的直线方程，故

$$\frac{4}{\sqrt{7}}a+\frac{1}{\sqrt{7}}\leqslant\sqrt{4a+1}\leqslant\frac{2\sqrt{21}}{7}\left(a-\frac{1}{3}\right)+\frac{\sqrt{21}}{3},$$

$$\frac{4}{\sqrt{7}}b+\frac{1}{\sqrt{7}}\leqslant\sqrt{4b+1}\leqslant\frac{2\sqrt{21}}{7}\left(b-\frac{1}{3}\right)+\frac{\sqrt{21}}{3},$$

$$\frac{4}{\sqrt{7}}c+\frac{1}{\sqrt{7}}\leqslant\sqrt{4c+1}\leqslant\frac{2\sqrt{21}}{7}\left(c-\frac{1}{3}\right)+\frac{\sqrt{21}}{3},$$

三式相加得$\sqrt{7}\leqslant\sqrt{4a+1}+\sqrt{4b+1}+\sqrt{4c+1}\leqslant\sqrt{21}$，故$\sqrt{4a+1}+\sqrt{4b+1}+\sqrt{4c+1}$的最小值为$\sqrt{7}$（当$a=b=-\frac{1}{4}$，$c=\frac{3}{2}$时取得），最大值为$\sqrt{21}$（当$a=b=c=\frac{1}{3}$时取得），最大值与最小值的乘积为$\sqrt{147}\in(12,13)$，故选 B。

评析：通过借助函数的凹凸性，化“无理”为“有理”，化“曲线”为“直线”，这是一种常见的转化方法。

四、立体几何问题的转化

立体几何主要研究点、线、面及其组成的空间图形中的各种关系，如平行、垂直、异面、角度、距离、体积等，转化思想在立体几何中应用广泛，如空间问题转化为平面问题，线线、线面、面面间的相互转化，等积变换思想等，都是具体的转化形式，需要很好地掌握。

例 8 如图，已知正方体 $ABCD\text{-}A_1B_1C_1D_1$ 的棱长为 a，求异面直线 BD 与 B_1C 的距离。

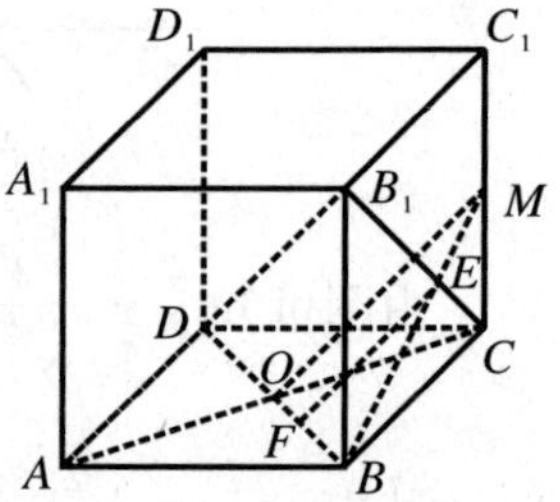

解法 1：（常规解法）连接 AC 交 BD 于点 O，取 CC_1 的中点 M，连接 BM 交 B_1C 于点 E，连接 AC_1，则 $OM/\!/AC_1$。过点 E 作 $EF/\!/OM$ 交 OB 于点 F，则 $EF/\!/AC_1$。又∵斜线 AC_1 的射影为 AC，$BD\perp AC$，∴$BD\perp AC_1$，∴$FE\perp BD$。同理 $AC_1\perp B_1C$，$EF\perp B_1C$，∴EF 为 BD 与 B_1C 的公垂线。∵点 M 为 CC_1 的中点，∴$\triangle MEC\backsim\triangle BEB_1$，∴$\dfrac{MC}{BB_1}=\dfrac{ME}{BE}=\dfrac{1}{2}$。因为正方体的棱长为 a，所以 $BM=\dfrac{\sqrt{5}}{2}a$，$BE=\dfrac{2}{3}MB=\dfrac{\sqrt{5}}{3}a$。又∵$EF/\!/OM$，∴$\dfrac{BF}{BO}=\dfrac{BE}{BM}=\dfrac{2}{3}$，故 $BF=\dfrac{2}{3}BO=\dfrac{\sqrt{2}}{3}a$，∴$EF=\sqrt{BE^2-BF^2}=\dfrac{\sqrt{3}}{3}a$。

解法 2：（转化为线面距离）因为 $BD/\!/$平面 B_1D_1C，$B_1C\subset$平面 B_1D_1C，故 BD 与 B_1C 的距离就是 BD 到平面 B_1D_1C 的距离，由 $V_{B\text{-}B_1D_1C}=V_{D_1\text{-}B_1BC}$，即 $\dfrac{1}{3}\cdot\dfrac{\sqrt{3}}{4}\cdot(\sqrt{2}a)^2h=\dfrac{1}{3}\cdot\dfrac{1}{2}a^2\cdot a$，得 $h=\dfrac{\sqrt{3}}{3}a$。

解法 3：（转化为面面距离）易证平面 $B_1D_1C/\!/$平面 A_1BD，用等体积法易得点 A 到平面 A_1BD 的距离为 $\dfrac{\sqrt{3}}{3}a$。同理可知：点 C_1 到平面 B_1D_1C 的距离为 $\dfrac{\sqrt{3}}{3}a$，而 $A_1C=\sqrt{3}a$，故两平面间的距离为 $\dfrac{\sqrt{3}}{3}a$。

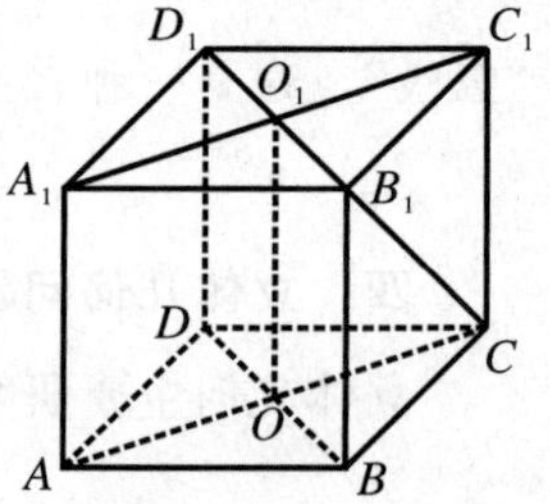

解法 4：（转化为垂面法）如图，$BD/\!/$平面 B_1D_1C，$B_1D_1\perp A_1C_1$，$B_1D_1\perp OO_1$，$B_1D_1\perp$平面 OO_1C_1C，平面 $OO_1C_1C\cap$平面 $B_1D_1C=O_1C$，$O_1\in B_1D_1$，故点 O 到平面 B_1D_1C 的距离为 $\mathrm{Rt}\triangle O_1OC$

斜边上的高，$h=\frac{OC\cdot OO_1}{O_1C}=\frac{\frac{\sqrt{2}}{2}a\cdot a}{\sqrt{\frac{3}{2}}a}=\frac{\sqrt{3}}{3}a$。

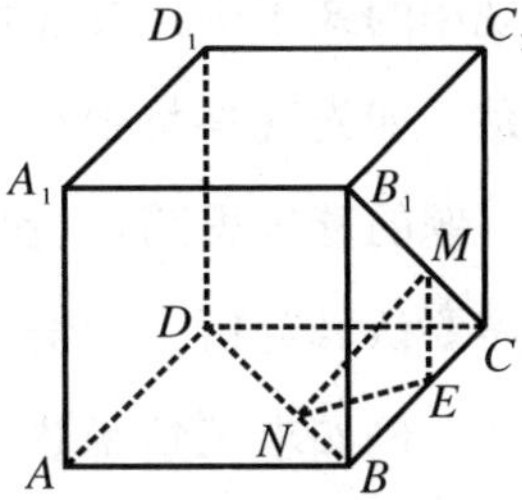

解法 5：（转化用函数最小值法求解）如图，在 B_1C 上取一点 M，作 $ME\perp BC$ 于点 E，过点 E 作 $EN\perp BD$ 交 BD 于点 N，易知 MN 为 BD 与 B_1C 的公垂线时，MN 最小。设 $BE=x$，$CE=ME=a-x$，$EN=\frac{\sqrt{2}}{2}x$，$MN=\sqrt{\frac{1}{2}x^2+(a-x)^2}=\sqrt{\frac{3}{2}x^2-2ax+a^2}=\sqrt{\frac{3}{2}\left(x-\frac{2}{3}a\right)^2+\frac{a^2}{3}}$。当 $x=\frac{2}{3}a$ 时，$MN_{\min}=\frac{\sqrt{3}}{3}a$。

规律总结：

（1）空间线面平行与垂直的证明突出的是转化思想的运用。纵观近几年的新课标高考数学卷会发现，立体几何综合题的一个显著变化是：图形中缺少坐标系的背景，代之以某一条或两条坐标轴。而在非标准状态下建立坐标系后，带来的难点是点的坐标表示，若一味地借用作“射影”来求，有时候会束手无策。因此，我们应加强点的坐标表示的训练，以期能灵活运用上述方法，从而保证后续的推算。

（2）二面角的平面角的构造可先“分离”后“作图”。所谓“分离”，就是要排除几何体的背景干扰，将二面角归结为两个“基本图形”：一是二面角由共底边的两个等腰三角形构成或两个半平面的三角形关于棱对称；二是其中一个半平面存在一条垂线，且垂直于另一个半平面有位置确定的一个交点。前者的“作图”是利用图形的直观对称再结合平面角的定义来完成，后者的“作图”是借“三垂线定理（或逆定理）”来完成。接下来，求平面角的大小就化归为解三角形问题。而解此三角形所需的边长，也一定是化归为解别的相关的三角形。那么，选择在哪些三角形中来求呢？这又需要我们善于对图形进行筛选与分离了，当然，有时候可能还需要“补形”（构造三角形）。

五、三角函数问题的转化

在解决三角函数问题中处处需要转化，如函数的变换、角的变换、升幂、降幂等，都需要转化。特别是在三角函数的化简、求值时，在看似没有规律的式子中，要注重抓住“角的变换”，通过观察式子中众多角之间的关系，如先观察是否是“和、差、倍、半”的关系，再用相关公式化简，这是解题的基本思路，也是转化的基本形式。转化思想在三角函数中应用广泛，需要认真分析、领悟。

例如求三角函数的最值，我们可以通过以下多种方式转化求解：

(1) 配方法求最值。利用三角函数性质及三角函数的有界性，转化为二次函数在闭区间上的最值问题。如求函数 $y=\sin^2 x+\sin x+1$ 的最值，可转化为求函数 $y=t^2+t+1$，$t\in[-1,1]$ 上的最值问题。

(2) 有界性求最值。将所求三角函数化为一个角的三角函数，再利用有界性求最值。如求函数 $y=\dfrac{1}{2+\sin x+\cos x}$ 的最大值问题，可以由 $a\sin x+b\cos x=\sqrt{a^2+b^2}\sin(x+\varphi)$ 公式将式子进行化简再求值。

(3) 数形结合求最值。利用直线斜率的几何意义求三角函数的最值。如求函数 $y=\dfrac{\sin x}{\cos x+2}$ 的最大值和最小值，函数 $y=\dfrac{\sin x}{\cos x+2}$ 的几何意义为 $P(-2,0)$，$Q(\cos x,\sin x)$ 两点连线的斜率 k，而点 Q 的轨迹为单位圆，再画图求解。

(4) 换元法求最值。利用换元法将三角函数问题转化为代数函数，此时常用万能公式和判别式求最值，或者利用三角代换将代数问题转化为三角函数，然后利用三角函数的有界性等求最值。例如 $(x-a)^2+(y-b)^2=r^2$，则 $x=a+r\cos\alpha$，$y=b+r\sin\alpha$；或 $\dfrac{x^2}{a^2}+\dfrac{y^2}{b^2}=1$，则 $x=a\cos\alpha$，$y=b\sin\alpha$；或 $x^2-y^2=1$，则 $x=\sec\alpha$，$y=\tan\alpha$。

例 9 (2012 年四川高考文科数学卷) 已知函数 $f(x)=\cos^2\dfrac{x}{2}-\sin\dfrac{x}{2}\cos\dfrac{x}{2}-\dfrac{1}{2}$。

(1) 求函数 $f(x)$ 的最小正周期和值域；

(2) 若 $f(\alpha)=\frac{3\sqrt{2}}{10}$，求 $\sin 2\alpha$ 的值。

解：(1) 由已知可得

$$f(x)=\cos^2\frac{x}{2}-\sin\frac{x}{2}\cos\frac{x}{2}-\frac{1}{2}$$

$$=\frac{1}{2}(1+\cos x)-\frac{1}{2}\sin x-\frac{1}{2}=\frac{\sqrt{2}}{2}\cos\left(x+\frac{\pi}{4}\right),$$

所以函数 $f(x)$ 的最小正周期为 2π，值域为 $\left[-\frac{\sqrt{2}}{2},\ \frac{\sqrt{2}}{2}\right]$。

(2) 由 (1) 知 $f(\alpha)=\frac{\sqrt{2}}{2}\cos\left(\alpha+\frac{\pi}{4}\right)=\frac{3\sqrt{2}}{10}$，即 $\cos\left(\alpha+\frac{\pi}{4}\right)=\frac{3}{5}$，所以 $\sin 2\alpha=-\cos\left(\frac{\pi}{2}+2\alpha\right)=-\cos 2\left(\alpha+\frac{\pi}{4}\right)=1-2\cos^2\left(\alpha+\frac{\pi}{4}\right)=1-\frac{18}{25}=\frac{7}{25}$。

评析：本题主要考查三角函数的图象与性质、两角和的正（余）弦公式、二倍角公式等基础知识，考查化归与转化等数学思想以及运算能力。

六、数列问题的转化

等差数列、等比数列是两类特殊的数列，很多数列性质的研究都可借鉴这两类数列的研究方法，或者转化为等差、等比数列，应用等差、等比数列的性质来解决，这一过程有很多转化的思想方法，需要认真学习、体会。

例 10 设等差数列的前 n 项和为 S_n，已知 $a_3=12$，$S_{12}>0$，$S_{13}<0$。

(1) 求公差 d 的取值范围；

(2) 指出 S_1，S_2，S_3，…，S_n 中哪一个值最大，并说明理由。

解：(1) 依题意 $S_{12}=12a_1+\frac{12\times 11}{2}d>0$，$S_{13}=13a_1+\frac{12\times 13}{2}d<0$，

即 $\begin{cases}2a_1+11d>0\\ a_1+6d<0\end{cases}$，由 $a_3=a_1+2d=12$，代入得 $-\frac{24}{7}<d<-3$。

(2) **解法 1**：由 $d<0$，可知 $\{a_n\}$ 是递减函数，因此在 $1\leqslant n\leqslant 12$ 中，满足 $a_n\geqslant 0$ 且 $a_{n+1}<0$ 的 S_n 最大。由 $S_{12}=6(a_6+a_7)>0$，$S_{13}=13a_7<0$，可知 $a_6>0$，$a_7<0$，所以 S_6 最大。

解法 2：$S_n=\frac{d}{2}n^2+\left(12-\frac{5d}{2}\right)n$，由（1）中 $-\frac{24}{7}<d<-3$ 可知，它的图象是开口向下的抛物线上的一群离散的点，根据图象可知 S_6 最大。

解法 3：$S_n=\frac{d}{2}\left(n-\frac{5d-24}{2d}\right)^2-\frac{d}{2}\left(\frac{5d-24}{2d}\right)^2$，由（1）中 $-\frac{24}{7}<d<-3$ 可得 $6<\frac{5d-24}{2d}<\frac{13}{2}$，又因为抛物线开口向下，所以 S_6 最大。

评析：求等差数列 S_n 最值有三种方法，借助求和公式是关于 n 的二次函数的特点，用配方法求解；借助等差数列的性质判断，通过"转折项"求解；借助二次函数图象（经过原点）求解。

七、向量问题的转化

向量运算、向量几何性质的研究，都需要大量借助数形转换、几何交换、向量基本定理来求解，需要熟练掌握。

例 11 已知半径为 2 的扇形 AOB 中，$\angle AOB=120°$，点 C 是 OB 的中点，点 P 为 $\overset{\frown}{AB}$ 上任意一点，且 $\overrightarrow{OP}=\lambda\overrightarrow{OA}+\mu\overrightarrow{OC}$，则 $\lambda+\mu$ 的最大值为（　　）。

A. 2　　B. $\frac{\sqrt{21}}{3}$　　C. $\frac{2\sqrt{21}}{3}$　　D. $\frac{4\sqrt{21}}{3}$

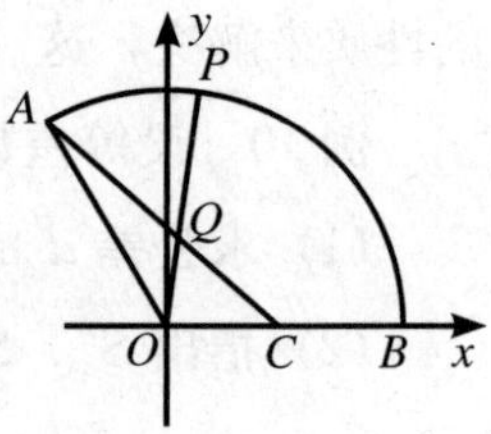

解法 1：如图，以 O 为坐标原点，OB 为 x 轴建立平面直角坐标系，则 $C(1,0)$，$A(-1,\sqrt{3})$，设 P 点坐标为 $(2\cos\theta,2\sin\theta)$ $\left(\theta\in\left[0,\frac{2\pi}{3}\right]\right)$，则 $(2\cos\theta,2\sin\theta)=\lambda(-1,\sqrt{3})+\mu(1,0)$，得

$$\begin{cases}\lambda=\frac{2\sqrt{3}}{3}\sin\theta\\ \mu=\frac{2\sqrt{3}}{3}\sin\theta+2\cos\theta\end{cases}$$，故 $\lambda+\mu=\frac{4\sqrt{3}}{3}\sin\theta+2\cos\theta=$

$\frac{2\sqrt{21}}{3}\left(\sin\theta\cdot\frac{2}{\sqrt{7}}+\cos\theta\cdot\frac{\sqrt{3}}{\sqrt{7}}\right)=\frac{2\sqrt{21}}{3}\sin(\theta+\varphi)$，其中 $\cos\varphi=\frac{2}{\sqrt{7}}$，$\sin\varphi=$

$\frac{\sqrt{3}}{\sqrt{7}}$，$\lambda+\mu$ 最大为$\frac{2\sqrt{21}}{3}$，故选 C。

解法 2：如图，设 AC 与 OP 交于点 Q，设 $\overrightarrow{OQ}=x\overrightarrow{OA}+y\overrightarrow{OC}$，因为 A，Q，C 三点共线，则由平面向量基本定理得 $x+y=1$。设 $\overrightarrow{OP}=m\overrightarrow{OQ}$，则 $\overrightarrow{OP}=xm\overrightarrow{OA}+ym\overrightarrow{OC}$，故 $\lambda+\mu=mx+my=m(x+y)=m$，故所求系数为 OP 与 OQ 的长度的比值，故过点 P 作一条与 AC 平行的直线 l，直线 l 越远离直线 AC，所求的系数和，即 m 的值越大，当直线 l 与圆弧相切时，取得最大值，此时$\frac{OP}{OQ}$可看作点 O 到直线 l 的距离与点 O 到直线 AC 的距离的比值。此时 $|OP|=2$，用等面积法或点到直线的距离可得点 O 到直线 AC 的距离为$\frac{\sqrt{21}}{7}$，故所求最大值为$\frac{2}{\frac{\sqrt{21}}{7}}=\frac{2\sqrt{21}}{3}$，故选 C。

评析：有相同起点的三个向量，当其中一个用另外两个表示的时候，系数和通常可转化为起点到两直线的距离的比值，这是一种比较有效的转化手段。

例 12 在 $\mathrm{Rt}\triangle ABC$ 中，$CA=4$，$CB=3$，M，N 是斜边 AB 上的两个动点，且 $MN=2$，则 $\overrightarrow{CM}\cdot\overrightarrow{CN}$ 的最小值为________。

分析：本题可用平面向量基本定理转化求解，也可直接建立平面直角坐标系求解。

解：以 CA，CB 为 x 轴，y 轴建立平面直角坐标系，则 $A(4,0)$，$B(0,3)$，l_{AB}：$y=3-\frac{3}{4}x$。设 $M\left(a,3-\frac{3}{4}a\right)$，$N\left(b,3-\frac{3}{4}b\right)$，假设 $a<b$，因为 $MN=2$，所以 $a=b-\frac{8}{5}$，$\overrightarrow{CM}\cdot\overrightarrow{CN}=\frac{25}{16}b^2-7b+\frac{63}{5}$。又$\frac{8}{5}\leqslant b\leqslant 4$，$\overrightarrow{CM}\cdot\overrightarrow{CN}=\frac{25}{16}b^2-7b+\frac{63}{5}=\frac{25}{16}\left(b-\frac{56}{25}\right)^2+\frac{119}{25}$，所以 $\overrightarrow{CM}\cdot\overrightarrow{CN}$ 的最小值为$\frac{119}{25}$。

进一步思考：在求 $\overrightarrow{CM}+\overrightarrow{CN}$ 时，我们常取 MN 的中点 O，有 $\overrightarrow{CM}+\overrightarrow{CN}=2\overrightarrow{CO}$，那么，在求数量积 $\overrightarrow{CM}\cdot\overrightarrow{CN}$ 时，可否考虑取 MN 的中点 O 呢?

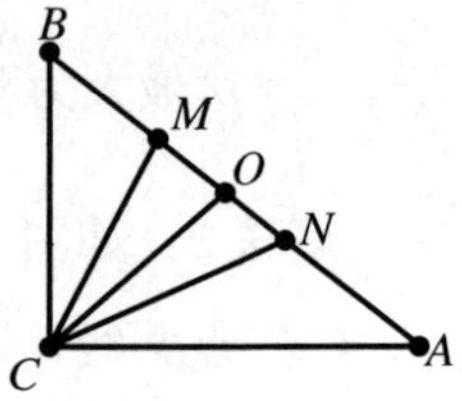

$\overrightarrow{CM}\cdot\overrightarrow{CN}=(\overrightarrow{OM}-\overrightarrow{OC})\cdot(\overrightarrow{ON}-\overrightarrow{OC})$

$=|\overrightarrow{CO}|^2-(\overrightarrow{OM}+\overrightarrow{ON})\cdot\overrightarrow{OC}+\overrightarrow{OM}\cdot\overrightarrow{ON}$

$=|\overrightarrow{CO}|^2+\overrightarrow{OM}\cdot\overrightarrow{ON}=|\overrightarrow{CO}|^2-\frac{1}{4}|\overrightarrow{MN}|^2$，

即 $\overrightarrow{CM}\cdot\overrightarrow{CN}=|\overrightarrow{CO}|^2-\frac{1}{4}|\overrightarrow{MN}|^2$。

该式将同起点的向量数量积问题转化为距离问题，可以使得问题更加直观。本题中，$\overrightarrow{CM}\cdot\overrightarrow{CN}=|\overrightarrow{CO}|^2-\frac{1}{4}|\overrightarrow{MN}|^2=|\overrightarrow{CO}|^2-1$，很明显 $\overrightarrow{CO}\perp\overrightarrow{MN}$ 时，$|\overrightarrow{CO}|$ 最小，此时 CO 为斜边上的高，由等面积法可知 $|\overrightarrow{CO}|$ 最小值为 $\frac{12}{5}$。故 $\overrightarrow{CM}\cdot\overrightarrow{CN}$ 的最小值为 $\left(\frac{12}{5}\right)^2-1=\frac{119}{25}$。

八、线性规划问题的转化

线性规划问题中，直观的图表语言是建立目标函数的重要参考，因此熟练进行数形转换就是解线性规划问题的关键。

例 13 （2015 年浙江高考理科数学卷）已知实数 x，y 满足 $x_2+y_2\leqslant 1$，则 $|2x+y-2|+|6-x-3y|$ 的最小值是________。

分析：本题考查简单的线性规划问题及直线与圆的位置关系。

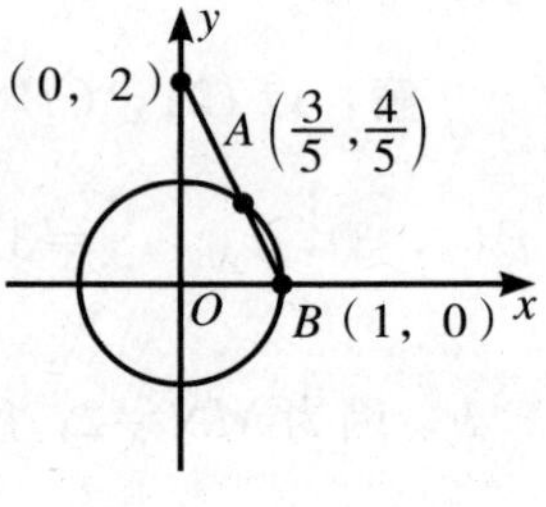

解：$x^2+y^2\leqslant 1$ 表示圆 $x^2+y^2=1$ 及其内部，$6-x-3y>0$，故 $|6-x-3y|=6-x-3y$。

当 $2x+y-2\geqslant 0$ 时，$|2x+y-2|+|6-x-3y|=x-2y+4$。如图所示，可行域为小的弓形内部，目标函数 $z=x-2y+4$，则可知当 $x=\frac{3}{5}$，$y=\frac{4}{5}$ 时，$z_{\min}=3$。

当 $2x+y-2<0$ 时，$|2x+y-2|+|6-x-3y|=8-3x-4y$，可行域为大的弓形内部，目标函数 $z=8-3x-4y$，

同理可知当 $x=\frac{3}{5}$，$y=\frac{4}{5}$ 时，$z_{\min}=3$。

综上所述，$|2x+y-2|+|6-x-3y|$ 的最小值为 3。

评析：解决线性规划问题的步骤是，先画出可行域（直线定界，特殊点定域）；然后明确所求量的几何意义；最后在直观图形中，找到取最值时的特殊位置，获得答案。

九、复数问题的转化

复数的表现形式有多样化的特点，既有代数形式，又有三角形式、几何形式，熟练掌握三种语言之间的转换是解决复数问题的重要法宝。

例 14 已知复数 $z_1=\cos\frac{\pi}{13}+\sin\frac{\pi}{13}\cdot i$，$z_2=\cos\frac{3\pi}{13}+\sin\frac{3\pi}{13}\cdot i$，$z_3=\cos\frac{5\pi}{13}+\sin\frac{5\pi}{13}\cdot i$，$z_4=\cos\frac{7\pi}{13}+\sin\frac{7\pi}{13}\cdot i$，$z_5=\cos\frac{9\pi}{13}+\sin\frac{9\pi}{13}\cdot i$，$z_6=\cos\frac{11\pi}{13}+\sin\frac{11\pi}{13}\cdot i$，求复数 $z=z_1+z_2+z_3+z_4+z_5+z_6$ 的实部。

解法 1：注意到这六个复数的辐角呈规律分布，可利用复数的指数形式求解。

设 $\theta=\frac{\pi}{13}$，则 $z_1=e^{i\cdot\theta}$，$z_2=e^{i\cdot 3\theta}$，$z_3=e^{i\cdot 5\theta}$，$z_4=e^{i\cdot 7\theta}$，$z_5=e^{i\cdot 9\theta}$，$z_6=e^{i\cdot 11\theta}$，故

$$z_1+z_2+z_3+z_4+z_5+z_6=e^{i\cdot\theta}+e^{i\cdot 3\theta}+e^{i\cdot 5\theta}+e^{i\cdot 7\theta}+e^{i\cdot 9\theta}+e^{i\cdot 11\theta}$$

$$=\frac{e^{i\cdot\theta}\left[1-(e^{i\cdot 2\theta})^6\right]}{1-e^{i\cdot 2\theta}}=\frac{e^{i\cdot\theta}-(e^{i\cdot 13\theta})}{1-e^{i\cdot 2\theta}}=\frac{e^{i\cdot\theta}+1}{1-e^{i\cdot 2\theta}}=\frac{e^{i\cdot\theta}+1}{(1+e^{i\cdot\theta})(1-e^{i\cdot\theta})}$$

$$=\frac{1}{1-e^{i\cdot\theta}}=\frac{1}{1-(\cos\theta+\sin\theta\cdot i)}=\frac{(1-\cos\theta)+\sin\theta\cdot i}{[(1-\cos\theta)-\sin\theta\cdot i][(1-\cos\theta)+\sin\theta\cdot i]}$$

$$=\frac{(1-\cos\theta)+\sin\theta\cdot i}{(1-\cos\theta)^2+\sin^2\theta}。$$

$$实部=\frac{1-\cos\theta}{(1-\cos\theta)^2+\sin^2\theta}=\frac{1-\cos\theta}{2-2\cos\theta}=\frac{1}{2}。$$

解法 2：本题实际为求 $\cos\frac{\pi}{13}+\cos\frac{3\pi}{13}+\cos\frac{5\pi}{13}+\cos\frac{7\pi}{13}+\cos\frac{9\pi}{13}+\cos\frac{11\pi}{13}$的值。可以用三角函数中积化和差的方法求解。

$$\cos\frac{\pi}{13}+\cos\frac{3\pi}{13}+\cos\frac{5\pi}{13}+\cos\frac{7\pi}{13}+\cos\frac{9\pi}{13}+\cos\frac{11\pi}{13}$$

$$=\frac{2\sin\frac{\pi}{13}\left(\cos\frac{\pi}{13}+\cos\frac{3\pi}{13}+\cos\frac{5\pi}{13}+\cos\frac{7\pi}{13}+\cos\frac{9\pi}{13}+\cos\frac{11\pi}{13}\right)}{2\sin\frac{\pi}{13}}$$

$$=\frac{2\sin\frac{\pi}{13}\cos\frac{\pi}{13}+2\sin\frac{\pi}{13}\cos\frac{3\pi}{13}+2\sin\frac{\pi}{13}\cos\frac{5\pi}{13}+2\sin\frac{\pi}{13}\cos\frac{7\pi}{13}}{2\sin\frac{\pi}{13}}+\frac{2\sin\frac{\pi}{13}\cos\frac{9\pi}{13}+2\sin\frac{\pi}{13}\cos\frac{11\pi}{13}}{2\sin\frac{\pi}{13}}$$

$$=\frac{\sin\frac{2\pi}{13}+\left(\sin\frac{4\pi}{13}-\sin\frac{2\pi}{13}\right)+\left(\sin\frac{6\pi}{13}-\sin\frac{4\pi}{13}\right)+\left(\sin\frac{8\pi}{13}-\sin\frac{6\pi}{13}\right)}{2\sin\frac{\pi}{13}}+\frac{\left(\sin\frac{10\pi}{13}-\sin\frac{8\pi}{13}\right)+\left(\sin\frac{12\pi}{13}-\sin\frac{10\pi}{13}\right)}{2\sin\frac{\pi}{13}}$$

$$=\frac{\sin\frac{12\pi}{13}}{2\sin\frac{\pi}{13}}=\frac{1}{2}。$$

所以 $z=z_1+z_2+z_3+z_4+z_5+z_6$ 的实部为$\frac{1}{2}$。

十、排列组合问题的转化

排列组合问题有很多重要的数学模型，其解法也有特定的规律，怎样迅速建立问题与模型之间的联系，将问题转化到熟悉的问题情境中去求解，就成为解此类问题的关键。

例 15 包含甲、乙在内的 5 个人排成一列，要求甲不站排头，乙不站排尾，满足条件的不同方法有多少种?

分析：如果正面解决原问题会存在困难，可把原问题结果看作集合 A，而把包含该问题的整体问题的结果类比为全集 U，通过解决全集 U 及补集

$\complement_U A$ 获得原问题的解。这种考虑对立面解决问题的转化方法常称为“补集法”。

解：本题用 5 个人排队的所有方法种数减去“甲站排头”的种数，再减去“乙站排尾”的种数，但要注意，还需加上“甲站排头且乙站排尾”的种数。故所求答案为 $A_5^5-A_4^4-A_4^4+A_3^3=120-24-24+6=78$（种）。

例 16　将 10 个相同的小球放在 4 个不同的盒子中，每个盒子都不空，有多少种不同的放法？

分析：由于小球相同，故只需考虑每个盒子中放了几个球就可以了，设第 i 个盒子中放了 $x_i(i=1, 2, 3, 4)$ 个小球，则 $x_1+x_2+x_3+x_4=10$，且 $x_i>0$。因此，本题可转化为“方程 $x_1+x_2+x_3+x_4=10$ 有多少组不同的正整数解 (x_1, x_2, x_3, x_4)?”

解：分析题目可知，所求的放法等价于把 10 个相同的小球分成 4 堆，故在排成一列的 10 球 9 空中插入 3 块隔板即可，答案为 $C_9^3=84$（种）。

小结：“方程 $x_1+x_2+\cdots+x_n=m(n\in\mathbf{N}^*, m\in\mathbf{N}^*)$ 有多少组不同的正整数解 $(x_1, x_2, \cdots, x_n)$?”，可得答案为 C_{m-1}^{n-1}。

再进一步思考，“方程 $x_1+x_2+\cdots+x_n=m(n\in\mathbf{N}^*, m\in\mathbf{N}^*)$ 有多少组不同的自然数解 $(x_1, x_2, \cdots, x_n)$?”

我们只需将自然数转化为正整数，就可以用上面的分析解决问题，故只需将每个 x_i 都加上 1，则问题转化为“方程 $(x_1+1)+(x_2+1)+\cdots+(x_n+1)=m+n(n\in\mathbf{N}^*, m\in\mathbf{N}^*)$ 有多少组不同的自然数解 $(x_1, x_2, \cdots, x_n)$?”，答案自然为 C_{n+m-1}^{n-1}。

更进一步思考，“若 $x_i\in\mathbf{N}$ 且 $x_3\geqslant 2$，$x_4\geqslant 3$，则方程 $x_1+x_2+x_3+x_4=10$ 有多少组满足条件的解 (x_1, x_2, x_3, x_4)?”

由上面分析可知只需将每个 x_i 转化为 1 开始的正整数即可，故原方程可转化为 $(x_1+1)+(x_2+1)+(x_3-1)+(x_4-2)=9$，此时 x_1+1，x_2+1，x_3-1，x_4-2 都为大于或等于 1 的正整数，故答案为 $C_8^3=56$（组）。

第四节 数形结合思想

数学是研究数量关系与空间形式的一门学科，“数”与“形”以及它们的联系、转化是数学研究的永恒主题。

高中代数正是借助数形结合的载体——数轴，介绍数与点的对应关系，相反数、绝对值的定义，有理数大小比较的法则等，大大降低了引进这些概念的难度。几何中则应用不等式、方程、函数等进行分析和论证，降低了纯几何形式论证的难度。数形结合的思想渗透于整个高中数学教材之中。

因此，高中数学学习要注重对数形结合思想的学习与掌握。在解题过程中，既要注重借助数的精确性来阐明形的某些属性，也要注重借助形的几何直观性来阐明数之间的某种关系。想要灵活地运用数形结合的思想，除了要准确理解数学概念、运算的几何意义和曲线的代数特征外，还必须熟悉数学问题中数形结合的基本形式，使解题思维能迅速转化为数形结合思想。

在解题过程中，数形结合思想常用于以下几个方面的问题：

（1）超越方程与超越不等式的解或解的性质的判断。

（2）不能用教材中的公式求解的高次方程根的问题。

（3）涉及曲线的一部分曲线弧的问题。

（4）两个圆锥曲线的公共点问题。

（5）立体几何中一些空间图形的形状特征判断。

（6）解析几何中与直线和圆有关的问题。

（7）与圆锥曲线的几何性质（主要是圆锥曲线的定义）有关的问题。

（8）中心不在原点（或顶点不在原点）的圆锥曲线方程的确定及有关的问题。

（9）由初等函数构造的复杂函数性质有关的问题。

（10）带参数的方程与带参数的不等式解的讨论及求解的问题。

以下以数形结合思想在各章节的运用为例，说明它的原理、方法和实施步骤。

一、数形结合在解析几何中的应用

1. 斜率型

过 $A(x_1, y_1)$，$B(x_2, y_2)(x_1 \neq x_2)$ 两点的直线斜率是 $\frac{y_2-y_1}{x_2-x_1}$，因此涉及比值的问题，可考虑转化为直线的斜率来求解。

例 1 已知点 $P(x, y)$ 是圆 $(x+2)^2+y^2=1$ 上任意一点，求 $\frac{y-2}{x-1}$ 的最大值和最小值。

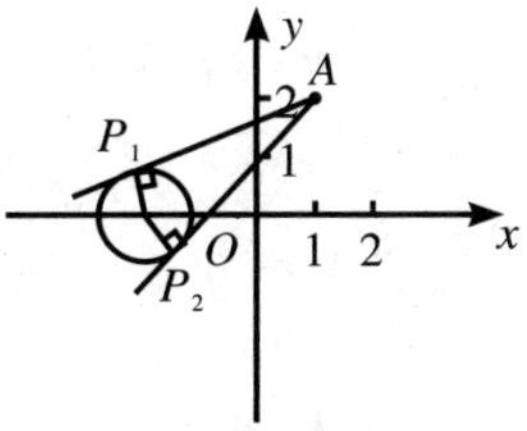

解：由于 $k=\frac{y-2}{x-1}$ 是连接点 $P(x, y)$ 与定点 $A(1, 2)$ 的直线 PA：$kx-y+2-k=0$ 的斜率，如图，$\frac{y-2}{x-1}$ 的最大值和最小值是 PA 与圆的两条切线的斜率，由圆心到切线距离等于半径可知 $\frac{|-2k-k+2|}{\sqrt{1+k^2}}=1$，解得 $k=\frac{3\pm\sqrt{3}}{4}$，故 $\frac{y-2}{x-1}$ 的最大值为 $\frac{3+\sqrt{3}}{4}$，最小值为 $\frac{3-\sqrt{3}}{4}$。

评析：斜率型问题的一般形式是已知 $P(x, y)$ 为曲线 C：$f(x, y)=0$ 上的一点，求 $\frac{y}{x}$，$\frac{y-b}{x-a}$ 的最值。除此之外，一些比值型问题也可转化为斜率型问题求解。

例 2 设 x，y 满足约束条件 $\begin{cases} x \geqslant 0 \\ y \geqslant x \\ 4x+3y \leqslant 12 \end{cases}$，则 $\frac{2y+3}{x+1}$ 的取值范围是_______。

解：由已知约束条件可作出如图阴影所示的可行域，又 $\frac{2y+3}{x+1}=2\times$

$\dfrac{y+\frac{3}{2}}{x+1}$，可看作是求过点 $A\left(-1,\ -\dfrac{3}{2}\right)$ 与可行域相交的直线的斜率的 2 倍的取值范围问题。由于过点 A 的直线的斜率范围为 $[k_{AB},\ k_{AC}]$，B，C 两点的坐标分别为 $\left(\dfrac{12}{7},\ \dfrac{12}{7}\right)$，$(0,\ 4)$，$\left(-1,\ -\dfrac{3}{2}\right)$

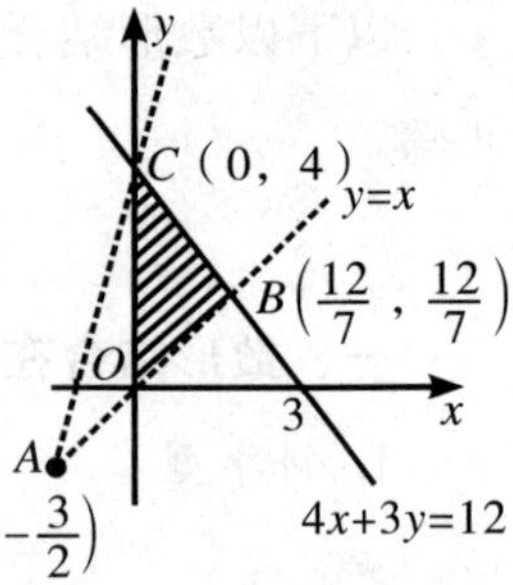

而 $k_{AB}=\dfrac{\frac{12}{7}+\frac{3}{2}}{\frac{12}{7}+1}=\dfrac{45}{38}$，$k_{AC}=\dfrac{4+\frac{3}{2}}{0+1}=\dfrac{11}{2}$，故 $\dfrac{2y+3}{x+1}=2\times\dfrac{y+\frac{3}{2}}{x+1}\in[2k_{AB},$ $2k_{AC}]=\left[\dfrac{45}{19},\ 11\right]$。

评析：本题将线性规划、直线斜率等知识有机地“交汇”在一起，将 $\dfrac{2y+3}{x+1}$ 变形为 $2\times\dfrac{y+\frac{3}{2}}{x+1}$，其数形结合思想的妙用值得仔细品味。

2. 截距型

斜率是 k，在 y 轴上截距为 b 的直线方程为 $y=kx+b$，因此关于 x，y 的一次函数的最值问题，可转化为求截距 b 的最值问题。

例 3 若曲线 $x=\sqrt{1-y^2}$ 与直线 $y=x+b$ 有两个交点，则 b 的取值范围是________。

分析：$x=\sqrt{1-y^2}$ 表示圆心在原点，半径是 1 的圆在 y 轴以及 y 轴右方的部分，$y=x+b$ 是斜率为 1 的直线，将直线平行移动，即可求得结论。

解：如图，$x=\sqrt{1-y^2}$ 表示圆心在原点，半径是 1 的圆在 y 轴以及 y 轴右方的部分。在同一平面直角坐标系中，再作出斜率是 1 的直线，在直线平移的过程中可发现，直线过 $(0,\ -1)$ 时与半圆有两个交点，此时 $b=-1$；直线与半圆有两个交点的临界位置为直线与半圆相切，此时 $\dfrac{|b|}{\sqrt{2}}=1$ 且 $b<0$，即 $b=-\sqrt{2}$，故 b 的取值范围为 $(-\sqrt{2},\ -1]$。

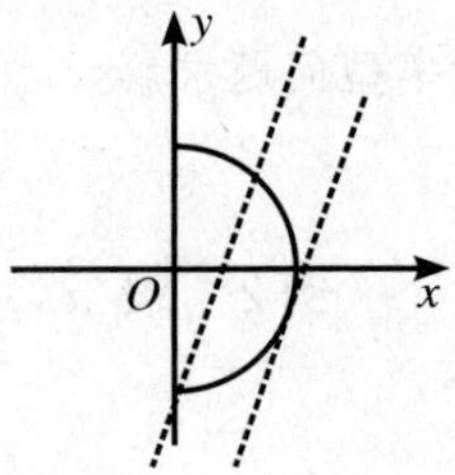

3. 距离型

平面上两点 $P(x,\ y)$，$A(a,\ b)$ 间的距离公式为 $|PA|=\sqrt{(x-a)^2+(y-b)^2}$，因此关于 x，y 的二次函数的最值问题，可转化为求两点间距离的最值问题。

例 4 设函数 $f(x)=(x-a)^2+(2\ln x-2a)^2$，其中 $x>0$，$a\in\mathbf{R}$，存在 x_0 使得 $f(x_0)\leqslant\frac{4}{5}$成立，则实数 a 的值是（　　）。

A. $\frac{1}{5}$　　B. $\frac{2}{5}$　　C. $\frac{1}{2}$　　D. 1

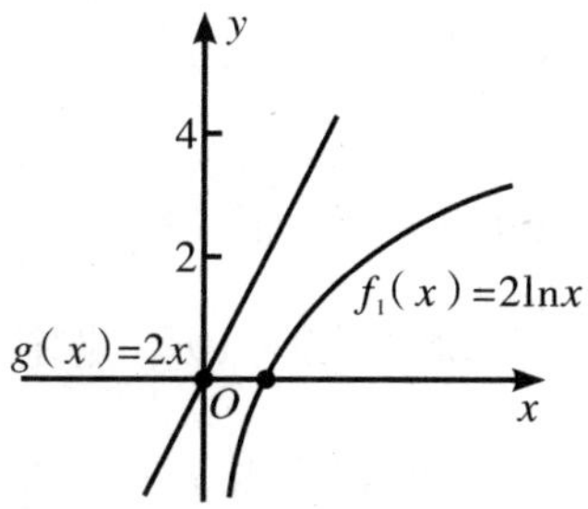

解：$f(x)$ 的几何意义是 $A(x,\ 2\ln x)$，$B(a,\ 2a)$ 之间的距离的平方，且存在 x_0 使得 $f(x_0)\leqslant\frac{4}{5}$成立，等价于 $f(x)_{\min}\leqslant\frac{4}{5}$。如图，点 A 在曲线 $f_1(x)=2\ln x$ 上，点 B 在直线 $g(x)=2x$ 上，平移直线 $g(x)=2x$ 使之与曲线 $f_1(x)=2\ln x$ 相切，由 $f_1(x)=2\ln x$ 得 $f_1'(x)=\frac{2}{x}=2$，解得 $x=1$，所以切点为（1，0），此时 A，B 两点之间的距离最小，最小为$\frac{2\sqrt{5}}{5}$，故 $f(x)\geqslant\left(\frac{2\sqrt{5}}{5}\right)^2=\frac{4}{5}$。又要求 $f(x_0)\leqslant\frac{4}{5}$，故点 A 只能为（1，0），这时 a 的值为直线 $g(x)=2x$ 与直线 $y=-\frac{1}{2}(x-1)$ 的交点的横坐标，所以 $a=\frac{1}{5}$，故选 A。

评析：题目中的条件给出的是不等关系，而要求的是具体的值，这种题目并不好处理，借助函数图象和题目中的几何意义，可以使问题变得很直观。

4. 图象分析型

由于函数图象、方程、不等式有着极其紧密的联系，因此诸多关于方程或不等式的问题，常常可以转化为研究方程或不等式两边的函数图象关系来解决。

例 5 若不等式 $\log_a x > \sin 2x$（$a>0$，$a\neq 1$）对任意 $x\in\left(0,\ \frac{\pi}{4}\right)$ 都成立，则 a 的取值范围为________。

分析：如果将本题中的对数函数和三角函数作差，从表达式上看，会非常麻烦，故考虑将两个函数分开，画出图象，借助图象进行分析。

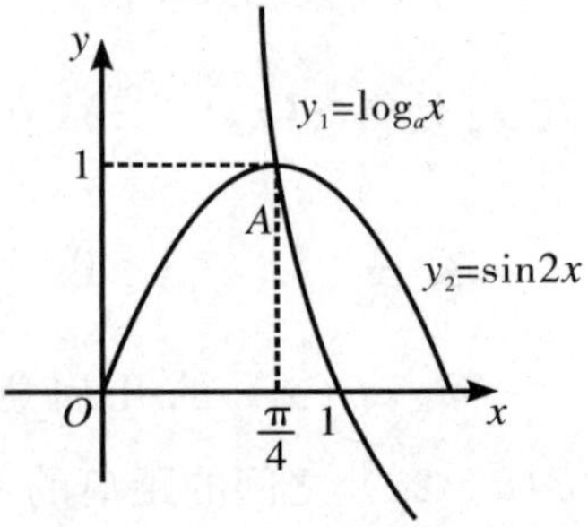

解：设 $y_1=\log_a x$，$y_2=\sin 2x$，原不等式相当于 $y_1>y_2$。作出两个函数的图象，如图所示，当 $y_1=\log_a x$ 过点 $A\left(\frac{\pi}{4},\ 1\right)$ 时，$a=\frac{\pi}{4}$，所以当 $\frac{\pi}{4}<a<1$ 时，$x\in\left(0,\ \frac{\pi}{4}\right)$ 都有 $y_1>y_2$。故 a 的取值范围为 $\frac{\pi}{4}<a<1$。

例 6 设 $f(x)$ 是定义在 $\mathbf{R}$ 上的偶函数，对 $x\in\mathbf{R}$，都有 $f(x-2)=f(x+2)$，且当 $x\in[-2,\ 0]$ 时，$f(x)=\left(\frac{1}{2}\right)^x-1$，若在区间 $(-2,\ 6]$ 内关于 x 的方程 $f(x)-\log_a(x+2)=0(a>1)$ 恰有 3 个不同的实数根，则 a 的取值范围是（ ）。

A. $(1,\ 2)$　　B. $(2,\ +\infty)$　　C. $(1,\ \sqrt[3]{4})$　　D. $(\sqrt[3]{4},\ 2)$

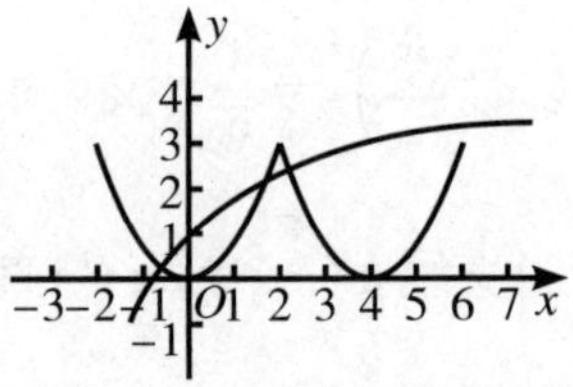

解：$\because$ 对于任意的 $x\in\mathbf{R}$，都有 $f(x-2)=f(x+2)$，$\therefore$ 函数 $f(x)$ 是一个周期函数，且 $T=4$。又 $\because x\in[-2,\ 0]$ 时，$f(x)=\left(\frac{1}{2}\right)^x-1$，且函数 $f(x)$ 是定义在 $\mathbf{R}$ 上的偶函数，若在区间 $(-2,\ 6]$ 内关于 x 的方程 $f(x)-\log_a(x+2)=0(a>1)$ 恰有 3 个不同的实数根，则函数 $y=f(x)$ 与 $y=\log_a(x+2)$ 在区间 $(-2,\ 6]$ 上有 3 个不同的交点，如图所示。又 $f(-2)=f(2)=3$，则有 $\log_a 4<3$，且 $\log_a 8>3$，解得 $\sqrt[3]{4}<a<2$，故选 D。

二、数形结合在函数与不等式中的应用

由于不等式与函数有密切的联系，故在解不等式时，可结合相应函数的图象求解，过程直观、简洁。

例 7 解不等式 $|x^2-2x|>x$。

解：令 $f(x)=|x^2-2x|$，$g(x)=x$，如图，在平面直角坐标系中分别画出两个函数的图象。易知两个函数的图象的三个公共点依次为 $(0,0)$，$(1,1)$，$(3,3)$，结合图象易得原不等式的解集为 $\{x \mid x<1$ 或 $x>3$，且 $x\neq 0\}$。

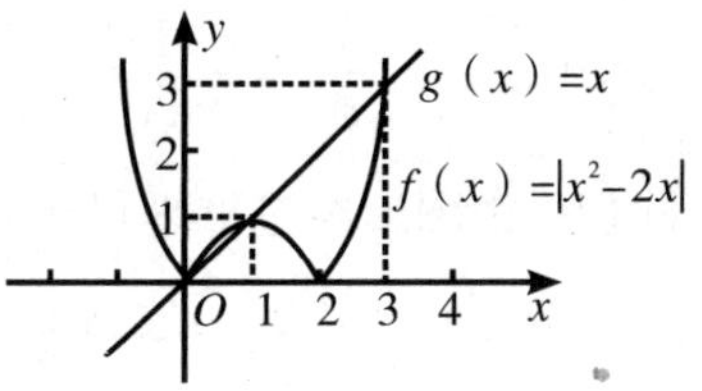

例 8 设函数 $f(x)=\dfrac{1}{x}$，$g(x)=ax^2+bx(a, b\in \mathbf{R}, a\neq 0)$，若 $y=f(x)$ 的图象与 $y=g(x)$ 的图象有且仅有两个不同的公共点 $A(x_1, y_1)$，$B(x_2, y_2)$，则下列判断正确的是（　　）。

A. 当 $a<0$ 时，$x_1+x_2<0$，$y_1+y_2>0$

B. 当 $a<0$ 时，$x_1+x_2>0$，$y_1+y_2<0$

C. 当 $a>0$ 时，$x_1+x_2<0$，$y_1+y_2<0$

D. 当 $a>0$ 时，$x_1+x_2>0$，$y_1+y_2>0$

解法 1：令 $\dfrac{1}{x}=ax^2+bx$，则 $1=ax^3+bx^2(x\neq 0)$。设 $F(x)=ax^3+bx^2$，则 $F'(x)=3ax^2+2bx$。令 $F'(x)=3ax^2+2bx=0$，则 $x=-\dfrac{2b}{3a}$。要使 $y=f(x)$ 的图象与 $y=g(x)$ 的图象有且仅有两个不同的公共点，只需 $F\left(-\dfrac{2b}{3a}\right)=a\left(-\dfrac{2b}{3a}\right)^3+b\left(-\dfrac{2b}{3a}\right)^2=1$，整理得 $4b^3=27a^2$，于是可取 $a=\pm 2$，$b=3$ 来研究。当 $a=2$，$b=3$ 时，$2x^3+3x^2=1$，解得 $x_1=-1$，$x_2=\dfrac{1}{2}$，此时 $y_1=-1$，$y_2=2$，得 $x_1+x_2<0$，$y_1+y_2>0$；当 $a=-2$，$b=3$ 时，$-2x^3+3x^2=1$，解得 $x_1=1$，$x_2=-\dfrac{1}{2}$，此时 $y_1=1$，$y_2=-2$，得 $x_1+x_2>0$，$y_1+y_2<0$，故选 B。

解法 2：（数形结合）令 $f(x)=g(x)$，可得 $\dfrac{1}{x^2}=ax+b$。设 $f_1(x)=\dfrac{1}{x^2}$，$f_2(x)=ax+b$，不妨设 $x_1<x_2$，结合下页右图可知，当 $a>0$ 时，

$|x_1|>|x_2|$，即$-x_1>x_2>0$，此时$x_1+x_2<0$，$y_2=\frac{1}{x_2}>-\frac{1}{x_1}=-y_1$，即$y_1+y_2>0$。同理可由图形经过推理可得，当$a<0$时，$x_1+x_2>0$，$y_1+y_2<0$，故选B。

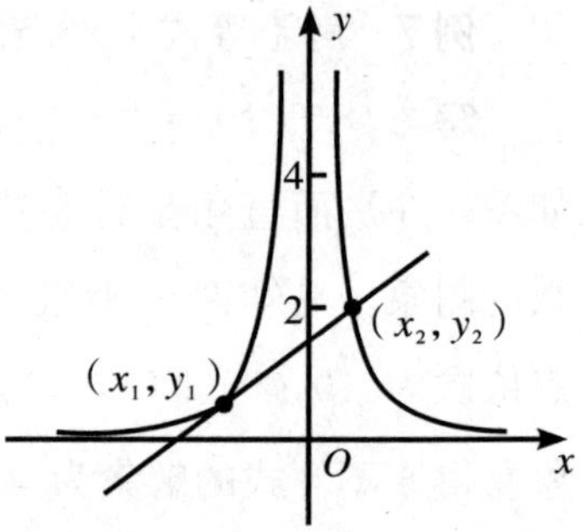

三、数形结合在数列中的应用

不少数列问题考查新情景下的阅读与理解能力，抽象程度较高，读懂题目是关键，可以借助直观的图形语言来帮助理解。

例9 如图，点列$\{A_n\}$，$\{B_n\}$分别在某锐角的两边上，且$|A_nA_{n+1}|=|A_{n+1}A_{n+2}|$，$A_n\neq A_{n+2}$，$n\in\mathbf{N}^*$，$|B_nB_{n+1}|=|B_{n+1}B_{n+2}|$，$B_n\neq B_{n+2}$，$n\in\mathbf{N}^*$。（$P\neq Q$表示点$P$与$Q$不重合）若$d_n=|A_nB_n|$，$S_n$为$\triangle A_nB_nB_{n+1}$的面积，则（　　）。

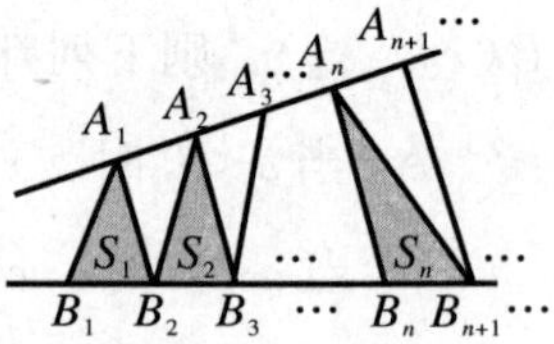

A. $\{S_n\}$是等差数列　　B. $\{S_n^2\}$是等差数列

C. $\{d_n\}$是等差数列　　D. $\{d_n^2\}$是等差数列

解：设锐角的顶点为O，大小为θ，$\triangle A_nB_nB_{n+1}$的边B_nB_{n+1}上的高为A_nD_n，垂足为D_n。在$\mathrm{Rt}\triangle OA_nD_n$中，$|A_nD_n|=|OA_n|\sin\theta$，故$S_n=\frac{1}{2}|B_nB_{n+1}|\cdot|OA_n|\sin\theta$。因为$S_{n+1}-S_n=\frac{1}{2}|B_{n+1}B_{n+2}|\cdot|OA_{n+1}|\sin\theta-\frac{1}{2}|B_nB_{n+1}|\cdot|OA_n|\sin\theta=\frac{1}{2}|B_nB_{n+1}|\cdot|A_nA_{n+1}|\sin\theta$，依题意得$S_{n+1}-S_n$是个定值，则数列$\{S_n\}$是等差数列，故选A。

评析：本题考查等差数列的概念及新情景下的阅读与理解能力。面临背景较新，尤其是抽象程度较高的问题，问题比较难理解，可多借助直观的图形语言来帮助理解。

四、数形结合在复数中的应用

复数中的不少问题与线性规划、几何概率等基本概念和基础知识密切相关，重在考查数形结合思想方法，需要注重训练，不断提高解题能力。

例 10 （2015 年陕西高考理科数学卷）设复数 $z=(x-1)+y\mathrm{i}(x\in\mathbf{R},y\geqslant 0)$，若 $|z|\leqslant 1$，则 $y\geqslant x$ 的概率为（　　）。

A. $\frac{3}{4}+\frac{1}{2\pi}$　　B. $\frac{1}{4}-\frac{1}{2\pi}$　　C. $\frac{1}{2}-\frac{1}{\pi}$　　D. $\frac{1}{2}+\frac{1}{\pi}$

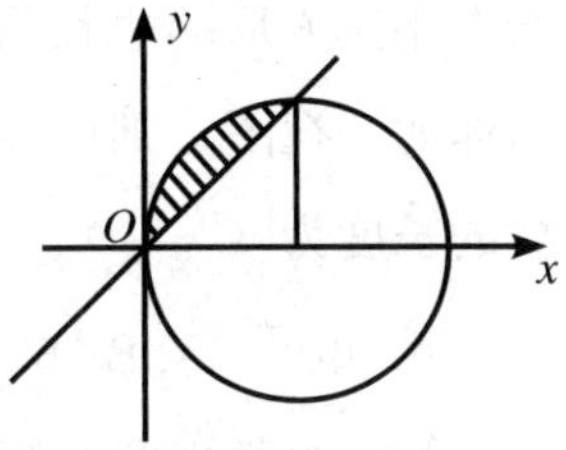

解：由 $|z|\leqslant 1$ 知 $(x-1)^2+y^2\leqslant 1$，即点 (x, y) 在圆心为 $(1, 0)$，半径为 1 的圆上及其内部，$y\geqslant x$ 表示直线 $y=x$ 左上方的区域，即如图中的阴影部分，$S_{阴}=\frac{\pi}{4}-\frac{1}{2}\times 1\times 1=\frac{\pi}{4}-\frac{1}{2}$，

由几何概型的概率计算公式知所求概率为 $\frac{\frac{\pi}{4}-\frac{1}{2}}{\pi\times 1^2}=\frac{1}{4}-\frac{1}{2\pi}$，故选 B。

评析：本题主要考查复数、线性规划和几何概率的基本概念和基础知识，考查数形结合思想方法。对于几何概型的概率公式中的“猜测”要有正确的认识，它只与大小有关，而与形状和位置无关，在解题时稍有疏忽就会出错。

五、数形结合在立体几何中的应用

立体几何重在考查空间识图能力和空间想象能力，解决此类问题应先画出图形，结合图形进行分析使问题变得直观。

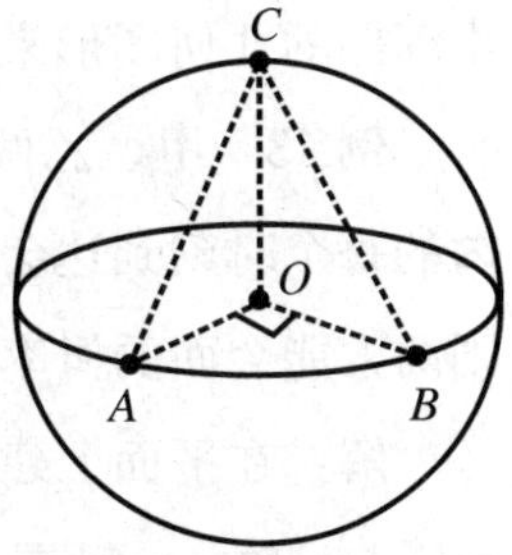

例 11 已知 A，B 是球 O 球面上的两点，$\angle AOB=90^\circ$，C 为该球面上的动点，若三棱锥 O-ABC 体积的最大值为 36，则球 O 的表面积为（　　）。

A. 36π　　B. 64π

C. 144π　　D. 256π

解：如图所示，当点 C 位于垂直于平面 AOB 的直径端点时，三棱锥 O-ABC 的体积最大，设球 O 的半径为 R，此时 $V_{O\text{-}ABC}=V_{C\text{-}AOB}=\frac{1}{3}\times\frac{1}{2}R^2$

$\times R=\frac{1}{6}R^3=36$，故 $R=6$，则球 O 的表面积为 $S=4\pi R^2=144\pi$，故选 C。

评析：本题考查几何体的表面积和体积等有关知识以及空间想象能力，解决此类问题应先画出图形，再结合图形进行分析。

例 12 （2014 年新课标Ⅰ卷）如图，网格纸上小正方形的边长为 1，粗实线画出的是某多面体的三视图，则该多面体的各条棱中，最长的棱的长度为（　　）。

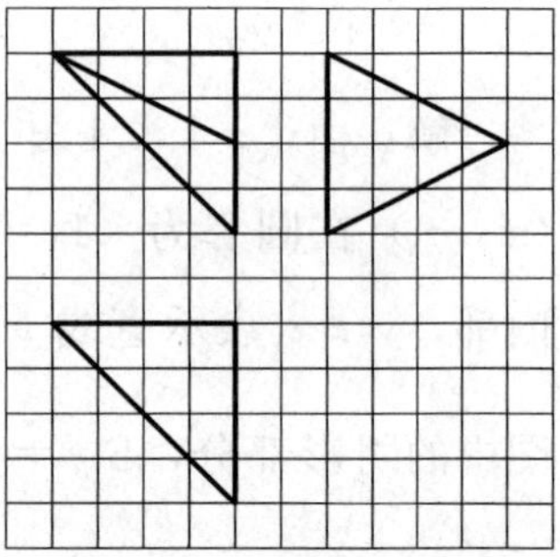

A. $6\sqrt{2}$　　B. 6　　C. $6\sqrt{2}$　　D. 4

解：由正视图、侧视图、俯视图形状，可判断该几何体为四面体，且四面体的长、宽、高均为 4 个单位长度，故可考虑将其置于棱长为 4 个单位长度的正方体中研究，如右图所示，该四面体为 D-ABC，且 $AB=BC=4$，$AC=4\sqrt{2}$，$DB=DC=2\sqrt{5}$，$DA=\sqrt{(4\sqrt{2})^2+4}=6$，所以最长的棱长为 6，故选 B。

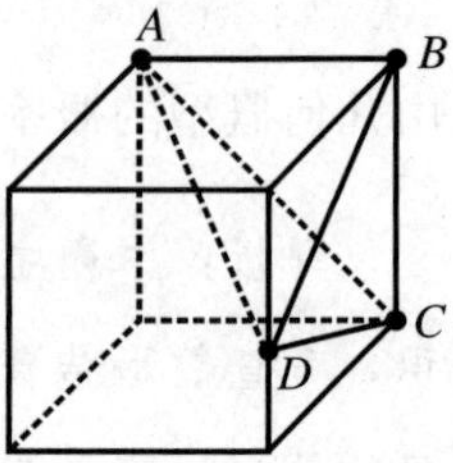

评析：本题考查了三视图下多面体棱长的最值问题，考查了考生的识图能力以及由三视图还原为立体图的空间想象能力，最关键的是将三视图还原。

六、数形结合在概率中的应用

概率大多与实际生活紧密相连，解题时要尽量将问题数学模型化，构造出问题的几何图形来帮助分析。

例 13 甲、乙两人相约 7:00～8:00 在某地会面，假定每人在这段时间内的每个时刻到达会面地点的可能性是相同的，先到者等 20 分钟后便离去，则两人能会面的概率为________。

解：在平面上建立如下图所示的平面直角坐标系，直线 $x=60$，直线 $y=60$，x 轴，y 轴围成一个正方形区域 G。设甲 7 时 x 分到达会面地点，乙 7 时 y 分到达会面地点，这个结果与平面上的点（x，y）对应，于是试验的所有可能结果就与 G 中的所有点一一对应。由题意知，每一个试验结果出现的可能性是相同的，当且仅当甲、乙两人到达会面地点的时间相差不超

过 20 分钟时，甲、乙两人能会面，即 $|x-y|\leqslant 20$，因此，图中的阴影区域 g 就表示“甲、乙两人能会面”，容易求得 g 的面积为 $60^2-40^2=2000$，G 的面积为 3600，由几何概型的概率计算公式，“甲、乙两人能会面”的概率 $P=\frac{g\text{ 的面积}}{G\text{ 的面积}}=\frac{2000}{3600}=\frac{5}{9}$。

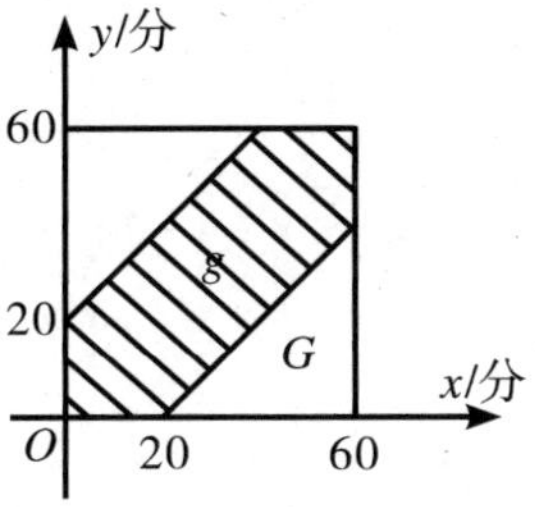

评析：解决这道题的关键是要构造出随机事件对应的几何图形，利用图形的几何度量来求随机事件的概率。

第五节　特殊化方法

由特殊到一般，再由一般到特殊是人们认识现实世界的基本过程。因为特殊与一般思想的运用水平能反映出学生的数学素养和数学学习能力，所以考查特殊与一般的思想在数学高考中占有很重要的位置。

在数学高考中，命题者会有意设计一些能集中体现特殊与一般思想的试题，例如：由一般归纳法进行猜想的试题；由平面到立体，由特殊到一般进行类比猜想的试题；抽象函数试题；定点、定值试题；用特殊化方法解选择题等。

在历年的数学高考试题当中，无论是函数试题、数列试题，还是解析几何试题，涉及参数的取值范围探求的题型很多，如何消除差异，从等式出发，建立不等关系，是解答该类试题的关键。下面通过一道简单试题的解题分析，谈谈建立不等关系的若干策略。

解题“三时态”：

解题前：模式识别，差异分析，寻找联系。

解题中：对什么？因什么？有什么？

解题后：是什么？为什么？还有什么？

解题“三通”：基础知识联通，思想方法贯通，解题思路畅通。

例 1　（2007 年浙江高考理科数学卷）已知点 O 在二面角 $\alpha\text{-}AB\text{-}\beta$ 的棱上，点 P 在平面 α 内，且 $\angle POB=45^\circ$。若对于 β 内异于 O 的任意一点 Q，都有 $\angle POQ\geqslant45^\circ$，则二面角 $\alpha\text{-}AB\text{-}\beta$ 的取值范围是________。

分析：本题考查空间角的大小的判断与计算，可以从特殊位置着手进行分析、推断。

解：不妨取二面角 $\alpha\text{-}AB\text{-}\beta$ 为直二面角，此时，$\angle POB$ 就是直线 OP 与平面 β 所成的角，由最小角定理知，必有 $\angle POQ\geqslant\angle POB=45^\circ$，从而可推

断，当二面角 α-AB-β 大于或等于 90° 时，命题成立，即所求二面角的范围是 $\left[\frac{\pi}{2}, \pi\right]$。

例 2 各项均为正数的等比数列 $\{a_n\}$ 的前 n 项和为 S_n，若 $S_n=2$，$S_{3n}=14$，则 S_{4n} 等于（　　）。

A. 80　　B. 30　　C. 26　　D. 16

解：设 $n=1$，依题意，$S_1=a_1=2$，$S_3=14$，设数列 $\{a_n\}$ 的公比为 $q(q>0)$，则 $2+2q+2q^2=14 \Rightarrow q+q^2-6=0 \Rightarrow q=2$。

所以 $a_4=a_1q^3=16$，$S_4=S_3+a_4=14+16=30$，故选 B。

评析：本题考查等比数列的概念及其计算，这里取特殊值大大简化了解题过程和减少了运算量。特殊化方法是快、准、稳解答选择题的有效方法，值得领悟和借鉴。

例 3 （2015 年浙江高考理科数学卷）存在函数 $f(x)$ 满足，对任意 $x\in \mathbf{R}$ 都有（　　）。

A. $f(\sin 2x)=\sin x$　　B. $f(\sin 2x)=x^2+x$

C. $f(x^2+1)=|x+1|$　　D. $f(x^2+2x)=|x+1|$

分析：本题考查函数的定义及举反例来分析命题的能力。

解：对选项 A，考虑到 $f(0)=f[\sin(2\times 0)]=\sin 0=0$，$f(0)=f\left[\sin\left(2\times\frac{\pi}{2}\right)\right]=\sin\frac{\pi}{2}=1$，不符合函数的定义，故 $f(x)$ 不存在。同理，对选项 B 可得 $f(0)=0$ 及 $f(0)=\frac{\pi^2}{4}+\frac{\pi}{2}$。对选项 C 可得 $f(2)=2$ 及 $f(2)=0$。故选项 A、B、C 均是错误的，正确答案是选项 D。进一步证明，$f(x^2+2x)=f[(x+1)^2-1]=|x+1|=\sqrt{(x+1)^2}=\sqrt{(x+1)^2-1+1}$，存在函数 $f(x)=\sqrt{x+1}$，故选 D。

小结：一般地，设函数 $g(x)$ 与 $\varphi(x)$ 有相同的定义域 D，是否存在函数 $f(x)$，对任意的 $x\in D$，使得 $f[g(x)]=\varphi(x)$ 成立呢？可获得下列三个结论：①若 $g(x)$ 为一一对应型函数，则存在函数 $f(x)$，对任意的 $x\in D$ 都有 $f[g(x)]=\varphi(x)$；②若 $g(x)$ 为多对一型函数，而 $\varphi(x)$ 属于

一一对应型函数，则不存在函数 $f(x)$，对任意的 $x\in D$ 都有 $f[g(x)]=\varphi(x)$；③若 $g(x)$ 和 $\varphi(x)$ 均为多对一型函数，则对任意的 $x\in D$ 使得 $f[g(x)]=\varphi(x)$ 成立的 $f(x)$ 可能存在，也可能不存在。例 3 正是基于结论③编制而成。

在选择、填空题中，经常会用特值代验法。特值代验法就是运用满足题设条件的某些特殊数值、特殊位置、特殊关系、特殊图形、特殊数列、特殊函数等对各选项进行检验或推理，利用问题在某一特殊情况下不真，则它在一般情况下也不真的原理，由此判断选项真伪。用特殊化方法解选择题时，特例取得越简单、越特殊越好。

例 4　若 $\sin\alpha>\tan\alpha>\cot\alpha\left(-\frac{\pi}{4}<\alpha<\frac{\pi}{2}\right)$，则 $\alpha\in$（　　）。

A. $\left(-\frac{\pi}{2}, -\frac{\pi}{4}\right)$　　B. $\left(-\frac{\pi}{4}, 0\right)$

C. $\left(0, \frac{\pi}{4}\right)$　　D. $\left(\frac{\pi}{4}, \frac{\pi}{2}\right)$

解：本题可直接代入特殊值，取 $\alpha=-\frac{\pi}{6}$ 代入得 $\sin\alpha>\tan\alpha>\cot\alpha$，满足题设条件，则排除选项 A、C、D，故选 B。

例 5　曲线 $y=\sin2x$ 和直线 $y=\frac{1}{2}$ 在 y 轴右侧有无数个交点，把交点的横坐标从小到大依次记为 x_1，x_2，…，x_n，…，则 $x_1+x_2+\cdots+x_{2n}$ 等于（　　）。

A. $2n^2\pi$　　B. $n\left(n-\frac{1}{2}\right)\pi$

C. $n\left(n+\frac{1}{2}\right)\pi$　　D. $n\left(n+\frac{3}{2}\right)\pi$

解：当 $n=1$ 时，$x_1+x_2=\frac{\pi}{2}$，只有 B 适合，其他均不成立，故选 B。

例 6　如果奇函数 $f(x)$ 在 [3，7] 上是增函数且最小值为 5，那么 $f(x)$ 在区间 [−7，−3] 上是（　　）。

A. 增函数且最小值为−5　　B. 减函数且最小值是−5

C. 增函数且最大值为−5　　D. 减函数且最大值是−5

解：本题可直接构造满足条件的特殊函数 $f(x)=\frac{5}{3}x$，易知 $f(x)$ 在区间 $[-7，-3]$ 上是增函数，且最大值为 $f(-3)=-5$，故选 C。

例 7 定义在 $\mathbf{R}$ 上的奇函数 $f(x)$ 为减函数，设 $a+b\leqslant 0$，给出下列不等式：①$f(a)\cdot f(-a)\leqslant 0$；②$f(b)\cdot f(-b)\geqslant 0$；③$f(a)+f(b)\leqslant f(-a)+f(-b)$；④$f(a)+f(b)\geqslant f(-a)+f(-b)$。其中正确的不等式序号是（　　）。

A. ①②④　　B. ①④　　C. ②④　　D. ①③

解：取 $f(x)=-x$，逐项检查可知①④正确，故选 B。

例 8 已知等差数列 $\{a_n\}$ 满足 $a_1+a_2+\cdots+a_{101}=0$，则有（　　）。

A. $a_1+a_{101}>0$　　B. $a_2+a_{102}<0$

C. $a_3+a_{99}=0$　　D. $a_{51}=51$

解：本题直接代入满足条件特殊数列 $a_n=0$，则 $a_3+a_{99}=0$，故选 C。

例 9 过 $y=ax^2(a>0)$ 的焦点 F 作直线交抛物线于 P，Q 两点，若 PF 与 FQ 的长分别是 p，q，则 $\frac{1}{p}+\frac{1}{q}=$（　　）。

A. $2a$　　B. $\frac{1}{2a}$　　C. $4a$　　D. $\frac{4}{a}$

解：考虑特殊位置 $PQ\perp OF$ 时，$|PF|=|FQ|=\frac{1}{2a}$，所以 $\frac{1}{p}+\frac{1}{q}=2a+2a=4a$，故选 C。

例 10 向高为 H 的水瓶中注水，注满为止，如果注水量 V 与水深 h 的函数关系的图象如图所示，那么水瓶的形状是（　　）。

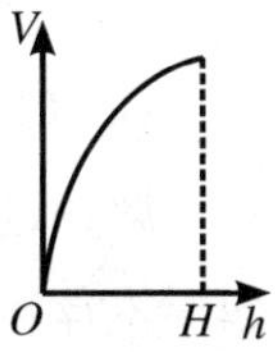

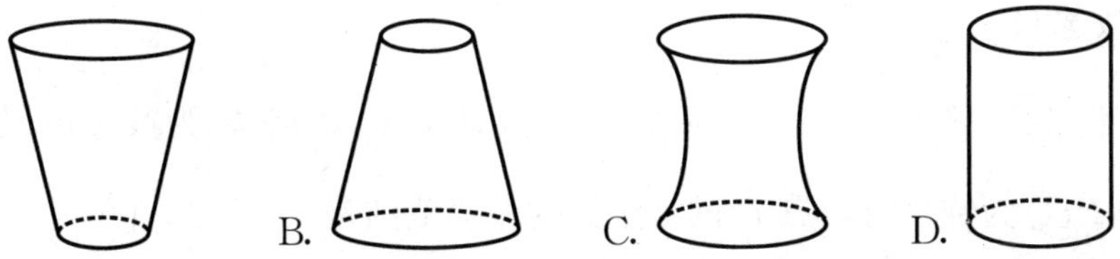

解：取特殊位置，当 $h=\frac{H}{2}$ 时，由图象可知，此时注水量 V 大于容器容积的 $\frac{1}{2}$，故选 B。

例 11 正四棱锥相邻侧面所成的二面角的平面角为 α，侧面与底面所成的二面角的平面角为 β，则 $2\cos\alpha+\cos2\beta$ 的值是（　　）。

A. 1　　　　B. 2　　　　C. -1　　　　D. $\frac{3}{2}$

解：本题可考虑极限法，当正四棱锥的高无限增大时，$\alpha\to90°$，$\beta\to90°$，则 $2\cos\alpha+\cos2\beta\to2\cos90°+\cos180°=-1$，故选 C。

例 12 在抛物线 $y^2=2px$ 中，过焦点 F 作直线与抛物线交于 A，B 两点，则 $\frac{1}{|AF|}+\frac{1}{|BF|}$ 等于（　　）。

A. $2p$　　　　B. $\frac{1}{2p}$　　　　C. $\frac{2}{p}$　　　　D. $\frac{1}{p}$

解：采用极限法，当 A 无限趋于坐标原点时，$|AF|\to\frac{p}{2}$，$|BF|\to+\infty$，$\frac{1}{|AF|}+\frac{1}{|BF|}=\frac{2}{p}$，故选 C。

例 13 如图，双曲线 $x^2-y^2=1$ 的左焦点为 F，点 P 为左支下半支异于顶点的任意一点，则直线 PF 的斜率的变化范围是（　　）。

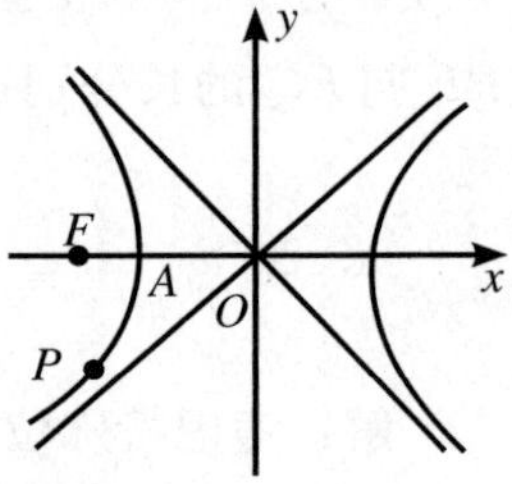

A. $(-\infty,\ 0)$

B. $(-\infty,\ -1)\cup(1,\ +\infty)$

C. $(-\infty,\ 0)\cup(1,\ +\infty)$

D. $(1,\ +\infty)$

解：进行极限分析，当 $P\to A$ 时，PF 的斜率 $k\to0$；当 $PF\perp x$ 轴时，斜率不存在，即 $k\to+\infty$ 或 $k\to-\infty$；当 P 在无穷远处时，PF 的斜率 $k\to1$，故选 C。

例 14 椭圆 $\frac{x^2}{9}+\frac{y^2}{4}=1$ 的焦点为 F_1，F_2，点 P 为其上的动点，当 $\angle F_1PF_2$ 为钝角时，点 P 的横坐标的取值范围是（　　）。

A. $-\frac{2}{\sqrt{5}}<x<\frac{2}{\sqrt{5}}$　　　　B. $-\frac{3}{\sqrt{5}}<x<\frac{3}{\sqrt{5}}$

C. $-\frac{1}{\sqrt{5}}<x<\frac{1}{\sqrt{5}}$　　　　D. $-\frac{4}{\sqrt{5}}<x<\frac{4}{\sqrt{5}}$

解：先考虑极端情况，若$\angle F_1PF_2=90°$，由观察可得$|PF_1|=4$，$|PF_2|=2$时，$\angle F_1PF_2$为直角。如图，此时可算得点P的横坐标$x=\frac{3}{\sqrt{5}}$。又

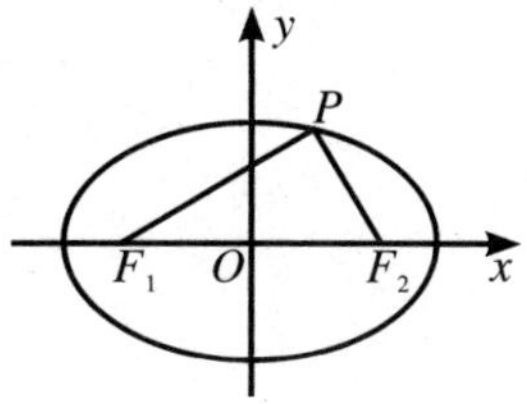

由对称性易得符合条件的点P的横坐标的取值范围是$-\frac{3}{\sqrt{5}}<x<\frac{3}{\sqrt{5}}$，故选B。

评析：极限法是解选择题的一种有效方法，它根据题干及选项的特征，考虑极端情形，有助于缩小选择面，迅速找到答案。

第六节　分类讨论思想

分类讨论思想是自然科学乃至社会科学研究中的基本逻辑方法。数学中则依据数学对象属性的不同，将数学对象分为不同的种类，以便于用不同的方法去研究。从整体来看，把高中数学分为代数、几何（平面几何、立体几何、解析几何），然后采用不同方法进行研究，就是分类思想的体现。分类思想已渗透到高中数学的各个方面，如概念的定义、定理的证明、法则的推导等。同时分类思想也渗透到了问题的具体解决之中，如含有绝对值符号的代数式的处理、根式的化简、图形的讨论等，这些问题若不分类讨论，就会无从下手或顾此失彼，导致错误的发生。

掌握分类思想有助于理解知识、整理知识、消化知识和独立获取知识，每个学生都要学会用分类思想分析问题和处理问题。

1. 何时需要分类讨论

在下述几种情况下，分类讨论一般是难以避免的：

（1）某种运算可否实施情况不定。如：除法运算中除数不为零的条件得不到保证；开偶次方时，被开方数非负的条件得不到保证（在实数范围内）；取对数时，真数大于零，底数大于零且不等于1的条件得不到保证……

（2）式子变形的条件能否具备情况不定。如：不等式两边所乘（或除）的同一个数的正负不定；需要两边同时乘方的不等式，其两边式子的正负情况不定；去掉式中绝对值符号时，绝对值符号内式子的正负情况不定（在实数范围内）……

（3）函数的某种性质是否具备情况不定。如：对数函数与指数函数由于底数 a 的取值范围不定而导致的函数的增、减不定；二次函数 $y=ax^2+bx+c(a\neq0)$，由于 a 的正负不定而导致函数图象开口方向的不定，由于 a，b 值的不定而导致对称轴位置的不定……

(4) 立体几何中某种位置关系不能确定。解析几何中，曲线的方程类型不定。

2. 分类必须遵循“不重不漏”的基本原则

要做到分类时的不重不漏，必须注意以下几点：

(1) 对每一个基本公式、基本性质的适用范围，对每一种运算的实施条件，都能够准确地把握。

(2) 思考问题时，切忌极端和片面，力争统观全局。

(3) 在分类讨论的过程中，要坚持同一个分类的标准。

一、分类讨论在解不等式中的应用

在解不等式时，经常会用到分类讨论的思想，如解绝对值不等式时，利用绝对值的意义去掉绝对值符号，就是分类讨论思想的应用，再如含参数的不等式常就参数进行分类讨论。

例 1 解不等式 $|x+9|-|3x-4|+2>0$。

解：将定义域划分为三段 $x<-9$，$-9\leqslant x\leqslant\frac{4}{3}$，$x>\frac{4}{3}$，分别讨论。

(1) 当 $x<-9$ 时，不等式变为 $-(x+9)+(3x-4)+2>0$，即 $2x-11>0$，解得 $x>\frac{11}{2}$，与 $x<-9$ 矛盾，原不等式无解。

(2) 当 $-9\leqslant x\leqslant\frac{4}{3}$ 时，不等式变为 $(x+9)+(3x-4)+2>0$，解得 $x>-\frac{7}{4}$，所以 $-\frac{7}{4}<x\leqslant\frac{4}{3}$。

(3) 当 $x>\frac{4}{3}$ 时，不等式变为 $(x+9)-(3x-4)+2>0$，解得 $x<\frac{15}{2}$，所以 $\frac{4}{3}<x<\frac{15}{2}$。

综上可得，原不等式的解集为 $\left\{x \mid -\frac{7}{4}<x<\frac{15}{2}\right\}$。

评析：恰当地划分区间，分类讨论，才能去掉绝对值符号，得到不等式的解，再和前提条件取交集，最后把各类解集进行综合。

例 2 （2013年安徽高考理科数学卷）设函数 $f(x)=ax-(1+a^2)x^2$，其中 $a>0$，区间 $I=\{x\mid f(x)>0\}$。

（1）求 I 的长度（注：区间 (α,β) 的长度定义为 $\beta-\alpha$）；

（2）给定常数 $k\in(0,1)$，当 $1-k\leqslant a\leqslant 1+k$ 时，求 I 长度的最小值。

解：（1）因为方程 $ax-(1+a^2)x^2=0(a>0)$ 有两个实根 $x_1=0$，$x_2=\dfrac{a}{1+a^2}>0$，故 $f(x)>0$ 的解集为 $\{x\mid x_1<x<x_2\}$，因此区间 $I=\left(0,\dfrac{a}{1+a^2}\right)$，$I$ 的长度为 $\dfrac{a}{1+a^2}$。

（2）设 $d(a)=\dfrac{a}{1+a^2}$，则 $d'(a)=\dfrac{1-a^2}{(1+a^2)^2}$，令 $d'(a)=0$，得 $a=1$。由于 $0<k<1$，故当 $1-k\leqslant a<1$ 时，$d'(a)>0$，$d(a)$ 单调递增；当 $1<a\leqslant 1+k$ 时，$d'(a)<0$，$d(a)$ 单调递减。所以当 $1-k\leqslant a\leqslant 1+k$ 时，$d'(a)$ 的最小值必定在 $a=1-k$ 或 $a=1+k$ 处取得，而 $\dfrac{d(1-k)}{d(1+k)}=$

$$\frac{\dfrac{1-k}{1+(1-k)^2}}{\dfrac{1+k}{1+(1+k)^2}}=\frac{2-k^2-k^3}{2-k^2+k^3}<1$$，故 $d(1-k)<d(1+k)$。

因此当 $a=1-k$ 时，$d(a)$ 在区间 $[1-k,1+k]$ 上取得最小值 $\dfrac{1-k}{2-2k+k^2}$。

评析：本题主要考查二次不等式的求解，以及导数的计算和应用等基础知识和基本技能，分类讨论是解本题的关键。

二、分类讨论在函数中的应用

函数问题中有一类问题的重要特征是“含参”，它让问题的解决变得更为复杂，有效解决“含参”问题的主要方法就是根据条件对参数进行分类讨论，化繁为简。

例 3 已知函数 $f(x)=\cos^2x+a\sin x-a^2+2a+5$ 有最大值 2，求实数 a 的值。

解：依题意得 $f(x)=1-\sin^2 x+a\sin x-a^2+2a+5$

$$=-\left(\sin x-\frac{a}{2}\right)^2-\frac{3}{4}a^2+2a+6。$$

令 $\sin x=t$，则 $y=g(t)=-\left(t-\frac{a}{2}\right)^2-\frac{3}{4}a^2+2a+6(t\in[-1,\ 1])$。

当 $\frac{a}{2}>1$ 即 $a>2$ 时，$y_{\max}=g(1)=-a^2+3a+5=2$，解得 $a=\frac{3+\sqrt{21}}{2}$ 或 $a=\frac{3-\sqrt{21}}{2}$（舍去）。

当 $-1\leqslant\frac{a}{2}\leqslant1$ 即 $-2\leqslant a\leqslant2$ 时，$y_{\max}=g\left(\frac{a}{2}\right)=-\frac{3}{4}a^2+2a+6=2$，解得 $a=-\frac{4}{3}$ 或 $a=4$（舍去）。

当 $\frac{a}{2}<-1$ 即 $a<-2$ 时，$y_{\max}=g(-1)=-a^2+a+5=2$，解得 $a=\frac{1\pm\sqrt{13}}{2}$（舍去）。

综上所述，当 $a=\frac{3+\sqrt{21}}{2}$ 或 $a=-\frac{4}{3}$ 时，能使函数 $f(x)$ 的最大值为 2。

三、分类讨论在排列组合中的应用

解决排列组合问题的重要方法就是正确运用计数原理，对问题进行正确的分类和分步，确保不重不漏，这需要大量使用分类讨论的思想。

例 4　（2015 年四川高考理科数学卷）用数字 0，1，2，3，4，5 组成没有重复数字的五位数，其中比 40000 大的偶数共有（　　）。

A. 144 个　　B. 120 个　　C. 96 个　　D. 72 个

解：分类讨论。

（1）当 5 在万位上时，个位可以排 0，2，4 三个数，其余位置没有限制，故有 $C_3^1A_4^3=72$ 种情况。

（2）当 4 在万位上时，个位可以排 0，2 两个数，其余位置没有限制，故有 $C_2^1A_4^3=48$ 种情况。

综上，共有 120 个，故选 B。

评析：本题考查了排列组合的基本方法，因为涉及两个条件，因此可采用特殊位置法对万位上的数进行分类讨论，考查了分类讨论的思想和综合分析能力。

例 5　(2014 年广东高考理科数学卷) 设集合 $A=\{(x_1, x_2, x_3, x_4, x_5) \mid x_i \in \{-1, 0, 1\}, i=1, 2, 3, 4, 5\}$，那么集合 A 中满足条件“$1 \leqslant |x_1|+|x_2|+|x_3|+|x_4|+|x_5| \leqslant 3$”的元素个数为(　　)。

A. 60　　B. 90　　C. 120　　D. 130

解：分以下三种情况讨论。

(1) $|x_1|+|x_2|+|x_3|+|x_4|+|x_5|=1$，则上述五个数中有一个数为 1 或 -1，其余四个数为 0，此时集合 A 有 $C_5^1C_2^1=10$ 个元素。

(2) $|x_1|+|x_2|+|x_3|+|x_4|+|x_5|=2$，则上述五个数中有两个数为 1 或 -1，其余三个数为 0，其中这两个数的所有可能有 $2^2=4$ 种，此时集合 A 有 $C_5^2 \cdot 4=40$ 个元素。

(3) $|x_1|+|x_2|+|x_3|+|x_4|+|x_5|=3$，则上述五个数中有三个数为 1 或 -1，其余两个数为 0，其中这三个数的所有可能有 $2^3=8$ 种，此时集合 A 有 $C_5^3 \cdot 8=80$ 个元素。

综上所述，集合 A 中共有 $10+40+80=130$ 个元素，故选 D。

评析：本题主要考查分类计数原理，利用排列组合计数时，关键是正确进行分类和分步，分类时要做到不重不漏，防止出现错误。

例 6　(第 28 届 IMO 预选题) 用 1，2，3，4，5 可以构成多少个各个相邻数字恰好相差 1 的 n 位数？

解：设满足条件的数共有 a_n 个，由对称性可知，以 1 开头的满足条件的 n 位数和以 5 开头的满足条件的 n 位数是一样多的；同理，以 2 开头的满足条件的 n 位数和以 4 开头的满足条件的 n 位数是一样多的。设分别以 1，2，3 开头的满足条件的 n 位数各有 x_n，y_n，z_n 个，则 $a_n=2x_n+2y_n+z_n$。

分类讨论：

当以 1，2 开头时，有 $x_n=y_{n-1}$；

当以 2，1 开头和 2，3 开头时，有 $y_n=x_{n-1}+z_{n-1}$；

当以 3，2 开头和 3，4 开头时，有 $z_n=2y_{n-1}$；

故有 $y_n=3y_{n-2}$ 且 $y_1=1$，$y_2=2$，故 $y_{2n}=3y_{n-2}=\cdots=2\times3^{n-1}$，

$y_{2n-1}=3y_{n-3}=\cdots=3^{n-1}y_1=3^{n-1}$。

而 $a_n=2y_n+4y_{n-1}$，故 $a_{2n}=2(2\times3^{n-1})+4\times3^{n-1}=8\times3^{n-1}$，

及 $a_{2n+1}=2\times3^n+4(2\times3^{n-1})=14\times3^{n-1}$。

评析：本题通过引进辅助数列，分类讨论得到各数列之间的关系，再转为所求数列的递推关系求解。

第六章 高中数学重点难点问题选讲

高中数学学习有不少重点和难点问题，在开始的学习中常常会给同学们带来一些困难，要突破这些重点和难点，需要有一些方法和策略。本章对高中数学中的重点和难点问题做一些解读，力图为同学们在学习相关内容时提供破解疑难的方法和参考。

第一节　函数与导数

一、怎样破解抽象函数问题?

抽象函数是指只给出函数的某些性质而未给出解析式的一类函数，对抽象函数问题的考查在数学高考中有逐年增加的趋势，这也体现了对理性思维能力考查的命题思想。由于抽象函数隐性的表示，使得考生常常“望题却步”。学习和掌握这类问题的基本特点，力求对抽象函数问题的解法有“章”可循，对提高解题能力有重要作用。以下做分类解析。

（一）赋值法

赋值法的基本思路是：将所给函数的性质转化为条件等式，在条件等式中对变量赋予一些具体的值，构造出所需要的值或研究其性质。其中 $f(0)$ 和 $f(1)$ 通常是起桥梁作用的重要条件。

例 1　已知函数 $f(x)$ 对任意的 x_1，$x_2\in\mathbf{R}$，都有 $f(x_1+x_2)+2=f(x_1)\cdot f(x_2)$，若 $f(1)=2$，则 $f(2)=$________。

解：依题意，令 $x_1=x_2=1$，得 $f(1+1)+2=f(1)\cdot f(1)$，即 $f(2)=f^2(1)-2=2^2-2=2$。

例 2　已知函数 $f(x)$ 满足对任意 x，$y\in\mathbf{R}$ 都有 $f(x+y^2)=f(x)+2f^2(y)$且 $f(1)\neq 0$，则 $f(2005)=$________。

解：在 $f(x+y^2)=f(x)+2f^2(y)$中，取 $x=y=0$ 则 $f(0)=0$，再取 $x=0$，$y=1$ 代入得 $f(1)=2f^2(1)$，$\because f(1)\neq 0$，$\therefore f(1)=\frac{1}{2}$。

在条件式中令 $x=n$，$y=1$ 则得递推式 $f(n+1)-f(n)=\frac{1}{2}$。

$\therefore$数列 $\{f(n)\}$ 是首项为$\frac{1}{2}$，公差为$\frac{1}{2}$的等差数列。

$\therefore f(2005)=1002.5$。

例 3 设 $f(x)$ 的定义域为 $[0,1]$，$a\in(0,1)$ 且 $f(0)=0$，$f(1)=1$，对所有 $x\leqslant y$ 有 $f\left(\frac{x+y}{2}\right)=(1-a)f(x)+af(y)$，求 $f\left(\frac{1}{7}\right)$的值。

解：设 $x=0$，$y=1$，得 $f\left(\frac{1}{2}\right)=(1-a)f(0)+af(1)=a$；

设 $x=0$，$y=\frac{1}{2}$，得 $f\left(\frac{1}{4}\right)=(1-a)f(0)+af\left(\frac{1}{2}\right)=a^2$；

设 $x=\frac{1}{2}$，$y=1$，得 $f\left(\frac{3}{4}\right)=(1-a)f\left(\frac{1}{2}\right)+af(1)=2a-a^2$；

又 $f\left(\frac{1}{2}\right)=f\left(\frac{\frac{1}{4}+\frac{3}{4}}{2}\right)=(1-a)f\left(\frac{1}{4}\right)+af\left(\frac{3}{4}\right)=3a^2-2a^3=a$，$a\in(0,1)$ 可解得 $a=\frac{1}{2}$，从而 $f\left(\frac{x+y}{2}\right)=\frac{1}{2}f(x)+\frac{1}{2}f(y)$。

设 $f\left(\frac{1}{7}\right)=b$，$f\left(\frac{1}{7}\right)=f\left(\frac{0+\frac{2}{7}}{2}\right)=\frac{1}{2}f(0)+\frac{1}{2}f\left(\frac{2}{7}\right)$，故 $f\left(\frac{2}{7}\right)=2b$，

又 $f\left(\frac{2}{7}\right)=f\left(\frac{\frac{1}{7}+\frac{3}{7}}{2}\right)=\frac{1}{2}f\left(\frac{1}{7}\right)+\frac{1}{2}f\left(\frac{3}{7}\right)=\frac{1}{2}b+\frac{1}{2}f\left(\frac{3}{7}\right)$。

$\therefore f\left(\frac{3}{7}\right)=3b$，…，$f\left(\frac{6}{7}\right)=6b$，$f(1)=7b$，

故 $f\left(\frac{1}{7}\right)=b=\frac{1}{7}f(1)=\frac{1}{7}$。

评析：要求 $f(k)$ 的值，首先要构造出含有 $f(k)$ 的项，这就需要在条件等式中不断赋值去寻找关系，再根据有关条件和性质转化求解。因此，要熟悉基本的赋值方法和规律，提高构造的能力。

（二）利用函数对称性求解

函数图象的对称性用符号语言来描述就是一个抽象函数问题。因此，熟练掌握一些函数图象对称问题的基本特征，有助于迅速且有效地解决一些抽象函数的问题。以下通过两个命题和两个例子进行说明。

命题 1：设函数 $f(x)$ 的定义域为 $\mathbf{R}$，且 $f(a+x)=f(b-x)$，则函数

$f(x)$ 的图象关于直线 $x=\frac{a+b}{2}$ 对称。特别当 $a=b$ 时，$f(x)$ 的图象关于直线 $x=a$ 对称。(自身对称)

证明：设 $M(x_0, y_0)$ 是函数 $f(x)$ 图象上的任意一点，$N(x_1, y_1)$ 是 $M(x_0, y_0)$ 关于直线 $x=\frac{a+b}{2}$ 的对称点，则有 $\frac{x_0+x_1}{2}=\frac{a+b}{2}$，且 $y_1=y_0$，即 $x_0=a+b-x_1$。由 $y_0=f(x_0)$ 有 $y_0=f(a+b-x_1)=f[b-(b-x_1)]=f(x_1)$，所以点 (x_1, y_0) 在函数 $f(x)$ 图象上，即 $N(x_1, y_1)$ 在函数 $f(x)$ 图象上，故函数 $f(x)$ 的图象关于直线 $x=\frac{a+b}{2}$ 对称。

命题 2：对于定义在 **R** 上的函数 $y=f(x)$，函数 $y=f(a+x)$ 与 $y=f(b-x)$ 的图象关于直线 $x=\frac{b-a}{2}$ 对称。(相互对称)

证明：设 $M(x_0, y_0)$ 是函数 $y=f(b-x)$ 图象上的任意一点，$N(x_1, y_1)$ 是 $M(x_0, y_0)$ 关于直线 $x=\frac{b-a}{2}$ 的对称点，则有 $\frac{x_0+x_1}{2}=\frac{b-a}{2}$，且 $y_1=y_0$，即 $x_0=b-a-x_1$。由 $y_0=f(b-x_0)$ 有 $y_0=f[b-(b-a-x_1)]=f(a+x_1)$，所以点 (x_1, y_0) 在函数 $y=f(a+x)$ 图象上，即 $N(x_1, y_1)$ 在函数 $y=f(a+x)$ 图象上，故函数 $y=f(a+x)$ 与 $y=f(b-x)$ 的图象关于直线 $x=\frac{b-a}{2}$ 对称。

以上两个命题的证明本身就是抽象函数推理的基本形式，要很好地理解掌握。

例 4 设函数 $y=f(x)$ 对一切实数 x 都满足 $f(x+3)=f(3-x)$ 且方程 $f(x)=0$ 恰好有 6 个不同的实根，则这 6 个根的和为(　　)。

A. 18　　B. 12　　C. 9　　D. 0

解：由命题 1 得 $y=f(x)$ 的图象关于 $x=3$ 对称，故 6 个根的和为 18，故选 A。

例 5 设函数 $y=f(x)$ 的定义域为 **R**，则函数 $y=f(x-1)$ 与 $y=$

$f(1-x)$ 的图象关于（　　）。

A. 直线 $y=0$ 对称　　　　B. 直线 $x=0$ 对称

C. 直线 $y=1$ 对称　　　　D. 直线 $x=1$ 对称

解：由命题 2 知直线 $x=1$ 为 $f(x)$ 的对称轴，故选 D。

（三）利用单调性解决不等式问题

由于没有函数的解析式，抽象函数不等式的解题存在一定的困难，要设法将它转化成显性的不等式求解，即要设法去掉不等式中符号“f”，这常常需要利用函数的单调性进行转化。

1. 解抽象函数不等式

例 6　函数 $f(x)$ 对任意的 a，$b\in\mathbf{R}$，都有 $f(a+b)=f(a)+f(b)-1$，并且当 $x>0$ 时，$f(x)>1$。

（1）求证：$f(x)$ 是 $\mathbf{R}$ 上的增函数；

（2）若 $f(4)=5$，解不等式 $f(3m^2-m-2)<3$。

解：（1）**证明**：设 x_1，$x_2\in\mathbf{R}$，且 $x_1<x_2$，则 $x_2-x_1>0$，

$\therefore f(x_2-x_1)>1$。

$\because f(x_2)-f(x_1)=f[(x_2-x_1)+x_1]-f(x_1)$

$=f(x_2-x_1)+f(x_1)-1-f(x_1)=f(x_2-x_1)-1>0$，

$\therefore f(x)$ 是 $\mathbf{R}$ 上的增函数。

（2）$\because f(4)=f(2+2)=f(2)+f(2)-1=5$，

$\therefore f(2)=3$。

$\therefore$ 不等式 $f(3m^2-m-2)<f(2)$。

$\because f(x)$ 为增函数，

$\therefore 3m^2-m-2<2$，即 $3m^2-m-4<0$，

解得 $-1<m<\dfrac{4}{3}$。

例 7　设 $f(x)$ 是定义在 $[-1,1]$ 上的奇函数，且对任意 a，$b\in[-1,1]$，当 $a+b\neq0$ 时，都有 $\dfrac{f(a)+f(b)}{a+b}>0$，解不等式 $f\left(x-\dfrac{1}{2}\right)<f\left(x-\dfrac{1}{4}\right)$。

解：先证明函数的单调性。

任取 x_1，$x_2\in[-1,1]$，当 $x_1<x_2$ 时，

$$f(x_1)-f(x_2)=f(x_1)+f(-x_2)=\frac{f(x_1)+f(-x_2)}{x_1+(-x_2)}(x_1-x_2)<0,$$

$\therefore f(x_1)<f(x_2)$。

$\therefore y=f(x)$ 在 $[-1,1]$ 上是增函数，因此原不等式等价于

$$\begin{cases}-1\leqslant x-\dfrac{1}{2}\leqslant 1\\-1\leqslant x-\dfrac{1}{4}\leqslant 1\\x-\dfrac{1}{2}<x-\dfrac{1}{4}\end{cases}\text{，解得}-\frac{1}{2}\leqslant x\leqslant\frac{5}{4}。$$

2. 证明抽象函数不等式

例 8　已知函数 $y=\dfrac{f(x)}{x}$ 是定义在 $\mathbf{R}^+$ 上的减函数，求证：当 x_1，$x_2\in\mathbf{R}^+$ 时一定有 $f(x_1)+f(x_2)>f(x_1+x_2)$。

证明：依题意 x_1，$x_2\in\mathbf{R}^+$，有 $x_1<x_1+x_2$，$x_2<x_1+x_2$，又因为函数 $y=\dfrac{f(x)}{x}$ 是定义在 $\mathbf{R}^+$ 上的减函数，因此有

$$\begin{cases}\dfrac{f(x_1)}{x_1}>\dfrac{f(x_1+x_2)}{x_1+x_2}\\\dfrac{f(x_2)}{x_2}>\dfrac{f(x_1+x_2)}{x_1+x_2}\end{cases}\Rightarrow\begin{cases}(x_1+x_2)f(x_1)>x_1f(x_1+x_2)\\(x_1+x_2)f(x_2)>x_2f(x_1+x_2)\end{cases}$$

两式相加：$(x_1+x_2)[f(x_1)+f(x_2)]>f(x_1+x_2)(x_1+x_2)$，

而 $x_1+x_2>0$，$\therefore f(x_1)+f(x_2)>f(x_1+x_2)$。

例 9　设 $f(x)$ 的定义域为 $\mathbf{R}$，对于任意的 x，y 都有 $f(x+y)=f(x)+f(y)$，又当 $x>0$ 时，$f(x)<0$ 且 $f(2)=-1$。

(1) 求证：$f(x)$ 为奇函数；

(2) 试求函数 $f(x)$ 在区间 $[-6,6]$ 上是否存在最大值与最小值？若存在，请求值；若不存在，请说明理由。

解：(1) **证明**：令 $x=y=0$，则 $f(0)=2f(0)$，得 $f(0)=0$。

再令 $y=-x$，则 $f(0)=f(x)+f(-x) \Rightarrow f(x)=-f(-x)$，

$\therefore f(x)$ 为奇函数。

(2) 以 $-y$ 换 y，得 $f(x-y)=f(x)+f(-y)$，$\because f(x)$ 为奇函数，

$\therefore f(-y)=-f(y)$，$\therefore f(x-y)=f(x)-f(y)$。

设 x_1，$x_2\in\mathbf{R}$ 且 $x_1<x_2$，则 $f(x_2-x_1)=f(x_2)-f(x_1)$。

$\because x_2-x_1>0$，由条件 $f(x_2-x_1)<0$，得 $f(x_2)<f(x_1)$，

$\therefore f(x)$ 为减函数，因此 $f(x)$ 在 $[-6, 6]$ 上存在最大值与最小值。

$f(x)_{\min}=f(6)=f(4+2)=f(4)+f(2)=3f(2)=-3$，

$f(x)_{\max}=f(-6)=-f(6)=3$。

3. 求解一类抽象函数不等式恒成立问题

例 10 设函数 $f(x)(x\neq0)$ 对于任意的非零实数 x_1，x_2 均满足 $f(x_1\cdot x_2)=f(x_1)+f(x_2)$，且 $f(x)$ 在 $(0, +\infty)$ 上是增函数，当 $x\in\left[\frac{1}{2}, 1\right]$时，不等式 $f(ax+1)+f(x-1)\leqslant0$ 恒成立，求实数 a 的取值范围。

解：由 $f(1)=f(1\times1)=f(1)+f(1) \Rightarrow f(1)=0$，

又 $f(1)=f[(-1)\times(-1)]$，$\therefore f(-1)=0$。

$\because f(-x)=f[(-1)\cdot x]=f(-1)+f(x)=f(x)$，

$\therefore f(x)$ 为偶函数。

又$\because f(x)$ 在 $(0, +\infty)$ 上为增函数，

$\therefore f(x)$ 在 $(-\infty, 0)$ 上为减函数。

当 $x>0$ 时，$f(x)\leqslant0\Rightarrow f(x)\leqslant f(1)\Rightarrow 0<x\leqslant1$，

当 $x<0$ 时，$f(x)\leqslant0\Rightarrow f(x)\leqslant f(-1)\Rightarrow -1\leqslant x<0$，

故当 $x\in\left[\frac{1}{2}, 1\right]$时，不等式 $f(ax+1)+f(x-1)\leqslant0$ 恒成立等价于下列不等式组：

$$\begin{cases} f[(ax+1)(x-1)]\leqslant0 \\ \frac{1}{2}\leqslant x\leqslant1 \end{cases} \Rightarrow \begin{cases} -1\leqslant(ax+1)(x-1)\leqslant1 \\ (ax+1)(x-1)\neq0 \\ \frac{1}{2}\leqslant x\leqslant1 \end{cases} \Rightarrow$$

$$\begin{cases}\dfrac{2-x}{x^2-x}\leqslant a\leqslant\dfrac{1}{1-x}\\ a\neq-\dfrac{1}{x},\ x\neq1 \quad \text{恒成立。}\\ \dfrac{1}{2}\leqslant x\leqslant1\end{cases}$$

设 $U_1=\dfrac{1}{1-x}$，当 $x\in\left[\dfrac{1}{2},\ 1\right]$ 时，$U_1\geqslant2$，

设 $U_2=\dfrac{2-x}{x^2-x}$，当 $x\in\left[\dfrac{1}{2},\ 1\right]$ 时，利用基本不等式可得 $U_2\leqslant-(3+2\sqrt{2})$。

设 $U_3=-\dfrac{1}{x}$，当 $x\in\left[\dfrac{1}{2},\ 1\right]$ 时，$-2\leqslant U_3\leqslant-1$。

综上所述，实数 a 的取值范围是 $-(3+2\sqrt{2})\leqslant a\leqslant2$，且 $a\notin[-2,\ -1]$。

（四）几类抽象函数的具体模型与常用性质

1. 模型

在抽象函数问题中，我们可以通过一些具体的模型，以具体函数代替抽象函数，通过具体函数模型的有关性质和研究方法，推断抽象函数的性质或解题思路，以迅速解决问题。以下是几类常用的抽象函数的模型，需要熟悉并能运用。

（1）$f(x)+f(y)=f(xy)$ ——$y=\log_a x\ (a>0,\ a\neq1)$。

（2）$f(x+y)=f(x)\cdot f(y)$ ——$y=a^x\ (a>0,\ a\neq1)$。

（3）$f(a-b)=\dfrac{f(a)}{f(b)}$——$f(x)=\left(\dfrac{1}{2}\right)^x$。

（4）$f(x+y)=\dfrac{f(x)+f(y)}{1+f(x)\cdot f(y)}$——$f(x)=\dfrac{a^x-a^{-x}}{a^x+a^{-x}}\ (a>0,\ a\neq1)$，其反函数满足 $g(x)+g(y)=g\left(\dfrac{x+y}{1+xy}\right)$。

（5）任一函数都可以表示成一个奇函数和一个偶函数的和 $f(x)=\dfrac{f(x)+f(-x)}{2}+\dfrac{f(x)-f(-x)}{2}$，其中 $f_1(x)=\dfrac{f(x)+f(-x)}{2}$ 是偶函数，

$f_2(x)=\dfrac{f(x)-f(-x)}{2}$是奇函数。

2. 抽象函数的奇偶性

主要掌握两类抽象函数的奇偶性：

(1) 已知 $f(x)$ 的奇偶性，如何求 $f[-n(x)]$ 或 $f[n(-x)]$ 的奇偶性。

(2) 已知 $f[n(x)]$ 的奇偶性，如何求 $f[-n(x)]$ 或 $f[n(-x)]$ 的奇偶性。

设 $f(x)$ 及 $f[n(x)]$ 的定义域均为 **R**，则有如下结论：

序号	已知	正确	错误
1	$f(x)$ 为奇	$f[-n(x)]=-f[n(x)]$	$f[n(-x)]=-f[n(x)]$
2	$f(x)$ 为偶	$f[-n(x)]=f[n(x)]$	$f[n(-x)]=f[n(x)]$
3	$f[n(x)]$ 为奇	$f[n(-x)]=-f[n(x)]$	$f[-n(x)]=-f[n(x)]$
4	$f[n(-x)]$ 为偶	$f[n(-x)]=f[n(x)]$	$f[-n(x)]=f[n(x)]$

例 11 已知 $f(x)$ 是定义在 **R** 上的不恒为 0 的函数，且对任意的 a，$b\in\mathbf{R}$ 满足 $f(ab)=af(b)+bf(a)$。

(1) 求 $f(0)$，$f(1)$ 的值；

(2) 判断 $f(x)$ 的奇偶性，并证明你的结论；

(3) 若 $f(2)=2$，$a_n=\dfrac{f(2^{-n})}{n}$ $(n\in\mathbf{N}_+)$，求数列 $\{a_n\}$ 的前 n 项和 S_n。

解：(1) 令 $a=b=0$ 得 $f(0)=0\cdot f(0)+0\cdot f(0)\Rightarrow f(0)=0$。

令 $a=b=1$ 得 $f(1)=1\cdot f(1)+1\cdot f(1)\Rightarrow f(1)=0$。

(2) $f(x)$ 是奇函数。

证明：$\because f(1)=f[(-1)^2]=-f(-1)-f(-1)=0$，

$\therefore f(-1)=0$。

令 $a=-1$，$b=x$，则

$f(-x)=f(-1\cdot x)=-1\cdot f(x)+xf(-1)=-f(x)$，

$\therefore f(x)$ 为奇函数。

(3) $ab\neq0$ 时，

$$\frac{f(ab)}{ab}=\frac{af(b)+bf(a)}{ab}=\frac{f(a)}{a}+\frac{f(b)}{b},$$

令 $g(x)=\frac{f(x)}{x}$，则 $g(ab)=g(a)+g(b)$，

$\therefore g(a^n)=ng(a)$，

$\therefore f(a^n)=a^n\cdot g(a^n)=n\cdot a^n g(a)=n\cdot a^{n-1}f(a)$，

$\therefore a_n=\frac{f(2^{-n})}{n}=\left(\frac{1}{2}\right)^{n-1}\cdot f\left(\frac{1}{2}\right)$。

$\because f(2)=2$，$f(1)=f\left(2\cdot\frac{1}{2}\right)=2f\left(\frac{1}{2}\right)+\frac{1}{2}f(2)=0$，

$\therefore f\left(\frac{1}{2}\right)=-\frac{1}{4}f(2)=-\frac{1}{2}$，

$\therefore a_n=-\left(\frac{1}{2}\right)^n(n\in\mathbf{N}_+)$，

$\therefore S_n=-\left[1-\left(\frac{1}{2}\right)^n\right]=\left(\frac{1}{2}\right)^n-1(n\in\mathbf{N}_+)$。

3. 抽象函数的周期性

函数关系（$x\in\mathbf{R}$）	周期	简要证明
$f(x+T)=f(x)$	T	定义
$f(x+T)=-f(x)$	$2T$	$f(x+2T)=-f(x+T)=f(x)$
$f(x+T)=\pm\frac{1}{f(x)}$	$2T$	$f(x+2T)=\frac{1}{f(x+T)}=f(x)$， $f(x+2T)=\frac{1}{-f(x+T)}=f(x)$
$f(x+T)=f(x-T)$	$2T$	$f(x+2T)=f[(x+T)+T]=f[(x+T)-T]=f(x)$
$f(x+T)=-f(x-T)$	$4T$	$f(x+2T)=f[(x+T)+T]=-f[(x+T)-T]$ $=-f(x)$ $f(x+4T)=-f(x+2T)=f(x)$

续表

函数关系（$x\in\mathbf{R}$）	周期	简要证明
$\begin{cases} f(a+x)=f(a-x) \\ f(b+x)=f(b-x) \end{cases}$	$2(b-a)$	$\left.\begin{matrix} f(a+x)=f(a-x)\Rightarrow f(x+2a)=f(-x) \\ f(b+x)=f(b-x)\Rightarrow f(x+2b)=f(-x) \end{matrix}\right\}\Rightarrow$ $f(x+2a)=f(x+2b)\Rightarrow f[x+2(b-a)]$ $=f[(x-2a)+2b]$ $=f[-(x-2a)]=f(2a-x)=f(x)$
$\begin{cases} f(a+x)=f(a-x) \\ f(x)\text{ 为偶函数} \end{cases}$	$2a$	上式中 $b=0$
$\begin{cases} f(a+x)=-f(a-x) \\ f(b+x)=-f(b-x) \end{cases}$	$2(b-a)$	$\left.\begin{matrix} f(a+x)=f(a-x)\Rightarrow f(x+2a)=-f(-x) \\ f(b+x)=f(b-x)\Rightarrow f(x+2b)=-f(-x) \end{matrix}\right\}\Rightarrow$ $f(x+2a)=f(x+2b)\Rightarrow f[x+(2b-2a)]=f(x)$
$\begin{cases} f(a+x)=f(a-x) \\ f(x)\text{ 为奇函数} \end{cases}$	$2a$	上式中 $b=0$
$f(a+x)=f(a-x)$ $f(b+x)=-f(b-x)$ [特例] $\begin{cases} f(a+x)=f(a-x) \\ f(x)\text{ 为奇函数} \end{cases}$ $\begin{cases} f(b+x)=-f(b-x) \\ f(x)\text{ 为偶函数} \end{cases}$	$4(b-a)$ $4a$ $4b$	$\left.\begin{matrix} f(a+x)=f(a-x)\Rightarrow f(x+2a)=f(-x) \\ f(b+x)=-f(b-x)\Rightarrow f(x+2b)=-f(-x) \end{matrix}\right\}\Rightarrow$ $f(x+2a)=-f(x+2b)$ $f(x+4b-4a)=f[(x+2b-4a)+2b]$ $=-f(-x-2b+4a)$ $=f[2a+(2a-2b)-x]$ $=-f[x-(2a-2b)]$ $=-f[(x-2a)+2b]=f(2a-x)$ $=f[a+(a-x)]=f(x)$

例 12　设 $f(x)$ 是定义在 $\mathbf{R}$ 上的偶函数，其图象关于直线 $x=1$ 对称，对任意的 x_1，$x_2\in\left[0,\ \dfrac{1}{2}\right]$都有 $f(x_1+x_2)=f(x_1)\cdot f(x_2)$ 且 $f(1)=a>0$。

（1）求 $f\left(\dfrac{1}{2}\right)$及 $f\left(\dfrac{1}{4}\right)$；

（2）证明 $f(x)$ 是周期函数；

（3）记 $a_n=f\left(2n+\dfrac{1}{2n}\right)$，求 $\lim\limits_{n\to\infty}(\ln a_n)$。

解：(1) $\because a=f(1)=f\left(\frac{1}{2}+\frac{1}{2}\right)=f^2\left(\frac{1}{2}\right)$，$\therefore f\left(\frac{1}{2}\right)=\pm\sqrt{a}$。

又$\because f\left(\frac{1}{2}\right)=f\left(\frac{1}{4}+\frac{1}{4}\right)=f^2\left(\frac{1}{4}\right)\geqslant 0$，$\therefore f\left(\frac{1}{2}\right)=\sqrt{a}$。

同理可得 $f\left(\frac{1}{4}\right)=\sqrt[4]{a}$。

(2) **证明**：$\because f(x)$ 是偶函数，$\therefore f(-x)=f(x)$。

又$\because f(x)$ 关于直线 $x=1$ 对称，$\therefore f(x)=f(2-x)$，

$\therefore f(x)=f(-x)=f[2-(-x)]=f(2+x)(x\in\mathbf{R})$，

即 $f(x)$ 是 $\mathbf{R}$ 上的周期函数，周期为 2。

(3) $f\left(\frac{1}{2}\right)=f\left(n\cdot\frac{1}{2n}\right)=f\left[\frac{1}{2n}+(n-1)\frac{1}{2n}\right]$

$=f\left(\frac{1}{2n}\right)\cdot f\left[(n-1)\frac{1}{2n}\right]=f\left(\frac{1}{2n}\right)\cdot f\left(\frac{1}{2n}\right)\cdot f\left[(n-2)\frac{1}{2n}\right]$

$=\cdots=f^n\left(\frac{1}{2n}\right)$，

$\therefore f\left(\frac{1}{2n}\right)=a^{\frac{1}{2n}}$。

又$\because f(x)$ 的周期是 2，$\therefore f\left(2n+\frac{1}{2n}\right)=f\left(\frac{1}{2n}\right)=a^{\frac{1}{2n}}$，

$\therefore \lim\limits_{n\to\infty}(\ln a_n)=\lim\limits_{n\to\infty}\left(\frac{1}{2n}\ln a\right)=0$。

4. 抽象函数与反函数问题

反函数是函数问题的难点，而渗入抽象函数的反函数问题，更是令人“望题生畏”。现举例说明其解题规律。

例 13 已知定义在区间 $(-m, m)(m>0)$ 上，值域为 $\mathbf{R}$ 的函数 $f(x)$ 满足：①当 $0<x<m$ 时，$f(x)>0$；②对于定义域内的任意实数 a，b 均满足 $f(a+b)=\frac{f(a)+f(b)}{1-f(a)f(b)}$。

(1) 试求 $f(0)$；

(2) 判断并证明 $f(x)$ 的单调性；

(3) 若函数 $f(x)$ 存在反函数 $g(x)$，当 $x\in\mathbf{N}_+$ 时，求证：$g\left(\frac{1}{7}\right)+$

$g\left(\frac{1}{13}\right)+\cdots+g\left(\frac{1}{n^2+3n+3}\right)<g\left(\frac{1}{2}\right)$。

解：(1) 令 $a=0$，则有 $f(b)=\frac{f(0)+f(b)}{1-f(0)f(b)}$，即 $f(0)[1+f^2(b)]=0$，$\because 1+f^2(b)\neq 0$，$\therefore f(0)=0$。

(2) $f(x)$ 在 $(-m, m)$ 上为增函数。

证明：令 $a=x$，$b=-x$，得 $f(x)+f(-x)=0$，

$\therefore f(x)$ 为奇函数。

设任意的 x_1，x_2 且 $0<x_1<x_2<m$，

则 $0<x_2-x_1<m$，$\therefore f(x_2-x_1)>0$，$f(x_1)>0$，$f(x_2)>0$，

$\therefore f(x_2)-f(x_1)=f(x_2)+f(-x_1)=f(x_2-x_1)[1-f(-x_1)f(x_2)]$

$=f(x_2-x_1)[1+f(x_1)f(x_2)]>0$

$\therefore f(x)$ 在 $(0, m)$ 上为增函数。

又$\because f(x)$ 为奇函数，且 $f(0)=0$，

$\therefore f(x)$ 在 $(-m, m)$ 上为增函数。

(3) **证明**：$\because f(x)$ 在 $(-m, m)$ 上递增，故必存在反函数 $g(x)$，且 $g(x)$ 也为单调递增的奇函数，且当 $x>0$ 时，$m>g(x)>0$。

由 $f(a+b)=\frac{f(a)+f(b)}{1-f(a)f(b)}$，可得 $a+b=g\left[\frac{f(a)+f(b)}{1-f(a)f(b)}\right]$。

令 $f(a)=x$，$f(b)=y$，

则 $a=g(x)$，$b=g(y)$，则上式可改写为 $g(x)+g(y)=g\left(\frac{x+y}{1-xy}\right)$ 对任意的 x，y 都成立。

$$\because \frac{1}{n^2+3n+3}=\frac{1}{(n+1)(n+2)+1}=\frac{\frac{1}{(n+1)(n+2)}}{1+\frac{1}{(n+1)(n+2)}}=\frac{\frac{1}{n+1}-\frac{1}{n+2}}{1-\frac{1}{n+1}\cdot\left(-\frac{1}{n+2}\right)},$$

$$\therefore g\left(\frac{1}{n^2+3n+3}\right)=g\left(\frac{1}{n+1}\right)+g\left(-\frac{1}{n+2}\right)=g\left(\frac{1}{n+1}\right)-g\left(\frac{1}{n+2}\right),$$

$$\therefore g\left(\frac{1}{7}\right)+g\left(\frac{1}{13}\right)+g\left(\frac{1}{21}\right)+\cdots+g\left(\frac{1}{n^2+3n+3}\right)$$

$$=\left[g\left(\frac{1}{2}\right)-g\left(\frac{1}{3}\right)\right]+\left[g\left(\frac{1}{3}\right)-g\left(\frac{1}{4}\right)\right]+\cdots+\left[g\left(\frac{1}{n+1}\right)-g\left(\frac{1}{n+2}\right)\right]$$

$$=g\left(\frac{1}{2}\right)-g\left(\frac{1}{n+2}\right)<g\left(\frac{1}{2}\right)。$$

二、换元法求最值的基本方法

求函数最值是高中数学中较为常见的题型，因为解这类问题技巧性强，需要思路开阔，同学们一般会感到困难，所以是学习的一个难点。想要较好地解决这类问题，需要学习掌握一些基本的解题方法。换元法就是一个常用的解决此类问题的方法，需要认真学习掌握。

换元法求函数最值一般有以下几种基本途径：

1. 三角代换

例 1 设 x，y，$z\in\mathbf{R}^+$，$\sqrt{x^2+y^2}+z=1$，试求 $xy+2xz$ 的最大值。

解：令 $z=\sin^2\alpha$，$\sqrt{x^2+y^2}=\cos^2\alpha$，$x=\cos^2\alpha\sin\beta$，$y=\cos^2\alpha\cos\beta$，$\alpha$，$\beta\in\left(0,\ \frac{\pi}{2}\right]$，则

$$xy+2xz=x(y+2z)=\cos^2\alpha\sin\beta(\cos^2\alpha\cos\beta+2\sin^2\alpha)$$

$$=\frac{\sin\beta}{2-\cos\beta}(2-\cos\beta)\cos^2\alpha(\cos^2\alpha\cos\beta+2\sin^2\alpha)$$

$$=\frac{\sin\beta}{2-\cos\beta}(2\cos^2\alpha-\cos\beta\cos^2\alpha)(\cos^2\alpha\cos\beta+2\sin^2\alpha)$$

$$\leqslant\frac{\sin\beta}{2-\cos\beta}\left(\frac{2\cos^2\alpha-\cos\beta\cos^2\alpha+\cos\beta\cos^2\alpha+2\sin^2\alpha}{2}\right)^2$$

$$=\frac{\sin\beta}{2-\cos\beta}。$$

构造斜率可得，当 $x=\frac{\sqrt{3}}{3}$，$y=z=\frac{1}{3}$时，$xy+2xz$ 取得最大值$\frac{\sqrt{3}}{3}$。

2. 参数代换

例 2 设 x，y，z 是不全为零的实数，求$\frac{xy+2yz}{x^2+y^2+z^2}$的最大值。

解：$xy+2yz=2\left(\sqrt{\frac{a}{2}}x\right)\left(\sqrt{\frac{1}{2a}}y\right)+2(\sqrt{b}y)\left(\sqrt{\frac{1}{b}}z\right)$

$\leqslant\left(\frac{a}{2}x^2+\frac{1}{2a}y^2\right)+\left(by^2+\frac{1}{b}z^2\right)$

$=\frac{a}{2}x^2+\left(\frac{1}{2a}+b\right)y^2+\frac{1}{b}z^2$。

令$\frac{a}{2}=\frac{1}{2a}+b=\frac{1}{b}$，解得 $a=\sqrt{5}$，$b=\frac{2\sqrt{5}}{5}$。

所以 $xy+2yz\leqslant\frac{\sqrt{5}}{2}(x^2+y^2+z^2)$，当且仅当 $10x=2\sqrt{5}y=5z$ 时等号成立。故$\frac{xy+2yz}{x^2+y^2+z^2}$的最大值为$\frac{\sqrt{5}}{2}$。

3. 分式代换

例 3 设 a，b，$c\in\mathbf{R}^+$，且 $abc=1$，求$\frac{1}{2a+1}+\frac{1}{2b+1}+\frac{1}{2c+1}$的最小值。

解：设 $a=\frac{x}{y}$，$b=\frac{y}{z}$，$c=\frac{z}{x}$，其中 x，y，$z\in\mathbf{R}^+$，则

$\frac{1}{2a+1}+\frac{1}{2b+1}+\frac{1}{2c+1}=\frac{y}{y+2x}+\frac{z}{z+2y}+\frac{x}{x+2z}$，

由柯西不等式，得

$[y(y+2x)+z(z+2y)+x(x+2z)]\left(\frac{y}{y+2x}+\frac{z}{z+2y}+\frac{x}{x+2z}\right)\geqslant(x+y+z)^2$，

故$\frac{y}{y+2x}+\frac{z}{z+2y}+\frac{x}{x+2z}\geqslant\frac{(x+y+z)^2}{y(y+2x)+z(z+2y)+x(x+2z)}=1$，

即$\frac{1}{2a+1}+\frac{1}{2b+1}+\frac{1}{2c+1}\geqslant1$，当且仅当 $a=b=c=1$ 时等号成立，所以$\frac{1}{2a+1}+\frac{1}{2b+1}+\frac{1}{2c+1}$的最小值是 1。

评析：本题也可用参数代换法证明$\frac{1}{2a+1}\geqslant\frac{a^{-\frac{2}{3}}}{a^{-\frac{2}{3}}+b^{-\frac{2}{3}}+c^{-\frac{2}{3}}}$而取得最小值。$abc=1$ 型可使用多次代换。

4. 分母代换

例 4 已知 a，b，$c\in\mathbf{R}^{+}$，求$\frac{a}{b+3c}+\frac{b}{8c+4a}+\frac{9c}{3a+2b}$的最小值。

解：对分母进行代换，令 $b+3c=x$，$8c+4a=y$，$3a+2b=z$，则

$a=-\frac{1}{3}x+\frac{1}{8}y+\frac{1}{6}z$，

$b=\frac{1}{2}x-\frac{3}{16}y+\frac{1}{4}z$，

$c=\frac{1}{6}x+\frac{1}{16}y-\frac{1}{12}z$，

于是$\frac{a}{b+3c}+\frac{b}{8c+4a}+\frac{9c}{3a+2b}$

$=\frac{1}{8}\left(\frac{y}{x}+\frac{4x}{y}\right)+\frac{1}{6}\left(\frac{z}{x}+\frac{9x}{z}\right)+\frac{1}{16}\left(\frac{4z}{y}+\frac{9y}{z}\right)-\frac{61}{48}$，

由均值不等式，得

$\frac{1}{8}\left(\frac{y}{x}+\frac{4x}{y}\right)+\frac{1}{6}\left(\frac{z}{x}+\frac{9x}{z}\right)+\frac{1}{16}\left(\frac{4z}{y}+\frac{9y}{z}\right)-\frac{61}{48}$

$\geqslant\frac{1}{8}\times4+\frac{1}{6}\times6+\frac{1}{16}\times12-\frac{61}{48}=\frac{47}{48}$。

当且仅当 $y=2x$，$z=3x$ 时等号成立。

因此，当 $a=10c$，$b=21c$ 时，$\frac{a}{b+3c}+\frac{b}{8c+4a}+\frac{9c}{3a+2b}$取得最小值$\frac{47}{48}$。

5. 整体代换

例 5 对所有 a，b，$c\in\mathbf{R}^{+}$，求 $f(a, b, c)=\frac{a}{\sqrt{a^2+8bc}}+\frac{b}{\sqrt{b^2+8ac}}+\frac{c}{\sqrt{c^2+8ab}}$的最小值。

解：令 $x=\frac{a}{\sqrt{a^2+8bc}}$，$y=\frac{b}{\sqrt{b^2+8ac}}$，$z=\frac{c}{\sqrt{c^2+8ab}}$，

则 x，y，$z\in(0, +\infty)$，$x^2=\frac{a^2}{a^2+8bc}$，因此$\frac{1}{x^2}-1=\frac{8bc}{a^2}$①，

同理有$\frac{1}{y^2}-1=\frac{8ac}{b^2}$②，$\frac{1}{z^2}-1=\frac{8ab}{c^2}$③，

将以上①②③式相乘，得$\left(\frac{1}{x^2}-1\right)\left(\frac{1}{y^2}-1\right)\left(\frac{1}{z^2}-1\right)=512$。

假如$x+y+z<1$，由于$0<x<1$，$0<y<1$，$0<z<1$，

则$\left(\frac{1}{x^2}-1\right)\left(\frac{1}{y^2}-1\right)\left(\frac{1}{z^2}-1\right)=\frac{(1-x^2)(1-y^2)(1-z^2)}{x^2y^2z^2}$

$>\frac{[(x+y+z)^2-x^2][(x+y+z)^2-y^2][(x+y+z)^2-z^2]}{x^2y^2z^2}$

$=\frac{(y+z)(2x+y+z)(x+z)(2y+x+z)(x+y)(x+y+2z)}{x^2y^2z^2}$

$\geqslant\frac{2\sqrt{yz}\cdot 4\sqrt[4]{x^2yz}\cdot 2\sqrt{xz}\cdot 4\sqrt[4]{y^2xz}\cdot 2\sqrt{xy}\cdot 4\sqrt[4]{xyz^2}}{x^2y^2z^2}=512$（矛盾），

所以，有$x+y+z\geqslant 1$，故当$a=b=c$时，$f(a, b, c)_{\min}=1$。

6. 减元代换

例6 设$x_1, x_2, \cdots, x_n\geqslant 0$且$x_1+x_2+\cdots+x_n\geqslant k$，$k$为常数，

求$f(x_1, x_2, \cdots, x_n)=\frac{x_1\sqrt{\sum\limits_{i=1}^{n}x_i}}{(\sum\limits_{i=1}^{n-1}x_i)^2+x_n}$的最大值。

解：设$a=x_1$，$b=\sum\limits_{i=2}^{n-1}x_i$，$c=x_n$，则$a, b, c\geqslant 0$，$a+b+c\geqslant k$，至此原函数从$n$元减少到三元，

即有$f(x_1, x_2, \cdots, x_n)=\frac{a\sqrt{a+b+c}}{(a+b)^2+c}=g(a, b, c)$，

进一步令$S=a+b+c$，则$S\geqslant k$，

$g(a, b, c)=\frac{a\sqrt{S}}{(S-c)^2+c}\geqslant 2\sqrt{S}-1\Rightarrow(c-S+\sqrt{S})^2\geqslant 0$，

故有$g(a, b, c)\leqslant\frac{\sqrt{S}}{2\sqrt{S}-1}=\frac{1}{2-\frac{1}{\sqrt{S}}}\leqslant\frac{1}{2-\frac{1}{\sqrt{k}}}=\frac{\sqrt{k}}{2\sqrt{k}-1}$。

当且仅当$b=0$，$c=k-\sqrt{k}$，$a=\sqrt{k}$，即$x_1=\sqrt{k}$，$x_1=x_3=\cdots=x_{n-1}=0$，$x_n=k-\sqrt{k}$时等号成立，因此

$f(x_1, x_2, \cdots, x_n)$的最大值为$\frac{\sqrt{k}}{2\sqrt{k}-1}$。

7. 增量代换

例 7 设 $xy=1$，且 $x>y>0$，求$\frac{x^2+y^2}{x-y}$的最小值。

解：由于 $x>y>0$，可设 $x=y+\Delta y(\Delta y=x-y>0)$，

则$\frac{x^2+y^2}{x-y}=\frac{(x-y)^2+2xy}{x-y}=\frac{(\Delta y)^2+2}{\Delta y}\geqslant 2\sqrt{2}$，

当且仅当 $\Delta y=\sqrt{2}$，即 $x=\frac{\sqrt{2}+\sqrt{6}}{2}$，$y=\frac{\sqrt{6}-\sqrt{2}}{2}$时等号成立，所以$\frac{x^2+y^2}{x-y}$的最小值是 $2\sqrt{2}$。

8. 高次代换

例 8 设 a，b，$c\in\mathbf{R}^+$，且 $abc=1$，求$\frac{1}{a+b+1}+\frac{1}{b+c+1}+\frac{1}{c+a+1}$的最大值。

解：令 $a=x^3$，$b=y^3$，$c=z^3$，其中 x，y，$z\in\mathbf{R}^+$，则由已知条件有 $xyz=1$，知 $x^3+y^3\geqslant x^2y+y^2x$，从而有

$$\frac{1}{a+b+1}=\frac{1}{x^3+y^3+1}\leqslant\frac{1}{x^2y+xy^2+xyz}=\frac{z}{xyz(x+y+z)}=\frac{z}{x+y+z},$$

同理有$\frac{1}{b+c+1}\leqslant\frac{x}{x+y+z}$，$\frac{1}{c+a+1}\leqslant\frac{y}{x+y+z}$，三式相加可得

$$\frac{1}{a+b+1}+\frac{1}{b+c+1}+\frac{1}{c+a+1}\leqslant 1。$$

因此，当 $a=b=c=1$ 时，$\frac{1}{a+b+1}+\frac{1}{b+c+1}+\frac{1}{c+a+1}$取得最大值 1。

评析：本题亦可用分式代换求解。

三、高考几类导数问题的解题策略

导数是高考的重要考查内容，是高考数学学科区分度的重点题目，也是同学们深感困难的一类问题，正确解决导数问题是高考数学取得高分的关键。怎样抓好导数内容的复习与训练，是高考备考的重点攻关工作。以下就几种重点类型问题的答题策略做分析与详解。

（一）有关参数范围问题

解决有关参数范围的问题主要有三种方法：（1）分离参数法；（2）探求充分条件，再证明必要性；（3）利用洛必达法则求参数范围。而无论用哪一种方法，大都渗透分类讨论的思想，需引起注意。

1. 分离参数法

例 1 已知 $t>0$，设函数 $f(x)=x^3-\frac{3(t+1)}{2}x^2+3tx+1$。

（1）若 $f(x)$ 在 $(0, 2)$ 上无极值，求 t 的值；

（2）若存在 $x_0\in(0, 2)$，使得 $f(x_0)$ 是 $f(x)$ 在 $[0, 2]$ 上的最大值，求 t 的取值范围；

（3）若 $f(x)\leqslant xe^x-m+2$（e 为自然对数的底数）对任意 $x\in[0, +\infty)$ 恒成立时 m 的最大值为 1，求 t 的取值范围。

解：（1）$\because f'(x)=3x^2-3(t+1)x+3t=3(x-1)(x-t)$，令 $f'(x)=0$，则 $x=1$ 或 $x=t$，又 $\because f(x)$ 在 $(0, 2)$ 无极值，$\therefore t=1$。

（2）①当 $0<t<1$ 时，$f(x)$ 在 $(0, t)$ 上单调递增，在 $(t, 1)$ 上单调递减，在 $(1, 2)$ 上单调递增，$\therefore f(t)\geqslant f(2)$，由 $f(t)\geqslant f(2)$ 得 $-t^3+3t^2\geqslant 4$ 在 $0<t<1$ 时无解。

②当 $t=1$ 时，不符合题意。

③当 $1<t<2$ 时，$f(x)$ 在 $(0, 1)$ 上单调递增，在 $(1, t)$ 上单调递减，在 $(t, 2)$ 上单调递增，$\therefore\begin{cases}f(1)\geqslant f(2)\\1<t<2\end{cases}$ 即 $\begin{cases}\frac{1}{2}+\frac{3}{2}t\geqslant 3\\1<t<2\end{cases}$，$\therefore\frac{5}{3}\leqslant t<2$。

④当 $t\geqslant 2$ 时，$f(x)$ 在 $(0, 1)$ 上单调递增，在 $(1, 2)$ 上单调递减，满足条件。

综上所述，$t\in\left[\frac{5}{3}, +\infty\right)$ 时，存在 $x_0\in(0, 2)$，使得 $f(x_0)$ 是 $f(x)$ 在 $[0, 2]$ 上的最大值。

（3）若 $x^3-\frac{3(t+1)}{2}x^2+3tx+1\leqslant xe^x-m+2$ 对任意 $x\in[0, +\infty)$ 恒成立，即 $m\leqslant xe^x-x^3+\frac{3(t+1)}{2}x^2-3tx+1=x\left[e^x-x^2+\frac{3(t+1)}{2}x-3t\right]+1$ 对

任意 $x\in[0,+\infty)$ 恒成立。令 $g(x)=\mathrm{e}^x-x^2+\dfrac{3(t+1)}{2}x-3t$，$x\in[0,+\infty)$，由于 m 的最大值为 1，则 $g(x)=\mathrm{e}^x-x^2+\dfrac{3(t+1)}{2}x-3t\geqslant0$ 恒成立，否则存在 $x_0\in(0,+\infty)$ 使得 $g(x_0)<0$，则当 $x=x_0$，$m=1$ 时，$f(x)\leqslant x\mathrm{e}^x-m+2=x\mathrm{e}^2+1$ 不恒成立。由于 $g(0)=1-3t\geqslant0$，则 $0<t\leqslant\dfrac{1}{3}$。当 $0<t\leqslant\dfrac{1}{3}$ 时，$g'(x)=\mathrm{e}^x-2x+\dfrac{3(t+1)}{2}$，则 $g''(x)=\mathrm{e}^x-2$，若 $g''(x)=\mathrm{e}^x-2=0$，则 $x=\ln2$，则 $g'(x)$ 在 $(0,\ln2)$ 上递减，在 $(\ln2,+\infty)$ 上递增，则 $g'(x)_{\min}=g'(\ln2)=2+\dfrac{3}{2}(t+1)-2\ln2>0$，$\therefore g(x)$ 在 $[0,+\infty)$ 上是递增函数，$\therefore g(x)\geqslant g(0)=1-3t\geqslant0$，满足条件，故 t 的取值范围是 $\left(0,\dfrac{1}{3}\right]$。

评析：本题第（3）问的证明思路实际就是探求充分条件，再证明必要性。

例 2 已知函数 $f(x)=2a\ln x-x+\dfrac{1}{x}$（$a\in\mathbf{R}$，且 $a\neq0$）；$g(x)=-x^2-x+2\sqrt{2}b$（$b\in\mathbf{R}$）。

（1）若 $f(x)$ 在定义域上有极值，求实数 a 的取值范围；

（2）当 $a=\sqrt{2}$ 时，若对 $\forall x_1\in[1,\mathrm{e}]$，总 $\exists x_2\in[1,\mathrm{e}]$，使得 $f(x_1)<g(x_2)$，求实数 b 的取值范围；（其中 e 为自然对数的底数）

（3）对 $\forall n\in\mathbf{N}$，且 $n\geqslant2$，证明：$\ln(n!)^4<(n-1)(n+2)$。

解：（1）$f(x)$ 的定义域为 $(0,+\infty)$，要使 $f(x)$ 在定义域内有极值，则 $f'(x)=\dfrac{2a}{x}-1-\dfrac{1}{x^2}=\dfrac{-x^2+2ax-1}{x^2}=0\Rightarrow-x^2+2ax-1=0$ 有两个不等正根，$\therefore\begin{cases}a>0\\4a^2-4>0\end{cases}\Rightarrow a>1$，

故实数 a 的取值范围是 $(1,+\infty)$。

（2）当 $a=\sqrt{2}$ 时，$f(x)=2\sqrt{2}\ln x-x+\dfrac{1}{x}$，要对 $\forall x_1\in[1,\mathrm{e}]$，总 $\exists x_2\in[1,\mathrm{e}]$，使得 $f(x_1)<g(x_2)$，则只需 $f_{\max}(x)<g_{\max}(x)$，由 $f'(x)$

$=\dfrac{-x^2+2\sqrt{2}x-1}{x^2}>0\Rightarrow\sqrt{2}-1<x<\sqrt{2}+1$，得函数 $f(x)$ 在 $(1,\sqrt{2}+1)$ 上递增，在 $(\sqrt{2}+1,\mathrm{e})$ 上递减，所以函数 $f(x)$ 在 $x=\sqrt{2}+1$ 处有最大值。$f(x)_{\max}=f(\sqrt{2}+1)=2\sqrt{2}\ln(\sqrt{2}+1)-2$；又 $g(x)$ 在 $(1,\mathrm{e})$ 上递减，所以 $g(x)_{\max}=g(1)=2\sqrt{2}b-2$，故有 $2\sqrt{2}b-2>2\sqrt{2}\ln(\sqrt{2}+1)-2\Rightarrow b>\ln(\sqrt{2}+1)$。

（3）**证明**：当 $a=1$ 时，$f(x)=2\ln x-x+\dfrac{1}{x}$，$f'(x)=\dfrac{-x^2+2x-1}{x^2}\leqslant0$ 恒成立，故 $f(x)$ 在定义域 $(0,+\infty)$ 上单调递减，故当 $x\geqslant1$ 时，$f(x)=2\ln x-x+\dfrac{1}{x}\leqslant f(1)=0$，即 $2\ln x\leqslant x-\dfrac{1}{x}$，所以对 $\forall n\in\mathbf{N}$，且 $n\geqslant2$，总有 $2\ln n\leqslant n-\dfrac{1}{n}<n$，故有 $2(\ln2+\ln3+\cdots+\ln n)<2+3+\cdots+n\Rightarrow 2\ln(n!)<\dfrac{(n+2)(n-1)}{2}\Rightarrow\ln(n!)^4<(n-1)(n+2)$。

评析：本题利用的方法其实就是证明 $\ln n<\dfrac{n}{2}$。

例 3 已知函数 $f(x)=\ln x-mx^2(x>0)$，$g(x)=\dfrac{1}{2}mx^2+x$，$m\in\mathbf{R}$，令 $F(x)=f(x)+g(x)$。

（1）当 $m=\dfrac{1}{2}$ 时，求函数 $f(x)$ 的单调递增区间；

（2）若关于 x 的不等式 $F(x)\leqslant mx-1$ 恒成立，求整数 m 的最小值；

（3）若 $m=-2$，正实数 x_1，x_2 满足 $F(x_1)+F(x_2)+x_1x_2=0$，证明：$x_1+x_2\geqslant\dfrac{\sqrt{5}-1}{2}$。

解：（1）当 $m=\dfrac{1}{2}$ 时，$f(x)=\ln x-\dfrac{1}{2}x^2\ (x>0)$，$f'(x)=\dfrac{1}{x}-x=\dfrac{1-x^2}{x}(x>0)$。由 $f'(x)>0$，得 $1-x^2>0$，又因为 $x>0$，所以 $0<x<1$，所以 $f(x)$ 的单调递增区间为 $(0,1)$。

(2) **解法 1**：令 $G(x)=F(x)-(mx-1)=\ln x-\frac{1}{2}mx^2+(1-m)x+1(x>0)$，所以 $G'(x)=\frac{1}{x}-mx+(1-m)=\frac{-mx^2+(1-m)x+1}{x}$。

当 $m\leqslant 0$ 时，因为 $x>0$，所以 $G'(x)>0$，即 $G(x)$ 在 $(0, +\infty)$ 上是增函数，又因为 $G(1)=\ln 1-\frac{1}{2}m\times 1^2+(1-m)\times 1+1=-\frac{3}{2}m+2>0$，所以关于 x 的不等式 $G(x)\leqslant 0$ 不能恒成立。

当 $m>0$ 时，$G'(x)=\frac{-mx^2+(1-m)x+1}{x}=-\frac{m\left(x-\frac{1}{m}\right)(x+1)}{x}$。令 $G'(x)=0$，得 $x=\frac{1}{m}$，所以当 $x\in\left(0, \frac{1}{m}\right)$ 时，$G'(x)>0$；当 $x\in\left(\frac{1}{m}, +\infty\right)$ 时，$G'(x)<0$。因此函数 $G(x)$ 在 $\left(0, \frac{1}{m}\right)$ 上是增函数，在 $\left(\frac{1}{m}, +\infty\right)$ 上是减函数。故函数 $G(x)$ 的最大值为

$$G\left(\frac{1}{m}\right)=\ln\frac{1}{m}-\frac{1}{2}m\times\left(\frac{1}{m}\right)^2+(1-m)\times\frac{1}{m}+1=\frac{1}{2m}-\ln m。$$

令 $h(m)=\frac{1}{2m}-\ln m$，因为 $h(1)=\frac{1}{2}>0$，$h(2)=\frac{1}{4}-\ln 2<0$，又因为 $h(m)$ 在 $m\in(0, +\infty)$ 上是减函数，当 $m\geqslant 2$ 时，$h(m)<0$，所以整数 m 的最小值为 2。

解法 2：由 $F(x)\leqslant mx-1$ 恒成立，得 $\ln x-\frac{1}{2}mx^2+x\leqslant mx-1$ 在 $(0, +\infty)$ 上恒成立。问题等价于 $m\geqslant\frac{\ln x+x+1}{\frac{1}{2}x^2+x}$ 在 $(0, +\infty)$ 上恒成立。令 $h(x)=\frac{\ln x+x+1}{\frac{1}{2}x^2+x}(x>0)$，只要 $m\geqslant h(x)_{\max}$，因为 $h'(x)=\frac{(x+1)\left(-\frac{1}{2}x-\ln x\right)}{\left(\frac{1}{2}x^2+x\right)^2}$，令 $h'(x)=0$，得 $-\frac{1}{2}x-\ln x=0$。设 $\varphi(x)=-\frac{1}{2}x$

$-\ln x(x>0)$，因为 $\varphi'(x)=-\frac{1}{2}-\frac{1}{x}<0$，所以 $\varphi(x)$ 在 $(0,+\infty)$ 上单调递减。不妨设 $-\frac{1}{2}x-\ln x=0$ 的根为 x_0，当 $x\in(0,x_0)$ 时，$h'(x)>0$；当 $x\in(x_0,+\infty)$ 时，$h'(x)<0$。所以 $h(x)$ 在 $x\in(0,x_0)$ 上是增函数；在 $x\in(x_0,+\infty)$ 上是减函数。所以 $h(x)_{\max}=h(x_0)=\dfrac{\ln x_0+x_0+1}{\frac{1}{2}{x_0}^2+x_0}=$

$$\frac{1+\frac{1}{2}x_0}{x_0\left(1+\frac{1}{2}x_0\right)}=\frac{1}{x_0}。$$

因为 $\varphi\left(\frac{1}{2}\right)=\ln 2-\frac{1}{4}>0$，$\varphi(1)=-\frac{1}{2}<0$，所以 $\frac{1}{2}<x_0<1$。此时 $1<\frac{1}{x_0}<2$，$h(x)_{\max}\in(1,2)$。因此 $m\geqslant 2$，即整数 m 的最小值为 2。

请同学们思考：能否这样解？

$m\geqslant\dfrac{\ln x+x+1}{\frac{1}{2}x^2+x}$ 在 $(0,+\infty)$ 上恒成立，令 $h(x)=\dfrac{\ln x+x+1}{\frac{1}{2}x^2+x}$，只要 $m\geqslant h(x)_{\max}$，因为 $\ln x\leqslant x-1$，所以 $h(x)=\dfrac{\ln x+x+1}{\frac{1}{2}x^2+x}\leqslant\dfrac{x-1+x+1}{\frac{1}{2}x^2+x}=\dfrac{4}{x+2}$，所以 $h(x)\leqslant\dfrac{4}{x+2}<2$，即整数 m 的最小值为 2。

(3) **证明**：当 $m=-2$ 时，$F(x)=\ln x+x^2+x\ (x>0)$。

由 $F(x_1)+F(x_2)+x_1x_2=0$，即

$\ln x_1+x_1^2+x_1+\ln x_2+x_2^2+x_2+x_1x_2=0$，化简得

$(x_1+x_2)^2+(x_1+x_2)=x_1x_2-\ln(x_1x_2)$。

令 $t=x_1x_2$，$\varphi(t)=t-\ln t(t>0)$，则 $\varphi'(t)=\dfrac{t-1}{t}$。可知 $\varphi(t)$ 在 $(0,1)$ 上单调递减，在 $(1,+\infty)$ 上单调递增。所以 $\varphi(t)\geqslant\varphi(1)=1$，所以 $(x_1+x_2)^2+(x_1+x_2)\geqslant 1$，即 $x_1+x_2\geqslant\dfrac{\sqrt{5}-1}{2}$ 成立。

2. 探求充分条件，再证明必要性

例 4 设函数 $f(x)=m(x+1)^2-e^{x+1}+x+2(m\in\mathbf{R})$。

（1）当 $m=0$ 时，证明：$f(x)\leqslant 0$；

（2）若当 $x\leqslant -1$ 时，$f(x)\geqslant 0$ 都成立，求实数 m 的取值范围。

解：（1）思考以下问题。

问题 1：当 $m=0$ 时，证明 $f(x)\leqslant 0$，即证明 $e^{x+1}\geqslant x+2$。这个不等式怎么证明？

问题 2：你能将它和对数不等式 $\ln(x+2)\leqslant x+1$ 联系起来吗？

问题 3：这两个不等式 $e^{x+1}\geqslant x+2$ 和 $\ln(x+2)\leqslant x+1$ 的证明有什么共同点？直接利用 $e^x\geqslant x+1$ 是否可以证明？

证明：先证明 $e^x\geqslant x+1$。

设 $\varphi(x)=e^x-x-1$，则 $\varphi'(x)=e^x-1$。

当 $x>0$ 时，$\varphi'(x)>0$，$\varphi(x)$ 在 $(0，+\infty)$ 上单调递增；

当 $x<0$ 时，$\varphi'(x)<0$，$\varphi(x)$ 在 $(0，+\infty)$ 上单调递减；

故 $\varphi(x)\geqslant\varphi(0)=0$，即 $e^x-x-1\geqslant 0$，故 $e^x\geqslant x+1$。

将上式中的“x”换为“$x+1$”，得 $e^{x+1}\geqslant x+2$，两边取以“e”为底的对数得 $x+1\geqslant\ln(x+2)$。

（2）思考以下问题。

问题 1：已知不等式恒成立求参数范围都有什么方法？

①分离参数法；②变更主元法；③探求充分条件，再证明必要性。

问题 2：若当 $x\leqslant -1$ 时 $m(x+1)^2-e^{x+1}+x+2\geqslant 0$，求实数 m 的取值范围应该用哪一种方法？

问题 3：这个问题若利用分离参数法，则得 $m\geqslant\dfrac{e^{x+1}-x-2}{(x+1)^2}$，下一步怎么求 $h(x)=\dfrac{e^{x+1}-x-2}{(x+1)^2}$的最大值？

（注：这个问题可以用洛必达法则求解。）

问题 4：分离参数法很难求解，那又应该采用什么方法？

下面探求不等式成立的充分条件：

$f'(x)=2m(x+1)-e^{x+1}+1\leqslant 2m(x+1)-(x+2)+1$，即 $f'(x)\leqslant(2m-1)(x+1)$，当 $2m-1\geqslant 0$，因为 $x\leqslant -1$，所以当 $m\geqslant\frac{1}{2}$ 时，$f'(x)\leqslant 0$，即 $f(x)$ 在 $(-\infty,\ -1]$ 上是减函数，且 $f(-1)=0$，故 $m\geqslant\frac{1}{2}$ 是 $x\leqslant -1$，$f(x)\geqslant 0$ 成立的充分条件。

问题5：当 $m\geqslant\frac{1}{2}$ 时，不等式 $x\leqslant -1$，$f(x)\geqslant 0$ 一定成立了吗？不一定，可能还有其他范围的 m 使得不等式 $x\leqslant -1$，$f(x)\geqslant 0$ 成立。

问题6：那我们还要做什么工作？

再证必要性，即证明不存在其他范围的 m 使得不等式 $x\leqslant -1$，$f(x)\geqslant 0$ 成立。

问题7：从哪几个方面证明它的必要性？

含有参数的问题通常要分类讨论。

问题8：下面是如何进行讨论的问题了。

当 $m\leqslant 0$ 时，$f(x)=m(x+1)^2-e^{x+1}+x+2\leqslant m(x+1)^2-[(x+1)+1]+x+2=m(x+1)^2\leqslant 0$，所以 $f(x)\geqslant 0$ 不恒成立。

当 $0<m<\frac{1}{2}$ 时，$f'(x)=2m(x+1)-e^{x+1}+1$，令 $g(x)=2m(x+1)-e^{x+1}+1$，则 $g'(x)=2m-e^{x+1}$，令 $g'(x)=0$ 得 $x=\ln 2m-1\in(-\infty,\ -1)$，所以当 $x\in(\ln 2m-1,\ -1)$ 时，$g'(x)<0$，所以 $g(x)$ 在 $(\ln 2m-1,\ -1)$ 上是减函数，$g(x)>g(-1)=0$，即 $x\in(\ln 2m-1,\ -1)$ 时，$f'(x)>0$，故存在 $x\in(\ln 2m-1,\ -1)$，$f(x)<f(-1)=0$，即 $f(x)\geqslant 0$ 不恒成立，所以 $m\geqslant\frac{1}{2}$ 是当 $x\leqslant -1$ 时，$f(x)\geqslant 0$ 都成立的必要条件。

3. 利用洛必达法则求参数范围

对恒成立问题中的求参数取值范围，参数与变量分离较易理解，但有些题目中求分离出来的函数式的最值比较难求，如果先探求充分条件，再证必要性，有时也不容易。而利用洛必达法则可以较好地处理它的最值，这是一种值得借鉴的方法。

利用洛必达法则求参数范围主要分两个步骤：首先用洛必达法则求参数

的值，其次证明函数的单调性。

例 5　(2010 年全国新课标理科数学卷) 设函数 $f(x)=e^x-1-x-ax^2$。

(1) 若 $a=0$，求 $f(x)$ 的单调区间；

(2) 若当 $x\geqslant 0$ 时 $f(x)\geqslant 0$，求 a 的取值范围。

解：(1) $a=0$ 时，$f(x)=e^x-1-x$，$f'(x)=e^x-1$，当 $x\in(-\infty, 0)$ 时，$f'(x)<0$；当 $x\in(0, +\infty)$ 时，$f'(x)>0$；故 $f(x)$ 在 $(-\infty, 0)$ 上单调递减，在 $(0, +\infty)$ 上单调递增。

(2) **解法 1**：$f'(x)=e^x-1-2ax$，由 (1) 知 $e^x\geqslant 1+x$，当且仅当 $x=0$ 时等号成立，故 $f'(x)\geqslant x-2ax=(1-2a)x$。

当 $1-2a\geqslant 0$，即 $a\leqslant\frac{1}{2}$时，$f'(x)\geqslant 0(x\geqslant 0)$，而 $f(0)=0$，于是当 $x\geqslant 0$ 时，$f(x)\geqslant 0$。由 $e^x>1+x(x\neq 0)$ 可得 $e^{-x}>1-x(x\neq 0)$。

当 $a>\frac{1}{2}$时，$f'(x)<e^x-1+2a(e^{-x}-1)=e^{-x}(e^x-1)(e^x-2a)$，故当 $x\in(0, \ln 2a)$ 时，$f'(x)<0$，而 $f(0)=0$，于是当 $x\in(0, \ln 2a)$ 时，$f(x)<0$。

综上可知 a 的取值范围为$\left(-\infty, \frac{1}{2}\right]$。

解法 2：当 $x=0$ 时，$f(x)=0$，对任意实数 a 均有 $f(x)\geqslant 0$。

当 $x>0$ 时，$f(x)\geqslant 0$ 等价于 $a\leqslant\frac{e^x-x-1}{x^2}$。

令 $g(x)=\frac{e^x-x-1}{x^2}(x>0)$，则 $g'(x)=\frac{xe^x-2e^x+x+2}{x^3}$。

令 $h(x)=xe^x-2e^x+x+2(x>0)$，则 $h'(x)=xe^x-e^x+1$，$h''(x)=xe^x>0$，知 $h'(x)$ 在 $(0, +\infty)$ 上为增函数，$h'(x)>h'(0)=0$，故 $h(x)$ 在 $(0, +\infty)$ 上为增函数，$h(x)>h(0)=0$，所以 $g'(x)>0$，$g(x)$ 在 $(0, +\infty)$ 上为增函数。

由洛必达法则知，$\lim\limits_{x\to 0^+}\frac{e^x-x-1}{x^2}=\lim\limits_{x\to 0^+}\frac{e^x-1}{2x}=\lim\limits_{x\to 0^+}\frac{e^x}{2}=\frac{1}{2}$，故 $a\leqslant\frac{1}{2}$。

综上可知 a 的取值范围为$\left(-\infty, \frac{1}{2}\right]$。

例 6 （2011 年全国新课标理科数学卷）已知函数 $f(x)=\dfrac{a\ln x}{x+1}+\dfrac{b}{x}$，曲线 $y=f(x)$ 在点 $(1, f(1))$ 处的切线方程为 $x+2y-3=0$。

(1) 求 a，b 的值；

(2) 如果当 $x>0$，且 $x\neq 1$ 时，$f(x)>\dfrac{\ln x}{x-1}+\dfrac{k}{x}$，求 k 的取值范围。

解：(1) 依题意得 $f'(x)=\dfrac{a\left(\dfrac{x+1}{x}-\ln x\right)}{(x+1)^2}-\dfrac{b}{x^2}$。

由于直线 $x+2y-3=0$ 的斜率为 $-\dfrac{1}{2}$，且过点 $(1, 1)$，故

$\begin{cases}f(1)=1\\ f'(1)=-\dfrac{1}{2}\end{cases}$，即 $\begin{cases}b=1\\ \dfrac{a}{2}-b=-\dfrac{1}{2}\end{cases}$，解得 $a=1$，$b=1$。

(2) **解法 1**：由 (1) 知 $f(x)=\dfrac{\ln x}{x+1}+\dfrac{1}{x}$，所以

$f(x)-\left(\dfrac{\ln x}{x-1}+\dfrac{k}{x}\right)=\dfrac{1}{1-x^2}\left(2\ln x+\dfrac{(k-1)(x^2-1)}{x}\right)$。

设 $h(x)=2\ln x+\dfrac{(k-1)(x^2-1)}{x}$ $(x>0)$，则

$h'(x)=\dfrac{(k-1)(x^2+1)+2x}{x^2}$。

①设 $k\leqslant 0$，由 $h'(x)=\dfrac{k(x^2+1)-(x-1)^2}{x^2}$ 知，当 $x\neq 1$ 时，$h'(x)<0$，$h(x)$ 递减。而 $h(1)=0$，故当 $x\in(0, 1)$ 时，$h(x)>0$，可得 $\dfrac{1}{1-x^2}h(x)>0$。

当 $x\in(1, +\infty)$ 时，$h(x)<0$，可得 $\dfrac{1}{1-x^2}h(x)>0$。

当 $x>0$，且 $x\neq 1$ 时，$f(x)-\left(\dfrac{\ln x}{x-1}+\dfrac{k}{x}\right)>0$，即 $f(x)>\dfrac{\ln x}{x-1}+\dfrac{k}{x}$。

②设 $0<k<1$，由于 $(k-1)(x^2+1)+2x=(k-1)x^2+2x+k-1$ 的图象开口向下（如图），且 $\Delta=4-4(k-1)^2>0$，对称轴 $x=\dfrac{1}{1-k}>1$。当 $x\in\left(1, \dfrac{1}{1-k}\right)$ 时，

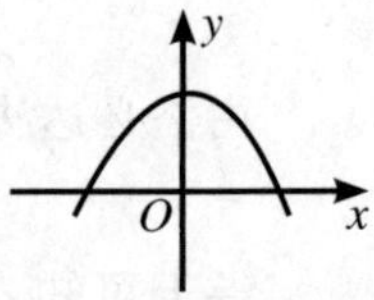

$(k-1)(x^2+1)+2x>0$，故 $h'(x)>0$，而 $h(1)=0$，故当 $x\in\left(1,\ \frac{1}{1-k}\right)$ 时，$h(x)>0$，可得 $\frac{1}{1-x^2}h(x)<0$，与题设矛盾。

③设 $k\geqslant 1$，此时 $x^2+1\geqslant 2x$，$(k-1)(x^2+1)+2x>0\Rightarrow h'(x)>0$，而 $h(1)=0$，故当 $x\in(1,\ +\infty)$ 时，$h(x)>0$，可得 $\frac{1}{1-x^2}h(x)<0$，与题设矛盾。

综合可得 k 的取值范围为 $(-\infty,\ 0]$。

解法 2：由题设可得，当 $x>0$，$x\neq 1$ 时，$k<\frac{2x\ln x}{1-x^2}+1$ 恒成立。

令 $g(x)=\frac{2x\ln x}{1-x^2}+1(x>0,\ x\neq 1)$，则

$g'(x)=2\cdot\frac{(x^2+1)\ln x-x^2+1}{(1-x^2)^2}$。

再令 $h(x)=(x^2+1)\ln x-x^2+1(x>0,\ x\neq 1)$，则 $h'(x)=2x\ln x+\frac{1}{x}-x$，$h''(x)=2\ln x+1-\frac{1}{x^2}$，易知 $h''(x)=2\ln x+1-\frac{1}{x^2}$ 在 $(0,\ +\infty)$ 上为增函数，且 $h''(1)=0$。故当 $x\in(0,\ 1)$ 时，$h''(x)<0$，当 $x\in(1,\ +\infty)$ 时，$h''(x)>0$，$\therefore h'(x)$ 在 $(0,\ 1)$ 上为减函数，在 $(1,\ +\infty)$ 上为增函数。故 $h'(x)>h'(1)=0$，$\therefore h(x)$ 在 $(0,\ +\infty)$ 上为增函数。$\because h(1)=0$，$\therefore$ 当 $x\in(0,\ 1)$ 时，$h(x)<0$，当 $x\in(1,\ +\infty)$ 时，$h(x)>0$，$\therefore$ 当 $x\in(0,\ 1)$ 时，$g'(x)<0$，当 $x\in(1,\ +\infty)$ 时，$g'(x)>0$，$\therefore g(x)$ 在 $(0,\ 1)$ 上为减函数，在 $(1,\ +\infty)$ 上为增函数。

由洛必达法则知

$$\lim_{x\to 1}g(x)=2\lim_{x\to 1}\frac{x\ln x}{1-x^2}+1=2\lim_{x\to 1}\frac{1+\ln x}{-2x}+1=2\times\left(-\frac{1}{2}\right)+1=0。$$

$\therefore k\leqslant 0$，即 k 的取值范围为 $(-\infty,\ 0]$。

（二）方程的根的问题

研究方程的根的问题一般转化为两个函数的图象的交点来解决，在导数的应用中，通常转化为研究函数的最值的正负即图象与 x 轴的交点来解决。

例 7 已知函数 $f(x)=\ln(x+a)+\frac{2}{x}$，$g(x)=\ln x$。

(1) 已知 $f(x)$ 在 $[e, +\infty)$ 上是单调函数，求 a 的取值范围；

(2) 已知 m，n，ξ 满足 $n>\xi>m>0$，且 $g'(\xi)=\frac{g(n)-g(m)}{n-m}$，试比较 ξ 与 $\sqrt{mn}$ 的大小；

(3) 已知 $a=2$，是否存在正数 k，使得关于 x 的方程 $f(x)=kg(x)$ 在 $[e, +\infty)$ 上有两个不相等的实数根？如果存在，求 k 满足的条件；如果不存在，说明理由。

解：(1) $\because f(x)=\ln(x+a)+\frac{2}{x}$，$\therefore f'(x)=\frac{1}{x+a}-\frac{2}{x^2}=\frac{x^2-2x-2a}{x^2(x+a)}$。$\because f(x)$ 在 $[e, +\infty)$ 上单调，$\therefore \begin{cases}x+a>0\\x^2-2x-2a\geqslant 0\end{cases}$ 或 $\begin{cases}x+a>0\\x^2-2x-2a\leqslant 0\end{cases}$，$\therefore \begin{cases}a>-e\\a\leqslant\frac{1}{2}x^2-x\end{cases}$ 或 $\begin{cases}a>-e\\a\geqslant\frac{1}{2}x^2-x\end{cases}$。$\because$ 当 $x\geqslant e$ 时，$\frac{1}{2}x^2-x\geqslant\frac{1}{2}e^2-e$，$\therefore -e<a\leqslant\frac{1}{2}e^2-e$。

(2) $\because g'(\xi)=\frac{g(n)-g(m)}{n-m}$，$\therefore \frac{1}{\xi}=\frac{\ln n-\ln m}{n-m}$。

设 $h(x)=2\ln x-x+\frac{1}{x}(x>1)$，则 $h'(x)=\frac{2}{x}-1-\frac{1}{x^2}=-\frac{(x-1)^2}{x^2}<0$，

$\therefore h(x)<h(1)=0$，$\therefore$ 当 $x>1$ 时，$2\ln x<x-\frac{1}{x}$，即

$\ln x<\frac{1}{2}\left(x-\frac{1}{x}\right)(x>1)$。

令 $x=\sqrt{\frac{n}{m}}$，得 $2\ln\sqrt{\frac{n}{m}}<\sqrt{\frac{n}{m}}-\sqrt{\frac{m}{n}}$。$\therefore \ln n-\ln m<\frac{n-m}{\sqrt{mn}}\Rightarrow \frac{\ln n-\ln m}{n-m}<\frac{1}{\sqrt{mn}}$，$\therefore \frac{1}{\xi}<\frac{1}{\sqrt{mn}}$，即 $\xi>\sqrt{mn}$。

(3) 假设方程 $f(x)=kg(x)$ 存在满足条件的两个不相等的实数根 x_1，

x_2，且 $x_2>x_1\geqslant e$，则 $\begin{cases}\ln(x_1+2)+\dfrac{2}{x_1}=k\ln x_1\\ \ln(x_2+2)+\dfrac{2}{x_2}=k\ln x_2\end{cases}\Rightarrow\dfrac{\ln(x_1+2)+\dfrac{2}{x_1}}{\ln(x_2+2)+\dfrac{2}{x_2}}=\dfrac{\ln x_1}{\ln x_2}$，即

$$\frac{\ln(x_1+2)+\frac{2}{x_1}}{\ln x_1}=\frac{\ln(x_2+2)+\frac{2}{x_2}}{\ln x_2}\cdot\frac{\ln(x_1+2)+\frac{2}{x_1}-\ln x_1}{\ln x_1}$$

$$=\frac{\ln(x_2+2)+\frac{2}{x_2}-\ln x_2}{\ln x_2}\cdot\frac{\ln\left(1+\frac{2}{x_1}\right)+\frac{2}{x_1}}{\ln x_1}$$

$$=\frac{\ln\left(1+\frac{2}{x_2}\right)+\frac{2}{x_2}}{\ln x_2}\Rightarrow\frac{\ln\left(1+\frac{2}{x_1}\right)+\frac{2}{x_1}}{\ln\left(1+\frac{2}{x_2}\right)+\frac{2}{x_2}}=\frac{\ln x_1}{\ln x_2}。$$

$\because x_2>x_1\geqslant e$，$\therefore\dfrac{2}{x_1}>\dfrac{2}{x_2}\Rightarrow\dfrac{\ln\left(1+\frac{2}{x_1}\right)+\frac{2}{x_1}}{\ln\left(1+\frac{2}{x_2}\right)+\frac{2}{x_2}}>1$，而 $\dfrac{\ln x_1}{\ln x_2}<1$，

$\therefore\dfrac{\ln\left(1+\frac{2}{x_1}\right)+\frac{2}{x_1}}{\ln\left(1+\frac{2}{x_2}\right)+\frac{2}{x_2}}>\dfrac{\ln x_1}{\ln x_2}$，∴方程不存在满足条件的两个不相等的实数根。

例 8 已知函数 $f(x)=\ln x$，$g(x)=e^x$。

（1）若函数 $\varphi(x)=f(x)-\dfrac{x+1}{x-1}$，求函数 $\varphi(x)$ 的单调区间；

（2）设直线 l 为函数 $f(x)$ 的图象上一点 $A(x_0,\ f(x_0))$ 处的切线，证明：在区间 $(1,\ +\infty)$ 上存在唯一的 x_0，使得直线 l 与曲线 $y=g(x)$ 相切。

解：（1）$\varphi(x)=f(x)-\dfrac{x+1}{x-1}=\ln x-\dfrac{x+1}{x-1}$，$\therefore\varphi(x)$ 的定义域是 $(0,\ 1)\cup(1,\ +\infty)$，$\therefore\varphi'(x)=\dfrac{1}{x}+\dfrac{2}{(x-1)^2}=\dfrac{x^2+1}{x(x-1)^2}$。

$\because x>0$ 且 $x\neq1$，$\therefore\varphi'(x)>0$，∴函数 $\varphi(x)$ 的单调递增区间为 $(0,\ 1)$ 和 $(1,\ +\infty)$。

(2) **证明**：$\because f'(x)=\frac{1}{x}$，$\therefore f'(x_0)=\frac{1}{x_0}$，

$\therefore$切线 l 的方程为 $y-\ln x_0=\frac{1}{x_0}(x-x_0)$，即 $y=\frac{1}{x_0}x+\ln x_0-1$①。

设直线 l 与曲线 $y=g(x)$ 相切于点 (x_1, e^{x_1})，

$\because g'(x)=e^x$，$\therefore e^{x_1}=\frac{1}{x_0}$，$\therefore x_1=-\ln x_0$，$\therefore g(x_1)=e^{-\ln x_0}=\frac{1}{x_0}$，

$\therefore$直线 l：$y-\frac{1}{x_0}=\frac{1}{x_0}(x+\ln x_0)$，即 $y=\frac{1}{x_0}x+\frac{\ln x_0}{x_0}+\frac{1}{x_0}$②。

由①②得 $\ln x_0-1=\frac{\ln x_0}{x_0}+\frac{1}{x_0}$，$\therefore \ln x_0=\frac{x_0+1}{x_0-1}$。

以下证明：在区间 $(1, +\infty)$ 上 x_0 存在且唯一。

由 (1) 可知，$\varphi(x)=\ln x-\frac{x+1}{x-1}$在区间 $(1, +\infty)$ 上递增。

又 $\varphi(e)=\ln e-\frac{e+1}{e-1}=\frac{-2}{e-1}<0$，$\varphi(e^2)=\ln e^2-\frac{e^2+1}{e^2-1}=\frac{e^2-3}{e^2-1}>0$。

结合零点存在性定理，说明方程 $\varphi(x)=0$ 必在区间 (e, e^2) 上有唯一的根，这个根就是所求的唯一的 x_0，故结论成立。

评析：这是一道设计巧妙的题，同时用到 e 底指数、对数，需要构造函数；证明存在且唯一时结合零点存在性定理不好联想，(1) 和 (2) 两问有紧密联系。

（三）不等式证明问题

导数中的不等式证明通常是利用一些常见的对数不等式、指数不等式结合函数的单调性证明，其中有一类是离散不等式，它的证明最好是利用对应思想证明。

下面是一些常见的不等式。

1. $\frac{x}{1+x}<\ln(1+x)<x$，$(x>0)$

变式：$\frac{x-1}{x}<\ln x<x-1$，$(x>0)$

（注：高考试题多次使用该式。）

2. $\frac{1}{2}\left(x-\frac{1}{x}\right)\geqslant \ln x$，$(x\geqslant 1)$

3. $\frac{1}{2}\left(x-\frac{1}{x}\right)<\ln x$，$(0<x<1)$

4. $\ln x>\frac{2(x-1)}{x+1}$，$(x>1)$

变式：$\frac{2x}{x+2}<\ln(x+1)<\frac{1}{2}\left(x+\frac{x}{x+1}\right)$，$(x>0)$

5. $\ln x<\frac{2(x-1)}{x+1}$，$(0<x<1)$

6. $x-\frac{1}{2}x^2<\ln(1+x)<\sqrt{x}$，$(x>0)$

7. 比较 $\ln(x+1)$ 与 $\frac{kx}{x+k}$ 的大小：

当 $k=1$，2 时，$\ln(x+1)\geqslant\frac{kx}{x+k}$，即 $\ln(x+1)\geqslant\frac{x}{x+1}$ 和 $\ln(x+1)\geqslant\frac{2x}{x+2}$。

当 $k\geqslant 3$ 时，$\ln(x+1)\leqslant\frac{kx}{x+k}$。

证明：设 $f(x)=\ln(x+1)-\frac{ax}{x+a}(a\geqslant 3)$，则

$f'(x)=\frac{x[x-(a^2-2a)]}{(x+1)(x+a)^2}$。

当 $a\geqslant 3$ 时，$a^2-2a>0$，当 $x\in(0,a^2-2a)$ 时，$f'(x)<0$，所以 $f(x)=\ln(x+1)-\frac{ax}{x+a}<f(0)=0$，即 $\ln(x+1)<\frac{ax}{x+a}$，命题得证。

8. 设 a，$b>0$，$a\neq b$，则 $\frac{a+b}{2}>\frac{a-b}{\ln a-\ln b}>\sqrt{ab}$。（对数平均不等式）

例 9 已知函数 $f(x)=ax$，$g(x)=\ln x$，其中 $a\in\mathbf{R}$。

(1) 若函数 $F(x)=f(x)-g(x)$ 有极值 1，求实数 a 的值；

(2) 若函数 $G(x)=f[\sin(1-x)]+g(x)$ 在区间 $(0,1)$ 上是增函数，求实数 a 的取值范围；

(3) 证明：$\sum_{k=1}^{n}\sin\frac{1}{(k+1)^2}<\ln 2$。

解：(1) $F(x)=ax-\ln x$，$F'(x)=a-\frac{1}{x}=\frac{ax-1}{x}$ $(x>0)$。

①当 $a\leqslant 0$ 时，$F'(x)<0$，$F(x)$ 在 $(0,+\infty)$ 上递减，$F(x)$ 无极值。

②当 $a>0$ 时，令 $F'(x)=0$，得 $x=\frac{1}{a}$，$\therefore F(x)$ 在 $\left(0,\frac{1}{a}\right)$ 上递减，在 $\left(\frac{1}{a},+\infty\right)$ 上递增，$\therefore F(x)_{极小值}=F\left(\frac{1}{a}\right)=1-\ln\frac{1}{a}=1$，$\therefore a=1$。

(2) $\because G(x)=a\sin(1-x)+\ln x$，其在 $(0,1)$ 上是增函数，

$\therefore G'(x)=-a\cos(1-x)+\frac{1}{x}\geqslant 0$ 对 $x\in(0,1)$ 恒成立。

$\because \cos(1-x)>0$，$\therefore$ 当 $a\leqslant 0$ 时，$G'(x)\geqslant 0$ 恒成立。

当 $a>0$ 时，$G'(x)\geqslant 0$ 等价于 $\frac{1}{a}\geqslant x\cos(1-x)$。

设 $h(x)=x\cos(1-x)$，显然 $h(x)$ 在 $(0,1)$ 上递增，

$\therefore h(x)<h(1)=1$，$\therefore\frac{1}{a}\geqslant 1$，即 $0<a\leqslant 1$，

故 a 的取值范围是 $a\leqslant 1$。

(3) **证明**：由 (2) 知，当 $a=1$ 时，$G(x)=\sin(1-x)+\ln x$ 在 $(0,1)$ 上是增函数，$\therefore G(x)=\sin(1-x)+\ln x<G(1)=0$，$\therefore \sin(1-x)<\ln\frac{1}{x}$。

令 $1-x=\frac{1}{(k+1)^2}$，即 $x=\frac{k(k+2)}{(k+1)^2}$，则 $\sin\frac{1}{(k+1)^2}<\ln\frac{(k+1)^2}{k(k+2)}$，

$\therefore\sum_{k=1}^{n}\sin\frac{1}{(k+1)^2}<\ln\frac{2^2}{1\times 3}+\ln\frac{3^2}{2\times 4}+\ln\frac{4^2}{3\times 5}+\cdots+\ln\frac{(n+1)^2}{n(n+2)}$

$=(2\ln 2-\ln 3)+(2\ln 3-\ln 2-\ln 4)+\cdots+[2\ln(n+1)-\ln n-\ln(n+2)]$

$=\ln 2+\ln(n+1)-\ln(n+2)=\ln 2+\ln\frac{n+1}{n+2}<\ln 2$，

故 $\sum_{k=1}^{n}\sin\frac{1}{(k+1)^2}<\ln 2$。

例 10 函数 $f(x)=\ln(x+1)-\frac{ax}{x+a}(a>1)$。

(1) 讨论 $f(x)$ 的单调性；

(2) 设 $a_1=1$，$a_{n+1}=\ln(a_n+1)$，证明：$\frac{2}{n+2}<a_n\leqslant\frac{3}{n+2}$。

解：(1) $f(x)$ 的定义域为 $(-1, +\infty)$，$f'(x)=\frac{x[x-(a^2-2a)]}{(x+1)(x+a)^2}$。

①当 $1<a<2$，若 $x\in(-1, a^2-2a)$，则 $f'(x)>0$，故 $f(x)$ 在 $(-1, a^2-2a)$ 上是增函数；若 $x\in(a^2-2a, 0)$，则 $f'(x)<0$，故 $f(x)$ 在 $(a^2-2a, 0)$ 上是减函数；若 $x\in(0, +\infty)$，则 $f'(x)>0$，故 $f(x)$ 在 $(0, +\infty)$ 上是增函数。

②当 $a=2$ 时，$f'(x)\geqslant0$，当且仅当 $x=0$ 时，$f'(x)=0$ 成立，故 $f(x)$ 在 $(-1, +\infty)$ 上是增函数。

③当 $a>2$ 时，若 $x\in(-1, 0)$，则 $f'(x)>0$，故 $f(x)$ 在 $(-1, 0)$ 上是增函数；若 $x\in(0, a^2-2a)$，则 $f'(x)<0$，故 $f(x)$ 在 $(0, a^2-2a)$ 上是减函数；若 $x\in(a^2-2a, +\infty)$，则 $f'(x)>0$，故 $f(x)$ 在 $(a^2-2a, +\infty)$ 上是增函数。

(2) **证明 1**：由 (1) 知，当 $a=2$ 时 $f(x)$ 在 $(-1, +\infty)$ 上是增函数，所以当 $x\in(0, +\infty)$ 时，$f(x)>f(0)=0$，即 $\ln(x+1)>\frac{2x}{x+2}(x>0)$，又由 (1) 知当 $a=3$ 时，$f(x)$ 在 $(0, 3)$ 上是减函数，即当 $x\in(0, 3)$ 时，$f(x)<f(0)=0$，即 $\ln(x+1)<\frac{3x}{x+3}(0<x<3)$。

下面用数学归纳法证明 $\frac{2}{n+2}<a_n\leqslant\frac{3}{n+2}$。

①当 $n=1$ 时，由已知 $\frac{2}{3}<a_1=1$，结论成立。

②当 $n=k$ 时，假设命题成立，即 $\frac{2}{k+2}<a_k\leqslant\frac{3}{k+2}$。

③当 $n=k+1$ 时，$a_{k+1}=\ln(a_k+1)>\ln\left(\frac{2}{k+2}+1\right)>\frac{2\cdot\frac{2}{k+2}}{\frac{2}{k+2}+2}=\frac{2}{k+3}$，

$a_{k+1}=\ln(a_k+1)\leqslant\ln\left(\frac{3}{k+2}+1\right)<\frac{3\cdot\frac{3}{k+2}}{\frac{3}{k+2}+3}=\frac{3}{k+3}$，即当 $n=k+1$ 时，

$\frac{2}{k+3}<a_{k+1}\leqslant\frac{3}{k+3}$成立。

综合①②可知，对任何 $n\in\mathbf{N}_+$ 结论都成立。

证明 2：令 $a=2$，$f(x)=\ln(x+1)-\frac{2x}{x+2}$，$f'(x)=\frac{x^2}{(x+1)(x+2)^2}\geqslant0$。

$\therefore f(x)$ 是增函数。$\therefore f(x)=\ln(x+1)-\frac{2x}{x+2}>f(0)=0$，而

$\ln(x+1)>\frac{2x}{x+2}$ ①，由①得 $\ln(a_n+1)>\frac{2a_n}{a_n+2}$。

先证：$a_n>\frac{2}{n+2}$。

当 $n=1$ 时，$a_1=1>\frac{2}{1+2}$成立。

假设 $n=k$ 时，$a_k>\frac{2}{k+2}$，当 $n=k+1$ 时，$a_{k+1}=\ln(a_k+1)>\frac{2a_k}{a_k+2}$。

要证 $a_{k+1}>\frac{2}{k+3}$，只要证$\frac{2a_k}{a_k+2}>\frac{2}{k+3}\Leftrightarrow(k+2)\ a_k>2\Leftrightarrow a_k>\frac{2}{k+2}$。

由归纳假设得命题成立，所以对一切 n，有 $a_n>\frac{2}{n+2}$。

再证：$a_n\leqslant\frac{3}{n+2}$。

令 $a=3$，则 $f(x)=\ln(x+1)-\frac{3x}{x+3}$，$f'(x)=\frac{x(x-3)}{(x+1)(x+3)^2}$。

当 $x\in(0,3)$ 时 $f'(x)<0$，所以 $f(x)$ 在 $(0,3)$ 上是减函数。

$\therefore f(x)\leqslant f(0)=0$，而 $\ln(x+1)\leqslant\frac{3x}{x+3}$，$\therefore\ln(a_n+1)\leqslant\frac{3a_n}{a_n+3}$。

当 $n=1$ 时，$a_1\leqslant\frac{3}{1+2}=1$，命题成立。

假设 $n=k$ 时，$a_k\leqslant\frac{3}{k+2}$，当 $n=k+1$ 时，$a_{k+1}=\ln(a_k+1)\leqslant\frac{3a_k}{a_k+2}$。

要证 $a_{k+1}\leqslant\frac{3}{k+3}$，只要证 $\frac{3a_k}{a_k+3}\leqslant\frac{3}{k+3}\Leftrightarrow(k+2)\ a_k\leqslant3\Leftrightarrow a_k\leqslant\frac{3}{k+2}$。

由归纳假设得命题成立。

$\therefore$ 对一切正整数 n 都有 $\frac{2}{n+2}<a_n\leqslant\frac{3}{n+2}$。

小结：这方面问题的解答，有三个关键点。

(1) $\ln(1+x)>\frac{kx}{x+k}$，$(k=1,\ 2)$；$\ln(1+x)\leqslant\frac{kx}{x+k}$，$(k\geqslant3)$。

(2) 解题意识的培养：充分利用题目的信息前后联想，得出较优解题方法。

(3) 因为无法求通项，因此不能用对应法证明不等式。

（四）极值和最值问题

运用导数解决极值和最值问题是最常见的方法，要掌握极值点的判断方法和求最值的基本步骤并能熟练运用。

例 11 （2013 年高考四川理科数学卷）已知函数 $f(x)=\begin{cases}x^2+2x+a, & x<0\\ \ln x, & x>0\end{cases}$，其中 a 是实数。设 $A(x_1,\ f(x_1))$，$B(x_2,\ f(x_2))$ 为该函数图象上的两点，且 $x_1<x_2$。

(1) 指出函数 $f(x)$ 的单调区间；

(2) 若函数 $f(x)$ 的图象在点 A，B 处的切线互相垂直，且 $x_2<0$，求 x_2-x_1 的最小值；

(3) 若函数 $f(x)$ 的图象在点 A，B 处的切线重合，求 a 的取值范围。

解：(1) 依题意得，函数 $f(x)$ 的单调递减区间为 $(-\infty,\ -1)$，单调递增区间为 $[-1,\ 0)\cup(0,\ +\infty)$。

(2) 由导数的几何意义可知，点 A 处的切线斜率为 $f'(x_1)$，点 B 处的切线斜率为 $f'(x_2)$，故当点 A 处的切线与点 B 处的切线垂直时，有 $f'(x_1)f'(x_2)=-1$。

当 $x<0$ 时，对函数 $f(x)$ 求导，得 $f'(x)=2x+2$。

因为 $x_1<x_2<0$，$(2x_1+2)(2x_2+2)=-1$，所以 $2x_1+2<0$，$2x_2+2>0$。因此

$$x_2-x_1=\frac{1}{2}[-(2x_1+2)+(2x_2+2)]\geqslant\sqrt{-(2x_1+2)(2x_2+2)}=1。$$

当且仅当$-(2x_1+2)=(2x_2+2)=1$，即$x_1=-\frac{3}{2}$且$x_2=-\frac{1}{2}$时等号成立。

所以函数$f(x)$的图象在点A，B处的切线互相垂直时，x_2-x_1的最小值为1。

(3) 当$x_1<x_2<0$或$x_2>x_1>0$时，$f'(x_1)\neq f'(x_2)$，故$x_1<0<x_2$。

当$x_1<0$时，函数$f(x)$的图象在点$A(x_1, f(x_1))$处的切线方程为$y-(x_1{}^2+2x_1+a)=(2x_1+2)(x-x_1)$，即$y=(2x_1+2)x-x_1{}^2+a$。

当$x_2>0$时，函数$f(x)$的图象在点$B(x_2, f(x_2))$处的切线方程为$y-\ln x_2=\frac{1}{x_2}(x-x_2)$，即$y=\frac{1}{x_2}\cdot x+\ln x_2-1$。

两切线重合的充要条件是$\begin{cases}\frac{1}{x_2}=2x_1+2 & ① \\ \ln x_2-1=-x_1{}^2+a & ②\end{cases}$，

由①以及$x_1<0<x_2$知$-1<x_1<0$。由①②得

$a=x_1{}^2+\ln\frac{1}{2x_1+2}-1=x_1{}^2-\ln(2x_1+2)-1$。

设$h(x_1)=x_1{}^2-\ln(2x_1+2)-1(-1<x_1<0)$，则$h'(x_1)=2x_1-\frac{1}{x_1+1}<0$。所以$h(x_1)$在$(-1, 0)$上是减函数，则$h(x_1)>h(0)=-\ln2-1$，所以$a>-\ln2-1$。

又当$x_1\in(-1, 0)$且趋近于-1时，$h(x_1)$无限增大，所以a的取值范围是$(-\ln2-1, +\infty)$。

故当函数$f(x)$的图象在点A，B处的切线重合时，a的取值范围是$(-\ln2-1, +\infty)$。

（五）以拉格朗日中值定理为背景的导数问题

拉格朗日中值定理又被称作有限增量定理，是微分学中的一个基本定理。它反映了可导函数在闭区间上的整体的平均变化率与区间内某点的局部变化率的关系。拉格朗日中值定理的形式其实就是泰勒公式的一阶展开式的形式。在现实应用中，拉格朗日中值定理有着十分重要的作用，是所有微积分中值定理当中使用最为普遍的定理。

拉格朗日中值定理的形成和发展过程也显示了数学中一个重要定律：一

个定理的发展总是推翻陈旧、创新的一个进程，用新的更简单的定理去代替旧的复杂的定理，推动数学内容由初级走向高级。

拉格朗日中值定理对解决高中导数内容中的一些难点问题十分简便，在解决高考数学难题上的作用十分突出，以下举例说明。

几个基本定理：

中值定理名称	条件	结论
罗尔中值定理	$y=f(x)$：(1) 在 $[a,b]$ 上连续；(2) 在 (a,b) 内可导；(3) $f(a)=f(b)$	至少存在一点 $\xi\in(a,b)$ 使得 $f'(\xi)=0$
拉格朗日中值定理	$y=f(x)$：(1) 在 $[a,b]$ 上连续；(2) 在 (a,b) 内可导	至少存在一点 $\xi\in(a,b)$ 使得 $f'(\xi)=\frac{f(b)-f(a)}{b-a}$
柯西中值定理	$f(x)$、$g(x)$：(1) 在 $[a,b]$ 上连续，在 (a,b) 内可导；(2) 在 (a,b) 内每点处 $g'(x)\neq0$	至少存在一点 $\xi\in(a,b)$ 使得 $\frac{f'(\xi)}{g'(\xi)}=\frac{f(b)-f(a)}{b-a}$

例 12 （2010 年辽宁高考理科数学卷）已知函数 $f(x)=(a+1)\ln x+ax^2+1$。

(1) 讨论函数 $f(x)$ 的单调性；

(2) 设 $a<-1$，如果对任意 x_1，$x_2\in(0,+\infty)$，$|f(x_1)-f(x_2)|\geqslant 4|x_1-x_2|$，求 a 的取值范围。

解：(1) $f(x)$ 的定义域为 $(0,+\infty)$，依题意得 $f'(x)=\frac{a+1}{x}+2ax=\frac{2ax^2+a+1}{x}$。

当 $a\geqslant0$ 时，$f'(x)>0$，故 $f(x)$ 在 $(0,+\infty)$ 上单调递增；

当 $a\leqslant-1$ 时，$f'(x)<0$，故 $f(x)$ 在 $(0,+\infty)$ 上单调递减；

当 $-1<a<0$ 时，令 $f'(x)=0$，解得 $x=\sqrt{-\frac{a+1}{2a}}$。

则当 $x\in\left(0,\sqrt{-\frac{a+1}{2a}}\right)$ 时，$f'(x)>0$；$x\in\left(\sqrt{-\frac{a+1}{2a}},+\infty\right)$ 时，$f'(x)<0$。

故 $f(x)$ 在 $\left(0, \sqrt{-\frac{a+1}{2a}}\right)$ 上单调递增，在 $\left(\sqrt{-\frac{a+1}{2a}}, +\infty\right)$ 上单调递减。

(2) 不妨假设 $x_1 \geqslant x_2$，而 $a<-1$，由 (1) 知 $f(x)$ 在 $(0, +\infty)$ 上单调递减。

从而 $\forall x_1, x_2 \in (0, +\infty)$，使得 $|f(x_1)-f(x_2)| \geqslant 4|x_1-x_2|$，等价于 $\forall x_1, x_2 \in (0, +\infty)$，使得 $f(x_2)+4x_2 \geqslant f(x_1)+4x_1$ ①。令 $g(x)=f(x)+4x$，则 $g'(x)=\frac{a+1}{x}+2ax+4$。①式等价于 $g(x)$ 在 $(0, +\infty)$ 上单调递减，即 $\frac{a+1}{x}+2ax+4 \leqslant 0$。从而

$$a \leqslant \frac{-4x-1}{2x^2+1}=\frac{(2x-1)^2-4x^2-2}{2x^2+1}=\frac{(2x-1)^2}{2x^2+1}-2,$$

故 a 的取值范围为 $(-\infty, -2]$。

例 13 （2012 年湖南高考理科数学卷）已知函数 $f(x)=e^{ax}-x$，其中 $a \neq 0$。

(1) 若对一切 $x \in \mathbf{R}$，$f(x) \geqslant 1$ 恒成立，求 a 的取值集合。

(2) 在函数 $f(x)$ 的图象上取定两点 $A(x_1, f(x_1))$，$B(x_2, f(x_2))$ $(x_1<x_2)$，记直线 AB 的斜率为 k，问：是否存在 $x_0 \in (x_1, x_2)$，使 $f'(x_0)>k$ 成立？若存在，求 x_0 的取值范围；若不存在，请说明理由。

解：(1) 若 $a<0$，则对一切 $x>0$，$f(x)=e^{ax}-x<1$，与题设矛盾，又 $a \neq 0$，故 $a>0$。而 $f'(x)=ae^{ax}-1$，令 $f'(x)=0$，得 $x=\frac{1}{a}\ln\frac{1}{a}$。

当 $x<\frac{1}{a}\ln\frac{1}{a}$ 时，$f'(x)<0$，$f(x)$ 单调递减；

当 $x>\frac{1}{a}\ln\frac{1}{a}$ 时，$f'(x)>0$，$f(x)$ 单调递增。

故当 $x=\frac{1}{a}\ln\frac{1}{a}$ 时，$f(x)$ 取得最小值 $f\left(\frac{1}{a}\ln\frac{1}{a}\right)=\frac{1}{a}-\frac{1}{a}\ln\frac{1}{a}$。

于是对一切 $x \in \mathbf{R}$，$f(x) \geqslant 1$ 恒成立，当且仅当 $\frac{1}{a}-\frac{1}{a}\ln\frac{1}{a} \geqslant 1$ ①，即 $\ln a \geqslant a-1$，函数 $\ln x \leqslant x-1$ 对一切 $x>0$ 恒成立。

证明如下：

令 $g(t)=t-t\ln t$，则 $g'(t)=-\ln t$。

当 $0<t<1$ 时，$g'(t)>0$，$g(t)$ 单调递增；

当 $t>1$ 时，$g'(t)<0$，$g(t)$ 单调递减。

故当 $t=1$ 时，$g(t)$ 取得最大值 $g(1)=1$。

所以只有 $\ln a=a-1$，即 $a=1$ 时，①式成立。

综上所述，a 的取值集合为 $\{1\}$。

（2）存在。由题意知，$k=\dfrac{f(x_2)-f(x_1)}{x_2-x_1}=\dfrac{e^{ax_2}-e^{ax_1}}{x_2-x_1}-1$。

令 $\varphi(x)=f'(x)-k=ae^{ax}-\dfrac{e^{ax_2}-e^{ax_1}}{x_2-x_1}$，则

$$\varphi(x_1)=-\frac{e^{ax_1}}{x_2-x_1}\left[e^{a(x_2-x_1)}-a(x_2-x_1)-1\right],$$

$$\varphi(x_2)=\frac{e^{ax_2}}{x_2-x_1}\left[e^{a(x_1-x_2)}-a(x_1-x_2)-1\right]。$$

令 $F(t)=e^t-t-1$，则 $F'(t)=e^t-1$。

当 $t<0$ 时，$F'(t)<0$，$F(t)$ 单调递减；

当 $t>0$ 时，$F'(t)>0$，$F(t)$ 单调递增。

故当 $t\neq0$，$F(t)>F(0)=0$，即 $e^t-t-1>0$。

（事实上，上面的证明就是不等式 $e^x\geqslant x+1$，或 $\ln(1+x)\leqslant x$ 的应用。）

从而 $e^{a(x_2-x_1)}-a(x_2-x_1)-1>0$，$e^{a(x_1-x_2)}-a(x_1-x_2)-1>0$，又 $\dfrac{e^{ax_1}}{x_2-x_1}>0$，$\dfrac{e^{ax_2}}{x_2-x_1}>0$，所以 $\varphi(x_1)<0$，$\varphi(x_2)>0$。

因为函数 $y=\varphi(x)$ 在区间 $[x_1, x_2]$ 上的图象是连续不断的一条曲线，所以存在 $c\in(x_1, x_2)$ 使 $\varphi(c)=0$。又 $\varphi'(x)=a^2e^{ax}>0$，$\varphi(x)$ 单调递增，故这样的 c 是唯一的，且 $c=\dfrac{1}{a}\ln\dfrac{e^{ax_2}-e^{ax_1}}{a(x_2-x_1)}$。故当且仅当 $x\in\left(\dfrac{1}{a}\ln\dfrac{e^{ax_2}-e^{ax_1}}{a(x_2-x_1)}, x_2\right)$时，$f'(x)>k$。

综上所述，存在 $x_0\in(x_1, x_2)$ 使 $f'(x_0)>k$ 成立，且 x_0 的取值范围为$\left(\dfrac{1}{a}\ln\dfrac{e^{ax_2}-e^{ax_1}}{a(x_2-x_1)}, x_2\right)$。

第二节　证明不等式的基本方法

不等式的证明就是经过逻辑推理来判断不等式的变量在允许的取值范围内使不等式成立。不等式的证明思路开阔，方法灵活，技巧性强，很多数学高考、竞赛中的不等式证明，往往需要运用创造性思维和较高的运算技巧。

不等式的证明与其他命题的证明一样，证明思路和方法主要是综合法和分析法。在不等式的变形中，差比、商比、配方、放缩、换元、构造等方法常常需要巧妙运用，不等式的证明有时候还用到某些函数的性质（如单调性、凹凸性）以及二次函数的判别式等，数学归纳法也常常用于解决与正整数有关的不等式证明。

较复杂的不等式的证明，往往需要综合运用多种方法和技巧来完成，下面对常用的一些方法做简单介绍。

一、比较法

比较法一般有两种形式：

(1) 差值比较：欲证 $A\geqslant B$，只需证 $A-B\geqslant 0$。

(2) 商值比较：若 $B>0$，欲证 $A\geqslant B$，只需证$\frac{A}{B}\geqslant 1$。

例 1　证明：$\sqrt{a^2+b^2}\geqslant\sqrt[3]{a^3+b^3}$。

证明：$(a^2+b^2)^3-(a^3+b^3)^2$

$=a^6+b^6+3a^2b^4+3a^4b^2-a^6-b^6-2a^3b^3$

$=a^2b^2(3a^2+3b^2-2ab)$

$=a^2b^2[2a^2+2b^2+(a-b)^2]\geqslant 0$，

故 $(a^2+b^2)^3\geqslant(a^3+b^3)^2\Rightarrow\sqrt{a^2+b^2}\geqslant\sqrt[3]{a^3+b^3}$。

例 2 设 a，$b\in\mathbf{R}^{+}$，$n\in\mathbf{N}$，求证：$\dfrac{b^{n-1}}{a^{n}}+\dfrac{a^{n-1}}{b^{n}}\geqslant\dfrac{1}{a}+\dfrac{1}{b}$。

证明：$\left(\dfrac{b^{n-1}}{a^{n}}+\dfrac{a^{n-1}}{b^{n}}\right)-\left(\dfrac{1}{a}+\dfrac{1}{b}\right)=\dfrac{b^{n-1}-a^{n-1}}{a^{n}}+\dfrac{a^{n-1}-b^{n-1}}{b^{n}}$

$=\dfrac{(a^{n-1}-b^{n-1})(a^{n}-b^{n})}{a^{n}b^{n}}$。

而 $(a^{n-1}-b^{n-1})(a^{n}-b^{n})\geqslant0$，$a^{n}b^{n}>0\Rightarrow\dfrac{(a^{n-1}-b^{n-1})(a^{n}-b^{n})}{a^{n}b^{n}}\geqslant0$，

故$\dfrac{b^{n-1}}{a^{n}}+\dfrac{a^{n-1}}{b^{n}}\geqslant\dfrac{1}{a}+\dfrac{1}{b}$。

例 3 设 a，b，$c\in\mathbf{R}^{+}$，证明：$a^{3a}b^{3b}c^{3c}\geqslant(abc)^{a+b+c}$。

证明：依题意，不妨设 $a\geqslant b\geqslant c$，于是

$\dfrac{a^{3a}b^{3b}c^{3c}}{(abc)^{a+b+c}}=\dfrac{a^{2a}b^{2b}c^{2c}}{a^{b+c}b^{c+a}c^{a+b}}=\left(\dfrac{a}{b}\right)^{a-b}\left(\dfrac{b}{c}\right)^{b-c}\left(\dfrac{c}{a}\right)^{c-a}\geqslant1$。

即 $a^{3a}b^{3b}c^{3c}\geqslant(abc)^{a+b+c}$。

评析：由本题结论可得 $a^{a}b^{b}c^{c}\geqslant(abc)^{\frac{a+b+c}{3}}$。

二、综合分析法

综合分析法即综合法和分析法的结合。综合法是从已知条件及已经证明的不等式出发，运用不等式的性质逐步推导，最后得到所要证明的不等式，综合法是一种“由因导果”的直接证法。分析法则与综合法相反，其从所要求的不等式出发，逐步推求使不等式成立的条件，直至已知事实为止，分析法是一种“执果索因”的间接证法。一些复杂的不等式需要综合法和分析法结合起来证明。

例 1 若 a，b，$c\in\mathbf{R}^{+}$，求证：$\dfrac{a^{2}}{b}+\dfrac{b^{2}}{c}+\dfrac{c^{2}}{a}\geqslant a+b+c$。

证明：$\because\left(\dfrac{x}{\sqrt{y}}-\sqrt{y}\right)^{2}\geqslant0\Leftrightarrow\dfrac{x^{2}}{y}+y\geqslant2x(x，y\in\mathbf{R}^{+})$，则有

$\left(\dfrac{a^{2}}{b}+b\right)+\left(\dfrac{b^{2}}{c}+c\right)+\left(\dfrac{c^{2}}{a}+a\right)\geqslant2a+2b+2c$

$\Rightarrow\dfrac{a^{2}}{b}+\dfrac{b^{2}}{c}+\dfrac{c^{2}}{a}\geqslant a+b+c$。

评析：本题从实数的平方非负这一简单的事实出发来推证，最后综合得到要证明的不等式。

例 2 设 a，$b\in\mathbf{R}^{+}$，且 $a+b=1$，求证：$\left(a+\frac{1}{a}\right)\left(b+\frac{1}{b}\right)\geqslant\frac{25}{4}$。

证明：$\because a+b=1\geqslant2\sqrt{ab}$，$\therefore 0<ab\leqslant\frac{1}{4}$。

而 $\left(a+\frac{1}{a}\right)\left(b+\frac{1}{b}\right)=ab+\frac{1}{ab}+\frac{b}{a}+\frac{a}{b}\geqslant2+ab+\frac{1}{ab}$。

由单调性定义可证明函数 $f(t)=t+\frac{1}{t}$ 在 $(0,\ 1]$ 上单调递减，因 $ab\in\left(0,\ \frac{1}{4}\right]$，可知 $ab+\frac{1}{ab}\geqslant\frac{1}{4}+4=\frac{17}{4}$，从而 $\left(a+\frac{1}{a}\right)\left(b+\frac{1}{b}\right)=2+ab+\frac{1}{ab}\geqslant\frac{25}{4}$。

例 3 设 a，b，$c\in\mathbf{R}^{+}$，求证：$(b+c-a)(c+a-b)(a+b-c)\leqslant abc$。

证明：①若 $b+c-a$，$c+a-b$，$a+b-c$ 中有一个为负，则不等式成立。

②若 $b+c-a$，$c+a-b$，$a+b-c$ 中有两个为负，不妨设 $b+c-a<0$，$c+a-b<0$，相加得 $c<0$，与 $c\in\mathbf{R}^{+}$ 矛盾。

③若 $b+c-a$，$c+a-b$，$a+b-c$ 三者都非负，则

$$(b+c-a)(c+a-b)\leqslant\left[\frac{(b+c-a)+(c+a-b)}{2}\right]^2=c^2;$$

$$(c+a-b)(a+b-c)\leqslant\left[\frac{(c+a-b)+(a+b-c)}{2}\right]^2=a^2;$$

$$(a+b-c)(b+c-a)\leqslant\left[\frac{(a+b-c)+(b+c-a)}{2}\right]^2=b^2。$$

$\therefore\ (b+c-a)(c+a-b)(a+b-c)\leqslant abc$。

结合①②③可知 $(b+c-a)(c+a-b)(a+b-c)\leqslant abc$ 成立。

三、放缩法

有时候直接证明不等式 $A\leqslant B$ 比较困难，可以尝试着找一个中间量 C，如果有 $A\leqslant C$ 及 $C\leqslant B$ 同时成立，则 $A\leqslant B$ 成立。所谓的放缩，就是将 A

放大到C，再把C放大到B，或者反过来把B缩小到C再缩小到A。使用放缩法证明不等式的技巧常常体现在放缩的尺度上。

例 1 若a，b，c，d都是正数，设$S=\frac{a}{a+b+c}+\frac{b}{b+c+d}+\frac{c}{c+d+a}+\frac{d}{d+a+b}$，求证：$1<S<2$。

证明：$\because \frac{a}{a+b+c}>\frac{a}{a+b+c+d}$，$\frac{b}{b+c+d}>\frac{b}{a+b+c+d}$，

$\frac{c}{c+d+a}>\frac{c}{a+b+c+d}$，$\frac{d}{d+a+b}>\frac{d}{a+b+c+d}$；

$\therefore S>\frac{a}{a+b+c+d}+\frac{b}{a+b+c+d}+\frac{c}{a+b+c+d}+\frac{d}{a+b+c+d}=1$。

而 $\frac{a}{a+b+c}<\frac{a+d}{a+b+c+d}$，$\frac{b}{b+c+d}<\frac{b+a}{b+c+d+a}$，

$\frac{c}{c+d+a}<\frac{c+b}{c+d+a+b}$，$\frac{d}{d+a+b}<\frac{d+c}{d+a+b+c}$；

故有$S<\frac{a+d}{a+b+c+d}+\frac{b+a}{a+b+c+d}+\frac{c+b}{a+b+c+d}+\frac{d+c}{a+b+c+d}=2$。

$\Rightarrow 1<S<2$。

评析：a，b，$m\in \mathbf{R}^+$，若$a>b$则$\frac{a+m}{b+m}<\frac{a}{b}$，若$a<b$则$\frac{a+m}{b+m}>\frac{a}{b}$。

例 2 设$n\in \mathbf{N}$，$n\geqslant 2$，证明：$\frac{1}{2^3}+\frac{1}{3^3}+\cdots+\frac{1}{n^3}<\frac{5}{24}$。

证明：当$n=2$，3时，易验证不等式成立。

注意到若$k\geqslant 2$时有

$\frac{1}{k^3}<\frac{1}{(k-1)\cdot k\cdot(k+1)}=\frac{1}{2}\left(\frac{1}{k-1}-\frac{2}{k}+\frac{1}{k+1}\right)$，

取$k=3$，4，…，n，有

$\frac{1}{3^3}<\frac{1}{2}\left(\frac{1}{2}-\frac{2}{3}+\frac{1}{4}\right)$，$\frac{1}{4^3}<\frac{1}{2}\left(\frac{1}{3}-\frac{2}{4}+\frac{1}{5}\right)$，…，

$\frac{1}{(n-1)^3}<\frac{1}{2}\left(\frac{1}{n-2}-\frac{2}{n-1}+\frac{1}{n}\right)$，$\frac{1}{n^3}<\frac{1}{2}\left(\frac{1}{n-1}-\frac{2}{n}+\frac{1}{n+1}\right)$。

以上各式相加，两边各加上$\frac{1}{2^3}=\frac{1}{8}$，得

不等式左边$<\frac{1}{8}+\frac{1}{2}\left(\frac{1}{2}-\frac{1}{3}-\frac{1}{n}+\frac{1}{n+1}\right)<\frac{1}{8}+\frac{1}{2}\left(\frac{1}{2}-\frac{1}{3}\right)=\frac{5}{24}$。

放缩技巧之一：裂项放缩。

例 3 求证：$2(\sqrt{n+1}-1)<1+\frac{1}{\sqrt{2}}+\frac{1}{\sqrt{3}}+\cdots+\frac{1}{\sqrt{n}}<2\sqrt{n}$（$n\in\mathbf{N}^*$）。

证明：观察待证式，由$\frac{1}{2\sqrt{k}}>\frac{1}{\sqrt{k+1}+\sqrt{k}}=\sqrt{k+1}-\sqrt{k}$，得$\frac{1}{\sqrt{k}}>2(\sqrt{k+1}-\sqrt{k})$ ①。

令①式中的 k 取从 1 到 n 的所有自然数，得到 n 个不等式，再把这 n 个不等式相加得

$$1+\frac{1}{\sqrt{2}}+\frac{1}{\sqrt{3}}+\cdots+\frac{1}{\sqrt{n}}>2(\sqrt{2}-1)+2(\sqrt{3}-\sqrt{2})+\cdots+2(\sqrt{n+1}-\sqrt{n})$$
$$=2(\sqrt{n+1}-1)。$$

又$\because \frac{1}{2\sqrt{k}}<\frac{1}{\sqrt{k-1}+\sqrt{k}}=\sqrt{k}-\sqrt{k-1}$，

$$\therefore 1+\frac{1}{\sqrt{2}}+\frac{1}{\sqrt{3}}+\cdots+\frac{1}{\sqrt{n}}<2(1-0+\sqrt{2}-1+\sqrt{3}-\sqrt{2}+\cdots+\sqrt{n}-\sqrt{n-1})$$
$$=2\sqrt{n}。$$

$\therefore$原不等式成立。

放缩技巧之二：利用数列的单调性放缩。

例 4 求证：$(1+1)\left(1+\frac{1}{4}\right)\cdots\left(1+\frac{1}{3n-2}\right)>\sqrt[3]{3n+1}$（$n\in\mathbf{N}^*$）。

证明：设$a_n=\frac{(1+1)\left(1+\frac{1}{4}\right)\cdots\left(1+\frac{1}{3n-2}\right)}{\sqrt[3]{3n+1}}$，则$\frac{a_{n+1}}{a_n}=\frac{3n+2}{\sqrt[3]{(3n+1)^2}\sqrt[3]{3n+4}}$。

$\therefore$ $\{a_n\}$ 是递增数列，又$\because a_1=\frac{2}{\sqrt[3]{4}}=\sqrt[3]{2}>1$，$\therefore a_n>a_{n-1}>\cdots>a_1>1$，

故 $(1+1)\left(1+\frac{1}{4}\right)\cdots\left(1+\frac{1}{3n-2}\right)>\sqrt[3]{3n+1}$。

例 5 求证：$\sum_{k=1}^{2^n}\frac{1}{k}\geqslant\frac{7n+11}{12}$（$n>1$，$n\in\mathbf{N}^*$）。

证明：设 $a_n=\frac{1}{n+1}+\frac{1}{n+2}+\cdots+\frac{1}{n+n}$，则

$a_2=\frac{1}{3}+\frac{1}{4}=\frac{7}{12}$，$a_{n+1}=\frac{1}{n+2}+\frac{1}{n+3}+\cdots+\frac{1}{(n+1)+(n+1)}$，则

$a_{n+1}-a_n=\frac{1}{2n+2}+\frac{1}{2n+1}-\frac{1}{n+1}=\frac{1}{2n+1}-\frac{1}{2n+2}>0$，$\therefore a_{n+1}>a_n$。

$\therefore\sum\limits_{k=1}^{2^n}\frac{1}{k}=1+\frac{1}{2}+\left(\frac{1}{2+1}+\frac{1}{2+2}\right)+\left(\frac{1}{4+1}+\frac{1}{4+2}+\frac{1}{4+3}+\frac{1}{4+4}\right)+\cdots+$ $\left(\frac{1}{2^{n-1}+1}+\frac{1}{2^{n-1}+2}+\cdots+\frac{1}{2^{n-1}+2^{n-1}}\right)=1+\frac{1}{2}+a_2+a_4+\cdots+a_{2^{n-1}}\geqslant 1+\frac{1}{2}$ $+a_2+a_2+\cdots+a_2=\frac{3}{2}+(n-1)a_2\geqslant\frac{3}{2}+(n-1)\cdot\frac{7}{12}=\frac{7n+11}{12}$。

评析：以上两道例题都是通过构造单调数列，把问题回归到数列的前几项解决的，此法是证明与自然数 n 有关的不等式的一种重要方法。

放缩技巧之三：利用基本不等式放缩。

高中数学教材中有一个重要不等式：$a>b>0$，$m>0$，则$\frac{b+m}{a+m}>\frac{b}{a}$，它的应用十分广泛，以下举两个例子进行说明。

例 6　证明不等式 $(1+1)\left(1+\frac{1}{3}\right)\left(1+\frac{1}{5}\right)\cdots\left(1+\frac{1}{2n-1}\right)>\sqrt{2n+1}$（$n\in\mathbf{N}$，$n\geqslant 2$）。

证明：先将不等式变形为 $b>a>0$，$m>0$，则$\frac{b+m}{a+m}<\frac{b}{a}$。

设 $x=(1+1)\left(1+\frac{1}{3}\right)\left(1+\frac{1}{5}\right)\cdots\left(1+\frac{1}{2n-1}\right)$

$=\frac{2}{1}\cdot\frac{4}{3}\cdot\frac{6}{5}\cdot\frac{8}{7}\cdot\cdots\cdot\frac{2n}{2n-1}>0$，

设 $y=\frac{3}{2}\cdot\frac{5}{4}\cdot\frac{7}{6}\cdot\frac{9}{8}\cdot\cdots\cdot\frac{2n+1}{2n}>0$。

由上式得 $x^2>xy$，$\therefore x>\sqrt{2n+1}$，即

$(1+1)\left(1+\frac{1}{3}\right)\left(1+\frac{1}{5}\right)\cdots\left(1+\frac{1}{2n-1}\right)>\sqrt{2n+1}$。

放缩技巧之四：放缩调控。

放缩调控，指根据问题特征，逐项或从某些项（不一定从第一项起）开始放缩，逐步“逼近”，进而实现证明目标的一种方法技巧。放缩调控需要更多的尝试、判断、修正，进而从中发现规律，寻求解答方法。

例 7 求证：$\frac{1}{3^2}+\frac{1}{5^2}+\frac{1}{7^2}+\cdots+\frac{1}{(2n+1)^2}<\frac{17}{72}$（$n\in\mathbf{N}^*$）。

证明：$\frac{1}{(2n+1)^2}=\frac{1}{(2n+1)(2n+1)}<\frac{1}{2n(2n+2)}=\frac{1}{2}\left(\frac{1}{2n}-\frac{1}{2n+2}\right)=\frac{1}{4}\left(\frac{1}{n}-\frac{1}{n+1}\right)$。

若从第一项开始放缩，不等式左边$<\frac{1}{4}\left(1-\frac{1}{n+1}\right)<\frac{1}{4}>\frac{17}{72}$，不等式链中断，放缩失败。减少放缩的项数，保留第一项，从第二项开始放缩，可得

$$不等式左边<\frac{1}{3^2}+\frac{1}{4}\left(\frac{1}{2}-\frac{1}{n+1}\right)<\frac{1}{9}+\frac{1}{8}=\frac{17}{72}。$$

调整成功，显然从第三项开始放缩所得的结果比从第二项开始放缩所得的结果更小些，以此类推，当放缩的项数越少，放缩后的结果就越来越精细，越逼近目标。

例 8 $\{a_n\}$ 满足：$a_{n+1}=a_n^2+a_n$，$a_1=\frac{1}{2}$，求证：当 $n\geqslant 2$，$n\in\mathbf{N}^*$ 时，$1<\frac{1}{1+a_1}+\frac{1}{1+a_2}+\cdots+\frac{1}{1+a_n}<2$。

证明：$\frac{1}{a_{n+1}}=\frac{1}{a_n(1+a_n)}=\frac{1}{a_n}-\frac{1}{1+a_n}\Rightarrow\frac{1}{1+a_n}=\frac{1}{a_n}-\frac{1}{a_{n+1}}$。

当 $n=1$ 时，$\frac{1}{1+a_1}=\frac{2}{3}\Rightarrow 1<\frac{1}{1+a_1}<2$，结论成立。

当 $n\geqslant 2$ 时，$\frac{1}{1+a_1}+\frac{1}{1+a_2}+\cdots+\frac{1}{1+a_n}$

$=\left(\frac{1}{a_1}-\frac{1}{a_2}\right)+\left(\frac{1}{a_2}-\frac{1}{a_3}\right)+\cdots+\left(\frac{1}{a_n}-\frac{1}{a_{n+1}}\right)$

$=\frac{1}{a_1}-\frac{1}{a_{n+1}}=2-\frac{1}{a_{n+1}}<2$，

而$\frac{1}{1+a_1}+\frac{1}{1+a_2}+\cdots+\frac{1}{1+a_n}>\frac{1}{1+a_1}+\frac{1}{1+a_2}=\frac{2}{3}+\frac{4}{7}=\frac{26}{21}>1$，

故 $1<\frac{1}{1+a_1}+\frac{1}{1+a_2}+\cdots+\frac{1}{1+a_n}<2$。

例 9 已知 a，b，c 为实数，求证：

$$\frac{1}{a^3+b^3+abc}+\frac{1}{b^3+c^3+abc}+\frac{1}{c^3+a^3+abc}\leqslant\frac{1}{abc}。$$

证明：因为 $a^3+b^3=(a+b)(a^2+b^2-ab)\geqslant(a+b)ab$，则

$$\frac{1}{a^3+b^3+abc}\leqslant\frac{1}{(a+b)ab+abc}=\frac{c}{abc(a+b+c)},$$

同理可得

$$\frac{1}{b^3+c^3+abc}\leqslant\frac{a}{abc(a+b+c)},\ \frac{1}{c^3+a^3+abc}\leqslant\frac{b}{abc(a+b+c)},$$

把上述三式相加可得

$$\frac{1}{a^3+b^3+abc}+\frac{1}{b^3+c^3+abc}+\frac{1}{c^3+a^3+abc}\leqslant\frac{1}{abc}。$$

四、判别式法

借助二次方程的判别式证明不等式，主要依据以下两点：

(1) 若二次方程 $ax^2+bx+c=0$ 有实根，则其判别式 $\Delta=b^2-4ac\geqslant0$。

(2) 已知二次函数 $f(x)=ax^2+bx+c$，若 $a>0$，则 $f(x)\geqslant0\Leftrightarrow\Delta=b^2-4ac\leqslant0$。

例 1 设实数 a_i，b_i ($i=1, 2, \cdots, n$) 满足 $a_1^2-a_2^2-\cdots-a_n^2>0$，证明：$(a_1b_1-a_2b_2-\cdots-a_nb_n)^2\geqslant(a_1^2-a_2^2-\cdots-a_n^2)(b_1^2-b_2^2-\cdots-b_n^2)$。

证明：由已知推得 $a_1\neq0$，考查关于 x 的二次函数

$$f(x)=(a_1^2-a_2^2-\cdots-a_n^2)x^2-2(a_1b_1-a_2b_2-\cdots-a_nb_n)x+b_1^2-b_2^2-\cdots-b_n^2$$

$$=(a_1x-b_1)^2-(a_2x-b_2)^2-\cdots-(a_nx-b_n)^2。$$

已知 $a_1^2-a_2^2-\cdots-a_n^2>0$，则 $f(x)$ 图象开口向上，而且有

$$f\left(\frac{b_1}{a_1}\right)=\left(a_1\cdot\frac{b_1}{a_1}-b_1\right)^2-\left(a_2\cdot\frac{b_1}{a_1}-b_2\right)^2-\cdots-\left(a_n\cdot\frac{b_1}{a_1}-b_n\right)^2\leqslant0。$$

故 $f(x)$ 必有实根，从而

$\Delta=4(a_1b_1-a_2b_2-\cdots-a_nb_n)^2-4(a_1^2-a_2^2-\cdots-a_n^2)(b_1^2-b_2^2-\cdots-b_n^2)\geqslant 0$，故有

$$(a_1b_1-a_2b_2-\cdots-a_nb_n)^2\geqslant(a_1^2-a_2^2-\cdots-a_n^2)(b_1^2-b_2^2-\cdots-b_n^2)。$$

小结：对于证明“$A\cdot C\geqslant B^2$ 或 $A\cdot C\leqslant B^2$”这类不等式，可以考虑构造一个二次函数 $f(x)=Ax^2+Bx+\frac{1}{4}C$ 或 $f(x)=\frac{1}{4}Ax^2+Bx+C$，然后再设法证明 $\Delta\leqslant 0$ 或 $\Delta\geqslant 0$ 即可；也可以先把不等式变形为“$4A\cdot C\geqslant(2B)^2$ 或 $4A\cdot C\leqslant(2B)^2$”，然后构造一个二次函数 $f(x)=Ax^2-2Bx+C$，再考虑用判别式证明。

例 2　设 a_1，a_2，a_3，b_1，b_2，$b_3\in\mathbf{R}$，且满足 $a_1^2+a_2^2+a_3^2\leqslant 1$，证明：$(a_1b_1+a_2b_2+a_3b_3-1)^2\geqslant(a_1^2+a_2^2+a_3^2-1)(b_1^2+b_2^2+b_3^2-1)$。

证明：当 $a_1^2+a_2^2+a_3^2=1$ 时，显然不等式成立。

当 $a_1^2+a_2^2+a_3^2<1$ 时，构造二次函数

$$\begin{aligned}f(x)&=(a_1^2+a_2^2+a_3^2-1)x^2-2(a_1b_1+a_2b_2+a_3b_3-1)x+b_1^2+b_2^2+b_3^2-1\\&=(a_1x-b_1)^2+(a_2x-b_2)^2+(a_3x-b_3)^2-(x-1)^2。\end{aligned}$$

易知该二次函数图象开口向下，且有

$f(1)=(a_1-b_1)^2+(a_2-b_2)^2+(a_3-b_3)^2\geqslant 0$，

故 $f(x)$ 必有实根，从而

$\Delta=4(a_1b_1+a_2b_2+a_3b_3-1)^2-4(a_1^2+a_2^2+a_3^2-1)(b_1^2+b_2^2+b_3^2-1)\geqslant 0$，即不等式成立。

例 3　设实数 a，b，c 满足 $(a+c)(a+b+c)<0$，证明：$(b-2c)^2\geqslant 8a(a+b+c)$。

证明：（判别式法）由于要证明的不等式“$(b-2c)^2-8a(a+b+c)\geqslant 0$”与“$\Delta\geqslant 0$”在结构上很类似，考虑构造函数 $f(x)=2ax^2+(b-2c)x+(a+b+c)$。

当 $a=0$ 时，不等式成立；

当 $a\neq 0$ 时，函数 $f(x)=2ax^2+(b-2c)x+(a+b+c)$ 为二次函数，而 $f(0)=a+b+c$，$f(-1)=3(a+c)$，题目所给条件即为 $f(0)\cdot f(-1)<0$，由于 $f(x)$ 是连续的，故方程 $f(x)=0$ 在 $(-1,0)$ 上必有解。

故 $\Delta\geqslant 0$，即 $(b-2c)^2-8a(a+b+c)\geqslant 0$，不等式成立。

五、柯西不等式法

柯西不等式：$(ac+bd)^2\leqslant(a^2+b^2)(c^2+d^2)$。

证明：当 $abcd=0$ 时，显然不等式成立。

当 $abcd\neq0$ 时，设 $f(x)=(ax-c)^2+(bx-d)^2$，则 $f(x)\geqslant0$，而

$$f(x)=(ax-c)^2+(bx-d)^2=a^2x^2-2acx+c^2+b^2x^2-2bdx+d^2$$
$$=(a^2+b^2)x^2-2(ac+bd)x+c^2+d^2,$$

则 $f(x)$ 判别式 $\Delta=4(ac+bd)^2-4(a^2+b^2)(c^2+d^2)\leqslant0$，

即 $(ac+bd)^2\leqslant(a^2+b^2)(c^2+d^2)$ 成立。

当且仅当 $\begin{cases}ax=c\\bx=d\end{cases}\Rightarrow\dfrac{c}{a}=\dfrac{d}{b}$ 时等号成立。

n 维柯西不等式：

设 a_1，a_2，…，a_n 及 b_1，b_2，…，b_n 为任意实数，则

$$(a_1b_1+a_2b_2+\cdots+a_nb_n)^2\leqslant(a_1^2+a_2^2+\cdots+a_n^2)(b_1^2+b_2^2+\cdots+b_n^2)。$$

当且仅当 $\dfrac{a_1}{b_1}=\dfrac{a_2}{b_2}=\cdots=\dfrac{a_n}{b_n}$ 时等号成立。

证明：设 $f(x)=(a_1x-b_1)^2+(a_2x-b_2)^2+\cdots+(a_nx-b_n)^2$，则 $f(x)\geqslant0$。

$$f(x)=(a_1x-b_1)^2+(a_2x-b_2)^2+\cdots+(a_nx-b_n)^2$$
$$=a_1^2x^2-2a_1b_1x+b_1^2+a_2^2x^2-2a_2b_2x+b_2^2+\cdots+a_n^2x^2-2a_nb_nx+b_n^2$$
$$=(a_1^2+a_2^2+\cdots+a_n^2)x^2-2(a_1b_1+a_2b_2+\cdots+a_nb_n)x+b_1^2+b_2^2+\cdots+b_n^2,$$

则 $f(x)$ 的判别式

$$\Delta=4(a_1b_1+a_2b_2+\cdots+a_nb_n)^2-4(a_1^2+a_2^2+\cdots+a_n^2)(b_1^2+b_2^2+\cdots+b_n^2)\leqslant0,$$

即得 $(a_1b_1+a_2b_2+\cdots+a_nb_n)^2\leqslant(a_1^2+a_2^2+\cdots+a_n^2)(b_1^2+b_2^2+\cdots+b_n^2)$。

当且仅当 $f(x)=0\Rightarrow a_ix-b_i=0$，即 $\dfrac{a_1}{b_1}=\dfrac{a_2}{b_2}=\cdots=\dfrac{a_n}{b_n}$ 时等号成立。

例 1 设 a，b，c 都为正数且 $a+b+c=1$，求证：$\left(a+\dfrac{1}{a}\right)^2+\left(b+\dfrac{1}{b}\right)^2+\left(c+\dfrac{1}{c}\right)^2\geqslant\dfrac{100}{3}$。

证明：利用柯西不等式

$$\frac{1}{3}(1^2+1^2+1^2)\left[\left(a+\frac{1}{a}\right)^2+\left(b+\frac{1}{b}\right)^2+\left(c+\frac{1}{c}\right)^2\right]$$

$$\geqslant\frac{1}{3}\left(a+\frac{1}{a}+b+\frac{1}{b}+c+\frac{1}{c}\right)^2=\frac{1}{3}\left(1+\frac{1}{a}+\frac{1}{b}+\frac{1}{c}\right)^2$$

$$=\frac{1}{3}\left[1+(a+b+c)\left(\frac{1}{a}+\frac{1}{b}+\frac{1}{c}\right)\right]^2\geqslant\frac{1}{3}(1+9)^2=\frac{100}{3}。$$

当且仅当 $a=b=c=\frac{1}{3}$ 时等号成立。

例 2 已知 P 为 $\triangle ABC$ 内一点，D，E，F 分别是点 P 到边 BC，CA，AB 所引垂线的垂足，求使 $\frac{BC}{PD}+\frac{CA}{PE}+\frac{AB}{PF}$ 取最小值时的点 P。

解：易知 $S_{\triangle ABC}=\frac{1}{2}(BC\cdot PD+CA\cdot PE+AB\cdot PF)$。

根据柯西不等式有

$$2S_{\triangle ABC}\cdot\left(\frac{BC}{PD}+\frac{CA}{PE}+\frac{AB}{PF}\right)$$

$$=(BC\cdot PD+CA\cdot PE+AB\cdot PF)\left(\frac{BC}{PD}+\frac{CA}{PE}+\frac{AB}{PF}\right)$$

$$\geqslant(BC+CA+AB)^2,$$

即 $\frac{BC}{PD}+\frac{CA}{PE}+\frac{AB}{PF}\geqslant\frac{(BC+CA+AB)^2}{2S_{\triangle ABC}}$（定值）。

当且仅当 $PD=PE=PF$ 时等号成立，此时 P 为 $\triangle ABC$ 的内心。

例 3 （2009 年塞尔维亚数学奥林匹克题）设 x，y，z 为正实数，且满足 $xy+yz+zx=x+y+z$，证明：$\frac{1}{x^2+y+1}+\frac{1}{y^2+z+1}+\frac{1}{z^2+x+1}\leqslant 1$，并确定等号成立的条件。

证明：由柯西不等式得 $(x^2+y+1)(1+y+z^2)\geqslant(x+y+z)^2$，故

$\frac{1}{x^2+y+1}\leqslant\frac{1+y+z^2}{(x+y+z)^2}$，同理

$\frac{1}{y^2+z+1}\leqslant\frac{1+z+x^2}{(x+y+z)^2}$，$\frac{1}{z^2+x+1}\leqslant\frac{1+x+y^2}{(x+y+z)^2}$，故

$$\frac{1}{x^2+y+1}+\frac{1}{y^2+z+1}+\frac{1}{z^2+x+1}\leqslant\frac{3+x+y+z+x^2+y^2+z^2}{(x+y+z)^2}。$$

故只需证明 $\frac{3+x+y+z+x^2+y^2+z^2}{(x+y+z)^2}\leqslant 1$ 即可，进而只需证明

$3+x+y+z\leqslant 2(xy+yz+zx)$。

又因为 $xy+yz+zx=x+y+z$，即只需证明 $x+y+z\geqslant 3$，又

$x+y+z=xy+yz+zx\leqslant\frac{(x+y+z)^2}{3}$，因此 $x+y+z\geqslant 3$，故不等式成立。

当且仅当 $x=y=z=1$ 时，原式等号成立。

例 4 （2009 年全国高中数学联赛）求函数 $y=\sqrt{x+27}+\sqrt{13-x}+\sqrt{x}$ 的最大值和最小值。

解：函数定义域为 $[0，13]$，因为

$y=\sqrt{x+27}+\sqrt{13-x}+\sqrt{x}\geqslant\sqrt{x+27}+\sqrt{13+2\sqrt{x(13-x)}}$

$\geqslant\sqrt{27}+\sqrt{13}=3\sqrt{3}+\sqrt{13}$。

当且仅当 $x=0$ 时取得最小值，故函数最小值为 $3\sqrt{3}+\sqrt{13}$。

又由柯西不等式得

$y^2=(\sqrt{x+27}+\sqrt{13-x}+\sqrt{x})^2$

$\leqslant\left(\frac{1}{2}+1+\frac{1}{3}\right)[2x+(x+27)+3(13-x)]=121$。

当且仅当 $4x=x+27=9(13-x)$ 即 $x=9$ 时取得最大值，故函数最大值为 11。

六、构造法

在不等式的证明过程中，构造技巧是促进转化，简化证明的简便方法。构造法最能体现思维的创造和转化能力。构造数列、函数或图形，必须根据不等式的结构特点来进行，需要敏锐的洞察力和较强的变形转化技巧，运用构造法必须满足题意，防止出现遗漏或以点代面的错误。

1. 构造函数

例 1 $a>0$，$c>0$，$2b>a+c$，证明：$b-\sqrt{b^2-ac}<a<b+\sqrt{b^2-ac}$。

分析：不等式的结构类似于求根公式，于是想到构造二次函数 $f(x)=ax^2-2bx+c$。

证明：设 $f(x)=ax^2-2bx+c$，由题意知该函数图象开口向上。由 $f(1)=a-2b+c<0$，可知 $f(x)$ 与 x 轴一定有两个交点 $(x_1,0)$，$(x_2,0)$，而且满足 $x_1<1<x_2$，从而有

$\dfrac{2b-\sqrt{4b^2-4ac}}{2a}\leqslant 1\leqslant\dfrac{2b+\sqrt{4b^2-4ac}}{2a}\Rightarrow b-\sqrt{b^2-ac}<a<b+\sqrt{b^2-ac}$。

例 2 设△ABC 的三边长 a，b，c 满足 $a+b+c=1$，求证：$5(a^2+b^2+c^2)+18abc\geqslant\dfrac{7}{3}$。

证明：由 $a^2+b^2+c^2=(a+b+c)^2-2(ab+ac+bc)=1-2(ab+ac+bc)$，故待证不等式等价于 $\dfrac{5}{9}(ab+bc+ac)-abc\leqslant\dfrac{4}{27}$。

设 $f(x)=(x-a)(x-b)(x-c)=x^3-(a+b+c)x^2+(ab+bc+ac)x-abc$，则

$$f\left(\frac{5}{9}\right)=\left(\frac{5}{9}\right)^3-\left(\frac{5}{9}\right)^2+\frac{5}{9}(ab+bc+ac)-abc。$$

三角形边长 a，b，c 满足 $a+b+c=1$，故 a，b，$c\in\left(0,\dfrac{1}{2}\right)$，故 $\dfrac{5}{9}-a$，$\dfrac{5}{9}-b$，$\dfrac{5}{9}-c$ 都大于 0，故

$$f\left(\frac{5}{9}\right)=\left(\frac{5}{9}-a\right)\left(\frac{5}{9}-b\right)\left(\frac{5}{9}-c\right)$$
$$\leqslant\frac{1}{27}\left[\left(\frac{5}{9}-a\right)+\left(\frac{5}{9}-b\right)+\left(\frac{5}{9}-c\right)\right]^3=\frac{8}{27^2}，即$$

$$f\left(\frac{5}{9}\right)=\left(\frac{5}{9}\right)^3-\left(\frac{5}{9}\right)^2+\frac{5}{9}(ab+bc+ac)-abc\leqslant\frac{8}{27^2}，故有$$

$\dfrac{5}{9}(ab+bc+ac)-abc\leqslant\dfrac{4}{27}$，不等式 $5(a^2+b^2+c^2)+18abc\geqslant\dfrac{7}{3}$ 成立。

2. 构造图形

例 3 设 x_1，x_2，y_1，$y_2\in\mathbf{R}^+$，证明：$\sqrt{x_1^2+y_1^2}+\sqrt{x_2^2+y_2^2}\geqslant\sqrt{(x_1+x_2)^2+(y_1+y_2)^2}$，并指出等号成立的条件。

分析：式子中有三个根式，显然平方后会变得很复杂，观察到三个根式都形如勾股定理，可以构造线段间的关系来证明。

证明：如图，作 Rt△OBD，使得两直角边边长分别为 $OB=x_1+x_2$，$OD=y_1+y_2$，在两直角边上分别取点 A，C，使得 $OA=x_2$，$OC=y_1$，过点 A，C 分别作两直角边的平行线交于点 E。则由图可知：$BE=\sqrt{x_1^2+y_1^2}$，$ED=\sqrt{x_2^2+y_2^2}$，$BD=\sqrt{(x_1+x_2)^2+(y_1+y_2)^2}$。两点之间线段最短，从而有 $BE+ED\geqslant BD$，即

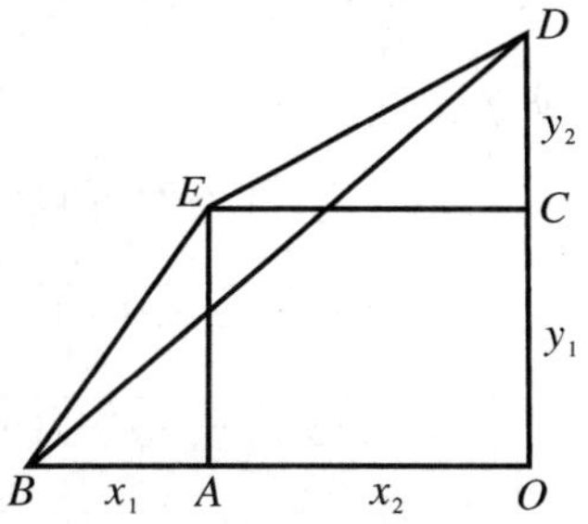

$$\sqrt{x_1^2+y_1^2}+\sqrt{x_2^2+y_2^2}\geqslant\sqrt{(x_1+x_2)^2+(y_1+y_2)^2},$$

当且仅当点 E 在线段 BD 上时等号成立，即 $\dfrac{x_1}{y_1}=\dfrac{OB}{OD}=\dfrac{x_2}{y_2}$。

延伸拓展：

设 x_i，$y_i\in\mathbf{R}^+$，$i=1$，2，…，n，证明：

$$\sqrt{x_1^2+y_1^2}+\sqrt{x_2^2+y_2^2}+\cdots+\sqrt{x_n^2+y_n^2}$$

$\geqslant\sqrt{(x_1+x_2+\cdots+x_n)^2+(y_1+y_2+\cdots+y_n)^2}$，并指出等号成立的条件。

分析：类似于上题，只是线段增加到了 n 条。

证明：构造如下图形。

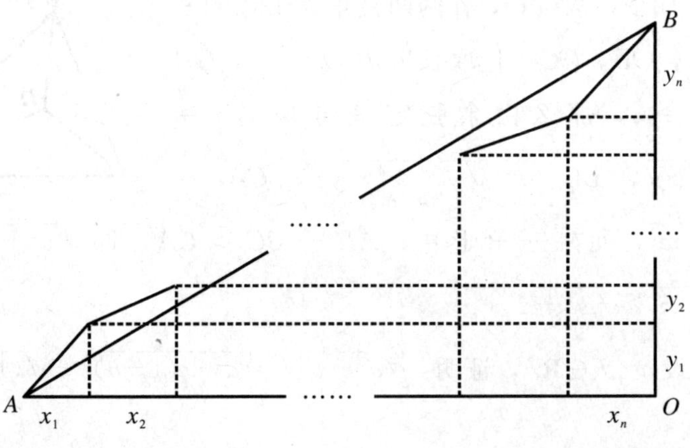

不等式左边为 AB 间折线的长度，而不等式右边为线段 AB 的长度，显然有折线的长度大于或等于线段长度，即

$$\sqrt{x_1^2+y_1^2}+\sqrt{x_2^2+y_2^2}+\cdots+\sqrt{x_n^2+y_n^2}$$
$$\geqslant\sqrt{(x_1+x_2+\cdots+x_n)^2+(y_1+y_2+\cdots+y_n)^2}$$

当且仅当所有折点都在线段 AB 上，即 $\frac{x_1}{y_1}=\frac{x_2}{y_2}=\cdots=\frac{x_n}{y_n}=\frac{OA}{OB}$ 时等号成立。

（注：题目条件可减弱为全体实数，此不等式即 Minkovski 不等式。）

$$\sqrt{(x_1+x_2+\cdots+x_n)^2+(y_1+y_2+\cdots+y_n)^2}$$
$$\leqslant\sqrt{(|x_1|+|x_2|+\cdots+|x_n|)^2+(|y_1|+|y_2|+\cdots+|y_n|)^2}$$
$$\leqslant\sqrt{x_1^2+y_1^2}+\sqrt{x_2^2+y_2^2}+\cdots+\sqrt{x_n^2+y_n^2}。$$

拓展：（二维形式的三角不等式）x_1，y_1，x_2，$y_2\in\mathbf{R}$，那么

$$\sqrt{x_1^2+y_1^2}+\sqrt{x_2^2+y_2^2}\geqslant\sqrt{(x_1-x_2)^2+(y_1-y_2)^2}。$$

例 4 设 x，y，$z>0$，证明：$\sqrt{x^2+y^2+xy}+\sqrt{y^2+z^2+yz}>\sqrt{x^2+z^2+xz}$。

分析：式子中有三个根式，若用平方消去根号会使表达式变得非常复杂，考虑到余弦公式 $a^2=b^2+c^2-2bc\cos\theta$，当 $\theta=120°$ 时 $\cos\theta=-\frac{1}{2}$，则 $a^2=b^2+c^2+bc$，因此每个根式都代表一条线段，可以构造一个三角形来证明。

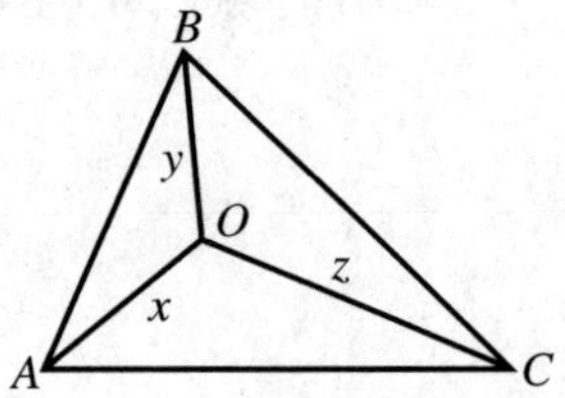

证明：如图，取点 O，作两两夹角为 $120°$ 的三条射线 OA，OB，OC，且取长度为 $OA=x$，$OB=y$，$OC=z$，那么由余弦定理可知 $AB=\sqrt{x^2+y^2+xy}$，$BC=\sqrt{y^2+z^2+yz}$，$CA=\sqrt{z^2+x^2+zx}$，而在三角形中，$AB+BC>CA$，即 $\sqrt{x^2+y^2+xy}+\sqrt{y^2+z^2+yz}>\sqrt{x^2+z^2+xz}$。

例 5 设 a，$b\in\mathbf{R}^+$，证明：$\sqrt{a^2+b^2}+\sqrt{a^2+(1-b)^2}+\sqrt{(1-a)^2+b^2}$

$+\sqrt{(1-a)^2+(1-b)^2}\geqslant 2\sqrt{2}$。

分析：不等式左边有四个根式，且是 a，b，$1-a$，$1-b$ 构成的勾股式，故考虑构造边长为 1 的正方形进行证明。

证明 1：如图，构造边长为 1 的正方形，在正方形的两邻边取 $AM=a$，$AL=b$，并作平行线交于点 P，则可得 $AP=\sqrt{a^2+b^2}$，$CP=\sqrt{(1-a)^2+(1-b)^2}$，$BP=\sqrt{(1-a)^2+b^2}$，$DP=\sqrt{a^2+(1-b)^2}$。

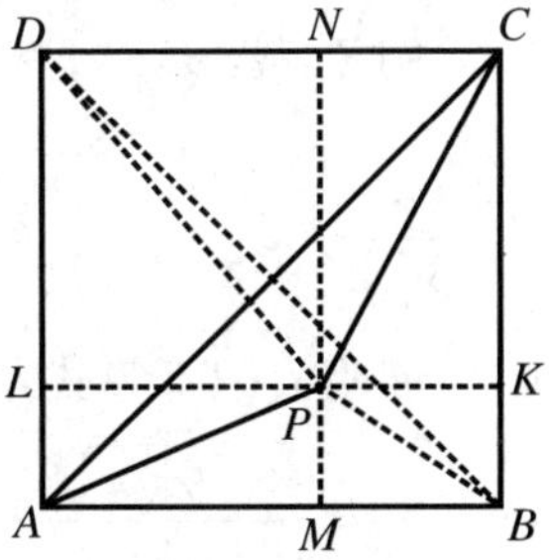

由两点之间线段最短可得 $AP+CP\geqslant AC$，$BP+DP\geqslant BD$，又知 $AC=BD=\sqrt{2}$，故不等式

$\sqrt{a^2+b^2}+\sqrt{a^2+(1-b)^2}+\sqrt{(1-a)^2+b^2}+\sqrt{(1-a^2)+(1-b^2)}\geqslant 2\sqrt{2}$ 成立。

证明 2：用 Minkovski 不等式直接得到

$$\sqrt{a^2+b^2}+\sqrt{a^2+(1-b)^2}+\sqrt{(1-a)^2+b^2}+\sqrt{(1-a)^2+(1-b)^2}$$

$$\geqslant\sqrt{(a+a+1-a+1-a)^2+(b+b+1-b+1-b)^2}=\sqrt{2^2+2^2}=2\sqrt{2}。$$

3. 构造对偶式

在一些轮换对称式中，构造一个新的对偶轮换对称式与原不等式一起考虑，能达到很好的效果。

例 6 设 a_i，$b_i\in\mathbf{R}^+$，且 $\sum\limits_{i=1}^{n}a_i=\sum\limits_{i=1}^{n}b_i$，证明：$\sum\limits_{i=1}^{n}\dfrac{a_i^2}{a_i+b_i}\geqslant\dfrac{1}{2}\sum\limits_{i=1}^{n}a_i$。

证明：设 $A=\dfrac{a_1^2}{a_1+b_1}+\dfrac{a_2^2}{a_2+b_2}+\cdots+\dfrac{a_n^2}{a_n+b_n}$，

$B=\dfrac{b_1^2}{a_1+b_1}+\dfrac{b_2^2}{a_2+b_2}+\cdots+\dfrac{b_n^2}{a_n+b_n}$，则

$A-B=\dfrac{a_1^2-b_1^2}{a_1+b_1}+\dfrac{a_2^2-b_2^2}{a_2+b_2}+\cdots+\dfrac{a_n^2-b_n^2}{a_n+b_n}=(a_1-b_1)+(a_2-b_2)+\cdots+(a_n-b_n)=0$①，

$A+B=\dfrac{a_1^2+b_1^2}{a_1+b_1}+\dfrac{a_2^2+b_2^2}{a_2+b_2}+\cdots+\dfrac{a_n^2+b_n^2}{a_n+b_n}\geqslant\dfrac{1}{2}(a_1+b_1)+\dfrac{1}{2}(a_2+b_2)+\cdots+$

$\frac{1}{2}(a_n+b_n)=\sum_{i=1}^{n}a_i$②，

①②相加可得 $2A\geqslant\sum_{i=1}^{n}a_i\Rightarrow A\geqslant\frac{1}{2}\sum_{i=1}^{n}a_i$，故 $\sum_{i=1}\frac{a_i^2}{a_i+b_i}\geqslant\frac{1}{2}\sum_{i=1}^{n}a_i$。

评析：本题利用 $a_i^2+b_i^2\geqslant\frac{1}{2}(a_i+b_i)^2$ 进行证明。

例 7 若 a，b，$c>0$，证明：$\frac{a^3}{a^2+ab+b^2}+\frac{b^3}{b^2+bc+c^2}+\frac{c^3}{c^2+ca+a^2}\geqslant\frac{a+b+c}{3}$。

证明：记不等式左边为 M，构造对偶式

$N=\frac{b^3}{a^2+ab+b^2}+\frac{c^3}{b^2+bc+c^2}+\frac{a^3}{c^2+ca+a^2}$，则

$M-N=(a-b)+(b-c)+(c-a)=0$，$\therefore M=N$。

$M+N=(a+b)\cdot\frac{a^2-ab+b^2}{a^2+ab+b^2}+(b+c)\cdot\frac{b^2-bc+c^2}{b^2+bc+c^2}+(c+a)\cdot\frac{c^2-ca+a^2}{c^2+ca+a^2}$。

又因为 $\frac{a^2-ab+b^2}{a^2+ab+b^2}\geqslant\frac{1}{3}$，$\frac{b^2-bc+c^2}{b^2+bc+c^2}\geqslant\frac{1}{3}$，$\frac{c^2-ca+a^2}{c^2+ca+a^2}\geqslant\frac{1}{3}$，所以 $M+N\geqslant\frac{2}{3}(a+b+c)$，因此 $M\geqslant\frac{1}{3}(a+b+c)$，不等式成立。

例 8 （第 31 届 IMO 预选题）已知 $x\geqslant y\geqslant z>0$，证明：$\frac{x^2y}{z}+\frac{y^2z}{x}+\frac{z^2x}{y}\geqslant x^2+y^2+z^2$。

证明：记不等式左边为 M，构造对偶式 $N=\frac{x^2z}{y}+\frac{y^2x}{z}+\frac{z^2y}{x}$。

则由柯西不等式有 $MN\geqslant(x^2+y^2+z^2)^2$，故只需证 $M\geqslant N$。

又 $M-N=\frac{1}{xyz}\left[x^3y^2+y^3z^2+z^3x^2-(x^3z^2+y^3x^2+z^3y^2)\right]$

$=\frac{1}{xyz}\left[(x^3y^2-y^3x^2)+(z^3x^2-z^3y^2)-(x^3z^2-y^3z^2)\right]$

$$=\frac{1}{xyz}(x-y)(y-z)(x-z)(xy+yz+xz)\geqslant 0。$$

故 $M\geqslant N$，有 $M^2\geqslant MN\geqslant(x^2+y^2+z^2)^2$，因此 $M\geqslant x^2+y^2+z^2$，不等式成立。

七、换元法

在解不等式时，适当地引入新的变量进行替换，可以简化不等式的结构，这种方法称为换元法。换元法技巧性强，在对一些不等式的证明存在困难，没有思路时，可以通过巧妙换元，从而给证明带来新的启发。

1. 分母代换

例 1 设 x，y，$z\in\mathbf{R}^+$，证明：$\frac{x}{y+z}+\frac{y}{z+x}+\frac{z}{x+y}\geqslant\frac{3}{2}$。

证明：设 $a=y+z$，$b=z+x$，$c=x+y$，则

$x=\frac{b+c-a}{2}$，$y=\frac{c+a-b}{2}$，$z=\frac{a+b-c}{2}$，则

$$\begin{aligned}\text{不等式左边}&=\frac{b+c-a}{2a}+\frac{c+a-b}{2b}+\frac{a+b-c}{2c}\\&=\frac{b}{2a}+\frac{c}{2a}+\frac{c}{2b}+\frac{a}{2b}+\frac{a}{2c}+\frac{b}{2c}-\frac{3}{2}\\&\geqslant 3-\frac{3}{2}=\frac{3}{2}。\end{aligned}$$

则不等式成立。

2. 整体代换

例 2 对所有的 a，b，$c\in\mathbf{R}^+$，求 $\frac{a}{\sqrt{a^2+8bc}}+\frac{b}{\sqrt{b^2+8ac}}+\frac{c}{\sqrt{c^2+8ab}}$ 的最小值。

解：设 $x=\frac{a}{\sqrt{a^2+8bc}}$，$y=\frac{b}{\sqrt{b^2+8ac}}$，$z=\frac{c}{\sqrt{c^2+8ab}}$，则 x，y，$z\in(0,+\infty)$。从而 $x^2=\frac{a^2}{a^2+8bc}$，即 $\frac{1}{x^2}-1=\frac{8bc}{a^2}$①，同理 $\frac{1}{y^2}-1=\frac{8ac}{b^2}$②，$\frac{1}{z^2}-1=\frac{8ab}{c^2}$③。①②③式相乘得 $\left(\frac{1}{x^2}-1\right)\left(\frac{1}{y^2}-1\right)\left(\frac{1}{z^2}-1\right)=512$。

可以猜测，当 $x=y=z=\frac{1}{3}$ 时原式有最小值 1。

否则，假设 $x+y+z<1$，则 $0<x<1$，$0<y<1$，$0<z<1$，

$$\frac{1}{x^2}-1=\frac{1-x^2}{x^2}>\frac{(x+y+z)^2-x^2}{x^2}=\frac{(2x+y+z)(y+z)}{x^2}>\frac{4\sqrt[4]{x^2yz}\cdot 2\sqrt{yz}}{x^2},$$

同理 $\frac{1}{y^2}-1>\frac{4\sqrt[4]{y^2xz}\cdot 2\sqrt{xz}}{y^2}$，$\frac{1}{z^2}-1>\frac{4\sqrt[4]{z^2xy}\cdot 2\sqrt{xy}}{z^2}$，

故 $\left(\frac{1}{x^2}-1\right)\left(\frac{1}{y^2}-1\right)\left(\frac{1}{z^2}-1\right)>512$，矛盾。所以 $\frac{a}{\sqrt{a^2+8bc}}+\frac{b}{\sqrt{b^2+8ac}}+\frac{c}{\sqrt{c^2+8ab}}$ 的最小值为 1。

3. 三角代换

例 3 （2009 年浙江高中数学竞赛）若 x，y，z 均为实数，且 $x^2+y^2+z^2=1$，求 $\sqrt{2}xy+yz$ 的最大值。

解：由 $x^2+y^2+z^2=1$，令 $x=\cos\theta\cdot\cos\varphi$，$z=\cos\theta\cdot\sin\varphi$，$y=\sin\theta$，($\theta$，$\varphi\in[0,2\pi)$)，则 $\sqrt{2}xy+yz=\sin\theta\cdot\cos\theta\cdot(\sqrt{2}\cos\varphi+\sin\varphi)=\frac{1}{2}\sin2\theta\cdot(\sqrt{2}\cos\varphi+\sin\varphi)\leqslant\frac{1}{2}\times1\times\sqrt{3}=\frac{\sqrt{3}}{2}$。

当且仅当 $\sin2\theta=1$，$\sqrt{2}\cos\varphi+\sin\varphi=\sqrt{3}$，即 $x=\frac{\sqrt{3}}{3}$，$y=\frac{\sqrt{2}}{2}$，$z=\frac{\sqrt{6}}{6}$ 时，上式等号成立。

故 $\sqrt{2}xy+yz$ 的最大值为 $\frac{\sqrt{3}}{2}$。

八、类比法

证明不等式时，要注意观察所给式子的结构，据此联想、类比对应的解决问题的方法，引发思路，促进解题。

例 1 已知数列 $\{a_n\}$ 中，$a_1=\frac{3}{2}$，且 $\forall n>1$，$n\in\mathbf{N}^*$，均有 $a_{n+1}=a_n$

$+\dfrac{\sqrt{1+4a_n}}{2}+1$，求证：$\dfrac{(n+1)^2}{4}<a_n<3\times 2^{n-1}-\dfrac{3}{2}$。

分析：先证明不等式的右边，作联想、类比，不等式 $a_n<3\times 2^{n-1}-\dfrac{3}{2}$，考虑等式 $a_n=3\times 2^{n-1}-\dfrac{3}{2}$，若该等式成立，则有 $a_n+\dfrac{3}{2}=3\times 2^{n-1}$，此时数列 $\left\{a_n+\dfrac{3}{2}\right\}$ 是一个首项为 3，公比 $q=2$ 的等比数列，故 $a_n+\dfrac{3}{2}=2\left(a_{n-1}+\dfrac{3}{2}\right)$，因此要证明不等式 $a_n<3\times 2^{n-1}-\dfrac{3}{2}$，只需证明 $a_n+\dfrac{3}{2}<2\left(a_{n-1}+\dfrac{3}{2}\right)$，下面用分析法证明这个式子。

证明：依题意得 $a_n=a_{n-1}+1+\dfrac{\sqrt{1+4a_{n-1}}}{2}$，故只需证明

$$a_{n-1}+1+\frac{\sqrt{1+4a_{n-1}}}{2}+\frac{3}{2}<2\left(a_{n-1}+\frac{3}{2}\right)\Rightarrow\sqrt{1+4a_{n-1}}<2a_{n-1}+1。$$

再由 $a_n+\dfrac{3}{2}<2\left(a_{n-1}+\dfrac{3}{2}\right)<2^2\left(a_{n-2}+\dfrac{3}{2}\right)<\cdots<2^{n-1}\left(a_1+\dfrac{3}{2}\right)=3\times 2^{n-1}$，从而 $a_n+\dfrac{3}{2}<3\times 2^{n-1}$，即 $a_n<3\times 2^{n-1}-\dfrac{3}{2}$。

再证左边 $a_n>\dfrac{(n+1)^2}{4}$。

联想：$\sqrt{a_n}=\dfrac{n+1}{2}$，它是一个等差数列，故有递推关系 $\sqrt{a_n}-\sqrt{a_{n-1}}>\dfrac{1}{2}$。因此要证明不等式 $a_n>\dfrac{(n+1)^2}{4}$，不妨先证明 $\sqrt{a_n}-\sqrt{a_{n-1}}>\dfrac{1}{2}$，利用分析法得证，再有 $\sqrt{a_n}=(\sqrt{a_n}-\sqrt{a_{n-1}})+(\sqrt{a_{n-1}}-\sqrt{a_{n-2}})+\cdots+(\sqrt{a_2}-\sqrt{a_1})+\sqrt{a_1}$，从而 $\sqrt{a_n}>\dfrac{n+1}{2}\Rightarrow a_n>\dfrac{(n+1)^2}{4}$。

（注：$a_n>\dfrac{(n+1)^2}{4}$ 也可以用数学归纳法证明。）

例 2 已知数列 $\{a_n\}$ 中首项为 a，对一切自然数都有 $a_n\in(0,1)$，且 $a_na_{n+1}^2+2a_{n+1}-a_n=0$，若数列前 n 项和为 S_n，证明：$S_n<$

$2a\left[1-\left(\frac{1}{2}\right)^n\right]$。

证明：寻找类比对象，$S_n=2a\left[1-\left(\frac{1}{2}\right)^n\right]$，利用 $b_n=\begin{cases}S_1(n=1)\\ S_n-S_{n-1}(n\geqslant 2)\end{cases}$，可知它是数列 $\{b_n\}$ 的前 n 项和，其中 $b_n=a\cdot\left(\frac{1}{2}\right)^{n-1}$，即

$$S_n=a+a\cdot\frac{1}{2}+a\cdot\left(\frac{1}{2}\right)^2+\cdots+a\cdot\left(\frac{1}{2}\right)^{n-1}=2a\left[1-\left(\frac{1}{2}\right)^n\right]。$$

现在要证明

$$S_n<a+a\cdot\frac{1}{2}+a\cdot\left(\frac{1}{2}\right)^2+\cdots+a\cdot\left(\frac{1}{2}\right)^{n-1}=2a\left[1-\left(\frac{1}{2}\right)^n\right],$$

不妨先证明 $a_n<a\cdot\left(\frac{1}{2}\right)^{n-1}$ $(n\geqslant 2)$，再寻找类比对象，$a_n=a\cdot\left(\frac{1}{2}\right)^{n-1}$，有递推关系 $a_n=\frac{1}{2}a_{n-1}$。

要证明 $a_n<a\cdot\left(\frac{1}{2}\right)^{n-1}$ $(n\geqslant 2)$，不妨先证明 $a_n<\frac{1}{2}a_{n-1}$。

由已知条件 $a_na_{n+1}^2+2a_{n+1}-a_n=0$，得 $a_n=\frac{2a_{n+1}}{1-a_{n+1}^2}$；又 $a_n\in(0,1)$，故 $0<1-a_{n+1}^2<1$，从而 $a_n>2a_{n+1}$，因此 $a_n<\frac{1}{2}a_{n-1}<\frac{1}{2^2}a_{n-2}<\cdots<\frac{1}{2^{n-1}}a$，即 $a_n<\frac{1}{2^{n-1}}a$。故

$$S_n=a_1+a_2+\cdots+a_n<a+a\cdot\frac{1}{2}+a\cdot\left(\frac{1}{2}\right)^2+\cdots+a\cdot\left(\frac{1}{2}\right)^{n-1}=2a\left[1-\left(\frac{1}{2}\right)^n\right]。$$

评析：本题也可以用三角换元的方法求解。

九、数学归纳法

当所证明的不等式涉及自然数时，常常可以考虑应用数学归纳法来完成不等式的证明。数学归纳法有很多表达形式，其中最基本、最常用的是第一数学归纳法和第二数学归纳法。

1. 第一数学归纳法

设 $P(n)$ 是关于正整数 n 的一个命题，若

(1) $P(1)$ 成立；(奠基)

(2) 假设 $P(k)$ 成立，可推出 $P(k+1)$ 成立；(归纳)

则 $P(n)$ 对一切自然数 n 均成立。

(注：如果 $P(n)$ 定义在集合 $N=\{1, 2, \cdots, r-1\}$ 上成立，则 (1) 中"$P(1)$ 成立"则应改成"$P(r)$ 成立"。)

第一数学归纳法有如下"变形"(跳跃数学归纳法)：

设 $P(n)$ 是关于正整数 n 的一个命题，若

(1) $P(1)$，$P(2)$，…，$P(l)$ 成立；(奠基)

(2) 假设 $P(k)$ 成立，可推出 $P(k+l)$ 成立；(归纳)

则 $P(n)$ 对一切自然数 n 均成立。

2. 第二数学归纳法

设 $P(n)$ 是关于正整数 n 的一个命题，若

(1) $P(1)$ 成立；(奠基)

(2) 假设 $n\leqslant k$ 时 $P(n)(1\leqslant n\leqslant k)$ 成立，可推出 $P(k+1)$ 成立；(归纳)

则 $P(n)$ 对一切自然数 n 均成立。

数学归纳法由"奠基"和"归纳"两部分组成，缺一不可，在"归纳"过程中必须用到"归纳假设"这一前提。

(注：数学归纳法难点在于如何利用归纳假设推导出 $P(k+1)$ 成立。)

例 1 证明：对任意 $n\in\mathbf{N}^*$ 都有 $\frac{1}{1\times2}+\frac{1}{2\times3}+\cdots+\frac{1}{n(n+1)}=1-\frac{1}{n+1}$。

证明：利用归纳法对 n 进行归纳。

①当 $n=1$ 时，等式左边为 $\frac{1}{2}$，右边也为 $\frac{1}{2}$，故 $n=1$ 时等式成立。

②假设当 $n=k$ 时，等式成立，即

$$\frac{1}{1\times2}+\frac{1}{2\times3}+\cdots+\frac{1}{k(k+1)}=1-\frac{1}{k+1}。$$

错解：当 $n=k+1$ 时，由 $\frac{1}{k(k+1)}=\frac{1}{k}-\frac{1}{k+1}$ 可得

$$\frac{1}{1\times2}+\frac{1}{2\times3}+\cdots+\frac{1}{(k+1)(k+2)}$$

$$=\left(1-\frac{1}{2}\right)+\left(\frac{1}{2}-\frac{1}{3}\right)+\cdots+\left(\frac{1}{k+1}-\frac{1}{k+2}\right)$$

$$=1-\frac{1}{k+2}。$$

从而 $n=k+1$ 等式成立。

综上，等式对任意正整数都成立。

大家看看这种证法对不对?

(注：这是一个错误的证明，其错误在于对 $n=k+1$ 情形的证明时没有用到归纳假设。)

正解：当 $n=k+1$ 时，

$$\frac{1}{1\times2}+\frac{1}{2\times3}+\cdots+\frac{1}{k(k+1)}+\frac{1}{(k+1)(k+2)}$$

$$=1-\frac{1}{k+1}+\frac{1}{k+1}-\frac{1}{k+2}$$

$$=1-\frac{1}{k+2}。$$

从而 $n=k+1$ 时，等式成立。

综上，等式对任意正整数都成立。

(注：错解中对 $n=k+1$ 情形的证明是等式的一个直接证明，不应该属于数学归纳法。利用数学归纳法证明命题，要形成正确的逻辑思维结构。)

例2 设 $a_1=2$，$a_{n+1}=\frac{a_n}{2}+\frac{1}{a_n}(n\in\mathbf{N}^*)$，求证：$\sqrt{2}<a_{2009}<\sqrt{2}+\frac{1}{2009}$。

证明：由均值不等式可知 $a_{2009}=\frac{a_{2008}}{2}+\frac{1}{a_{2008}}\geqslant2\sqrt{\frac{a_{2008}}{2}\cdot\frac{1}{a_{2008}}}=\sqrt{2}$。

依题意即证明对一切正整数 n 有 $\sqrt{2}<a_n<\sqrt{2}+\frac{1}{n}$。

当 $n=1$ 时不等式成立。假设 $n=k$ 时有 $\sqrt{2}<a_k<\sqrt{2}+\frac{1}{k}$，则当 $n=k+$

1 时，$a_{k+1}=\frac{a_k}{2}+\frac{1}{a_k}<\frac{\sqrt{2}+\frac{1}{k}}{2}+\frac{1}{\sqrt{2}}=\frac{2\sqrt{2}}{2}+\frac{1}{2k}\leqslant\sqrt{2}+\frac{1}{k+1}$。

从而可知，对一切正整数不等式均成立，故 $n=2009$ 时也成立。

故$\sqrt{2}<a_{2009}<\sqrt{2}+\frac{1}{2009}$。

例 3 （均值不等式）设 a_1，a_2，…，a_n 是 n 个正实数，且设 $A_n=\frac{a_1+a_2+\cdots+a_n}{n}$，$G_n=\sqrt[n]{a_1a_2\cdots a_n}$，证明：$A_n\geqslant G_n$。

用数学归纳法证明：

证明 1：当 $n=1$，$n=2$ 时，不等式成立。

假设 $n=k(k\geqslant 2，k\in\mathbf{N})$时不等式成立，即有 $A_k\geqslant G_k$。

当 $n=k+1$ 时，

$$A_{k+1}=\frac{\sum_{i=1}^{k+1}a_i}{k+1}=\frac{a_1+a_2+\cdots+a_{k+1}+(k-1)A_{k+1}}{2k}$$

$$=\frac{1}{2}\left(\frac{a_1+a_2+\cdots+a_k}{k}+\frac{a_{k+1}+A_{k+1}+\cdots+A_{k+1}}{k}\right)$$

$$\geqslant\frac{1}{2}\left(\sqrt[k]{a_1a_2\cdots a_k}+\sqrt[k]{a_{k+1}A_{k+1}^{k-1}}\right)$$

$$\geqslant\sqrt{\sqrt[k]{a_1a_2\cdots a_k}\cdot\sqrt[k]{a_{k+1}A_{k+1}^{k-1}}}。$$

从而 $A_{k+1}^{2k}\geqslant a_1a_2\cdots a_ka_{k+1}A_{k+1}^{k-1}\Rightarrow A_{k+1}\geqslant\sqrt[k+1]{a_1a_2\cdots a_ka_{k+1}}$。

当且仅当 $a_1=a_2=\cdots=a_k=a_{k+1}=A_{k+1}$ 时等号成立。

故 $A_n\geqslant G_n$。

证明 2：当 $n=1$，$n=2$ 时，不等式成立。

假设 $n=k$ 时命题成立，即对于 $a_i>0$，$i=1，2，\cdots，k$ 时有 $A_k\geqslant G_k$。

则当 $n=k+1$ 时，有

$$a_1+a_2+\cdots+a_k+a_{k+1}=a_1+a_2+\cdots+a_k+(a_{k+1}+G_{k+1}+\cdots+G_{k+1})-(k-1)G_{k+1}$$

$$\geqslant k\sqrt[k]{a_1a_2\cdots a_k}+k\sqrt[k]{a_{k+1}G_{k+1}^{k-1}}-(k-1)G_{k+1}$$

$$\geqslant 2k\sqrt{\sqrt[k]{a_1a_2\cdots a_k}\sqrt[k]{a_{k+1}G_{k+1}^{k-1}}}-(k-1)G_{k+1}$$

$=2k\sqrt[2k]{a_1a_2\cdots a_ka_{k+1}G_{k+1}^{k-1}}-(k-1)G_{k+1}$

$=2k\sqrt[2k]{G_{k+1}^{k+1}G_{k+1}^{k-1}}-(k-1)G_{k+1}$

$=(k+1)G_{k+1}$。

即得 $A_{k+1}\geqslant G_{k+1}$。当且仅当所有 a_i 相等时等号成立。

故 $A_n\geqslant G_n$。

第三节 数列和排列、组合的综合应用

一、数列的综合应用

1. 递推数列通项的求法

已知递推关系求数列的通项公式的基本思路是：将递推关系进行变形，运用等差数列或等比数列的定义、公式、性质来求解。以下具体介绍 8 种类型的递推数列通项的求法。

(1) 形如 $a_{n+1}-a_n=f(n)$($f(n)$ 可求和)，采用累加法：

$$\begin{aligned}a_n&=(a_n-a_{n-1})+(a_{n-1}-a_{n-2})+\cdots+(a_3-a_2)+(a_2-a_1)+a_1\\&=f(n-1)+f(n-2)+\cdots+f(2)+f(1)+a_1。\end{aligned}$$

例 1 已知数列 $\{a_n\}$ 中，$a_1=1$，$a_{n+1}=\dfrac{a_n}{1+na_n}$，求 a_n。

解：将 $a_{n+1}=\dfrac{a_n}{1+na_n}$ 两边取倒数，得 $\dfrac{1}{a_{n+1}}-\dfrac{1}{a_n}=n$，则

$$\begin{aligned}\frac{1}{a_n}&=\left(\frac{1}{a_n}-\frac{1}{a_{n-1}}\right)+\left(\frac{1}{a_{n-1}}-\frac{1}{a_{n-2}}\right)+\cdots+\left(\frac{1}{a_3}-\frac{1}{a_2}\right)+\left(\frac{1}{a_2}-\frac{1}{a_1}\right)+\frac{1}{a_1}\\&=(n-1)+(n-2)+\cdots+2+1+1=\frac{n^2-n+2}{2}。\end{aligned}$$

$\therefore a_n=\dfrac{2}{n^2-n+2}$。

(2) 形如 $\dfrac{a_{n+1}}{a_n}=f(n)$($f(n)$ 可求积)，采用累乘法：

$$a_n=a_1\frac{a_2}{a_1}\frac{a_3}{a_2}\cdots\frac{a_n}{a_{n-1}}=a_1f(1)f(2)\cdots f(n-1)。$$

例 2 已知数列 $\{a_n\}$ 中，首项为 $\dfrac{1}{6}$，前 n 项和 $S_n=\dfrac{n(n+1)}{2}a_n$，求 a_n。

解：$n\geqslant 2$ 时，$a_n=S_n-S_{n-1}=\dfrac{n(n+1)}{2}a_n-\dfrac{n(n-1)}{2}a_{n-1}$，

$\therefore a_n(n^2+n-2)=a_{n-1}(n-1)n$，

$\therefore \dfrac{a_n}{a_{n-1}}=\dfrac{n}{n+2}$，

$\therefore a_n=a_1\dfrac{a_2}{a_1}\dfrac{a_3}{a_2}\dfrac{a_4}{a_3}\cdots\dfrac{a_n}{a_{n-1}}$

$=\dfrac{1}{6}\times\dfrac{2}{4}\times\dfrac{3}{5}\times\dfrac{4}{6}\times\cdots\times\dfrac{n}{n+2}$

$=\dfrac{1}{(n+1)(n+2)}$。

(3) 形如 $a_{n+1}=pa_n+q$（$pq\neq0$，p，q 为常数），用待定系数法构造等比数列：

令 $a_{n+1}+x=p(a_n+x)$，则 $a_{n+1}=pa_n+(p-1)x$，比较系数得 $(p-1)x=q$，$\therefore x=\dfrac{q}{p-1}$，$\therefore \left\{a_n+\dfrac{q}{p-1}\right\}$是首项为 $a_1+\dfrac{q}{p-1}(p\neq1)$，公比为 p 的等比数列。

例 3 已知数列 $\{a_n\}$ 中，首项为 2，$a_{n+1}=(\sqrt{2}-1)(a_n+2)$，求 a_n。

解：令 $a_{n+1}+x=(\sqrt{2}-1)(a_n+x)$，则 $a_{n+1}=(\sqrt{2}-1)a_n+(\sqrt{2}-2)x$，比较系数得 $(\sqrt{2}-2)x=2(\sqrt{2}-1)$，$x=-\sqrt{2}$。

$\therefore$ $\{a_n-\sqrt{2}\}$ 是首项为 $a_1-\sqrt{2}=2-\sqrt{2}$，公比为$\sqrt{2}-1$ 的等比数列。

$\therefore a_n-\sqrt{2}=(2-\sqrt{2})(\sqrt{2}-1)^{n-1}$，

$\therefore a_n=\sqrt{2}[(\sqrt{2}-1)^n+1]$。

(4) 形如 $a_{n+1}=pa_n+q\cdot r^n$（$pqr\neq0$，p，q，r 为常数），转化为第 3 种类型：

将 $a_{n+1}=pa_n+q\cdot r^n$ 两边除以 r^{n+1}，得$\dfrac{a_{n+1}}{r^{n+1}}=\dfrac{p}{r}\cdot\dfrac{a_n}{r^n}+\dfrac{q}{r}$。令$\dfrac{a_n}{r^n}=b_n$，可化为 $b_{n+1}=\dfrac{p}{r}\cdot b_n+\dfrac{q}{r}$，这是第 3 种类型，可构造等比数列求通项。

例 4 已知数列 $\{a_n\}$ 的前 n 项和 $S_n=\dfrac{4}{3}a_n-\dfrac{1}{3}\times2^{n+1}+\dfrac{2}{3}$，求 a_n。

解：由 $S_n=\dfrac{4}{3}a_n-\dfrac{1}{3}\times2^{n+1}+\dfrac{2}{3}$①，得 $a_1=S_1=\dfrac{4}{3}a_1-\dfrac{1}{3}\times4+\dfrac{2}{3}$，

$a_1=2$。

再由①得 $S_{n-1}=\frac{4}{3}a_{n-1}-\frac{1}{3}\times 2^n+\frac{2}{3}(n=2,3,4,\cdots)$ ②。

由①－②，整理得 $a_n=4a_{n-1}+2^n$（$n=2,3,4,\cdots$），两边除以 2^n，得$\frac{a_n}{2^n}=2\cdot\frac{a_{n-1}}{2^{n-1}}+1$，令$\frac{a_n}{2^n}=b_n$，得 $b_n=2b_{n-1}+1$，凑配得 $b_n+1=2(b_{n-1}+1)$，$\therefore b_n+1=(b_1+1)2^{n-1}=2^n$，即$\frac{a_n}{2^n}+1=2^n$，$\therefore a_n=4^n-2^n$。

(5) 形如 $a_n=pa_{n-1}+q\cdot r^n+s$（$pqrs\neq 0$，$p$，$q$，$r$，$s$ 为常数），用待定系数法，转化为第 3 种类型：移项得 $a_n-pa_{n-1}-s=q\cdot r^n$。令 $(a_n+x)-p(a_{n-1}+x)=q\cdot r^n$，比较系数得 $x=\frac{s}{p-1}$，则 $\left(a_n+\frac{s}{p-1}\right)-p\left(a_{n-1}+\frac{s}{p-1}\right)=q\cdot r^n$，令 $a_n+\frac{s}{p-1}=b_n$，则可化为 $b_n-pb_{n-1}=q\cdot r^n$，这是第 4 种类型，再转化为第 3 种类型求解。

例 5 在数列 $\{a_n\}$ 中，$a_1=43$，$a_n=2a_{n-1}+4\cdot 3^n+5(n\geqslant 2,n\in\mathbf{N}_+)$，求 a_n。

解：移项得 $a_n-2a_{n-1}-5=4\cdot 3^n$。令 $(a_n+x)-2(a_{n-1}+x)=4\cdot 3^n$，则 $a_n-2a_{n-1}-x=4\cdot 3^n$，得 $x=5$，$\therefore$ $(a_n+5)-2(a_{n-1}+5)=4\cdot 3^n$，两边除以 3^n 得$\frac{a_n+5}{3^n}-\frac{2}{3}\cdot\frac{a_{n-1}+5}{3^{n-1}}=4$。令$\frac{a_n+5}{3^n}=b_n$，则 $b_n-\frac{2}{3}\cdot b_{n-1}=4$，凑配得 $b_n-12=\frac{2}{3}(b_{n-1}-12)$。$\therefore b_n-12=(b_1-12)\left(\frac{2}{3}\right)^{n-1}$，$\therefore b_n=4\cdot\left(\frac{2}{3}\right)^{n-1}+12$，$\therefore\frac{a_n+5}{3^n}=4\cdot\left(\frac{2}{3}\right)^{n-1}+12$，$\therefore a_n=3\cdot 2^{n+1}+4\cdot 3^{n+1}-5$。

(6) 形如 $a_{n+1}=c\cdot a_n^r$（$a_n>0$，$c>0$，$r\neq 1$），两边取对数，转化为第 3 种类型。

例 6 在数列 $\{a_n\}$ 中，$a_1=3$ 且 $a_{n+1}=3a_n^2$，求 a_n。

解：依题意得 $a_n>0$，将 $a_{n+1}=3a_n^2$ 两边取对数得 $\lg a_{n+1}=2\lg a_n+\lg 3$。令 $\lg a_n=b_n$，可得 $b_{n+1}=2b_n+\lg 3$，两边都加上 $\lg 3$，得 $b_{n+1}+\lg 3=2(b_n+\lg 3)$，$\therefore b_n+\lg 3=(b_1+\lg 3)2^{n-1}=2^n\lg 3$，$\therefore \lg a_n=(2^n-1)\lg 3$，$\therefore a_n=$

3^{2^n-1}。

(7) 形如 $a_{n+2}=pa_{n+1}+qa_n$ ($pq\neq 0$，p，q 为常数)，求特征根 x，y：

令 $a_{n+2}-xa_{n+1}=y(a_{n+1}-xa_n)$ ①，比较系数得 $\begin{cases}x+y=p\\xy=-q\end{cases}$，解得 $\begin{cases}x=x_1\\y=y_1\end{cases}$ ②，或 $\begin{cases}x=x_2\\y=y_2\end{cases}$ ③。

解法1：由①得 $a_{n+1}-xa_n=(a_2-xa_1)\cdot y^{n-1}$，将②③分别代入得 $a_{n+1}-x_1a_n=(a_2-x_1a_1)\cdot y_1^{n-1}$，$a_{n+1}-x_2a_n=(a_1-x_2a_1)\cdot y_2^{n-1}$，联立消去 a_{n+1} 即解得 a_n。

解法2：将②③中任意一组代入 $a_{n+1}-xa_n=(a_2-xa_1)\cdot y^{n-1}$，此为第 4 种类型，再转化为第 3 种类型求解。

例7 设数列 $\{a_n\}$ 满足：$a_1=1$，$a_2=\frac{5}{3}$，$a_{n+2}=\frac{5}{3}a_{n+1}-\frac{4}{9}a_n$，求 a_n。

解法1：令 $a_{n+2}-xa_{n+1}=y(a_{n+1}-xa_n)$ ①，则 $a_{n+2}=(x+y)a_{n+1}-xya_n$，比较系数得 $\begin{cases}x+y=\frac{5}{3}\\xy=\frac{4}{9}\end{cases}$，解得 $\begin{cases}x=\frac{1}{3}\\y=\frac{4}{3}\end{cases}$ ②，或 $\begin{cases}x=\frac{4}{3}\\y=\frac{1}{3}\end{cases}$ ③。

由①得 $a_{n+1}-xa_n=\left(\frac{5}{3}-x\right)\cdot y^{n-1}$ ④，将②③分别代入④得 $a_{n+1}-\frac{1}{3}a_n=\left(\frac{4}{3}\right)^n$，$a_{n+1}-\frac{4}{3}a_n=\left(\frac{1}{3}\right)^n$，联立消去 a_{n+1} 解得 $a_n=\frac{4^n-1}{3^n}$。

解法2：将②带入④得 $a_{n+1}-\frac{1}{3}a_n=\left(\frac{4}{3}\right)^n$，此为第 4 种类型，两边都除以 $\left(\frac{4}{3}\right)^{n+1}$ 得 $\frac{a_{n+1}}{\left(\frac{4}{3}\right)^{n+1}}-\frac{1}{4}\cdot\frac{a_n}{\left(\frac{4}{3}\right)^n}=\frac{3}{4}$。令 $\frac{a_n}{\left(\frac{4}{3}\right)^n}=b_n$，则 $b_{n+1}-\frac{1}{4}b_n=\frac{3}{4}$，此为第 3 种类型，凑配得 $b_{n+1}-1=\frac{1}{4}(b_n-1)$，$\therefore b_n-1=(b_1-1)\cdot$

$\left(\frac{1}{4}\right)^{n-1}$，$\therefore b_n=1-\left(\frac{1}{4}\right)^n$，$\therefore \frac{a_n}{\left(\frac{4}{3}\right)^n}=1-\left(\frac{1}{4}\right)^n$，$\therefore a_n=\frac{4^n-1}{3^n}$。

（8）形如 $a_{n+1}=\frac{pa_n+q}{ra_n+s}$（$pr\neq 0$，$p$，$q$，$r$，$s$ 为常数），常用参数法化为等比数列求解。

例 8 设数列 $\{a_n\}$ 满足：$a_1=2$，$a_{n+1}=\frac{5a_n+4}{2a_n+7}$，求 a_n。

解：等式两边同时加参数 t，得

$$a_{n+1}+t=\frac{5a_n+4}{2a_n+7}+t=\frac{(2t+5)a_n+7t+4}{2a_n+7}=(2t+5)\cdot\frac{a_n+\frac{7t+4}{2t+5}}{2a_n+7}。$$

令 $t=\frac{7t+4}{2t+5}$，解得 $t=-1$ 或 $t=2$，代入 $a_{n+1}+t=(2t+5)\cdot\frac{a_n+\frac{7t+4}{2t+5}}{2a_n+7}$ 得 $a_{n+1}-1=3\cdot\frac{a_n-1}{2a_n+7}$，$a_{n+1}+2=9\cdot\frac{a_n+2}{2a_n+7}$，两式相除得 $\frac{a_{n+1}-1}{a_{n+1}+2}=\frac{1}{3}\cdot\frac{a_n-1}{a_n+2}$，即数列 $\left\{\frac{a_n-1}{a_n+2}\right\}$ 是首项为 $\frac{a_1-1}{a_1+2}=\frac{1}{4}$，公比为 $\frac{1}{3}$ 的等比数列，$\therefore \frac{a_n-1}{a_n+2}=\frac{1}{4}\cdot 3^{1-n}$，解得 $a_n=\frac{4\cdot 3^{n-1}+2}{4\cdot 3^{n-1}-1}$。

此外，有些递推数列难以构造特殊数列求解，可考虑用归纳—猜想—证明的思想方法去解题。

2. 高考中的数列逼近问题

高中数列问题中，有不少与算法中的逼近问题非常相似，其解决问题的思路与方法有特定的规律，需熟练掌握这一规律进而快速求解。以下就几类常见问题举例分析。

例 9 （2012 年全国高考理科数学卷）函数 $f(x)=x^2-2x-3$，定义数列 $\{x_n\}$ 如下：$x_1=2$，x_{n+1} 是过两点 $P(4,5)$，$Q_n(x_n,f(x_n))$ 的直线 PQ_n 与 x 轴交点的横坐标。

（1）证明：$2\leqslant x_n<x_{n+1}<3$；

（2）求数列 $\{x_n\}$ 的通项公式。

(1) **证明 1**：直线 PQ_n 的方程为 $y=5+\frac{5-f(x_n)}{4-x_n}(x-4)$。

令 $y=0$，解得 $x_{n+1}=4-5\times\frac{4-x_n}{8+2x_n-x_n^2}=4-\frac{5}{x_n+2}$。

①当 $n=1$ 时，$x_1=2$，代入得 $x_2=\frac{11}{4}$，因此 $2\leqslant x_1<x_2<3$ 成立。

②假设当 $n=k$ 时结论成立，即 $2\leqslant x_k<x_{k+1}<3$。

由归纳假设知

$$x_{k+2}=4-\frac{5}{x_{k+1}+2}<4-\frac{5}{3+2}=3,$$

$$x_{k+2}-x_{k+1}=\frac{(3-x_{k+1})(1+x_{k+1})}{x_{k+1}+2}>0,$$

即 $x_{k+2}>x_{k+1}$。

由①②知对任意的正整数 n，有 $2\leqslant x_n<x_{n+1}<3$。

证明 2：直线 PQ_n 的方程为 $y=5+\frac{5-f(x_n)}{4-x_n}(x-4)$。

令 $y=0$，解得 $x_{n+1}=4-5\times\frac{4-x_n}{8+2x_n-x_n^2}=4-\frac{5}{x_n+2}$。

①当 $n=1$ 时，$x_1=2$，代入得 $x_2=\frac{11}{4}$，因此 $2\leqslant x_1<x_2<3$ 成立。

②假设当 $n=k$ 时，$2\leqslant x_k<x_{k+1}<3$。因为 $g(x)=4-\frac{5}{x+2}$ 在 $(-2,+\infty)$ 上为增函数，由 $x_{k+1}=g(x_k)$ 得 $g(2)<g(x_k)<g(x_{k+1})<g(3)$，即 $2<\frac{11}{4}=g(2)<x_{k+1}<x_{k+2}<g(3)=3$。

综上所述，对任意的正整数 n，有 $2\leqslant x_n<x_{n+1}<3$。

(2) **解法 1**：设 $b_n=\frac{x_n+1}{x_n-3}$，则

$$b_{n+1}=\frac{x_{n+1}+1}{x_{n+1}-3}=\frac{4-\frac{5}{x_n+2}+1}{4-\frac{5}{x_n+2}-3}=\frac{5x_n+5}{x_n-3}=5b_n。$$

因此数列 $\{b_n\}$ 是首项为 -3，公比为 5 的等比数列，$b_n=-3\times5^{n-1}$，

所以数列 $\{x_n\}$ 的通项公式为 $x_n=\dfrac{9\times5^{n-1}-1}{3\times5^{n-1}+1}$。

解法 2：设 $b_n=\dfrac{x_n-3}{x_n+1}$，则

$$b_{n+1}=\frac{x_{n+1}-3}{x_{n+1}+1}=\frac{4-\dfrac{5}{x_n+2}-3}{4-\dfrac{5}{x_n+2}+1}=\frac{x_n-3}{5x_n+5}=\frac{1}{5}b_n。$$

因此数列 $\{b_n\}$ 是首项为 $-\dfrac{1}{3}$，公比为 $\dfrac{1}{5}$ 的等比数列，$b_n=-\dfrac{1}{3}\times\left(\dfrac{1}{5}\right)^{n-1}$，所以数列 $\{x_n\}$ 的通项公式为 $x_n=\dfrac{9\times5^{n-1}-1}{3\times5^{n-1}+1}$。

本题以函数为背景，考查直线方程、递推数列、不等式证明等基本技能，同时考查分析、归纳、探究和推理论证问题的能力，在解题过程中也渗透了对函数与方程思想、化归与转化思想的考查。

问题（1）的解答采用数学归纳法与函数的单调性结合等方法解决，问题（2）的解答采用不动点法求通项公式。

不动点法：对于形如 $a_{n+1}=\dfrac{a\cdot a_n+b}{c\cdot a_n+d}$ 的数列，可使用不动点法，即把方程 $f(x)=x$ 的根称为 $f(x)$ 的不动点，设 $f(x)=\dfrac{ax+b}{cx+d}$（$c\neq0$，$ad-bc\neq0$），$\{a_n\}$ 满足递推关系 $a_{n+1}=f(a_n)$，初始条件 $a_1\neq f(a_1)$。

(i) 若 $f(x)$ 有两个相异不动点 p，q，则 $\dfrac{a_{n+1}-p}{a_{n+1}-q}=k\cdot\dfrac{a_n-p}{a_n-q}$ $\left(这里\ k=\dfrac{a-pc}{a-qc}\right)$；

(ii) 若 $f(x)$ 只有唯一不动点 p，则 $\dfrac{1}{a_{n+1}-p}=\dfrac{1}{a_n-p}+k$ $\left(这里\ k=\dfrac{2c}{a+d}\right)$。

证明：(i) 若有两个相异不动点 α，β。由 $x=\dfrac{ax+b}{cx+d}$ 得 $cx^2+(d-a)x-b=0$，变形得 $cx^2-ax=b-dx$，即 $b-dx=(cx-a)x$，则 $b-d\alpha=$

$(c\alpha-a)\alpha$。又因为 $x_{n+1}=\frac{ax_n+b}{cx_n+d}$，则 $x_{n+1}-\alpha=\frac{ax_n+b}{cx_n+d}-\alpha=\frac{(a-c\alpha)x_n+(b-d\alpha)}{cx_n+d}=\frac{(a-c\alpha)x_n+(c\alpha-a)\alpha}{cx_n+d}=\frac{(a-c\alpha)(x_n-\alpha)}{cx_n+d}$。同理可得 $x_{n+1}-\beta=\frac{(a-c\beta)(x_n-\beta)}{cx_n+d}$。两式相除，得

$$\frac{x_{n+1}-\alpha}{x_{n+1}-\beta}=\frac{c-c\alpha}{a-c\beta}\cdot\frac{x_n-\alpha}{x_n-\beta}。$$

(ii) 若只有唯一不动点 α，且 $a\neq-d$，因为 $x_{n+1}=\frac{ax_n+b}{cx_n+d}$，故

$$x_{n+1}-\alpha=\frac{ax_n+b}{cx_n+d}-\alpha=\frac{(a-c\alpha)x_n+(b-d\alpha)}{cx_n+d}①,$$

由 $x=\frac{ax+b}{cx+d}$ 得 $cx^2+(d-a)x-b=0$，又因为 α 是唯一不动点，

$$则\begin{cases}\Delta=(d-a)^2+4bc=0\Rightarrow b=-\frac{(d-a)^2}{4c}②\\ \alpha=\frac{a-d}{2c}\Rightarrow c=\frac{a-d}{2\alpha}③\end{cases},$$

将③代入②，得 $b=-\frac{(d-a)^2}{4\cdot\frac{a-d}{2\alpha}}=\frac{d-a}{2}\alpha$，则

$$b-d\alpha=\frac{d-a}{2}\alpha-d\alpha=-\frac{a+d}{2}\alpha④,$$

将③④代入①，得 $x_{n+1}-\alpha=\frac{\frac{a+d}{2}x_n-\frac{a+d}{2}\alpha}{cx_n+d}=\frac{a+d}{2c}\cdot\frac{x_n-\alpha}{x_n+\frac{d}{c}}$，则

$$\frac{1}{x_{n+1}-\alpha}=\frac{2c}{a+d}\cdot\frac{x_n+\frac{d}{c}}{x_n-\alpha}=\frac{2c}{a+d}+\frac{2c}{a+d}\cdot\frac{\frac{d}{c}+\alpha}{x_n-\alpha}。又\ \alpha=\frac{a-d}{2c},$$

所以 $\frac{1}{x_{n+1}-\alpha}=\frac{2c}{a+d}+\frac{2c}{a+d}\cdot\frac{\frac{d}{c}+\frac{a-d}{2c}}{x_n-\alpha}=\frac{2c}{a+d}+\frac{2c}{a+d}\cdot\frac{\frac{a+d}{2c}}{x_n-\alpha}=\frac{2c}{a+d}+\frac{1}{x_n-\alpha}$。

推论：设 $f(x)=\dfrac{ax+b}{cx+d}$，$x_{n+1}=f(x_n)$，则 $f(x)$ 的不动点必为方程 $cx^2+(d-a)x-b=0$ 的两根。($\Delta=(d-a)^2+4bc>0$)

例 10 已知数列 $\{a_n\}$ 中，$a_1=1$，$a_{n+1}=c-\dfrac{1}{a_n}$。

(1) 设 $c=\dfrac{5}{2}$，$b_n=\dfrac{1}{a_n-2}$，求数列 $\{b_n\}$ 的通项公式；

(2) 求使不等式 $a_n<a_{n+1}<3$ 成立的 c 的取值范围。

(1) **解法 1**：$a_{n+1}-2=\dfrac{5}{2}-\dfrac{1}{a_n}-2=\dfrac{a_n-2}{2a_n}$，$\dfrac{1}{a_{n+1}-2}=\dfrac{2a_n}{a_n-2}=\dfrac{4}{a_n-2}+2$，即 $b_{n+1}=4b_n+2$，变形为 $b_{n+1}+\dfrac{2}{3}=4\left(b_n+\dfrac{2}{3}\right)$。

又因为 $a_1=1$，故 $b_1=\dfrac{1}{a_1-2}=-1$，所以 $\left\{b_n+\dfrac{2}{3}\right\}$ 是首项为 $-\dfrac{1}{3}$，公比为 4 的等比数列，$b_n+\dfrac{2}{3}=-\dfrac{1}{3}\times4^{n-1}$，$\therefore b_n=-\dfrac{1}{3}\times4^{n-1}-\dfrac{2}{3}$。

解法 2：由 $b_n=\dfrac{1}{a_n-2}$ 得 $a_n=2+\dfrac{1}{b_n}$①，则 $a_{n+1}=2+\dfrac{1}{b_{n+1}}=\dfrac{2b_{n+1}+1}{b_{n+1}}$②，将①代入②得 $\dfrac{2b_{n+1}+1}{b_{n+1}}=\dfrac{5}{2}-\dfrac{b_n}{2b_n+1}$。$\therefore b_{n+1}=4b_n+2$③，$b_n=4b_{n-1}+2$④，由③－④得 $b_{n+1}-b_n=4(b_n-b_{n-1})(n\geqslant2)$。

令 $x^2-x=4(x-1)\Rightarrow x^2-5x+4=0$，解得 $x_1=1$，$x_2=4$。

设 $b_n=Ax_1^{n-1}+Bx_2^{n-1}=A+B\cdot4^{n-1}$，当 $n=1$ 时，$A+B=-1$⑤，当 $n=2$ 时，$A+4B=-2$⑥，由⑤⑥得 $A=-\dfrac{2}{3}$，$B=-\dfrac{1}{3}$。

$\therefore b_n=-\dfrac{1}{3}\times4^{n-1}-\dfrac{2}{3}$。

(2) **解法 1**：$a_1=1$，$a_2=c-1$，由 $a_2>a_1$ 得 $c>2$。

用数学归纳法证明：当 $c>2$ 时，$a_n<a_{n+1}$。

①当 $n=1$ 时，$a_2=c-\dfrac{1}{a_1}>a_1$，命题成立。

②设当 $n=k$ 时，$a_k<a_{k+1}$，则当 $n=k+1$ 时，$a_{k+2}=c-\dfrac{1}{a_{k+1}}>c-\dfrac{1}{a_k}$

$=a_{k+1}$。

故由①②知，当 $c>2$ 时，$a_n<a_{n+1}$。

当 $c>2$ 时，令 $\alpha=\dfrac{c+\sqrt{c^2-4}}{2}$，由 $a_n+\dfrac{1}{a_n}<a_{n+1}+\dfrac{1}{a_n}=c$，得 $a_n<\alpha$。

当 $2<c\leqslant\dfrac{10}{3}$ 时，$a_n<\alpha\leqslant3$。

当 $c>\dfrac{10}{3}$ 时，$\alpha>3$，且 $1\leqslant a_n<\alpha$，$\therefore\alpha-a_{n+1}=\dfrac{1}{a_n\alpha}(\alpha-a_n)\leqslant\dfrac{1}{3}(\alpha-a_n)$，$\alpha-a_{n+1}\leqslant\dfrac{1}{3^n}(\alpha-1)$。

当 $n>\log_3\dfrac{\alpha-1}{\alpha-3}$ 时，$\alpha-a_{n+1}<\alpha-3$，$a_{n+1}>3$。因此 $c>\dfrac{10}{3}$ 不符合要求，所以 c 的取值范围是 $\left(2,\dfrac{10}{3}\right]$。

解法 2：要使 $a_n<a_{n+1}<3$，由 $a_1=1$ 可知，$a_n>0\Rightarrow c=a_{n+1}+\dfrac{1}{a_n}>0$，且 $a_n<a_{n+1}=c-\dfrac{1}{a_n}\Rightarrow a_n^2-ca_n+1<0$ 有解，从而可知 $\Delta=c^2-4>0\Rightarrow c>2$ ①。而由 $a_n<a_{n+1}<3$ 可知 $\lim\limits_{n\to\infty}a_n$ 存在，不妨设 $A=\lim\limits_{n\to\infty}a_n$，则对 $a_{n+1}=c-\dfrac{1}{a_n}$ 两边同时取极限可得 $A=c-\dfrac{1}{A}\Rightarrow A^2-cA+1=0$，要使得 $a_n<a_{n+1}<3$，则 $A^2-cA+1=0$ 有解，而且其解 $A_0\leqslant3$。设 $f(x)=x^2-cx+1$，则依题意可知 $\begin{cases}\Delta\geqslant0\\ \dfrac{c}{2}<3\\ f(3)\geqslant0\end{cases}\Rightarrow2\leqslant c\leqslant\dfrac{10}{3}$ ②。综合①②可得 c 的取值范围是 $\left(2,\dfrac{10}{3}\right]$。

评析：本题第（2）问求使不等式 $a_n<a_{n+1}<3$ 成立的 c 的取值范围，本质上就是求方程 $x^2-cx+1=0$ 的根的范围是 $x\leqslant3$ 时，参数 c 的范围，再由 $a_1<a_2$ 两个条件同时成立就是 c 的范围。

小结：当 $f(x)=\dfrac{ax+b}{cx+d}$，$a_{n+1}=f(a_n)$ 且 $f(x)$ 为增函数这种逼近为弦位逼近。

例 11 已知$a>0$，数列$\{a_n\}$满足$a_1=a$，$a_{n+1}=a+\frac{1}{a_n}$，$n=1，2，\cdots$。

（1）已知数列$\{a_n\}$极限存在且大于零，求$A=\lim\limits_{n\to\infty}a_n$（将$A$用$a$表示）；

（2）设$b_n=a_n-A$，$n=1，2，\cdots$，证明：$b_{n+1}=-\frac{b_n}{A(b_n+A)}$；

（3）若$|b_n|\leqslant\frac{1}{2^n}$对$n=1，2，\cdots$都成立，求$a$的取值范围。

解：（1）由$\lim\limits_{n\to\infty}a_n$存在，且$A=\lim\limits_{n\to\infty}a_n(A>0)$，对$a_{n+1}=a+\frac{1}{a_n}$两边取极限得$A=a+\frac{1}{A}$，解得$A=\frac{a\pm\sqrt{a^2+4}}{2}$。又$\because A>0$，$\therefore A=\frac{a+\sqrt{a^2+4}}{2}$。

（2）**证明**：由$a_n=b_n+A$，$a_{n+1}=a+\frac{1}{a_n}$，得$b_{n+1}+A=a+\frac{1}{b_n+A}$。

$\therefore b_{n+1}=a-A+\frac{1}{b_n+A}=-\frac{1}{A}+\frac{1}{b_n+A}=-\frac{b_n}{A(b_n+A)}$，即

$b_{n+1}=-\frac{b_n}{A(b_n+A)}$对$n=1，2，\cdots$都成立。

（3）令$|b_1|\leqslant\frac{1}{2}$，得$\left|a-\frac{1}{2}(a+\sqrt{a^2+4})\right|\leqslant\frac{1}{2}$。

$\therefore\left|\frac{1}{2}(\sqrt{a^2+4}-a)\right|\leqslant\frac{1}{2}$。$\therefore\sqrt{a^2+4}-a\leqslant1$，解得$a\geqslant\frac{3}{2}$。

现证明当$a\geqslant\frac{3}{2}$时，$|b_n|\leqslant\frac{1}{2^n}$对$n=1，2，\cdots$都成立。

①当$n=1$时结论成立（已验证）。

②假设当$n=k(k\geqslant1)$时结论成立，即$|b_k|\leqslant\frac{1}{2^k}$，那么

$$|b_{k+1}|=\frac{|b_k|}{|A(b_k+A)|}\leqslant\frac{1}{A|b_k+A|}\times\frac{1}{2^k},$$

故只需证明$\frac{1}{A|b_k+A|}\leqslant\frac{1}{2}$，即证明$A|b_k+A|\geqslant2$对$a\geqslant\frac{3}{2}$成立。

由于$A=\frac{a+\sqrt{a^2+4}}{2}=\frac{2}{\sqrt{a^2+4}-a}$，而当$a\geqslant\frac{3}{2}$时，$\sqrt{a^2+4}-a\leqslant1$，$\therefore A\geqslant2$。$\therefore|b_k+A|\geqslant A-|b_k|\geqslant2-\frac{1}{2^k}\geqslant1$，即$A|b_k+A|\geqslant2$。

故当 $a\geqslant\frac{3}{2}$ 时，$|b_{k+1}|\leqslant\frac{1}{2}\times\frac{1}{2^k}=\frac{1}{2^{k+1}}$。即 $n=k+1$ 时结论成立。

根据①②可知结论对一切正整数都成立。

故 $|b_n|\leqslant\frac{1}{2^n}$ 对 $n=1$，2，…都成立的 a 的取值范围为 $\left[\frac{3}{2},+\infty\right)$。

综上所述，a 的取值范围是 $\left[\frac{3}{2},+\infty\right)$。

评析：这类问题的递推数列 $a>0$，数列 $\{a_n\}$ 满足 $a_1=a$，$a_{n+1}=a+\frac{1}{a_n}$，$n=1$，2，…，反映的是 a_n 从左右两边无限接近 A 的过程，A 为函数 $g(x)=x^2-ax-1$ 的一个不动点，即当递推函数 $f(x)=a+\frac{1}{x}$ 为减函数时，对应的逼近为摆动逼近，事实上，若存在 $a_k<A$，而 $f(x)=a+\frac{1}{x}$ 为减函数，则 $f(a_k)>f(A)$，所以 $a_{k+1}>A$，如果求出 $a_n=\frac{x_1^{n+1}-x_2^{n+1}}{x_1^n-x_2^n}$，其中 $x_1=\frac{a+\sqrt{a^2+4}}{2}$，$x_2=\frac{a-\sqrt{a^2+4}}{2}$，得到 $\lim a_n=A$。

因此，由递推式 $a_{n+1}=\frac{a\cdot a_n+b}{c\cdot a_n+d}$ 的逼近有两种情况：当 $f(x)=\frac{ax+b}{cx+d}$，$a_{n+1}=f(a_n)$ 且 $f(x)$ 为增函数时，这种逼近为弦位逼近；当 $f(x)$ 为减函数时，这种逼近为摆动逼近。

例 12 已知函数 $f(x)=x^2+x-1$，α，β 是方程 $f(x)=0$ 的两个根 $(\alpha>\beta)$，$f'(x)$ 是 $f(x)$ 的导数，设 $a_1=1$，$a_{n+1}=a_n-\frac{f(a_n)}{f'(a_n)}$ $(n=1,2,\cdots)$。

(1) 求 α，β 的值；

(2) 证明：对任意的正整数 n，都有 $a_n>\alpha$；

(3) 记 $b_n=\ln\frac{a_n-\beta}{a_n-\alpha}$ $(n=1,2,\cdots)$，求数列 $\{b_n\}$ 的前 n 项和 S_n。

解：(1) $\because f(x)=x^2+x-1$，α，β 是方程 $f(x)=0$ 的两个根 $(\alpha>$

$\beta)$，$\therefore \alpha=\dfrac{-1+\sqrt{5}}{2}$，$\beta=\dfrac{-1-\sqrt{5}}{2}$。

（2）**证明**：$\because f'(x)=2x+1$，

$$\therefore a_{n+1}=a_n-\frac{f(a_n)}{f'(a_n)}=a_n-\frac{a_n^2+a_n-1}{2a_n+1}=\frac{a_n^2+1}{2a_n+1},$$

$$a_{n+1}-\alpha=\frac{a_n^2-2a_n\alpha+1-\alpha}{2a_n+1}=\frac{a_n^2-2\alpha a_n+\alpha^2-(\alpha^2+\alpha-1)}{2a_n+1}=\frac{(a_n-\alpha)^2}{2a_n+1}。$$

下面用数学归纳法证明当 $n\geqslant 1$ 时，$a_n-\alpha>0$ 成立：

①当 $n=1$ 时，$a_1-\alpha=1-\alpha=\dfrac{3-\sqrt{5}}{2}>0$，结论成立。

②假设 $n=k$（$k\geqslant 1$）时结论成立，即 $a_k-\alpha>0$，此时有 $a_k>\alpha>0$，则当 $n=k+1$ 时，$a_{k+1}-\alpha=\dfrac{(a_k-\alpha)^2}{2a_k+1}>0$，结论成立。

根据数学归纳法可知：对任意的正整数 n，有 $a_n-\alpha>0$，即 $a_n>\alpha$。

（3）根据（2）同理可得，对任意的正整数 n，有 $a_{n+1}-\beta=\dfrac{(a_n-\beta)^2}{2a_n+1}$。根据（2）可得，对任意的正整数 n，$a_n-\alpha>0$；于是对任意的正整数 n，$a_n>\beta>0\Rightarrow a_n-\beta>0$。

$\because b_1=\ln\dfrac{a_1-\beta}{a_1-\alpha}=4\ln\dfrac{\sqrt{5}+1}{2}$，$\dfrac{a_n-\beta}{a_n-\alpha}=\dfrac{\dfrac{(a_{n-1}-\beta)^2}{2a_{n-1}+1}}{\dfrac{(a_{n-1}-\alpha)^2}{2a_{n-1}+1}}=\left(\dfrac{a_{n-1}-\beta}{a_{n-1}-\alpha}\right)^2>0$（$n\geqslant 2$），$\therefore b_n=2\ln\dfrac{a_{n-1}-\beta}{a_{n-1}-\alpha}=2b_{n-1}(n\geqslant 2)$，即数列 $\{b_n\}$ 是首项为 b_1，公比为 2 的等比数列，故数列 $\{b_n\}$ 的前 n 项和

$$S_n=\frac{b_1(1-2^n)}{1-2}=4(2^n-1)\ln\frac{\sqrt{5}+1}{2}=(2^{n+2}-4)\ln\frac{\sqrt{5}+1}{2}。$$

评析：本题考查的是函数与导数、二次函数与二次方程、数列与不等式、数学归纳法等高中数学基础知识。同时还考查化归与转化、特殊与一般的数学思想及推理论证、抽象概括的能力。题目的设置凸显出高等数学的身影：牛顿逼近和不动点问题，第（1）问中的 α，β 表面上是方程 x^2+x-1

$=0$ 的两个根，实则它们还是函数 $f(x)=x-\dfrac{f(x)}{f'(x)}$ $\left(即递推关系 a_{n+1}=a_n-\dfrac{f(a_n)}{f'(a_n)}\right)$的两个不动点，而且递推式 $a_{n+1}=a_n-\dfrac{f(a_n)}{f'(a_n)}$就表示过函数 $f(x)=x^2+x-1$ 图象上的点 $(a_n, f(a_n))$ 作切线与 x 轴的交点的横坐标即为 a_{n+1}，其实就是用牛顿逼近的方法将有理数 a_n $(n=1, 2, \cdots)$ 无限逼近无理数 α。第（2）问还可以加强为 $a_1>a_n>a_{n+1}>\alpha$。第（3）问的设计一环扣一环、层层推进，第（1）、第（2）问为第（3）问的解答做了一个很好的铺垫，而第（3）问设计 $b_n=\ln\dfrac{a_n-\beta}{a_n-\alpha}$为解答提供了切入点，从而控制了试题的难度。其实，这道题目如果不考虑区分度和难度，可以把它推广为：已知次函数 $f(x)=ax^2+bx+c(a>0)$，α，β 是方程 $f(x)=0$ 的两个根（$\alpha>\beta$），$f'(x)$是 $f(x)$的导数，设 $a_1>\alpha$，$a_{n+1}=a_n-\dfrac{f(a_n)}{f'(a_n)}$，求 a_n，这就是用牛顿逼近法求方程 $ax^2+bx+c=0$ 的近似解（$\Delta=b^2-4ac>0$）的问题。

可见，尽管以上这几道题目的递推形式不同，但都用到高等数学的逼近方法求方程的近似解。

二、排列、组合的综合应用

高考数学对排列、组合内容的考查主要有两个方面：一是在进一步加深对排列、组合概念理解的基础上，掌握有关排列组合综合题的基本解法，提高分析问题和解决问题的能力，学会分类讨论的思想；二是掌握解决排列组合问题的一些常用方法。

1. 解题思路归纳

解决排列组合问题，首先要弄清是按“分类”还是“分步”完成，对于元素之间的关系，还要考虑是“有序的”还是“无序的”，也就是会正确使用分类计数原理和分步计数原理；其次，对一些复杂的带有附加条件的问题，需掌握以下几种常用的解题方法。

（1）特殊优先法：对于存在特殊元素或者特殊位置的排列组合问题，可以从这些特殊的元素或位置入手，先解决特殊元素或特殊位置，再解决其他元素或位置。例如：用0，1，2，3，4这5个数字，组成没有重复数字的三位数，其中偶数共有________个。（答案：30）

（2）科学分类法：对于较复杂的排列组合问题，由于情况繁多，因此要对各种不同情况进行科学分类，以便有条不紊地进行作答，避免重复或遗漏。例如：从6台原装计算机和5台组装计算机中任取5台，其中至少有原装计算机与组装计算机各2台，则不同的取法有________种。（答案：350）

分组（堆）问题的六个模型：①有序不等分；②有序等分；③有序局部等分；④无序不等分；⑤无序等分；⑥无序局部等分。解题时应注意区分属于哪个模型。

（3）插空法：解决一些不相邻问题时，可以先排一些元素然后插入其余元素，使问题得以解决。例如：7人站成一行，如果甲、乙两人不相邻，则不同排法种数有________种。（答案：3600）

（4）捆绑法：相邻元素的排列可以采用“整体到局部”的排法，即将相邻的元素当成“一个”元素进行排列，然后再局部排列。例如：6名同学坐成一排，其中甲、乙必须坐在一起的不同坐法有________种。（答案：240）

（5）排除法：这是一种间接解题的方法，即从总体中排除不符合条件的部分。排列组合应用题往往和代数、三角函数、立体几何、平面解析几何的某些知识联系，从而增加了问题的综合性，解答这类应用题时，要注意使用相关知识对答案进行取舍。例如：从集合$\{0, 1, 2, 3, 5, 7, 11\}$中任取3个元素分别作为直线方程$Ax+By+C=0$中的A，B，C，所得的经过坐标原点的直线有________条。（答案：30）

（6）剪截法（隔板法）：如将n个相同小球放入m（$m\leqslant n$）个盒子里，求每个盒子里至少有一个小球的放法时可用剪截法。这类题等价于n个相同小球串成一串从间隙里选$m-1$个结点剪成m段（即插入$m-1$块隔板），有C_{n-1}^{m-1}种方法。

（7）错位法：如将编号为1至n的n个小球放入编号为1到n的n个盒子里，每个盒子放一个小球，要求小球与盒子的编号都不同，这种排列称为错位排列。当 $n=2，3，4，5$ 时的错位数各为 1，2，9，44。

2 个、3 个、4 个元素的错位排列容易计算，而关于 5 个元素的错位排列的计算，可以用排除法转化为 2 个、3 个、4 个元素的错位排列的问题：

①5 个元素的全排列为：$A_5^5=120$；

②排除恰好有 5 对球盒同号 1 种、恰好有 3 对球盒同号（2 个错位的）$C_5^3\times 1$ 种、恰好有 2 对球盒同号（3 个错位的）$C_5^2\times 2$ 种、恰好有 1 对球盒同号（4 个错位的）$C_5^1\times 9$ 种，所以共有 $120-1-C_5^3\times 1-C_5^2\times 2-C_5^1\times 9=44$ 种。

用此法可以逐步计算 6 个、7 个、8 个……元素的错位排列问题。

(8) 容斥法：n 个元素排成一列，求某两个元素各自不排在某两个确定位置的排法种数，宜用容斥法求解。

2. 例题讲解

例 1 将 6 本不同的书按下列分法，各有多少种不同的分法？

(1) 分给学生甲 3 本，学生乙 2 本，学生丙 1 本；

(2) 分给甲、乙、丙 3 人，其中 1 人得 3 本，1 人得 2 本，1 人得 1 本；

(3) 分给甲、乙、丙 3 人，每人 2 本；

(4) 分成 3 堆，一堆 3 本，一堆 2 本，一堆 1 本；

(5) 分成 3 堆，每堆 2 本；

(6) 分给甲、乙、丙 3 人，其中一人 4 本，另外两个人每人 1 本；

(7) 分成 3 堆，其中一堆 4 本，另两堆每堆 1 本。

分析：①分书过程中要分清是均匀的还是非均匀的，是有序的还是无序的；②均匀的分法中要注意算法中的重复问题。

解：(1) 是指定人应得数量的非均匀问题：方法数为 $C_6^3C_3^2C_1^1$；

(2) 是没有指定人应得数量的非均匀问题：方法数为 $C_6^3C_3^2C_1^1\times A_3^3$；

(3) 是指定人应得数量的均匀问题：方法数为 $C_6^2C_4^2C_2^2$；

(4) 是分堆的非均匀问题（与 (1) 等价）：方法数为 $C_6^3C_3^2C_1^1$；

(5) 是分堆的均匀问题：方法数为 $C_6^2C_4^2C_2^2\div A_3^3$；

(6) 是部分均匀地分给人的问题：方法数为 $\dfrac{C_6^4C_2^1C_1^1\times A_3^3}{A_2^2}$；

（7）是部分均匀地分堆的问题：方法数为$\dfrac{C_6^4C_2^1C_1^1}{A_2^2}$。

评析：以上问题归纳为如下表所示的三类六种不同的分书问题的模型，在解题过程中可以将问题转化为这六种分书模型来解决。

六种分书模型

均匀性	分给人（有序）	分成堆（无序）
非均匀	$C_6^3C_3^2C_1^1\times A_3^3$	$C_6^3C_3^2C_1^1$
均匀	$C_6^2C_4^2C_2^2$	$C_6^2C_4^2C_2^2\div A_3^3$
部分均匀	$\dfrac{C_6^4C_2^1C_1^1\times A_3^3}{A_2^2}$	$\dfrac{C_6^4C_2^1C_1^1}{A_2^2}$

例2　求下列不同的排法种数。

（1）6男2女排成一排，2女相邻；

（2）6男2女排成一排，2女不能相邻；

（3）4男4女排成一排，同性者相邻；

（4）4男4女排成一排，同性者不能相邻。

解：（1）是“相邻”问题，用捆绑法解决：$A_2^2A_7^7=10080$。

（2）是“不相邻”问题，可以用插空法直接求解，6男先排实位，再在7个空位中排2女，即用插空法解决：$A_6^6A_7^2=30240$。还可以用捆绑法与排除法相结合：$A_8^8-A_2^2A_7^7=30240$。

（3）是“相邻”问题，应先捆绑后排位：$A_4^4A_4^4A_2^2=1152$。

（4）是“不相邻”问题，可以用插空法直接求解：$A_4^4A_4^3A_2^1=1152$。

例3　有13名医生，其中女医生6名。现从中抽调5名医生组成医疗小组前往灾区，若医疗小组中至少有2名男医生，同时至多有3名女医生，设不同的选派方法种数为N，则下列等式

（1）$C_{13}^5-C_7^1C_6^4$；（2）$C_7^2C_6^3+C_7^3C_6^2+C_7^4C_6^1+C_7^5$；（3）$C_{13}^5-C_7^1C_6^4-C_6^5$；（4）$C_7^2C_{11}^3$。

其中能成为N的算式有________种。

解：用直接法解。选派5名医生分为2男3女$C_7^2C_6^3$，3男2女$C_7^3C_6^2$，4男1女$C_7^4C_6^1$，5男C_7^5这四类，故$N=C_7^2C_6^3+C_7^3C_6^2+C_7^4C_6^1+C_7^5$。

用间接法解。不考虑限制条件，选派方法有 C_{13}^5 种，需剔除的有 1 男 4 女 $C_7^1C_6^4$，5 女 C_6^5 两类，故 $N=C_{15}^3-C_7^1C_6^4-C_6^5$。

因此答案为：(2)(3)。

评析：本题要特别防止误选（4）。

例 4 某班新年联欢会原定的 5 个节目已排成节目单，开演前又增加了 2 个新节目，如果将这 2 个节目插入节目单中，那么不同的插法种数有________种。

解：实质是 7 个节目的排列，因原定的 5 个节目顺序不改变，故排这 5 个节目是一个组合，有 C_7^5 种排法，再排新插入的 2 个节目，有 A_2^2 种排法，故不同的插法种数有 $C_7^5A_2^2=42$ 种。

评析：本题解题的关键是分清是排列还是组合问题。排列与组合的根本区别是元素之间是否有顺序，若元素之间交换次序后是两种不同的情形，则是排列问题；若元素之间交换次序后是相同的情形，则是组合问题；另外若元素之间已经规定了顺序，则仍是组合问题。

例 5 从 10 种不同的作物种子中选出 6 种放入 6 个不同的瓶子中展出，如果甲、乙两种种子不能放入 1 号瓶内，那么不同的放法共有（　　）种。

A. $C_{10}^2A_8^4$　　B. $C_9^1A_9^5$　　C. $C_8^1A_9^5$　　D. $C_8^1A_8^5$

解：先排 1 号瓶，从甲、乙以外的 8 种不同作物种子中选出 1 种有 C_8^1 种放法，再排其余各瓶，有 A_9^5 种放法，故不同的放法共有 $C_8^1A_9^5$ 种，故选 C。

评析：这样解分步合理、过程简单，但本题更容易想到先从 10 种不同的作物种子中选出 6 种，然后排列。由于选出的 6 种种子中是否含甲、乙不确定，导致后继排列也不确定，这时就要分类了。选出的 6 种种子中只含甲或只含乙的不同放法都为 $C_8^5A_5^1A_5^5$ 种；选出的 6 种种子中，同时含甲与乙的不同放法有 $C_8^4A_5^2A_4^4$ 种；选出的 6 种种子中，都不含甲与乙的不同放法有 A_8^6 种，故不同的放法共有 $2C_8^5A_5^1A_5^5+C_8^4A_5^2A_4^4+A_8^6=C_8^1A_9^5$ 种。

例 6 将 3 种作物种植在如图所示的 5 块试验田里，每块种植一种作物且相邻的试验田不能种植同一种作物，则不同的种植方式共有________种。

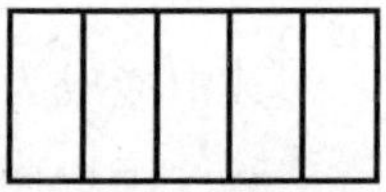

解：根据同种作物最多能种植的块数分类讨论，

（1）当其中有一种作物种植 3 块时，选取这种作物有 C_3^1 种，它们只能种在两端及中间位置，有不同的种植方式 $C_3^1A_2^2=6$ 种。

（2）当其中 2 种作物各种植 2 块时，选取这 2 种作物有 C_3^2 种，然后选定其中一种作物，其不同种植方式有以下六类：

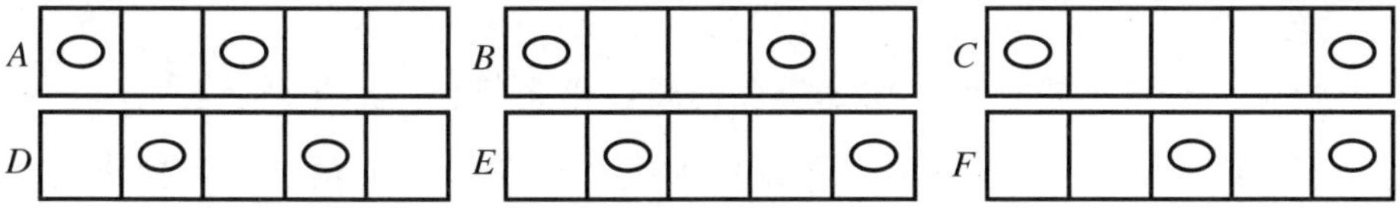

A、B、E、F 的种植方式都是 2 种；C 有 1 种种植方式；D 有 3 种种植方式，于是这种情况有 $C_3^2(4\times2+1+3)=36$ 种，故不同的种植方式共 42 种。

例 7　四面体的顶点和各棱中点共有 10 个点，在其中取 4 个不共面的点，不同的取法共有________种。

解：本题直接计数很困难，考虑用间接法，从 10 个点中取 4 个点有 C_{10}^4 种取法，剔除四点共面的情况有以下三种情况：

（1）四点位于四个面上的种数有 $4C_6^4=60$ 种；

（2）三点在一条棱上，另一点为其对棱中点的种数有 6 种；

（3）任一组对棱以外的四棱中点的四点共面种数有 3 种；

故不同的取法共有 $C_{10}^4-60-6-3=141$ 种。

评析：本题解题的关键是确定用分类法、分步法还是间接法计数。为求完成某件事的方法种数，如果分步考虑时，会出现某一步的方法种数不确定或计数有重复问题，这时就要考虑用分类法求解。分类法是解决复杂问题的有效手段，而当正面分类情况种数较多时，则考虑用间接法求解。

例 8　从黄瓜、白菜、油菜、扁豆 4 种蔬菜品种中选出 3 种，分别种在不同土质的 3 块土地上，其中黄瓜必须种植，不同的种植方法共有________种。

解：按要求黄瓜必选，故从剩下的 3 种蔬菜中再选 2 种共有 C_3^2 种选法，种在不同土质的 3 块土地上有 A_3^3 种方法，则不同的种植方法共有 $C_3^2A_3^3=18$ 种。

例 9　有 4 个不同的小球，全部放入 4 个不同的盒子内，恰有 2 个盒子不放球的放法总数为________种。

解：选取 2 个不放球的盒子，有 $C_4^2=6$ 种选法；把 4 个球分成 2 堆，可分为 2 堆各为 1 个、3 个球或 2 堆都有 2 个球这两类，有 $C_4^3C_1^1+\frac{C_4^2C_2^2}{A_2^2}=7$ 种分法；再把 2 堆分别放入 2 个盒子里有 $A_2^2=2$ 种放法，故所求放法总数为 $6\times7\times2=84$ 种。

评析：对常见的排列、组合综合问题，应先组合，后排列。

例 10 把 9 个相同小球放入编号为 1，2，3 的三个箱子里，要求每个箱子所放球的个数不小于其编号数，则不同的放球方法共有________种。

解：先给编号为 2，3 的箱子里分别放入 1 个、2 个小球，有 1 种放法；再将剩余的 6 个小球串成一串，截为三段有 $C_5^2=10$ 种方法，对应放到编号为 1，2，3 的三个箱子里。因此，不同的放球方法有 $1\times10=10$ 种。

例 11 某校准备组织学生参加高中数学联赛，把 10 个选手名额分配到高三年级的 8 个班，每班至少有一个名额，则不同的分配方案共有________种。

解：问题等价于把 10 个相同的小球放入 8 个盒子里，每个盒子至少有一个小球的放法种数问题。将 10 个小球串成一串，截为 7 段有 $C_9^7=36$ 种方法，对应放到 8 个盒子里，因此，不同的分配方案共有 36 种。

评析：将 n 个相同小球放入 m（$m\leqslant n$）个盒子里，要求每个盒子里至少有一个小球的放法等价于将 n 个相同小球串成一串，从间隙里选 $m-1$ 个结点剪成 m 段（插入 $m-1$ 块隔板），有 C_{n-1}^{m-1} 种方法。

例 12 将编号为 1 至 6 的 6 个小球放入编号为 1 至 6 的 6 个盒子里，每个盒子放一个小球，其中恰有 2 个小球与盒子的编号相同的放法有________种。

解：选取编号相同的两组球和盒子的方法有 $C_6^2=15$ 种，其余 4 组球与盒子需错位排列有 9 种放法，故所求放法有 $15\times9=135$ 种。

评析：将编号为 1 至 n 的 n 个小球放入编号为 1 至 n 的 n 个盒子里，每个盒子放一个小球，要求小球与盒子的编号都不同，这种排列称为错位排列，特别记住当 $n=2$，3，4，5 时的错位数各为 1，2，9，44。

例 13 将 A，B，C，D，E，F 6 个不同的电子元件在线路上排成一

排，组成一个电路，如果元件 A 不排在始端，元件 B 不排在末端，那么这 6 个电子元件组成不同的电路的种数有________种。

解：不考虑限制条件共有 A_6^6 种排法，元件 A 排在始端和元件 B 排在末端各有 A_5^5 种排法，把它们都排除，则元件 A 排在始端同时元件 B 排在末端的总数多减了一次，需补上 A_4^4 种，故组成不同的电路有 $A_6^6-2A_5^5+A_4^4=504$ 种。

评析：n 个元素排成一排，求某两个元素各自不排在某两个确定位置的排法种数，宜用容斥法求解。

小结：

①在解题过程中要注意区别六种分书问题的模型；

②解决排列组合问题的一些常用方法：容斥法、错位法、剪截法（隔板法）、捆绑法、排除法、插空法。

第四节 立体几何

一、模型化方法

数学模型指针对或参照某种问题（事件或系统）的特征和数量关系，采用形式化语言，概括或近似地表达出来的一种数学结构。

高中数学的模型化方法主要指利用已有的数学模型解决问题的思路和方法。模型化方法是高中数学解决实际问题的一种重要方法。高中数学中的函数、极限、导数等都是从实际问题中抽象出来的数学模型。利用数学模型化方法解题有两种途径：一是利用已有的数学模型求解，二是根据问题的性质建立特殊的数学模型求解。无论是哪种途径，数学模型化方法的着眼点都要注意实际问题中反映各种事物之间的数量关系。

高中数学模型化方法应用广泛，既有宏观上的策略，又有微观上的具体方法，如我们熟悉的"数形结合"——代数问题的"几何模型"，优化问题的"规划模型"，增长率问题（银行存款利息、投资效益与生产利润等）的"数列模型"，随机现象的"仿真模型"，等等。模型化方法给我们解题提供了明确的方向，为解题决策提供了思维的路径，对提高思维能力有重要作用。

高中立体几何的基础是对空间点、线、面、体的各种位置关系的讨论和研究。高考中也常以棱柱、棱锥等简单的几何体为载体，考查空间中的线线关系、线面关系、面面关系及其相关量的计算与证明。解题时可以通过"构造模型"，借助模型，突破思维定式来寻找解题的突破口。常见的模型有正方体模型、长方体模型、平行六面体模型、"三节棍"模型等。

1. 构造正方体模型解题

当问题没有给出具体的图形，只是给出了相关点、线、面的关系（如平行、垂直等），要判断某些元素的位置关系时，通常可以考虑构造正方体模型，把这些线、面变成正方体中的某一条线段或某一个面，进而解决问题。

例 1 对于直线 m，n 和平面 α，下面问题中的真命题是（　　）。

A. 如果 $m\subset\alpha$，$n\not\subset\alpha$，m，n 是异面直线，那么 $n/\!/\alpha$

B. 如果 $m\subset\alpha$，$n\not\subset\alpha$，m，n 是异面直线，那么 n 与 α 相交

C. 如果 $m\subset\alpha$，$n/\!/\alpha$，m，n 共面，那么 $m/\!/n$

D. 如果 $m/\!/\alpha$，$n/\!/\alpha$，m，n 共面，那么 $m/\!/n$

解：构造正方体如图。

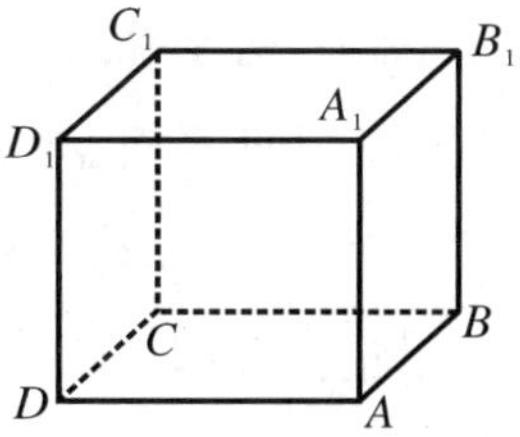

对于选项 A，设 α 为平面 $ABCD$，m 为 AB，n 为 C_1C，则 $n\perp\alpha$，故 A 错。

对于选项 B，设 α 为平面 $ABCD$，m 为 AB，n 为 A_1D_1，则 $n/\!/\alpha$，故 B 错。

对于选项 D，设 α 为平面 $ABCD$，m 为 A_1B_1，n 为 B_1C_1。此时 m 与 n 相交于 B_1，故 D 错。

$\therefore$ 正确答案为 C，事实上，设 α 为平面 $ABCD$，m 为 AB，n 为 A_1B_1，$\because AB/\!/A_1B_1$，$\therefore m/\!/n$。

例 2 由空间上一点 O 出发的四条射线，两两所成的角都相等，求这个角。

解：先构造一个正方体（如图），正方体的中心点 O 到四个顶点 A，B，C，D 连线所夹的角相等，则 $\angle AOD$ 就是所求的角。

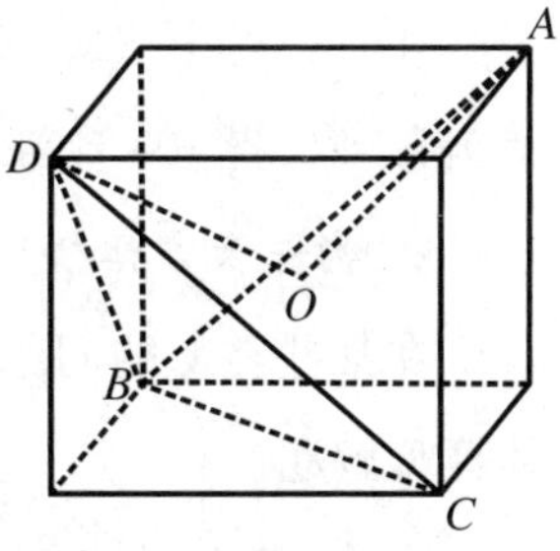

设正方体的棱长为 a，则 $OA=OD=\dfrac{\sqrt{3}}{2}a$，$AD=\sqrt{2}\,a$，$\cos\angle AOD=\dfrac{OA^2+OD^2-AD^2}{2OA\cdot OD}=-\dfrac{1}{3}$，则所求角为 $\pi-\arccos\dfrac{1}{3}$。

评析：这个例子是把一个正四面体内接于一个正方体中。在立体几何中一般能用正四面体解决的问题都可用正方体模型解决。正四面体的体积是它外接正方体体积的 $\dfrac{1}{3}$，即 $V_{正四面体}=\dfrac{1}{3}V_{正方体}$，并可由这个模型推导出正四面体的体积 $V_{正四面体}=\dfrac{\sqrt{2}}{12}a^3$（$a$ 为正四面体的棱长）。

例 3 已知平面 α 及以下三个几何体：

(1) 长、宽、高皆不相等的长方体；

(2) 底面为平行四边形，但不是菱形和矩形的四棱锥；

(3) 四面体；

问这三个几何体在平面 α 上的射影可以为正方形吗？请加以说明。

解：对于 (1)，只要将长方体底面绕较短的边旋转抬起至一定高度，其在底面（即平面 α）上的射影可变为正方形。

对于 (2) 与 (3) 的判断，需借助构造正方体才能完成。对于 (2)，如图甲在正方体 $ABCD\text{-}A_1B_1C_1D_1$ 中，分别在 BB_1，DD_1 上取点 E，F，使得 $BE=\frac{1}{2}BB_1$，$D_1F=\frac{1}{2}D_1D$，则四棱锥 $A_1\text{-}AEC_1F$ 符合条件。对于 (3)，如图乙把正四面体 $A_1\text{-}BC_1D$ 放在正方体 $ABCD\text{-}A_1B_1C_1D_1$ 即可得其在平面 α 上的射影为正方形。

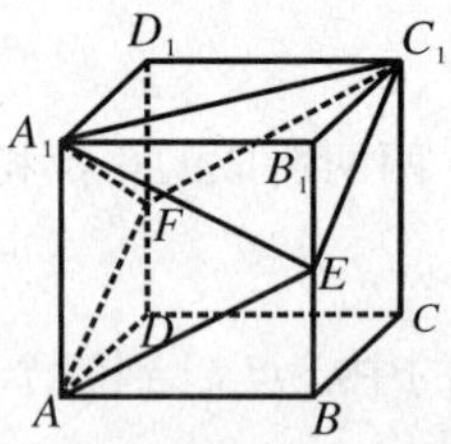

甲

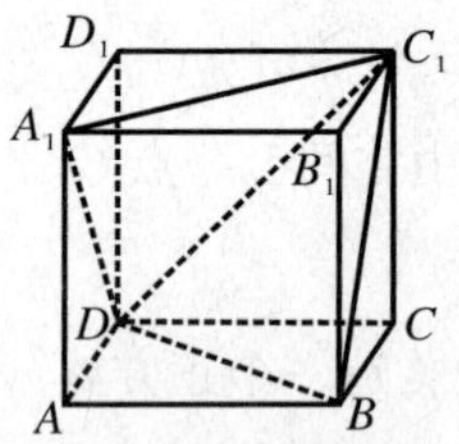

乙

评析：对于 (2) 和 (3) 如果没有一个正方体作为载体，很难想象它们的射影可以得出一个正方形。

2. 构造长方体模型解题

在某些类似的问题中，当构造正方体模型解决不了时，可考虑构造长方体模型解题。

例 4 由球 O 的球面上一点 P 作球的两两垂直的三条弦 PA，PB，PC，且 $PA=\sqrt{3}$，$PB=\sqrt{5}$，$PC=\sqrt{15}$，求球 O 的半径。

解：构造长方体，以 P 为顶点的三条棱 PA，PB，PC 两两垂直，球 O 就是这个长方体的外接球，对角线 PD 就是球 O 的直径，设半径等于 R，则有 $2R=\sqrt{PA^2+PB^2+PC^2}=\sqrt{23}$，求得 $R=\frac{\sqrt{23}}{2}$。

评析：从同一点出发的三条棱两两互相垂直，其长度分别为 a，b，c，就可以构造长方体模型，对角线的长度就是外接圆的直径，所以 $2R=\sqrt{a^2+b^2+c^2}$。

例 5 已知四面体的四个面都是边长分别是 5，6，7 的全等三角形，求四面体的体积。

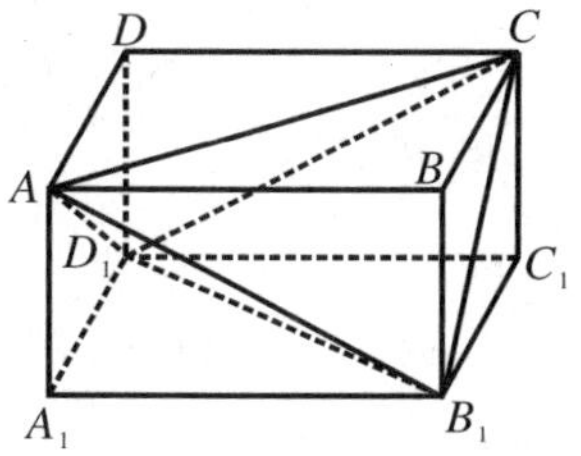

解：通过分析已知条件，这个四面体是等腰四面体，如图，构造长方体 $ABCD\text{-}A_1B_1C_1D_1$，其中四面体 $D_1\text{-}AB_1C$ 符合条件。令 $AC=5$，$B_1C=6$，$AB_1=7$，由勾股定理得 $AB^2=19$，$BC^2=6$，$AA_1{}^2=30$，$\therefore V_{四面体}=\frac{1}{3}V_{长方体}=\frac{1}{3}\sqrt{19\times6\times30}=2\sqrt{95}$。

评析：若四面体是等腰四面体（对棱相等的四面体），则它外接一个长方体，并可以把它推广为其中四面体的体积是外接长方体体积的 $\frac{1}{3}$。

3. 构造平行六面体模型解题

如果说正四面体、等腰四面体（即对棱相等的四面体）分别可以用正方体、长方体模型来解决，那么对于一般的四面体（任意的三棱柱）则可以通过构造平行六面体模型来解决。

例 6 在四面体 $A\text{-}BCD$ 中，设 $AB=1$，$CD=\sqrt{3}$，直线 AB 与 CD 的距离为 2，夹角为 $\frac{\pi}{3}$，求四面体 $A\text{-}BCD$ 的体积。

分析：如果孤立地考查四面体的体积，很难把已知条件与体积联系起来，而四面体每组对棱所在的直线都是异面直线，则过每组对棱可作一对平行平面。三对平行平面围成一个平行六面体，把四面体 $A\text{-}BCD$ 与这样一个平行六面体联系起来，问题便迎刃而解了。

解：如下页图乙所示，平行六面体中的底面 A_1DB_1C 的面积为 $S=4\times\frac{1}{2}\times\frac{1}{2}\times\frac{\sqrt{3}}{2}\sin\frac{\pi}{3}=\frac{3}{4}$，平行六面体的高为 AB 与 CD 的距离等于 2，所以平行六

面体的体积$V=\frac{3}{4}\times2=\frac{3}{2}$，从而易得四面体 A-BCD 的体积$V_{四面体}=\frac{1}{3}V=\frac{1}{2}$。

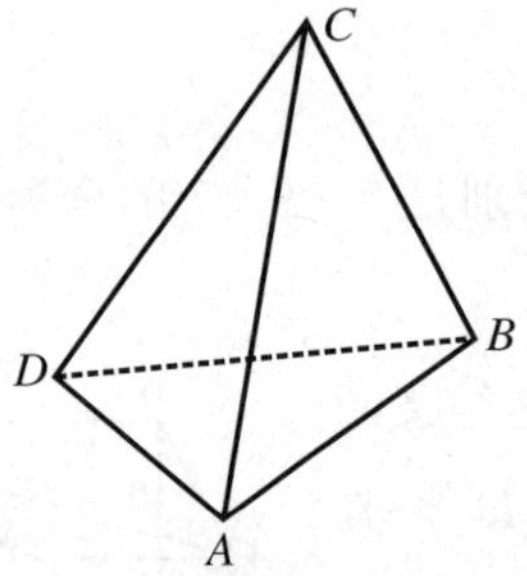

甲

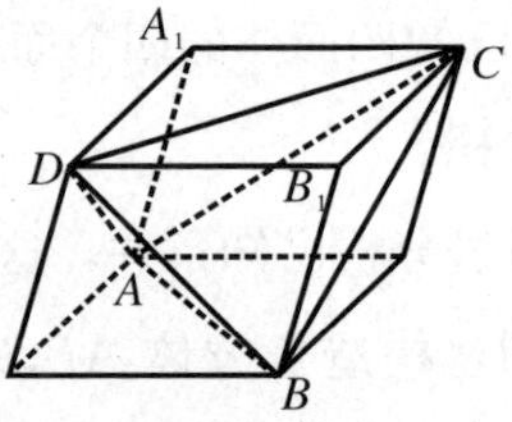

乙

评析：一般地，过四面体对棱分别作三对平行平面，则可将四面体补成它的外接平行六面体，将平行六面体的四个角切掉，则可得到它的内接四面体。利用这种关系可将四面体问题转化为平行六面体来研究（正方体、长方体为其特殊情况）。

例7 已知四面体的各个面都是边长为 a，b，c 的三角形，求该四面体的体积。

解：∵四面体的每个面都是边长为 a，b，c 的等腰三角形，因此它是一个等腰四面体，故其外接平行六面体应为长方体，而长方体的体积

$V=\sqrt{\frac{a^2+b^2-c^2}{2}}\cdot\sqrt{\frac{a^2+c^2-b^2}{2}}\cdot\sqrt{\frac{b^2+c^2-a^2}{2}}$，故所求四面体的体积为

$\frac{1}{3}V=\frac{1}{3}\sqrt{\frac{a^2+b^2-c^2}{2}}\cdot\sqrt{\frac{a^2+c^2-b^2}{2}}\cdot\sqrt{\frac{b^2+c^2-a^2}{2}}$。

例8 已知四面体对棱间的距离分别为 h_1，h_2，h_3，求证：此四面体的体积不小于$\frac{1}{3}h_1h_2h_3$。

证明：此平行六面体的体积 $V=l_{侧棱}\cdot S_{直截面}$，易知 $l_{侧棱}\geqslant h_3$，$S_{直截面}\geqslant h_1h_2$，于是有 $V\geqslant h_1h_2h_3$，故 $V_{四面体}=\frac{1}{3}V\geqslant\frac{1}{3}h_1h_2h_3$。

评析：利用四面体与它的外接平行六面体之间的联系，不仅可以通过平行六面体来研究四面体的体积，还可以通过平行六面体来研究四面体的有关性质。

例9 已知四面体的两组对棱分别相等，求证：第三组对棱中，点的连

线是这组对棱的公垂线。

证明：如图，在四面体 $A\text{-}BCD$ 中，$AB=CD$，$BC=AD$，M，N 分别为 AC，BD 的中点。观察四面体 $A\text{-}BCD$ 的外接平行六面体，易知平面 $CEDF$ 与平面 $CEBG$ 都是矩形，于是 CE 与平行六面体的上下底面都垂直，而 $MN/\!/CE$，故 MN 与上下底面垂直，从而 MN 与 AC，BD 都垂直，所以 MN 是 AC，BD 的公垂线。

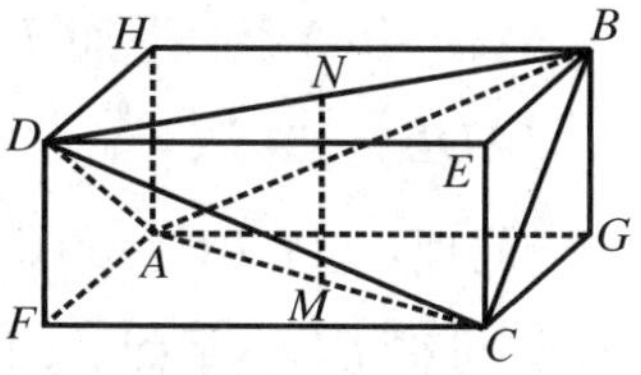

小结：从上面几个例题可以看出，构造平行六面体解决四面体问题，利用图形之间的相互转换关系来认识图形特征、研究图形性质，是一种十分重要的方法。

4. 构造“三节棍”模型解题

我们以三条棱 AB，BC，CD 两两互相垂直的四面体 $A\text{-}BCD$（如图）为例，通过研究发现，这个四面体具有下面两个性质：

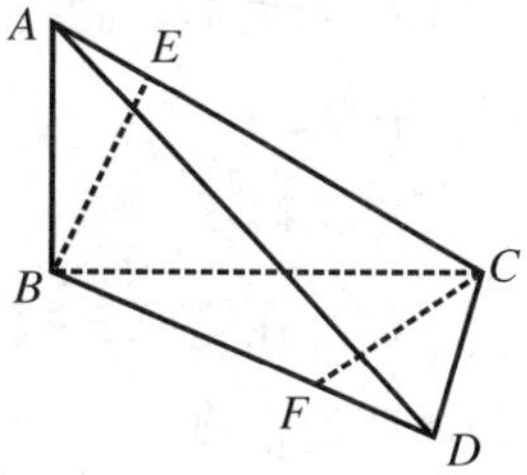

（1）$CD\perp$ 平面 ABC，$AB\perp$ 平面 BCD。

（2）相邻两个三角形中，第三边上的垂线恰好是该边与另一个平面的垂线（即 $BE\perp$ 平面 ACD，$CF\perp$ 平面 ABD）。

此四面体的三条两两互相垂直的棱如同一条三节棍，因此，我们把它称为“三节棍”模型。利用此模型，可解决棱柱或棱锥中的线线、线面的垂直问题，应用十分广泛。

例 10 在三棱锥 $A\text{-}BCD$ 中，AB，BC，CD 两两互相垂直。

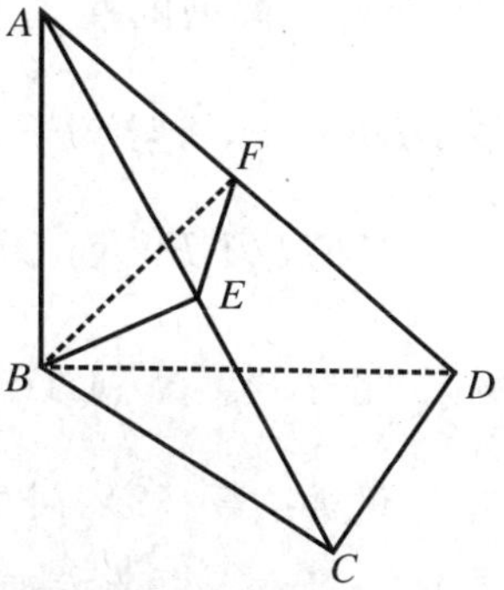

（1）由该棱锥所有相邻的两个面组成的二面角中，哪些是直二面角？

（2）若 AD 与平面 BCD 成 $45°$ 角，AD 与平面 ABC 所成角为 $30°$，求二面角 $B\text{-}AD\text{-}C$ 的余弦值。

解：（1）可从三棱锥各个面的垂线入手。AB，BC，CD 两两互相垂直成“三节棍”模型，$\therefore AB\perp$ 平面 BCD，$\because AB\subset$ 平面 ABD，$\therefore$ 平面 $ABD\perp$ 平面 BCD，且平面 $ABC\perp$ 平面 BCD。同理，二面角

$A\text{-}BD\text{-}C$，$A\text{-}BC\text{-}D$，$D\text{-}AC\text{-}B$ 都是直二面角。

(2) 由 $AB\perp$ 平面 BCD 可得 $\angle ADB$ 即为 AD 与平面 BCD 所成角，$\therefore \angle ADB=45°$。

同理，$\angle DAC=30°$，作 $BE\perp AC$ 于点 E，作 $BF\perp AD$ 于点 F，连接 EF，可得 $BE\perp$ 平面 ACD。

$\because BF\perp AD\Rightarrow EF\perp AD$，$\therefore \angle BFE$ 是二面角 $B\text{-}AD\text{-}C$ 的平面角。

$\because EF=AF\cdot\tan 30°=\dfrac{\sqrt{3}}{3}AF$，$BF=AF\cdot\tan(90°-45°)=AF$，

$\therefore \cos\angle BFE=\dfrac{EF}{BF}=\dfrac{\sqrt{3}}{3}$，即二面角 $B\text{-}AD\text{-}C$ 的余弦值为$\dfrac{\sqrt{3}}{3}$。

例 11 （2005 年湖北高考理科数学卷）在四棱锥 $P\text{-}ABCD$ 中，底面 $ABCD$ 为矩形，侧棱 $PA\perp$ 底面 $ABCD$，$AB=\sqrt{3}$，$BC=1$，$PA=2$，E 为 PD 中点。

(1) 略；

(2) 在侧面 PAB 内找一点 N，使 $NE\perp$ 平面 PAC，并求出点 N 到 AB 和 AP 的距离。

解：(2) 如图，$\because PA\perp AD$，$AD\perp DC$，即 PA，AD，DC 两两互相垂直。

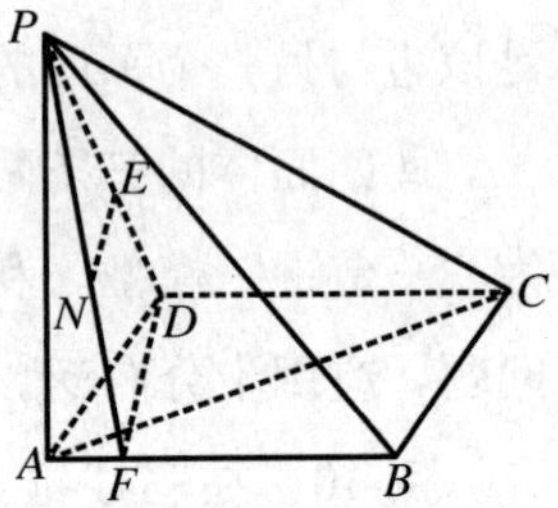

$\therefore PA$，AD，DC 构成了一个“三节棍”模型。

过点 D 作 AC 的垂线 DF 交 AB 于点 F，由“三节棍”模型的性质可知 $DF\perp$ 平面 PAC，且知 $\angle ADF=\dfrac{\pi}{6}$，连接 PF，则点 N 为 PF 的中点即为所求的点。

$\because EN/\!/DF$，而 $DF\perp$ 平面 PAC，$\therefore EN\perp$ 平面 PAC。

此时，点 N 到 AP 的距离为$\dfrac{1}{2}AF=\dfrac{\sqrt{3}}{6}$，$N$ 到 AB 的距离为$\dfrac{1}{2}AP=1$。

评析：第 (2) 问中，要在侧面 PAB 内找一点 N，使 EN 垂直平面 PAC，具有一定的难度，它主要考查非正常位置下的三垂线定理的应用，这是立体几何的重点和难点。因此，这个模型的应用具有一般性。

例 12 （2005 年全国高考理科数学卷改编）已知四边形 $ABCD$ 为直角

梯形，$AB // CD$，$\angle BAD=90°$，$PA \perp$ 平面 $ABCD$，$CD=2$，$PA=AD=AB=1$，E 为 PC 的中点。

（1）求证：$BE //$ 平面 PAD；

（2）求直线 BD 与平面 PCD 所成的角；

（3）求二面角 $A\text{-}PC\text{-}D$ 的大小。

解：（1）**证明**：如图，取 PD 中点 F，连接 AF，EF。

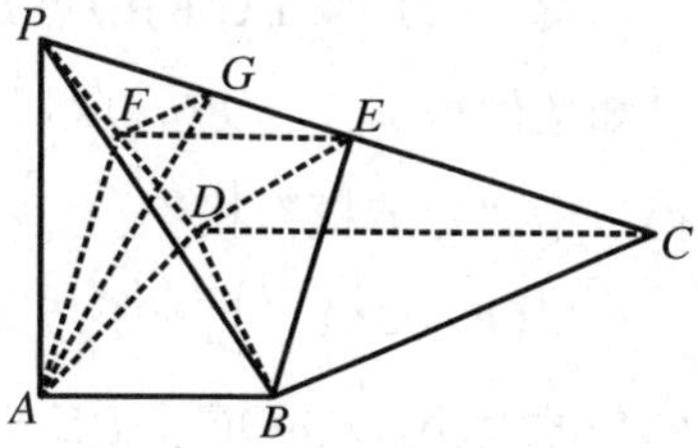

$\because EF \underline{\underline{//}} \frac{1}{2}CD$，$\therefore EF \underline{\underline{//}} AB$，

$\therefore$ 四边形 $ABEF$ 是平行四边形，故 $BE // AF$，而 $AF \subset$ 平面 PAD，$\therefore BE //$ 平面 PAD。

（2）图中 PA，AD，DC 构成了“三节棍”模型。

$\because PA=AD$，F 为 PD 中点，$\therefore AF \perp PD$，由“三节棍”模型性质可知 $AF \perp$ 平面 PCD。

$\therefore BE \perp$ 平面 PCD，故 $\angle BDE$ 为所求的角。

经计算 $\cos\angle BDE=\frac{\sqrt{3}}{2}$，$\therefore$ 直线 BD 与平面 PCD 所成的角为 $30°$。

（3）过点 F 作 PC 的垂线 FG，垂足为 G，连接 AG。

$\therefore \angle FGA$ 为二面角 $A\text{-}PC\text{-}D$ 的平面角。

$\because \text{Rt}\triangle PFG \backsim \text{Rt}\triangle PCD$，$\therefore \frac{FG}{CD}=\frac{PF}{PC}$，$\therefore FG=\frac{CD \cdot PF}{PC}=\frac{1}{\sqrt{3}}$。

在 $\text{Rt}\triangle AFG$ 中，$\tan\angle FGA=\frac{AF}{FG}=\frac{\sqrt{6}}{2}$，即二面角 $A\text{-}PC\text{-}D$ 的大小为 $\arctan\frac{\sqrt{6}}{2}$。

评析：上面几个例题是在已知图形中已有了现成的“三节棍”模型，但在很多问题中，不一定都存在现成的模型，在解题中要根据已知条件，设法构造出“三节棍”模型。

例 13　（2005 年浙江高考理科数学卷）如图，在三棱锥 $P\text{-}ABC$ 中，$AB \perp BC$，$AB=BC=kPA$，点 O，D 分别是 AC，PC 的中点，$OP \perp$ 底面

ABC。

(1) 略；

(2) 当 $k=\frac{1}{2}$ 时，求直线 PA 与平面 PBC 所成角的大小；

(3) 当 k 取何值时，点 O 在平面 PBC 内的射影恰好为 $\triangle PBC$ 的重心？

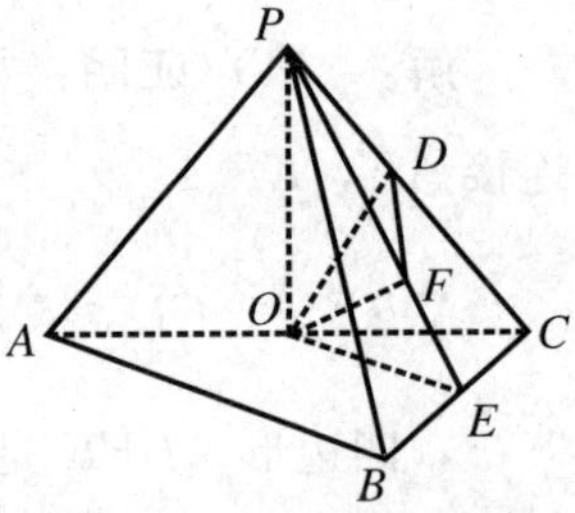

解：(2) 取 BC 的中点 E，连接 OE，PE，由已知条件得 PO，OE，EC 两两互相垂直，由此可得一个“三节棍”模型。

$\because OD /\!/ PA$，可转化为 OD 与平面 PEC 所成的角的大小，作 $OF \perp PE$ 于点 F，连接 FD，由“三节棍”模型性质可知 $OF \perp$ 平面 PEC，$\therefore \angle ODF$ 是 OD 与平面 PEC 所成的角。

在 $\mathrm{Rt}\triangle ODF$ 中，$\sin\angle ODF=\frac{OF}{OD}=\frac{\sqrt{210}}{30}$，

$\therefore$ 直线 PA 与平面 PBC 所成角的大小为 $\arcsin\frac{\sqrt{210}}{30}$。

(3) 因为 $AB=BC$，$\therefore OB \perp PC$，若点 O 在平面 PBC 内的射影恰好为 $\triangle PBC$ 的重心，得 $BD \perp PC$，因为点 D 是 PC 的中点，所以，$PA=BC$，$\therefore k=1$。

评析：所谓“三节棍”模型，其本质就是利用三垂线定理（或逆定理）解题，而三垂线定理（或逆定理）在立体几何中的应用十分广泛，特别是非正常位置下的三垂线定理（或逆定理）的应用又是高考命题的一个热点，因此，该模型具有很好的实用性。

二、运用空间向量解决立体几何问题

立体几何是高中数学中的重要内容，它既可以培养学生的空间想象能力，又可以训练学生的逻辑思维能力，是高考重点考查的内容之一。但由于立体几何的一些图形不直观，空间线面关系错综复杂，常需要经过逻辑分析才能精确确定。但是一些学生的观察分析能力和空间想象能力较弱，因此立体几何的学习就显得相对困难。

向量作为一种工具，在数学的很多分支中都有应用。立体几何中的角度、长度、垂直和平行问题也可以借助于空间向量来解决。同时，借助空间向量还可以将几何问题转化为代数问题，避开在立体图形中找角或距离的各种关系，将抽象的图形关系转化为具体的计算问题。

同学们在运用向量解决立体几何问题时，常常存在几个方面的不足：(1) 算不准，常出现某个坐标写错或平面的法向量算错的情况；(2) 在非常规的图形中不会建立合适的空间直角坐标系；(3) 在题设中坐标有参数时容易出错。以下就此谈谈这些问题的解决方案。

要求 1：进一步完善知识体系，熟练掌握运用向量法证明空间线面关系的原理和过程。

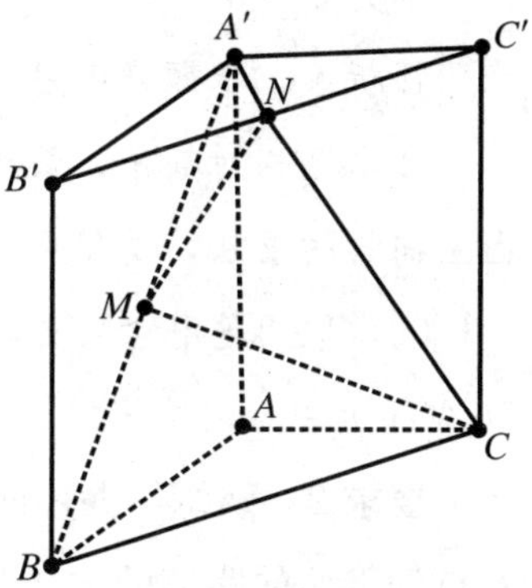

例 1 (2012 年辽宁高考理科数学卷改编) 如图，直三棱柱 $ABC\text{-}A'B'C'$ 中，$\angle BAC=90°$，$AB=AC=\sqrt{2}\,AA'$，点 M，N 分别为 $A'B$ 和 $B'C'$ 的中点。

(1) 证明：MN//平面 $A'ACC'$；

(2) 证明：二面角 $A'\text{-}MN\text{-}C$ 为直二面角。

证明：(1) 如图，以 A 为坐标原点，分别以直线 AB，AC，AA' 为 x 轴，y 轴，z 轴建立空间直角坐标系 $O\text{-}xyz$，设 $AA'=1$，则 $AB=AC=\sqrt{2}$。

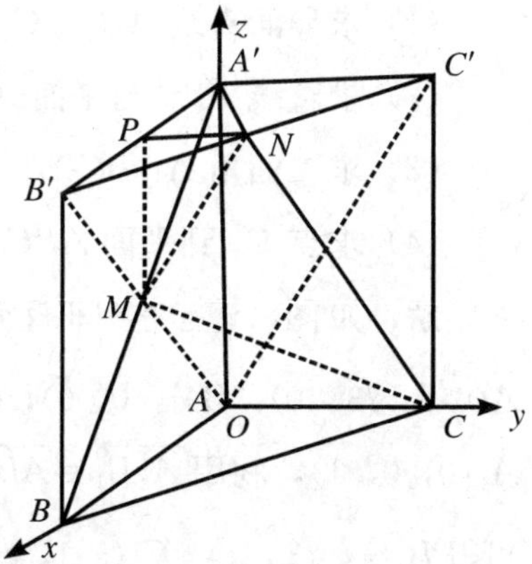

于是 $A(0,0,0)$，$B(\sqrt{2},0,0)$，$C(0,\sqrt{2},0)$，$A'(0,0,1)$，$B'(\sqrt{2},0,1)$，$C'(0,\sqrt{2},1)$。

所以 $M\left(\frac{\sqrt{2}}{2},0,\frac{1}{2}\right)$，$N\left(\frac{\sqrt{2}}{2},\frac{\sqrt{2}}{2},1\right)$。

则 $\overrightarrow{MN}=\left(0,\frac{\sqrt{2}}{2},\frac{1}{2}\right)$，平面 $AA'C'C$ 的一个法向量为 $\vec{r}=(1,0,0)$，故 $\overrightarrow{MN}\cdot\vec{r}=0$，又 $MN\not\subset$平面 $A'ACC'$，因此 MN//平面 $A'ACC'$。

(2) 设$\vec{m}=(x_1, y_1, z_1)$是平面$A'MN$的法向量，

由$\begin{cases}\vec{m}\cdot\overrightarrow{A'M}=0\\ \vec{m}\cdot\overrightarrow{MN}=0\end{cases}$，得$\begin{cases}\dfrac{\sqrt{2}}{2}x_1-\dfrac{1}{2}z_1=0\\ \dfrac{\sqrt{2}}{2}y_1+\dfrac{1}{2}z_1=0\end{cases}$，可得$\vec{m}=(1, -1, \sqrt{2})$。

设$\vec{n}=(x_2, y_2, z_2)$是平面MNC的法向量，

由$\begin{cases}\vec{n}\cdot\overrightarrow{NC}=0\\ \vec{n}\cdot\overrightarrow{MN}=0\end{cases}$，得$\begin{cases}-\dfrac{\sqrt{2}}{2}x_2+\dfrac{\sqrt{2}}{2}y_2-z_2=0\\ \dfrac{\sqrt{2}}{2}y_2+\dfrac{1}{2}z_2=0\end{cases}$，可得$\vec{n}=(-3, -1, \sqrt{2})$。

因为$\vec{m}\cdot\vec{n}=-3+1+2=0$，故$A'\text{-}MN\text{-}C$为直二面角。

评析：①本题是基础题，可以用来训练用向量法证明空间线面关系。

②本题相对简单，最大的问题是“算不对”，要注重总结解答过程中平面法向量的求法，总结线、面间的平行或垂直关系的证明方法。

③类似问题用空间向量法不一定比传统方法简单，第（1）问连接$B'O$或取$A'B'$的中点用传统方法也很简单，复习时应强调各种方法的灵活运用。

要求 2：熟练掌握用向量法求两条异面直线所成角、线面角、二面角以及点到平面的距离的方法和原理。

例 2　已知三棱柱$ABC\text{-}A_1B_1C_1$的侧棱与底面边长都为2，A_1在底面ABC上的射影为BC的中点。

（1）求异面直线AB与CC_1所成的角的余弦值；

（2）求直线AA_1与平面A_1BC所成的角的大小；

（3）求二面角$A_1\text{-}BC\text{-}B_1$的平面角的大小；

（4）求点B_1到平面ABC_1的距离。

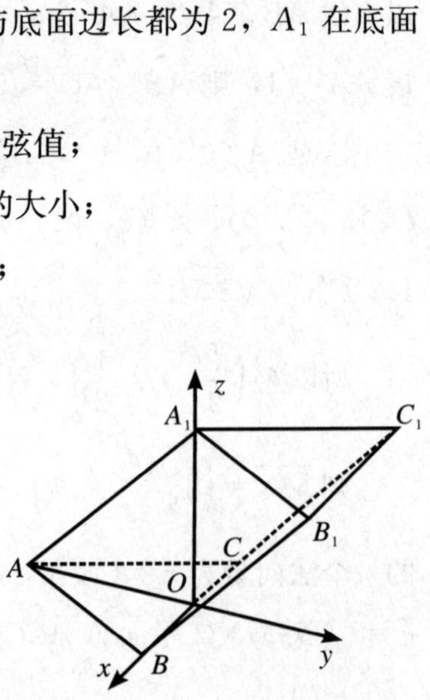

解：如图，建立空间直角坐标系，则$A(0, -\sqrt{3}, 0)$，$B(1, 0, 0)$，$C(-1, 0, 0)$，$A_1(0, 0, 1)$，利用$\overrightarrow{A_1B_1}=\overrightarrow{AB}$，$\overrightarrow{A_1C_1}=\overrightarrow{AC}$，可得$B_1(1, \sqrt{3}, 1)$，$C_1(-1, \sqrt{3}, 1)$。

（1）**解法 1**：$\because\overrightarrow{AB}=(1, \sqrt{3}, 0)$，$\overrightarrow{CC_1}$

$=(0, \sqrt{3}, 1)$，故 $\cos<\overrightarrow{AB}, \overrightarrow{CC_1}>=\dfrac{\overrightarrow{AB}\cdot\overrightarrow{CC_1}}{|\overrightarrow{AB}|\cdot|\overrightarrow{CC_1}|}=\dfrac{3}{2\cdot 2}=\dfrac{3}{4}$，故异面直线 AB 与 CC_1 所成的角的余弦值为 $\dfrac{3}{4}$。

解法 2：通过分析可知，$\angle A_1AB$ 即为异面直线 AB 与 CC_1 所成的角，可以用线面角中的“三余弦定理”得 $\cos\angle A_1AB=\cos\angle A_1AO\cdot\cos\angle BAO=\dfrac{\sqrt{3}}{2}\cdot\dfrac{\sqrt{3}}{2}=\dfrac{3}{4}$。

(2) 可求得平面 A_1BC 的一个法向量为 $\vec{m}=(0, 1, 0)$，且 $\overrightarrow{AA_1}=(0, \sqrt{3}, 1)$。

设直线 AA_1 与平面 A_1BC 所成的角为 θ，则 $\sin\theta=|\cos<\vec{m}, \overrightarrow{AA_1}>|=\left|\dfrac{\sqrt{3}}{2}\right|=\dfrac{\sqrt{3}}{2}$，故直线 AA_1 与平面 A_1BC 所成角为 $60°$。

(3) 可求得平面 BCC_1B_1 的一个法向量为 $\vec{n}=(0, 1, -\sqrt{3})$，平面 A_1BC 的一个法向量为 $\vec{m}=(0, 1, 0)$，故 $\cos<\vec{m}, \vec{n}>=\dfrac{1}{2}$，由图可知二面角 A_1-BC-B_1 为锐角，故二面角 A_1-BC-B_1 的平面角为 $60°$。

(4) 可求得平面 ABC_1 的一个法向量为 $\vec{r}=(\sqrt{3}, -1, 3\sqrt{3})$，$\overrightarrow{B_1B}=(0, -\sqrt{3}, -1)$ 故点 B_1 到平面 ABC_1 的距离为 $\dfrac{|\overrightarrow{B_1B}\cdot\vec{r}|}{|\vec{r}|}=\dfrac{2\sqrt{3}}{\sqrt{31}}=\dfrac{2\sqrt{93}}{31}$。

评析：①本题是为了让同学们熟练掌握用坐标法求空间中的角和距离。解题之前，可先复习坐标法求角和距离的方法和公式，关键是准确熟练地计算。

②注意，两条异面直线所成角的范围是 $(0°, 90°]$，因此角的余弦值应为非负数；两个半平面所成二面角和这两个半平面法向量所成角是相等或互补的关系，解题时需要注意余弦值要不要负号的问题，通过观察图形可做出判断。二面角为锐角则余弦值为正值，二面角为钝角则余弦值为负值。

③第 (1) 问用三余弦定理可以迅速求解，但是向量法是通法，适用于所有可以建立空间直角坐标系的立体几何问题。

④本题还可以改为“点 A_1 在底面 ABC 上的射影为 BC 边中线的中

点”，变化一个位置建立坐标系，考查举一反三的能力。

要求3：熟悉在斜三棱柱中建立空间直角坐标系解题，训练一题多解，培养发散性思维能力。

例3 三棱柱$ABC\text{-}A_1B_1C_1$中，底面边长和侧棱长都相等，$\angle BAA_1=\angle CAA_1=60°$，求异面直线$AB_1$与$BC_1$所成角的余弦值。

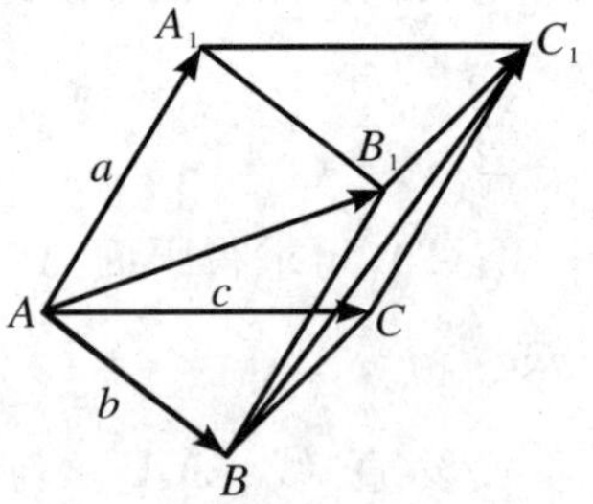

解法1：依题意得$\angle BAC=\angle BAA_1=\angle CAA_1=60°$，可知$A$处的三条棱的长度相等，且两两所成角都为$60°$，这就可以用$\overrightarrow{AA_1}$，$\overrightarrow{AB}$，$\overrightarrow{AC}$表示所有的向量，用纯向量的方法来求两条异面直线所成的角。不妨设底面边长和侧棱长都为1，设$\overrightarrow{AA_1}=\vec{a}$，$\overrightarrow{AB}=\vec{b}$，$\overrightarrow{AC}=\vec{c}$，则$|\vec{a}|=|\vec{b}|=|\vec{c}|=1$，$\vec{a}\cdot\vec{b}=\vec{a}\cdot\vec{c}=\vec{b}\cdot\vec{c}=\frac{1}{2}$。$\overrightarrow{AB_1}=\vec{a}+\vec{b}$，$\overrightarrow{BC_1}=\vec{a}-\vec{b}+\vec{c}$，则$\overrightarrow{AB_1}\cdot\overrightarrow{BC_1}=(\vec{a}+\vec{b})\cdot(\vec{a}-\vec{b}+\vec{c})=1$，因为$|\overrightarrow{AB_1}|=\sqrt{3}$，$|\overrightarrow{BC_1}|=\sqrt{2}$，所以$\cos\langle\overrightarrow{AB_1},\overrightarrow{BC_1}\rangle=\frac{\overrightarrow{AB_1}\cdot\overrightarrow{BC_1}}{|\overrightarrow{AB_1}||\overrightarrow{BC_1}|}=\frac{1}{\sqrt{3}\cdot\sqrt{2}}=\frac{\sqrt{6}}{6}$，故异面直线$AB_1$与$BC_1$所成角的余弦值为$\frac{\sqrt{6}}{6}$。

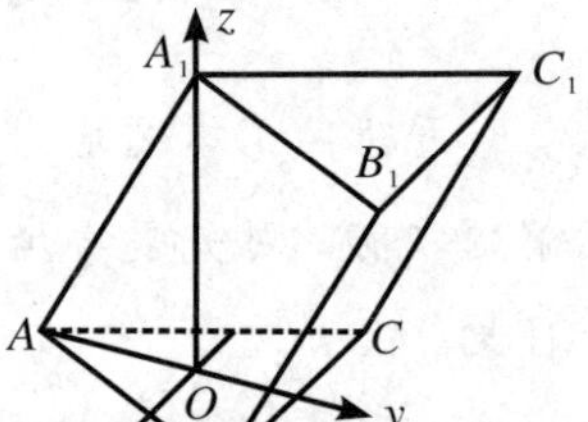

解法2：依题意得$\triangle A_1AB$和$\triangle A_1AC$都是等边三角形，可知$A_1B=A_1C$且都等于底边和侧棱长，那么三棱锥$A_1\text{-}ABC$的各边都相等，就是一个正三棱锥，因此，A_1在底面的射影是等边$\triangle ABC$的中心，不妨设为点O。如图，选底面正三角形的中心O为坐标原点，OA_1为z轴，AO为y轴，过O点且平行于CB方向为x轴，不妨设底面边长和侧棱长为1，则易得$A\left(0,-\frac{\sqrt{3}}{3},0\right)$，$B\left(\frac{1}{2},\frac{\sqrt{3}}{6},0\right)$，$C\left(-\frac{1}{2},\frac{\sqrt{3}}{6},0\right)$，$A_1\left(0,0,\frac{\sqrt{6}}{3}\right)$。而$\overrightarrow{A_1B_1}=\overrightarrow{AB}$，$\overrightarrow{A_1C_1}=\overrightarrow{AC}$得$B_1\left(\frac{1}{2},\frac{\sqrt{3}}{2},\frac{\sqrt{6}}{3}\right)$，$C_1\left(-\frac{1}{2},\frac{\sqrt{3}}{2},\frac{\sqrt{6}}{3}\right)$，故$\overrightarrow{AB_1}=$

$\left(\frac{1}{2}, \frac{5\sqrt{3}}{6}, \frac{\sqrt{6}}{3}\right)$，$\overrightarrow{BC_1}=\left(-1, \frac{\sqrt{3}}{3}, \frac{\sqrt{6}}{3}\right)$。$\cos<\overrightarrow{AB_1}, \overrightarrow{BC_1}>=\frac{\overrightarrow{AB_1}\cdot\overrightarrow{BC_1}}{|\overrightarrow{AB_1}||\overrightarrow{BC_1}|}=\frac{1}{\sqrt{3}\cdot\sqrt{2}}=\frac{\sqrt{6}}{6}$，故异面直线 AB 与 BC_1 所成角的余弦值为 $\frac{\sqrt{6}}{6}$。

解法 3：如图，再补上同样的一个三棱柱，可知$\angle AB_1C_2$或其补角为异面直线 AB_1 与 BC_1 所成的角。根据分析可知，三棱锥 A_1-ABC 是正三棱锥，则 $AA_1\perp BC$，故四边形 BCC_1B_1 为矩形，不妨设底面边长和侧棱长为 1，则 $AB_1=\sqrt{3}$，$B_1C_2=\sqrt{2}$，在$\triangle AA_2C_2$ 中由余弦定理可知 $AC_2=\sqrt{7}$。

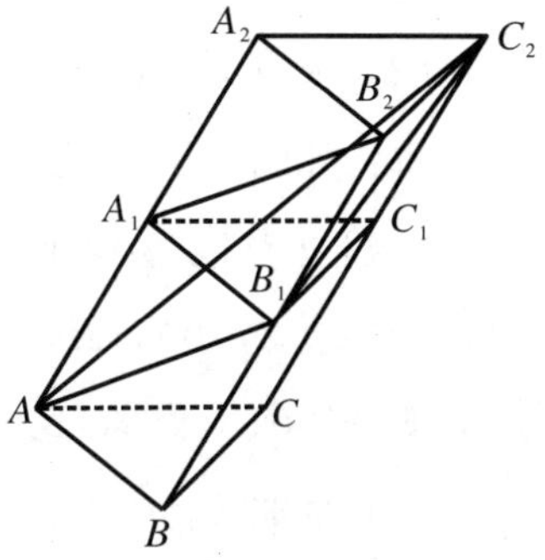

在$\triangle AB_1C_2$ 中已知三边的长分别为$\sqrt{3}$，$\sqrt{2}$，$\sqrt{7}$，根据余弦定理，得 $\cos\angle AB_1C_2=\frac{AB_1^2+B_1C_2^2-AC_2^2}{2AB_1\cdot B_1C_2}=\frac{2+3-7}{2\cdot\sqrt{2}\cdot\sqrt{3}}=-\frac{\sqrt{6}}{6}$，因为两条异面直线所成的角的范围是$(0°, 90°]$，所以异面直线 AB_1 与 BC_1 所成角的余弦值为$\frac{\sqrt{6}}{6}$。

评析：(1) 本题稍有难度，三种解法各有千秋，可从不同角度训练同学们的思维能力。

(2) 解法 1 是纯向量的方法，这种方法有很大的局限性，需找到合适的基底。纯向量法在求线面角、二面角或点到直线距离的时候会比较麻烦，要注意发现用向量法解题的特征：同一点处的三条棱的长度已知，且两两所成角已知。解法 2 是最常用的方法，是通法。解法 3 用到了立体几何中常用的补形法。

(3) 本题也可以改编成变式题，如求“AB_1 与底面 ABC 所成角的正弦值”，或将条件改为“底面边长相等，侧棱长是底面棱长的 2 倍”，此时可以利用解法 2 训练多题一解。

要求 4：学会在非常规的立体图形中建立合适的空间直角坐标系并表示出各点的坐标，以解决坐标中含有未知数的问题。

例 4　（2011 年全国高考理科数学卷改编）如图，四棱锥 S-$ABCD$ 中，$AB/\!/CD$，$BC\perp CD$，侧面 SAB 为等边三角形，$AB=BC=2$，$CD=SD=1$。

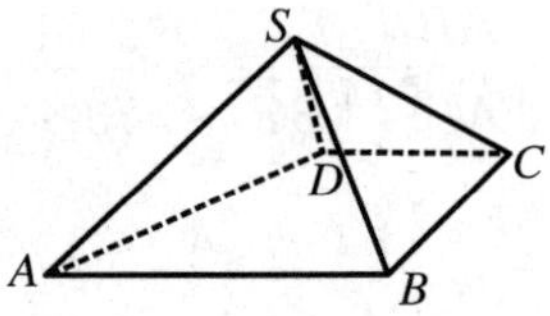

（1）证明：$SD\perp$ 平面 SAB；

（2）求点 A 到平面 SBC 的距离。

解：如图，以 C 为坐标原点，CD 为 x 轴的正半轴，建立空间直角坐标系 C-xyz，则 $D(1,0,0)$，$A(2,2,0)$，$B(0,2,0)$。设 $S(x,y,z)$，则 $x>0$，$y>0$，$z>0$。

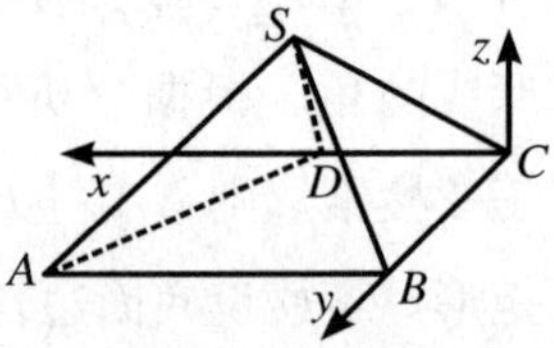

（1）**证明**：$\overrightarrow{AS}=(x-2,y-2,z)$，$\overrightarrow{BS}=(x,y-2,z)$，$\overrightarrow{DS}=(x-1,y,z)$。

由 $|\overrightarrow{AS}|=|\overrightarrow{BS}|$ 得 $\sqrt{(x-2)^2+(y-2)^2+z^2}=\sqrt{x^2+(y-2)^2+z^2}$，故 $x=1$。

由 $|\overrightarrow{DS}|=1$ 得 $y^2+z^2=1$，又由 $|\overrightarrow{BS}|=2$ 得 $x^2+(y-2)^2+z^2=4$，即 $y^2+z^2-4y+1=0$，故 $y=\frac{1}{2}$，$z=\frac{\sqrt{3}}{2}$。所以，$S\left(1,\frac{1}{2},\frac{\sqrt{3}}{2}\right)$，$\overrightarrow{AS}=\left(-1,-\frac{3}{2},\frac{\sqrt{3}}{2}\right)$，$\overrightarrow{BS}=\left(1,-\frac{3}{2},\frac{\sqrt{3}}{2}\right)$，$\overrightarrow{DS}=\left(0,\frac{1}{2},\frac{\sqrt{3}}{2}\right)$，$\overrightarrow{DS}\cdot\overrightarrow{AS}=0$，$\overrightarrow{DS}\cdot\overrightarrow{BS}=0$，故 $DS\perp AS$，$DS\perp BS$，又因为 $AS\cap BS=S$，所以 $SD\perp$ 平面 SAB。

（2）设平面 SBC 的法向量 $\vec{a}=(m,n,p)$，则 $\vec{a}\cdot\overrightarrow{BS}=0$，$\vec{a}\cdot\overrightarrow{CB}=0$。

又 $\overrightarrow{BS}=\left(1,-\frac{3}{2},\frac{\sqrt{3}}{2}\right)$，$\overrightarrow{CB}=(0,2,0)$，故 $\begin{cases}m-\frac{3}{2}n+\frac{\sqrt{3}}{2}p=0\\2n=0\end{cases}$，得 $\vec{a}=(-\sqrt{3},0,2)$，又 $\overrightarrow{AB}=(-2,0,0)$，故点 A 到平面 SBC 的距离为 $\frac{|\vec{a}\cdot\overrightarrow{AB}|}{|\vec{a}|}=\frac{2\sqrt{3}}{\sqrt{7}}=\frac{2\sqrt{21}}{7}$。

评析：(1) 本题是不规则的图形，建系设点相对较难，要先分析难点所在然后再突破难点。

(2) 本题的另一种解法是以 S 为坐标原点，SA 为 x 轴，SD 为 z 轴，平面 SAB 为 xOy 平面，则易得 A，B，D，S 四点的坐标，然后根据 $\overrightarrow{CD}=\frac{1}{2}\overrightarrow{BA}$，可得点 C 的坐标。

(3) 本题也可进行改编，如将侧面 SAB 改为等腰直角三角形，类似的题型，可用来练习非常规图形中的建立坐标系和求点的坐标问题。

要求 5：训练坐标法在立体几何中的综合运用，学习简便设点坐标的方法和处理坐标中含未知数的问题。

例 5 (2010 年全国高考理科数学卷) 如图，四棱锥 $S\text{-}ABCD$ 中，$SD\perp$底面 $ABCD$，$AB/\!/DC$，$AD\perp DC$，$AB=AD=1$，$DC=SD=2$，E 为棱 SB 上的一点，平面 $EDC\perp$平面 SBC。

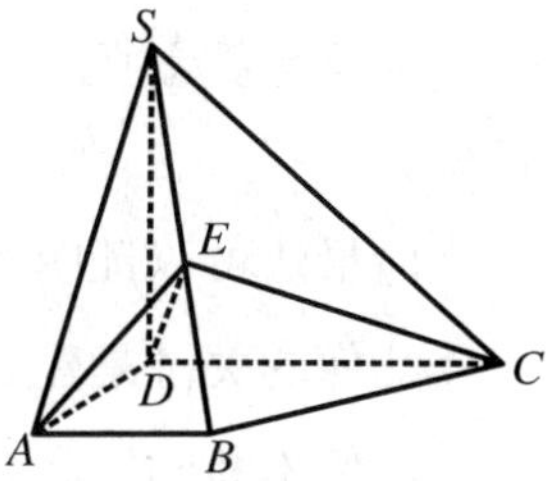

(1) 证明：$SE=2EB$；

(2) 求二面角 $A\text{-}DE\text{-}C$ 的大小。

解：(1) **证明**：以 D 为原点，DA 为 x 轴，DC 为 y 轴，DS 为 z 轴构建空间直角坐标系，则可得 $D(0,0,0)$，$A(1,0,0)$，$B(1,1,0)$，$C(0,2,0)$，$S(0,0,2)$。设 $\overrightarrow{SE}=\lambda\overrightarrow{SB}$，则 $E(\lambda,\lambda,2-2\lambda)$，由平面 $EDC\perp$平面 SBC，则这两平面的法向量互相垂直。可求得平面 EDC 的法向量为 $\vec{m}(2\lambda-2,0,\lambda)$，平面 SBC 的法向量为 $\vec{n}(1,1,1)$，由 $\vec{m}\cdot\vec{n}=0$ 得 $\lambda=\frac{2}{3}$，故 $\overrightarrow{SE}=\frac{2}{3}\overrightarrow{SB}$，故 $SE=2EB$。

(2) 由 (1) 可知 $E\left(\frac{2}{3},\frac{2}{3},\frac{2}{3}\right)$，由 (1) 可得平面 EDC 的一个法向量为 $\overrightarrow{n_1}=(1,0,-1)$，通过计算可得 ADE 的一个法向量为 $\overrightarrow{n_2}=(0,1,-1)$，$\cos<\overrightarrow{n_1},\overrightarrow{n_2}>=\frac{\overrightarrow{n_1}\cdot\overrightarrow{n_2}}{|\overrightarrow{n_1}|\cdot|\overrightarrow{n_2}|}=\frac{1}{\sqrt{2}\cdot\sqrt{2}}=\frac{1}{2}$，即 $<\overrightarrow{n_1},\overrightarrow{n_2}>=\frac{\pi}{3}$，由图形可知二面角 $A\text{-}DE\text{-}C$ 为钝角，故二面角 $A\text{-}DE\text{-}C$ 的大小为 $\pi-\frac{\pi}{3}=\frac{2\pi}{3}$。

评析：(1) 本题建立空间直角坐标系比较简单，难点是如何表示出棱 SB 上的点 E 的坐标。如果分别设出横坐标、纵坐标、竖坐标，会比较麻烦，可利用定比分点的原理设 $\overrightarrow{SE}=\lambda\overrightarrow{SB}$，将点 E 的坐标只用一个参数 λ 表示出来。通过本题可知，点的坐标中出现参数，也不影响求值，只要根据条件将参数解出来即可。

(2) 学会用类似的方法，在类似的几何图形中，任意一点的坐标都可以表示出来。

(3) 可先探讨如何写出点 E 的坐标，再推出定比分点的原理方法。

(4) 本题也可将“平面 $EDC\perp$ 平面 SBC”改为“$\cos\angle AEC=-\dfrac{\sqrt{6}}{6}$”，将面面垂直的条件转化为角的关系，训练用向量法解立体几何问题的综合能力。

向量法可以证明空间中的线面关系，求空间中的角和距离。用向量法解立体几何的关键是建立坐标系和表示出点的坐标，将几何问题转化为代数问题，然后不断归纳和总结，提高逻辑思维能力和解题能力。

第五节　解析几何

一、解高考圆锥曲线问题的几点策略

解析几何是高中数学的重要内容，是搭建“数形结合”的重要桥梁，也是高考的必考内容。解析几何中的方法和技巧变化十分丰富，最能够考查学生的学习能力。很多同学对解析几何综合问题几乎到了“谈虎色变”的地步。究其原因，可以概括为三条：“想不到”“不会算”和“算不对”。

“想不到”的客观原因是解析几何综合问题包含的信息量大，既有几何条件，又有代数关系，而两个领域之间的联系隐蔽性强，不容易发现。主观原因是学生对于题中的几何关系、代数关系不能够准确转化，不能建立条件与条件、条件与结论之间的联系，从而无法构建求解的思路。典型状态是“我怎么没想到”。

“不会算”和“算不对”的客观原因是求解解析几何综合问题中所设的字母符号较多，运算过程复杂，步骤较多，而且主要是有关字母符号的运算比较抽象。主观原因是学生对综合问题运算的复杂性认识不足，对计算的理解不够，找不到消去字母符号之后的变形方向，对字母符号的运算心里没底，典型状态是“往下我该怎么办”“我怎么又算错了”。此外，学生的几何直观能力、数形结合的意识都对其求解解析几何综合问题有较大的影响。

这些原因使很多学生不能较好地进行解题，连续求解失利后同学们对解决这类问题失去信心，甚至对数学产生畏惧心理，这不利于学好高中数学。事实上，解析几何的运算不仅能帮助我们“得结果”，同时还能帮助我们进一步地推理和求解，锻炼思维能力。

（一）高考圆锥曲线的考法

1. 高考命题的总体情况

总体上看，圆锥曲线高考命题中小题主要考查求离心率的值和范围、面积、定值等内容，大题主要考查直线与圆锥曲线的关系，并由此引申出来的定点、定值、距离、面积、轨迹和最值等问题。

2. 一般性的解题方法

基于对圆锥曲线试题的认识，教师在教学上以及学生在学习上通常强调以下几个解题步骤：

(1) 设。设出直线或曲线方程。

(2) 联。联立直线与曲线方程。

(3) 消。消去其中的某一个字母 x 或 y。

(4) 解。根据题目条件，利用韦达定理、弦长公式等知识、方法、技巧进行解题。

以上即我们所说的通性通法，但即使有这样的通性通法，部分学生在解题过程中仍“想不到”“不会算”以及“算不对”。这需要我们更加深入地去学习和了解这类问题的本质特征和解题策略，进而提高解题能力。

(二) 提高高考圆锥曲线解题效益的策略

1. 了解研究圆锥曲线试题的背景

正确认识高考试题可从四个方面理解：考题的本质，归纳解题方法，感悟数学思想方法，体会考题的数学价值。高考复习应以解题训练为中心。日常训练中，我们运用得最多的是“通性通法”，但很多时候，通法只是给予我们解题的基本手段，还不能够深入理解和认识数学本质。因此，在高考复习中，要学会发现数学问题的本质。因为任何一个数学问题，都有它的数学背景，发现背景并利用背景，对提高我们的数学解题能力有很大帮助。在高考命题组的精心设计下，数学试题可以用通法或通法的扩展来解。这也是我们强调要掌握通法但又不能局限于通法的原因。我们要在掌握通法的基础上发现更本质的方法，这是数学理性思维的力量所在。以下以一些例子进行说明。

例 1 (2013 年高考理科数学大纲全国卷) 已知抛物线 C：$y^2=8x$ 与点 $M(-2, 2)$，过 C 的焦点且斜率为 k 的直线与 C 交于 A，B 两点，若 $\overrightarrow{MA}\cdot\overrightarrow{MB}=0$，则 $k=$( )。

A. $\frac{1}{2}$ B. $\frac{\sqrt{2}}{2}$ C. $\sqrt{2}$ D. 2

解法 1：本题的一般思路是设直线 AB 的方程为 $x=my+2$ 代入抛物线 $y^2=8x$ 得 $y^2-8my-16=0$，$\Delta>0$，设 $A(x_1, y_1)$，$B(x_2, y_2)$，得 $\overrightarrow{MA}=(x_1+2, y_1-2)$，$\overrightarrow{MB}=(x_2+2, y_2-2)$。由 $\overrightarrow{MA}\cdot\overrightarrow{MB}=0$ 得 $(x_1+2, y_1-2)(x_2+2, y_2-2)=0$，解得 $m=\dfrac{1}{2}$，再进一步得 $k=2$，故选 D。

解法 2：因为 $M(-2, 2)$ 刚好在抛物线 $y^2=8x$ 的准线上，且 $\overrightarrow{MA}\cdot\overrightarrow{MB}=0$，所以 AB 为抛物线 $y^2=8x$ 的切点弦，其方程为 $y=2x+4$，所以 $k=2$，故选 D。

例 2 过点 $M(2, -1)$ 作抛物线 $x^2=4y$ 的两条切线 MA，MB，切点分别为 A，B，则三角形 ABM 的面积为________。

分析：本题主要从三个层面来考查同学们的思维能力。

第一层：考查最基本的数学能力，即设 $A(x_1, y_1)$，$B(x_2, y_2)$ 过点 M 的直线方程为 $y=k(x-2)-1$，代入 $x^2=4y$ 利用 $\Delta=0$，求出 k_1，k_2，进一步求出 A，B 的坐标，再计算 $|AB|$ 和点 M 到 AB 的距离，最后得 $S=\dfrac{1}{2}|AB|d$。但运算过程麻烦，一般学生计算不出结果。

第二层：如果同学们熟练掌握求曲线的切线方程，可顺利求出 AB 的方程，利用弦长公式计算 $|AB|$，再利用点到直线的距离求点 M 到 AB 的距离，运算过程较第一层减少，学生可以计算出结果。

第三层：同学们了解点 $M(2, -1)$ 在抛物线的准线上，则 AB 过焦点 F，且 $AB\perp FM$，因此 AB 的方程为 $y=x+1$，又因为 AB 为抛物线的通径，所以 $AB=\dfrac{2p}{\sin^2 45°}=8$，$FM=2\sqrt{2}$，所以 $S=8\sqrt{2}$。第三层的运算使学生对抛物线的性质有深刻的理解，并且能够熟练应用其解题。

第一层强调的是通法，是解题过程中容易想到和使用的方法。我们可以将上面作若干个变式问题，从中去发现和思考更深层次的解题方法。

变式 1：过点 $P(-3, 4)$ 作椭圆 $\dfrac{x^2}{4}+\dfrac{y^2}{3}=1$ 的两条切线相切于 A，B 两点，则$\triangle ABP$ 的面积为________。

变式 2：过点 $P(2, 3)$ 作双曲线 $\dfrac{x^2}{10}-\dfrac{y^2}{15}=1$ 的两条切线相切于 A，B

两点，则$\triangle ABP$的面积为________。

小结：上面三个问题的数学背景都是过圆锥曲线的准线上的一点P，作圆锥曲线的两条切线，则切点弦过焦点F，且PF垂直切点弦。这就是问题的本质特征，抓住了它，就能够站在更高的层面理解题目的意义。

2. 学习从命题者的高度来分析试题

一道高考试题之所以引起人们的共鸣并不是因为其有高超的解题技巧，而是因为它所蕴含的数学思想方法以及广泛的联系。高考数学命题者大多都是“上通数学，下达课堂”的数学达人，高考试题都是命题者匠心独运的巧妙构思。这个题为什么这么设计？主要考查学生的什么能力？对能力要求如何？哪个地方是难点？梯度、关卡如何设置都十分讲究。解题中应注意思考研究这些问题，这对高三复习大有裨益。

例3 （2014年高考理科数学大纲全国卷）设已知抛物线C：$y^2=2px$ $(p>0)$的焦点为F，直线$y=4$与y轴的交点为P，与C的交点为Q，且$|QF|=\frac{5}{4}|PQ|$。

(1) 求C的方程；

(2) 过F的直线l与C相交于A，B两点，若AB的垂直平分线l'与C相交于M，N两点，且A，M，B，N四点在同一圆上，求l的方程。

解：(1) 过程略，抛物线C的方程为$y^2=4x$。

(2) 这一问的命题意图主要考查直线与圆锥曲线的位置关系问题。具体是利用四点共圆的条件求直线l的方程。

解法1：依题意知直线l与坐标轴不垂直，故可设直线l的方程为$x=my+1(m\neq0)$，代入$y^2=4x$得$y^2-4my-4=0$。

设$A(x_1, y_1)$，$B(x_2, y_2)$，则$y_1+y_2=4m$，$y_1y_2=-4$。

故AB的中点为$D(2m^2+1, 2m)$，$|AB|=\sqrt{m^2+1}\,|y_1-y_2|=4(m^2+1)$。

又因为AB的垂直平分线l'的斜率为$-m$，所以l'的方程为$x=-\frac{1}{m}y+2m^2+3$。将上式代入$y^2=4x$，整理得$y^2+\frac{4}{m}y-4(2m^2+3)=0$。

设 $M(x_3, y_3)$，$N(x_4, y_4)$，则 $y_3+y_4=-\frac{4}{m}$，$y_3y_4=-4(2m^2+3)$。

故 MN 的中点 E 的坐标为 $\left(\frac{2}{m^2}+2m^2+3, -\frac{2}{m}\right)$。

$$|MN|=\sqrt{1+\frac{1}{m^2}}|y_4-y_3|=\frac{4(m^2+1)\sqrt{2m^2+1}}{m^2}。$$

由于 MN 垂直平分 AB，故 A，M，B，N 四点共圆，等价于 $|AE|=|BE|=\frac{1}{2}|MN|$，从而 $\frac{1}{4}|AB|^2+|DE|^2=\frac{1}{4}|MN|^2$，即

$$4(m^2+1)^2+\left(2m+\frac{2}{m}\right)^2+\left(\frac{2}{m^2}+2\right)^2=\frac{4(m^2+1)^2(2m^2+1)}{m^4},$$

化简得 $m^2-1=0$，解得 $m=1$ 或 $m=-1$。

故所求直线 l 的方程为 $x-y-1=0$ 或 $x+y-1=0$。

解法 1 为第（2）问的常规思路，该题给我们的表象是两条直线 AB，MN 与抛物线的相交关系问题，是利用直线的垂直关系、韦达定理、弦长公式等基本方法就能解决的一个常规问题，但计算量很大，很难完成。其实，这个问题的背景是两条相交直线与一个二次曲线相交于四个点，当这四点共圆时所满足的条件。这道题的目的是从不同的层次考查同学们的思维能力，因此可以用解法 2 进行解题。

解法 2：设 MN 与 AB 交于 $E(x_0, y_0)$，则 AB 的方程为 $\begin{cases}x=x_0+t\cos\alpha\\ y=y_0+t\sin\alpha\end{cases}$（$t$ 为参数），MN 的方程为 $\begin{cases}x=x_0+t\cos\beta\\ y=y_0+t\sin\beta\end{cases}$（$t$ 为参数）。将 $\begin{cases}x=x_0+t\cos\alpha\\ y=y_0+t\sin\alpha\end{cases}$ 代入 $y^2=4x$ 整理得 $t^2\sin^2\alpha+(2y_0\sin\alpha-4\cos\alpha)t+y_0^2-4x_0=0$，所以 $t_1\cdot t_2=\frac{y_0^2-4x_0}{\sin^2\alpha}$，同理 $t_3\cdot t_4=\frac{y_0^2-4x_0}{\sin^2\beta}$。由相交弦定理得 $|t_1\cdot t_2|=|t_3\cdot t_4|$，即 $\sin\alpha=\sin\beta$，因为 $0<\alpha$，$\beta<\pi$，且 $\alpha\neq\beta$，所以 $\alpha+\beta=\pi$。又因为 $\angle AEM=90°$，所以直线 l 的方程为 $y=x-1$ 或 $y=-x+1$。

评析：本题中 MN 不是 AB 的中垂线，而 $MN\perp AB$ 时，结果也是一样

的，但是为什么命题者将 MN 设为 AB 的中垂线呢？这主要是从试题设计的难度考虑的，如果 MN 不是 AB 的中垂线，就很难利用通法求出 AB 的方程。而事实上只要知道 MN 和 AB 所成的角，就可以求得 AB 的方程，但是难度过大，不利于在高考中出现。

3. 复习策略

（1）强化通法是根本，运算训练是关键。既然懂得了问题的数学背景为什么还要强调通性通法的运算训练？首先，这些题目在高考中可以用通法来解。如果同学们发现不了问题的背景，还可以利用通性通法解决。其次，即使掌握了背景知识，解题最终是要把解答过程写出来的，而这个书写过程，仍需通法表达。这就是我们反复强调要掌握基本方法的原因。

（2）巧用背景识真相，精准运算显奇功。数学运算能力是指会根据法则、公式进行正确运算、变形和数据处理，能根据问题的条件和目标寻找与设计合理、简捷的运算途径。运算能力是思维能力和运算技巧的综合体现，因此所有的数学解题活动都离不开运算能力的培养。

注重分析一些背景知识，对帮助同学们提高运算能力，减少失误是非常有用的，以下举例说明。

例 4　（2013 年广东高考理科数学卷）已知抛物线 C 的顶点为原点，其焦点 $F(0, c)(c>0)$ 到直线 l：$x-y-2=0$ 的距离为 $\frac{3\sqrt{2}}{2}$。设 P 为直线 l 上的点，过点 P 作抛物线 C 的两条切线 PA，PB，其中 A，B 为切点。

（1）求抛物线 C 的方程；

（2）当点 $P(x_0, y_0)$ 为直线 l 上的定点时，求直线 AB 的方程；

（3）当点 P 在直线 l 上移动时，求 $|AF|\cdot|BF|$ 的最小值。

解：(1) 依题意，设抛物线 C 的方程为 $x^2=4cy$，由 $\frac{|0-c-2|}{\sqrt{2}}=\frac{3\sqrt{2}}{2}$，结合 $c>0$，解得 $c=1$。所以抛物线 C 的方程为 $x^2=4y$。

(2) 抛物线 C 的方程为 $x^2=4y$，即 $y=\frac{1}{4}x^2$，求导得 $y'=\frac{1}{2}x$。

设 $A(x_1, y_1)$，$B(x_2, y_2)$ $\left(其中 y_1=\frac{x_1^2}{4}，y_2=\frac{x_2^2}{4}\right)$，则切线 PA，PB

的斜率分别为$\frac{1}{2}x_1$，$\frac{1}{2}x_2$，所以切线 PA 的方程为 $y-y_1=\frac{x_1}{2}(x-x_1)$，即

$y=\frac{x_1}{2}x-\frac{x_1^2}{2}+y_1$，即 $x_1x-2y-2y_1=0$。

同理，可得切线 PB 的方程为 $x_2x-2y-2y_2=0$。

因为切线 PA，PB 均过点 $P(x_0, y_0)$，所以

$x_1x_0-2y_0-2y_1=0$，$x_2x_0-2y_0-2y_2=0$，

所以 (x_1, y_1)，(x_2, y_2) 为方程 $x_0x-2y_0-2y=0$ 的两组解，

所以直线 AB 的方程为 $x_0x-2y-2y_0=0$。

(3) 由抛物线的定义可知 $|AF|=y_1+1$，$|BF|=y_2+1$，所以

$|AF|\cdot|BF|=(y_1+1)(y_2+1)=y_1y_2+(y_1+y_2)+1$。

联立方程 $\begin{cases}x_0x-2y-2y_0=0\\x^2=4y\end{cases}$，消去 x 得 $y^2+(2y_0-x_0^2)y+y_0^2=0$。

由一元二次方程根与系数的关系可得 $y_1+y_2=x_0^2-2y_0$，$y_1y_2=y_0^2$。

所以 $|AF|\cdot|BF|=y_1y_2+(y_1+y_2)+1=y_0^2+x_0^2-2y_0+1$。

又因为点 $P(x_0, y_0)$ 在直线 l 上，所以 $x_0=y_0+2$，

所以 $y_0^2+x_0^2-2y_0+1=2y_0^2+2y_0+5=2\left(y_0+\frac{1}{2}\right)^2+\frac{9}{2}$。

所以当 $y_0=-\frac{1}{2}$ 时，$|AF|\cdot|BF|$ 取得最小值，且最小值为$\frac{9}{2}$。

评析：本题第 (3) 问的数学背景就是阿基米德定理，即过抛物线上两点 P，Q 的两条切线交于点 T，则 $|FT|^2=|PF|\cdot|QF|$。如果清楚这一背景，则求 $|AF|\cdot|BF|$ 即求 PF 的最小值，即点 F 到直线 l：$x-y-2=0$ 的距离的平方，而题目已经给出了结果，即焦点 $F(0, 1)$ 到直线 l：$x-y-2=0$ 的距离为$\frac{3\sqrt{2}}{2}$，问题得解。后面的工作就是如何把过程完整书写出来了。但很多时候这也不是一件容易的事，要注重训练，克服“想不到”的困难。

例 5 设抛物线 C 的方程为 $4y=x^2$，焦点为 F，其中 A 在抛物线上，B 在抛物线的准线上，且 F 为 AB 的中点，若 A，B，F 三点在同一直线 m 上，直线 n 与直线 m 平行，当直线 n 与 C 只有一个公共点时，求坐标原点

到直线 m，n 距离的比值。

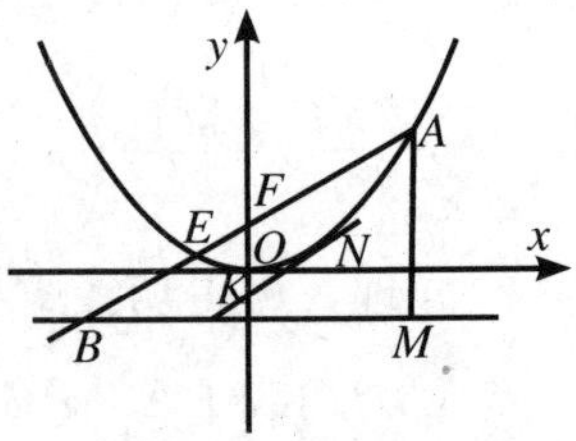

解：问题1，要求坐标原点到直线 m，n 距离的比值，首先必须分别求坐标原点到直线 m，n 的距离。那怎么求坐标原点到直线 m，n 的距离？

分析1：必须求出直线 m，n 的方程。

问题2：因为直线 m 过焦点 $F(0, 1)$，怎么求直线 m 的方程？

分析2：求出直线 m 的斜率。

问题3：怎么求出直线 m 的斜率？可以利用什么条件？

分析3：利用 A，B，F 三点在同一直线 m 上，且 $AF=BF$，由对称性，设 $A\left(x_0, \frac{x_0^2}{4}\right)$，$F(0, 1)$，由 $AF=BF$ 得 $B\left(-x_0, 2-\frac{x_0^2}{4}\right)$，所以 $2-\frac{x_0^2}{4}=-1$ 得 $x_0=2\sqrt{3}$。所以直线 m 的方程为 $x-\sqrt{3}y+\sqrt{3}=0$。

问题4：怎么求直线 n 的方程？

分析4：因为直线 n 与直线 m 平行，直线 n 与抛物线相切，只要求出切点坐标与斜率就可以了。

问题5：怎么求直线 n 的斜率 k？

分析5：因为直线 n 与直线 m 平行，所以 $k=\frac{\sqrt{3}}{3}$。

问题6：怎么求出切点坐标？

分析6：设切点坐标为 $N(x_1, y_1)$，$x^2=4y$，对 x 求导得 $y'=\frac{1}{2}x$，所以 $k=\frac{\sqrt{3}}{3}=\frac{1}{2}x_1$，得 $N\left(\frac{2\sqrt{3}}{3}, \frac{1}{3}\right)$，所以直线 n 的方程为 $x-\sqrt{3}y-\frac{\sqrt{3}}{3}=0$。

问题7：坐标原点到直线 m，n 距离的比值怎么求？

分析7：转化为直线 m，n 在 y 轴上的截距的绝对值的比，所以坐标原点到直线 m，n 距离的比值为3。

上面的方法其实就是分析法，即由目标出发寻找使结论成立的条件的一种思维模式。解题过程中，需要把整体思路建构好了，在一步步的解题过程中不断完善、丰富解题想法，以此不断提高思维能力，最终提高数学解题能力。

二、解析几何的一些重要结论、证明及应用

在解析几何许多问题的解答中常常用到一些重要结论或推证的思路，使解题更简便、迅速。充分了解这些结论的内容和形式，对拓展解题思维有很大的帮助。以下对常用的一些性质进行介绍。

1. 焦半径公式。

(1) 设 $P(x, y)$ 是椭圆 $\frac{x^2}{a^2}+\frac{y^2}{b^2}=1(a>b>0)$ 上的一点，则 $|PF_1|=a+ex$，$|PF_2|=a-ex$。

(2) 设 $P(x, y)$ 是双曲线 $\frac{x^2}{a^2}-\frac{y^2}{b^2}=1(a>0, b>0)$ 上的一点，当点 P 在右支上时，$|PF_1|=ex+a$，$|PF_2|=ex-a$；当点 P 在左支上时，$|PF_1|=-(ex+a)$，$|PF_2|=-(ex-a)$。

(注：e 为离心率)

2. 以抛物线 $y^2=2px$ ($p>0$) 的焦半径 $|PF|$ 为直径的圆与 y 轴相切。

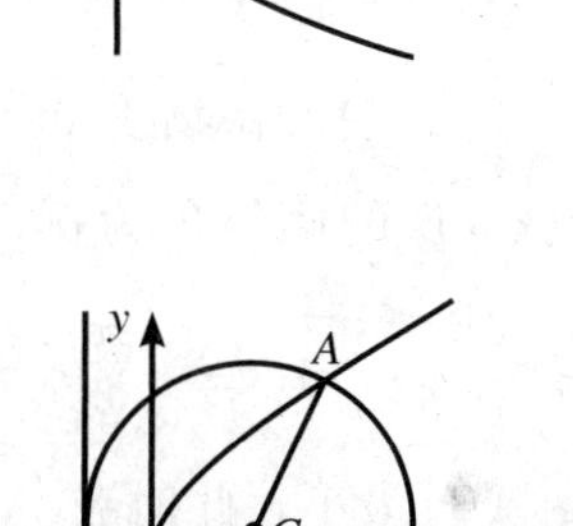

证明：如图，过线段 PF 的中点 C 作 y 轴的垂线，垂足为 D，则 $D\left(0, \frac{y_p}{2}\right)$，则 $\overrightarrow{DF}=\left(\frac{p}{2}, -\frac{y_p}{2}\right)$，$\overrightarrow{DP}=\left(x_p, \frac{y_p}{2}\right)$，从而有 $\overrightarrow{DF}\cdot\overrightarrow{DP}=\left(\frac{p}{2}, -\frac{y_p}{2}\right)\cdot\left(x_p, \frac{y_p}{2}\right)=\frac{1}{4}(2px_p-y_p^2)=0$，即 $\overrightarrow{DF}\perp\overrightarrow{DP}$，所以圆与 y 轴相切。

3. 以抛物线 $y^2=2px(p>0)$ 的焦点弦 AB 为直径的圆与准线相切，且 A，B 两点的横坐标之积、纵坐标之积为定值（如图）。

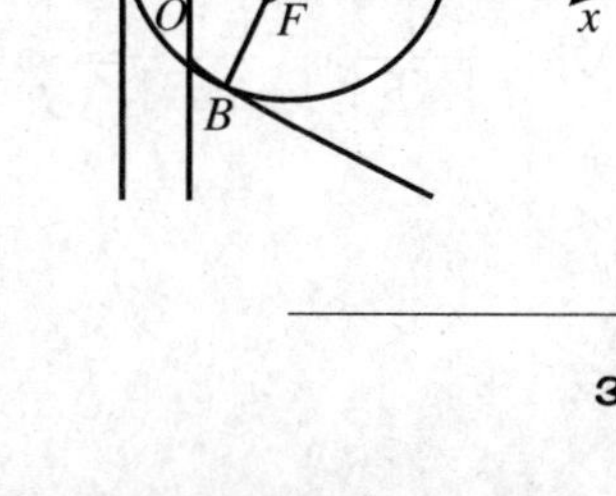

焦点弦弦长公式：

椭圆：$b^2x^2+a^2y^2=a^2b^2(a>b>0)$；

双曲线：$b^2x^2-a^2y^2=a^2b^2(a>0, b>0)$；

抛物线：$y^2=2px(p>0)$。

若 AB 的倾斜角为 α，半焦距为 c，则：

对于椭圆，$|AB|=\dfrac{2ab^2}{b^2+c^2\sin^2\alpha}$；

对于双曲线，$|AB|=\dfrac{2ab^2}{|b^2-c^2\sin^2\alpha|}$；

对于抛物线，$|AB|=\dfrac{2p}{\sin^2\alpha}$。

4. 顶点弦长：经过圆锥曲线顶点 A（对于椭圆或双曲线，指的是长轴或短轴顶点）作倾斜角为 α 的弦 AB，半焦距为 c，则

对于椭圆，$|AB|=\dfrac{2ab^2|\cos\alpha|}{b^2+c^2\sin^2\alpha}$；

对于双曲线，$|AB|=\dfrac{2ab^2|\cos\alpha|}{|b^2-c^2\sin^2\alpha|}$；

对于抛物线，$|AB|=\dfrac{2p|\cos\alpha|}{\sin^2\alpha}$。

5. 焦点三角形的面积：P 是椭圆 $b^2x^2+a^2y^2=a^2b^2(a>b>0)$ 或双曲线 $b^2x^2-a^2y^2=a^2b^2(a>0, b>0)$ 上一点，F_1，F_2 是两焦点，若 $\angle F_1PF_2=\alpha$，则

对于椭圆，$S_{\triangle F_1PF_2}=b^2\tan\dfrac{\alpha}{2}$；

对于双曲线，$S_{\triangle F_1PF_2}=b^2\cot\dfrac{\alpha}{2}$。

6. 已知抛物线 $y^2=2px(p>0)$，过焦点 F 的弦 AB 的倾斜角为 θ，则 $|AB|=x_A+x_B+p=\dfrac{2p}{\sin^2\theta}$。当 $\theta=\dfrac{\pi}{2}$，即 AB 与 x 轴垂直时，$|AB|$ 最小，此时弦 AB 称为抛物线的通径。另外，$\dfrac{1}{|AF|}+\dfrac{1}{|BF|}=\dfrac{2}{p}$（定值）。

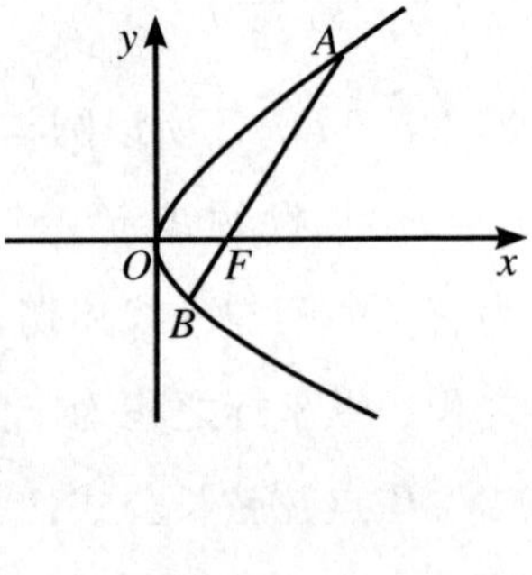

7. 设 AB 是椭圆 $\frac{x^2}{a^2}+\frac{y^2}{b^2}=1(a>b>0)$ 的焦点弦，当 AB 与 x 轴垂直时，$|AB|$ 最小。

8. P 为双曲线 $\frac{x^2}{a^2}-\frac{y^2}{b^2}=1(a>0,\ b>0)$ 上的一点，F_1，F_2 为两焦点，且 $\angle F_1PF_2=\alpha$，则 $S_{\triangle F_1PF_2}=b^2\cot\frac{\alpha}{2}=b^2\cdot\frac{1+\cos\alpha}{\sin\alpha}=b^2\cdot\frac{\sin\alpha}{1-\cos\alpha}$。$P$ 为椭圆 $\frac{x^2}{a^2}+\frac{y^2}{b^2}=1(a>b>0)$ 上的一点，F_1，F_2 为两焦点，且 $\angle F_1PF_2=\alpha$，则 $S_{\triangle F_1PF_2}=b^2\tan\frac{\alpha}{2}=b^2\cdot\frac{1-\cos\alpha}{\sin\alpha}=b^2\cdot\frac{\sin\alpha}{1+\cos\alpha}$。同时，$S_{\triangle F_1PF_2}=\frac{1}{2}(|PF_1|+|PF_2|+|F_1F_2|)r=(a+c)r$（其中 r 是 $\triangle F_1PF_2$ 的内切圆半径），$S_{\triangle F_1PF_2}=\frac{1}{2}|F_1F_2|\cdot|y_p|=c|y_p|$，$S_{\triangle F_1PF_2}=\frac{1}{2}|PF_1|\cdot|PF_2|\sin\alpha$。应用时要注意根据题意选取公式。

9. 把离心率等于黄金比 $\frac{\sqrt{5}-1}{2}$ 的椭圆称为“优美椭圆”，设 $\frac{x^2}{a^2}+\frac{y^2}{b^2}=1$ $(a>b>0)$ 是优美椭圆，F，A 分别为椭圆的左焦点和右顶点，B 是椭圆的短轴的一个端点，则 $\angle ABF=\frac{\pi}{2}$。

10. 设 P 是 $\frac{x^2}{a^2}+\frac{y^2}{b^2}=1(a>b>0)$ 上的一个动点，F_1，F_2 为两焦点，当点 P 位于短轴端点时，$\angle F_1PF_2$ 取得最大值。

11. 设抛物线 $y^2=2px(p>0)$ 的焦点为 F，经过点 F 的直线交抛物线于 A，B 两点，点 C 在抛物线的准线上，且 $BC/\!/x$ 轴，则直线 AC 经过原点 O。

12. 设直线 AB 与抛物线 $y^2=2px$（$p>0$）相交于 A，B 两点，过 A，B 两点分别作抛物线的切线，若两切线相交于点 $M(x_0,\ y_0)$，则切点弦 AB 的方程为 $y_0y=p(x+x_0)$。

证明：$y^2=2px$，两边对 x 求导，得 $2yy'=2p\Rightarrow y'=\frac{p}{y}$。设 $A(x_1,$

y_1)，则 MA：$y-y_1=\frac{p}{y_1}(x-x_1)$，即 $yy_1-y_1^2=p(x-x_1)\Rightarrow yy_1=p(x+x_1)$，所以 MA：$yy_1=p(x+x_1)$，同理 MB：$yy_2=p(x+x_2)$。

又因为点 M 在两条切线上，从而 $y_0y_1=p(x_0+x_1)$，$y_0y_2=p(x_0+x_2)$，即点 A 和点 B 在直线 $y_0y=p(x_0+x)$ 上，从而 AB 的方程为 $y_0y=p(x_0+x)$。

（注：由上可知当 AB 经过焦点 $F\left(\frac{p}{2}, 0\right)$ 时，有 $p\left(x_0+\frac{p}{2}\right)=0$，即 $x_0=-\frac{p}{2}$，即点 M 在准线上。又由 $k_{MA}\cdot k_{MB}=\frac{p}{y_1}\cdot\frac{p}{y_2}=\frac{p^2}{y_1y_2}=-1$，可得直线 MA 与 MB 垂直。）

13. 点 F 为抛物线 $y^2=2px$ 的焦点，过点 F 作直线交抛物线于 A，B 两点，交抛物线的准线 l 于点 M，已知 $\overrightarrow{MA}=\lambda_1\overrightarrow{AF}$，$\overrightarrow{MB}=\lambda_2\overrightarrow{BF}$，则 $\lambda_1+\lambda_2=0$。

证明：$\because$ 抛物线的方程为 $y^2=2px$，$\therefore F\left(\frac{p}{2}, 0\right)$，准线 l 为 $x=-\frac{p}{2}$。

设直线 AB：$x=ty+\frac{p}{2}$，$A(x_1, y_1)$，$B(x_2, y_2)$，联立方程组 $\begin{cases}x=ty+\frac{p}{2}\\ y^2=2px\end{cases}$，

消去 x 得 $y^2-2pty-p^2=0\Rightarrow\begin{cases}y_1+y_2=2pt\\ y_1y_2=-p^2\end{cases}$。

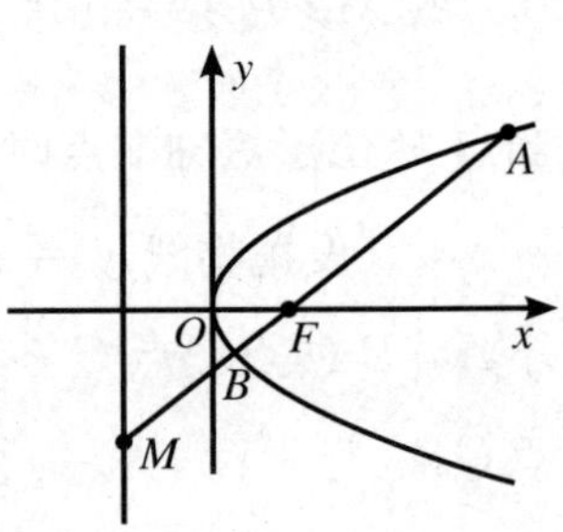

又 $\overrightarrow{MA}=\lambda_1\overrightarrow{AF}$，$\overrightarrow{MB}=\lambda_2\overrightarrow{BF}$，$M\left(-\frac{p}{2}, -\frac{p}{t}\right)$，$\therefore\lambda_1=\frac{y_1+\frac{p}{t}}{-y_1}=-1-\frac{p}{ty_1}$，$\lambda_2=\frac{y_2+\frac{p}{t}}{-y_2}=-1-\frac{p}{ty_2}$。$\therefore\lambda_1+\lambda_2=-2-\frac{p}{t}\left(\frac{1}{y_1}+\frac{1}{y_2}\right)=-2-\frac{p}{t}\left(\frac{y_1+y_2}{y_1y_2}\right)=-2-\frac{p}{t}\cdot\frac{2pt}{-p^2}=0$。

14. 点 F 为椭圆 $\frac{x^2}{a^2}+\frac{y^2}{b^2}=1(a>b>0)$ 的右焦点，过点 F 作直线交椭圆

于A，B两点，交椭圆右焦点相应的准线l于点M，已知$\overrightarrow{MA}=\lambda_1\overrightarrow{AF}$，$\overrightarrow{MB}=\lambda_2\overrightarrow{BF}$，则$\lambda_1+\lambda_2=0$。

证明：①当直线AB的斜率为0时，易得$\lambda_1+\lambda_2=0$。

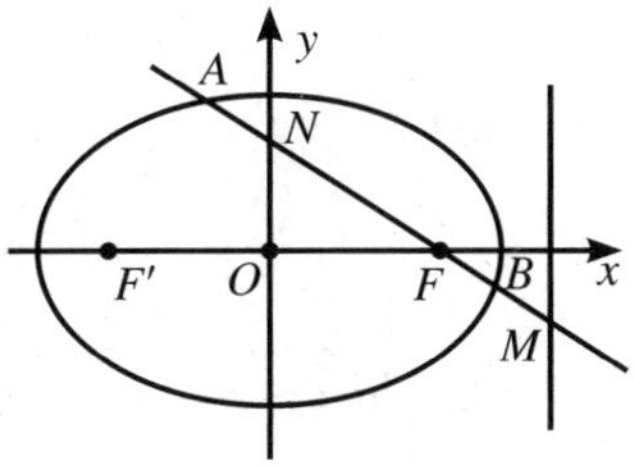

②当直线AB的斜率不为0时，∵椭圆方程为$\dfrac{x^2}{a^2}+\dfrac{y^2}{b^2}=1\ (a>b>0)$，∴右焦点为点$F(c,\ 0)$（其中$c^2=a^2-b^2$），相应准线$l$为$x=\dfrac{a^2}{c}$，

设直线AB为$x=ty+c$，$A(x_1,\ y_1)$，$B(x_2,\ y_2)$，联立方程组$\begin{cases}x=ty+c\\ \dfrac{x^2}{a^2}+\dfrac{y^2}{b^2}=1\end{cases}$，

消去x得$(b^2t^2+a^2)y^2+2ctb^2y-b^4=0\Rightarrow\begin{cases}y_1+y_2=-\dfrac{2ctb^2}{b^2t^2+a^2}\\ y_1y_2=-\dfrac{b^4}{b^2t^2+a^2}\end{cases}$。

又∵$\overrightarrow{MA}=\lambda_1\overrightarrow{AF}$，$\overrightarrow{MB}=\lambda_2\overrightarrow{BF}$，$M\left(\dfrac{a^2}{c},\ \dfrac{b^2}{ct}\right)$，

∴$\lambda_1=\dfrac{y_1-\dfrac{b^2}{ct}}{-y_1}=-1+\dfrac{b^2}{cty_1}$，$\lambda_2=\dfrac{y_2-\dfrac{b^2}{ct}}{-y_2}=-1+\dfrac{b^2}{cty_2}$。

∴$\lambda_1+\lambda_2=-2+\dfrac{b^2}{ct}\left(\dfrac{1}{y_1}+\dfrac{1}{y_2}\right)=-2+\dfrac{b^2}{ct}\left(\dfrac{y_1+y_2}{y_1y_2}\right)=-2+\dfrac{b^2}{ct}\cdot\dfrac{2ctb^2}{b^4}=-2+2=0$。

15. 点F为双曲线$\dfrac{x^2}{a^2}-\dfrac{y^2}{b^2}=1(a>0,\ b>0)$的右焦点，过点$F$作直线交双曲线于$A$，$B$两点，交双曲线右焦点相应的准线$l$于点$M$，已知$\overrightarrow{MA}=\lambda_1\overrightarrow{AF}$，$\overrightarrow{MB}=\lambda_2\overrightarrow{BF}$，则$\lambda_1+\lambda_2=0$。

证明：①当直线AB斜率为0时，易得$\lambda_1+\lambda_2=0$。

②当直线AB斜率不为0时，∵双曲线方程为$\dfrac{x^2}{a^2}-\dfrac{y^2}{b^2}=1\ (a>0,\ b>0)$，∴右焦点$F(c,\ 0)$（其中$c^2=a^2+b^2$），相应准线$l$为$x=\dfrac{a^2}{c}$，设直线

AB 为 $x=ty+c$，$A(x_1, y_1)$，$B(x_2, y_2)$，联立方程组 $\begin{cases} x=ty+c \\ \dfrac{x^2}{a^2}-\dfrac{y^2}{b^2}=1 \end{cases}$，消去 x 得 $(b^2t^2-a^2)y^2+2ctb^2y+b^4=0 \Rightarrow \begin{cases} y_1+y_2=-\dfrac{2ctb^2}{b^2t^2-a^2} \\ y_1y_2=\dfrac{b^4}{b^2t^2-a^2} \end{cases}$。

又 $\because \overrightarrow{MA}=\lambda_1\overrightarrow{AF}$，$\overrightarrow{MB}=\lambda_2\overrightarrow{BF}$，$M\left(\dfrac{a^2}{c}, -\dfrac{b^2}{ct}\right)$，

$\therefore \lambda_1=\dfrac{y_1+\dfrac{b^2}{ct}}{-y_1}=-1-\dfrac{b^2}{cty_1}$，$\lambda_2=\dfrac{y_1+\dfrac{b^2}{ct}}{-y_2}=-1-\dfrac{b^2}{cty_2}$。

$\therefore \lambda_1+\lambda_2=-2-\dfrac{b^2}{ct}\left(\dfrac{1}{y_1}+\dfrac{1}{y_2}\right)=-2-\dfrac{b^2}{ct}\left(\dfrac{y_1+y_2}{y_1y_2}\right)=-2+\dfrac{b^2}{ct}\cdot\dfrac{2ctb^2}{b^4}=-2+2=0$。

16. 已知 A 为椭圆 $\dfrac{x^2}{a^2}+\dfrac{y^2}{b^2}=1(a>b>0)$ 上的一个动点，弦 AB，AC 分别过焦点 F_1，F_2，当 $\overrightarrow{AF_1}=\lambda_1\overrightarrow{F_1B}$，$\overrightarrow{AF_2}=\lambda_2\overrightarrow{F_2C}$，则 $\lambda_1+\lambda_2$ 等于定值 $\dfrac{2(a^2+c^2)}{b^2}$（其中 $c^2=a^2-b^2$）。

证明：①当直线 AB，AC 中有一条垂直于 x 轴时，易证。

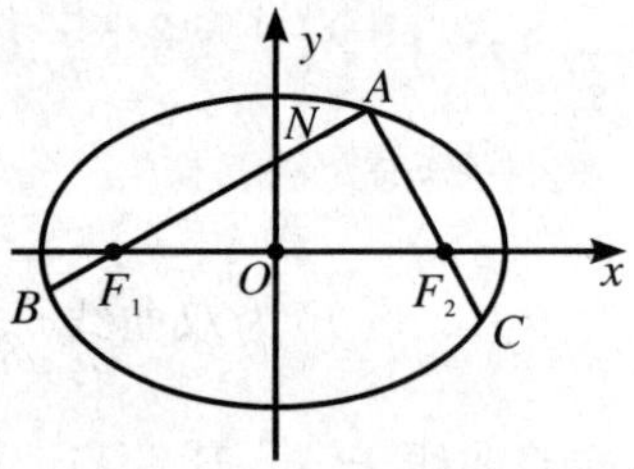

②当直线 AB，AC 均不垂直于 x 轴时，$\because F_1(-c, 0)$，$F_2(c, 0)$，设 $A(x_0, y_0)$，$B(x_1, y_1)$，$C(x_2, y_2)$，则直线 AB 为 $\dfrac{y}{y_0}=\dfrac{x+c}{x_0+c}$，直线 AC 为 $\dfrac{y}{y_0}=\dfrac{x-c}{x_0-c}$。

联立直线 AB 与椭圆方程 $\begin{cases} \dfrac{y}{y_0}=\dfrac{x+c}{x_0+c} \\ \dfrac{x^2}{a^2}+\dfrac{y^2}{b^2}=1 \end{cases}$，消去 x 得

$[b^2(x_0+c)^2+a^2y_0^2]y^2-2cb^2y_0(x_0+c)y-b^4y_0^2=0$。

此方程的两根为 y_0，y_1，由根与系数的关系：

$$y_0y_1=-\frac{b^4y_0^2}{b^2(x_0+c)^2+a^2y_0^2}，\therefore y_1=-\frac{b^4y_0}{b^2(x_0+c)^2+a^2y_0^2}。$$

同理，上式中用$-c$代替c得$y_0y_2=-\dfrac{b^4y_0^2}{b^2(x_0-c)^2+a^2y_0^2}$。

$$\therefore y_2=-\frac{b^4y_0}{b^2(x_0-c)^2+a^2y_0^2}。$$

又$\because \overrightarrow{AF_1}=\lambda_1\overrightarrow{F_1B}$，$\overrightarrow{AF_2}=\lambda_2\overrightarrow{F_2C}$，

$$\therefore \lambda_1=\frac{-y_0}{y_1}，\lambda_2=\frac{-y_0}{y_2}，\therefore \lambda_1+\lambda_2=-y_0\left(\frac{1}{y_1}+\frac{1}{y_2}\right)。$$

将上面所求代入得

$$\begin{aligned}\lambda_1+\lambda_2&=y_0\cdot\frac{b^2(x_0+c)^2+a^2y_0^2+b^2(x_0-c)^2+a^2y_0^2}{b^4y_0}\\&=\frac{2}{b^4}\cdot(b^2x_0^2+a^2y_0^2+b^2c^2)=\frac{2(a^2+c^2)}{b^2}。\end{aligned}$$

17. 已知A为双曲线$\dfrac{x^2}{a^2}-\dfrac{y^2}{b^2}=1(a>0，b>0)$上的一个动点，弦$AB$，$AC$分别过焦点$F_1$，$F_2$，当$\overrightarrow{AF_1}=\lambda_1\overrightarrow{F_1B}$，$\overrightarrow{AF_2}=\lambda_2\overrightarrow{F_2C}$，则$\lambda_1+\lambda_2$等于定值$-\dfrac{2(a^2+c^2)}{b^2}$（其中$c^2=a^2+b^2$）。

18. 过椭圆上的一点P与椭圆两焦点F_1，F_2的连线，当$\angle F_1PF_2=\theta$时，则离心率e满足$\sin\dfrac{\theta}{2}\leqslant e<1$。

19. 直线过定点问题。

结论1：设椭圆$\dfrac{x^2}{a^2}+\dfrac{y^2}{b^2}=1(a>b>0)$的左、右顶点分别为$A_1$，$A_2$，上、下顶点分别为$B_1$，$B_2$，直线$l$与椭圆交于$C$，$D$两点，则

（1）$A_1C\perp A_1D$的充要条件是直线l过定点$M_1\left(-\dfrac{a(a^2-b^2)}{a^2+b^2}，0\right)$。

（2）$A_2C\perp A_2D$的充要条件是直线l过定点$M_2\left(\dfrac{a(a^2-b^2)}{a^2+b^2}，0\right)$。

（3）$B_1C\perp B_1D$的充要条件是直线l过定点$M_3\left(0，-\dfrac{b(a^2-b^2)}{a^2+b^2}\right)$。

(4) $B_2C\perp B_2D$ 的充要条件是直线 l 过定点 $M_4\left(0,\ \dfrac{b(a^2-b^2)}{a^2+b^2}\right)$。

结论 2：过椭圆 $\dfrac{x^2}{a^2}+\dfrac{y^2}{b^2}=1(a>b>0)$ 上的任一点 $A(x_0,\ y_0)$ 作两条弦 AB，AC，其斜率分别为 k_{AB}，k_{AC}，则

(1) 若 $k\neq\dfrac{b^2}{a^2}$，则 $k_{AB}k_{AC}=k\Leftrightarrow$ 直线 BC 过定点 $D\left(\dfrac{a^2k+b^2}{a^2k-b^2}x_0,\ -\dfrac{a^2k+b^2}{a^2k-b^2}y_0\right)$，当 $AC\perp AB$ 时，BC 过定点 $D\left(\dfrac{a^2-b^2}{a^2+b^2}x_0,\ \dfrac{b^2-a^2}{a^2+b^2}y_0\right)$。

证明：因为 $A(x_0,\ y_0)$ 在椭圆上，所以 $\dfrac{x_0^2}{a^2}+\dfrac{y_0^2}{b^2}=1$，将坐标原点移到点 $A(x_0,\ y_0)$，则椭圆方程为 $\dfrac{(x+x_0)^2}{a^2}+\dfrac{(y+y_0)^2}{b^2}=1$，展开并且利用 $\dfrac{x_0^2}{a^2}+\dfrac{y_0^2}{b^2}=1$ 得 $b^2x^2+2b^2x_0x+a^2y^2+2a^2y_0y=0$。

因为直线 BC 不过坐标原点，设其方程为 $mx+ny=1$，则

$b^2x^2+a^2y^2+(2b^2x_0x+2a^2y_0y)\cdot(mx+ny)=0$，化简得

$(b^2+2b^2mx_0)x^2+(a^2+2a^2ny_0)y^2+(2b^2nx_0+2a^2my_0)xy=0$，

两边除以 x^2 得

$(a^2+2a^2ny_0)\cdot\left(\dfrac{y}{x}\right)^2+(2b^2nx_0+2a^2my_0)\cdot\left(\dfrac{y}{x}\right)+(b^2+2b^2mx_0)=0$。

因为 $AC\perp AB$，所以 $\dfrac{y_1}{x_1}\cdot\dfrac{y_2}{x_2}=-1$，由韦达定理得 $-\dfrac{2b^2x_0}{a^2+b^2}m-\dfrac{2a^2y_0}{a^2+b^2}n=1$，与 $mx+ny=1$ 对比得直线 BC 过 $\left(-\dfrac{2b^2x_0}{a^2+b^2},\ -\dfrac{2a^2y_0}{a^2+b^2}\right)$，点 D 为 $\left(-\dfrac{2b^2x_0}{a^2+b^2}+x_0,\ -\dfrac{2a^2y_0}{a^2+b^2}+y_0\right)$ 得 $D\left(\dfrac{a^2-b^2}{a^2+b^2}x_0,\ \dfrac{b^2-a^2}{a^2+b^2}y_0\right)$。

(2) 若 $k\neq 0$ 则 $k_{AB}+k_{AC}=k\Leftrightarrow$ 直线 BC 过定点 $E\left(x_0-\dfrac{2y_0}{k},\ -\dfrac{2b^2}{a^2k}x_0-y_0\right)$。

推广 1：设 $A(x_0,\ y_0)$ 为椭圆 $\dfrac{x^2}{a^2}+\dfrac{y^2}{b^2}=1(a>b>0)$ 上的任一点，P，

Q 为椭圆上两点，且 $\angle PAQ=\frac{\pi}{2}$，则直线 PQ 过定点 $\left(\frac{e^2}{2-e^2}x_0,\ -\frac{e^2}{2-e^2}y_0\right)$（$e$ 为离心率）。

推广 2：设 $A(x_0,\ y_0)$ 为双曲线 $\frac{x^2}{a^2}-\frac{y^2}{b^2}=1(a>0,\ b>0)$ 上的任一点，P，Q 为双曲线上两点，且 $\angle PAQ=\frac{\pi}{2}$，则直线 PQ 过定点 $\left(\frac{e^2}{2-e^2}x_0,\ \frac{e^2}{2-e^2}y_0\right)$（$e$ 为离心率）。

20. 切线平行问题。

命题 1：A，D 为圆 O 上任意两点，BC 是圆 O 的一条弦，且直线 BC 与过点 D 的圆的切线 l 平行，则直线 AD 平分 $\angle BAC$。

证明：如图，由直线 l 切圆 O 于点 D，连接 OD，则 $OD\perp l$，又 $BC/\!/l$ 得 OD 垂直平分 BC，故 D 为 $\overset{\frown}{BC}$ 的中点，即 $\overset{\frown}{CD}=\overset{\frown}{BD}$，所以 $\angle BAD=\angle CAD$，得直线 AD 平分 $\angle BAC$。

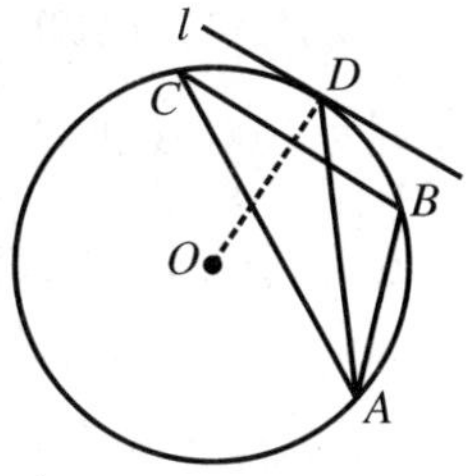

命题 2：P，Q 是椭圆 $\frac{x^2}{a^2}+\frac{y^2}{b^2}=1$ 上关于 x 轴对称的两点，AB 是椭圆的一条弦，且直线 AB 与过点 Q 的椭圆的切线平行，则直线 PQ 平分 $\angle APB$。

证明：如图，设 $P(x_0,\ y_0)$，$A(x_1,\ y_1)$，$B(x_2,\ y_2)$，点 P 关于 x 轴对称的点为 $Q(x_0,\ -y_0)$，则切线 l 的方程为 $\frac{xx_0}{a^2}-\frac{yy_0}{b^2}=1$，又因为 $AB/\!/l$，故可设 AB 的方程为 $\frac{xx_0}{a^2}-\frac{yy_0}{b^2}=m$，代入椭圆方程消去 y 并化简得 $b^2x^2-2b^2mx_0x+a^2b^2m^2-a^2y_0^2=0$。

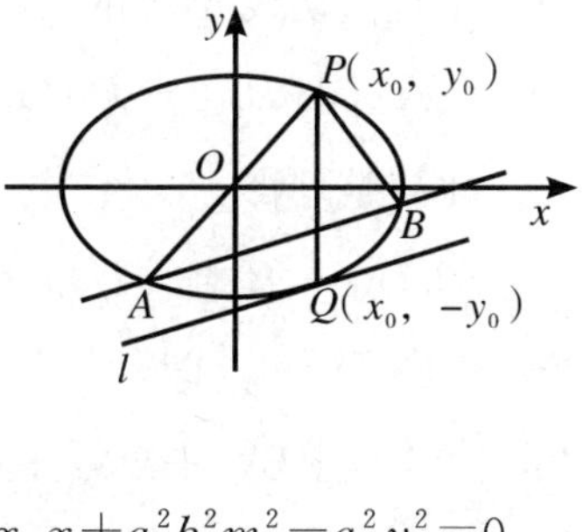

故 $x_1+x_2=2mx_0$①，$x_1x_2=\frac{a^2b^2m^2-a^2y_0^2}{b^2}$②，故

$$k_{PA}+k_{PB}=\frac{y_1-y_0}{x_1-x_0}+\frac{y_2-y_0}{x_2-x_0}=\frac{(y_1-y_0)(x_2-x_0)+(y_2-y_0)(x_1-x_0)}{x_1x_2-x_0(x_1+x_2)+x_0^2}③,$$

将①②代入③，并结合$\frac{x^2}{a^2}+\frac{y^2}{b^2}=1$可得$k_{PA}+k_{PB}=0$，故直线$PQ$平分$\angle APB$。

运用此类方法，我们还可以猜想在其他圆锥曲线（双曲线、抛物线）中，类似的结论也成立。

命题3：A，D是双曲线$\frac{x^2}{a^2}-\frac{y^2}{b^2}=1$上的两点，$A$，$D$关于双曲线的对称轴对称，$BC$是双曲线的一条弦，且直线$BC$与过$D$点的双曲线的切线平行，则直线$AD$平分$\angle BAC$。

21. 圆锥曲线切点弦方程的应用。

先给出圆锥曲线切点弦所在直线方程，然后证明两个圆锥曲线的一般性质，并利用其解题。

定理1：已知一个圆锥曲线的一般方程为$Ax^2+Bxy+Cy^2+Dx+Ey+F=0$①，过曲线外一点$M(x_0,y_0)$作曲线的两条切线MP，MQ，切点分别为P，Q，则切点弦PQ所在的直线方程为$Ax_0x+B\frac{x_0y+y_0x}{2}+Cy_0y+D\frac{x_0+x}{2}+E\frac{y+y_0}{2}+F=0$②。

证明：设$P(x_1,y_1)$，$Q(x_2,y_2)$，将方程①对x求导得

$(2Ax+By+D)+(2Cy+Bx+E)y'=0$。

于是，切线MP的直线方程为

$(2Ax_1+By_1+D)(x-x_1)+(2Cy_1+Bx_1+E)(y-y_1)=0$，

化简整理得

$(2Ax_1+By_1+D)x+(2Cy_1+Bx_1+E)y-(2Ax_1^2+2Bx_1y_1+2Cy_1^2+Dx_1+Ey_1)=0$，即

$(2Ax_1+By_1+D)x+(2Cy_1+Bx_1+E)y+Dx_1+Ey_1+2F=0$，即

$(2Ax+By+D)x_1+(2Cy+Bx+E)y_1+Dx+Ey+2F=0$。

同理，切线MQ的直线方程为

$(2Ax+By+D)x_2+(2Cy+Bx+E)y_2+Dx+Ey+2F=0$。

又$M(x_0,y_0)$在切线MP和MQ上，所以

$(2Ax_0+By_0+D)x_1+(2Cy_0+Bx_0+E)y_1+Dx_0+Ey_0+2F=0$，

$(2Ax_0+By_0+D)x_2+(2Cy_0+Bx_0+E)y_2+Dx_0+Ey_0+2F=0$，

这两个式子表明点 $P(x_1, y_1)$，$Q(x_2, y_2)$都在直线

$(2Ax_0+By_0+D)x+(2Cy_0+Bx_0+E)y+Dx_0+Ey_0+2F=0$ 上，

整理得 $Ax_0x+B\dfrac{x_0y+y_0x}{2}+Cy_0y+D\dfrac{x_0+x}{2}+E\dfrac{y+y_0}{2}+F=0$。此即切点弦 PQ 所在的直线方程。

定理 2：过圆锥曲线 $Ax^2+Bxy+Cy^2+Dx+Ey+F=0$ 内一个定点 $G(u, v)$作任意一条直线交圆锥曲线于M，N 两点，则 M，N 两点处切线的交点轨迹是一条直线。

证明：设 $M(x_1, y_1)$，$N(x_2, y_2)$ 两点处切线的交点为 $P(x_0, y_0)$，则由定理 1 知 MN 所在的直线方程为

$$Ax_0x+B\frac{x_0y+y_0x}{2}+Cy_0y+D\frac{x_0+x}{2}+E\frac{y+y_0}{2}+F=0。$$

因为直线 MN 经过点$G(u, v)$，所以

$Aux_0+B\dfrac{vx_0+uy_0}{2}+Cvy_0+D\dfrac{x_0+u}{2}+E\dfrac{v+y_0}{2}+F=0$，整理得

$$\left(Au+\frac{Bv}{2}+\frac{D}{2}\right)x_0+\left(Cv+\frac{Bu}{2}+\frac{E}{2}\right)y_0+\frac{Du+Ev+2F}{2}=0。$$

即点 P (x_0, y_0) 在直线

$\left(Au+\dfrac{Bv}{2}+\dfrac{D}{2}\right)x+\left(Cv+\dfrac{Bu}{2}+\dfrac{E}{2}\right)y+\dfrac{Du+Ev+2F}{2}=0$ 上。

定理 3：过圆锥曲线 $Ax^2+Bxy+Cy^2+Dx+Ey+F=0$ 外一条直线 l：$mx+ny+p=0$ 上任意一点 M 作此圆锥曲线的切线MP，MQ，则直线 PQ 恒过一个定点或$PQ/\!/l$。

定理 4：对于圆锥曲线 $f(x, y)=Ax^2+Bxy+Cy^2+Dx+Ey+F=0$ 和曲线外一定点 P，若过点 P 作圆锥曲线的两条切线，切点分别为 A，B，过点 P 的动直线 l 与圆锥曲线C 相交于不同的两点 M，N，与直线 AB 相交于点 Q，则$\dfrac{|PM|}{|PN|}=\dfrac{|QM|}{|QN|}$。

证明：设 $P(x_0, y_0)$，动直线 l 的倾斜角为 θ，则直线 l 的方程为 $\begin{cases}x=x_0+t\cos\theta\\y=y_0+t\sin\theta\end{cases}$（$t$ 为参数）①，代入圆锥曲线方程并整理得

$(A\cos^2\theta+B\cos\theta\sin\theta+C\sin^2\theta)t^2+(2Ax_0\cos\theta+Bx_0\sin\theta+By_0\cos\theta+Cy_0\sin\theta)t+f(x_0, y_0)=0$。

设 M，N，Q 对应的参数依次为 t_1，t_2，t_0，由韦达定理得

$$t_1+t_2=-\frac{2Ax_0\cos\theta+Bx_0\sin\theta+By_0\cos\theta+Cy_0\sin\theta}{A\cos^2\theta+B\cos\theta\sin\theta+C\sin^2\theta}②,$$

$$t_1t_2=\frac{f(x_0, y_0)}{A\cos^2\theta+B\cos\theta\sin\theta+C\sin^2\theta}③,$$

由定理1得直线 AB 的方程为

$$Ax_0x+B\frac{x_0y+y_0x}{2}+Cyy_0+D\frac{x_0+x}{2}+E\frac{y+y_0}{2}+F=0④。$$

将①代入④整理得

$(2Ax_0\cos\theta+Bx_0\sin\theta+By_0\cos\theta+Cy_0\sin\theta)t+2f(x_0, y_0)=0$，则

$$t_0=-\frac{2f(x_0, y_0)}{2Ax_0\cos\theta+Bx_0\sin\theta+By_0\cos\theta+Cy_0\sin\theta}⑤。$$

由②③⑤得 $t_0=\frac{2t_1t_2}{t_1+t_2}$。$\frac{|PM|}{|PN|}=\frac{|t_1|}{|t_2|}$，$\frac{|QM|}{|QN|}=\frac{|t_1-t_0|}{|t_2-t_0|}=\frac{\left|t_1-\frac{2t_1t_2}{t_1+t_2}\right|}{\left|t_2-\frac{2t_1t_2}{t_1+t_2}\right|}=\frac{|t_1|}{|t_2|}$，所以 $\frac{|PM|}{|PN|}=\frac{|QM|}{|QN|}$。

定理应用：

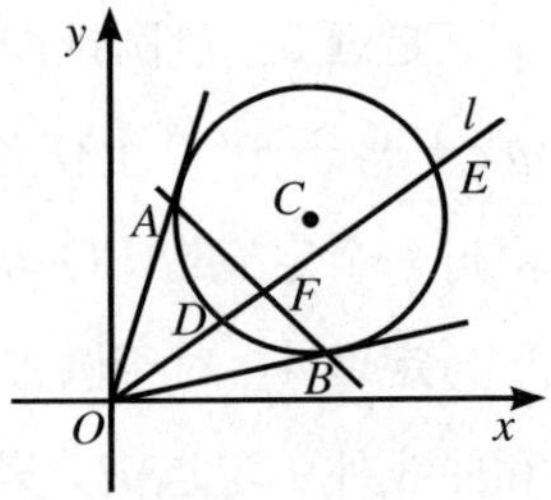

例1 如图，已知圆 C：$(x-2)^2+(y-2)^2=2$，过原点 O 作圆 C 的两条切线 OA，OB，切点分别为 A，B，过原点 O 引直线 l 交圆 C 于 D，E 两点，交直线 AB 于点 F。

（1）求直线 AB 的方程；

（2）求证：$\frac{1}{OD}+\frac{1}{OE}=\frac{2}{OF}$。

解：(1) 圆 C：$(x-2)^2+(y-2)^2=2$ 可化为 $x^2+y^2-4x-4y+6=0$。所以由定理 1 得直线 AB 的方程为 $-2x-2y+6=0$，即 $x+y-3=0$。

(2) **证明**：设直线 l 的参数方程为 $\begin{cases}x=t\cos\theta\\y=t\sin\theta\end{cases}$，将它代入直线 AB 的方程得 $t\cos\theta+t\sin\theta-3=0$，解得 $OF=t_F=\dfrac{3}{\cos\theta+\sin\theta}$。

将它代入圆方程得 $(t\cos\theta-2)^2+(t\sin\theta-2)^2=2$，即 $t^2-4(\cos\theta+\sin\theta)t+6=0$。

设 D，E 对应的参数分别为 t_1，t_2，由韦达定理得 $t_1+t_2=4(\cos\theta+\sin\theta)$，$t_1t_2=6$，所以 $\dfrac{1}{OD}+\dfrac{1}{OE}=\dfrac{1}{t_1}+\dfrac{1}{t_2}=\dfrac{t_1+t_2}{t_1t_2}=\dfrac{2(\cos\theta+\sin\theta)}{3}=\dfrac{2}{OF}$。

例 2 已知抛物线 C：$y=\dfrac{1}{2}x^2$ 与直线 $y=kx-1$ 没有公共点，设点 P 为直线 l 上的动点，过点 P 作抛物线 C 的两条切线，A，B 为切点。

(1) 证明：直线 AB 恒过定点 Q；

(2) 若点 P 与 (1) 中的定点 Q 的连线交抛物线 C 于 M，N 两点，证明：$\dfrac{|PM|}{|PN|}=\dfrac{|QM|}{|QN|}$。

证明：(1) 设 $A(x_1, y_1)$，则 $y_1=\dfrac{1}{2}x_1^2$。由 $y=\dfrac{1}{2}x^2$ 得 $y'=x$，所以 $y'|_{x=x_1}=x_1$。于是抛物线 C 在 A 点处的切线方程为 $y-y_1=x_1(x-x_1)$，即 $y=x_1x-y_1$。

设 $P(x_0, kx_0-1)$，则有 $kx_0-1=x_0x_1-y_1$。

设 $B(x_2, y_2)$，同理有 $kx_0-1=x_0x_2-y_2$。

所以 AB 的方程为 $kx_0-1=x_0x-y$，即 $x_0(x-k)-(y-1)=0$，直线 AB 恒过定点 $Q(k, 1)$。(注：AB 的方程也可直接由定理 1 求得。)

(2) PQ 的方程为 $y=\dfrac{kx_0-2}{x_0-k}(x-k)+1$，与抛物线方程 $y=\dfrac{1}{2}x^2$ 联立，消去 y，得 $x^2-\dfrac{2kx_0-4}{x_0-k}x+\dfrac{(2k^2-2)x_0-2k}{x_0-k}=0$。

设 $M(x_3, y_3)$，$N(x_4, y_4)$，则

$x_3+x_4=\dfrac{2kx_0-4}{x_0-k}$，$x_3x_4=\dfrac{(2k^2-2)x_0-2k}{x_0-k}$①。

要证$\dfrac{|PM|}{|PN|}=\dfrac{|QM|}{|QN|}$，只需证明$\dfrac{x_3-x_0}{x_4-x_0}=\dfrac{k-x_3}{x_4-k}$，即

$2x_3x_4-(k+x_0)(x_3+x_4)+2kx_0=0$②。由①知，

②式左边$=\dfrac{2(2k^2-2)x_0-4k}{x_0-k}-(k+x_0)\dfrac{2kx_0-4}{x_0-k}+2kx_0$

$=[2(2k^2-2)x_0-4k-(k+x_0)(2kx_0-4)+2kx_0(x_0-k)]/(x_0-k)=0$，

故②式成立，从而$\dfrac{|PM|}{|PN|}=\dfrac{|QM|}{|QN|}$。

第六节　向量

一、平面向量中与三角形的“心”有关的命题

与三角形的“心”有关的命题涉及平面几何中的诸多知识点，例如平分问题、定比分点问题、距离问题、垂直问题等。在平面向量中也存在一些关于三角形的“心”的一些重要命题，通过对这些问题的分析，能够加深我们对向量知识的理解与应用。

1. 与重心有关的命题

例 1　P 为$\triangle ABC$ 所在平面内一点，求证：点 P 为$\triangle ABC$ 重心的充要条件是$\overrightarrow{PA}+\overrightarrow{PB}+\overrightarrow{PC}=\vec{0}$。

证明 1：如图，取线段 AB 的中点M，则 $\overrightarrow{PA}+\overrightarrow{PB}=2\overrightarrow{PM}$。$\because \overrightarrow{PA}+\overrightarrow{PB}+\overrightarrow{PC}=\vec{0}$，$\therefore \overrightarrow{PC}=-2\overrightarrow{PM}$。$\therefore$ P，C，M 三点共线，即点 P 在$\triangle ABC$ 的中线CM 上。

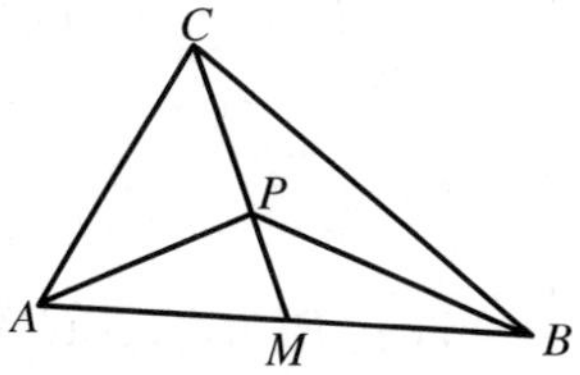

同理，点 P 也在$\triangle ABC$ 的其他边的中线上，故点 P 是$\triangle ABC$ 的重心。

证明 2：设 $A(x_1, y_1)$，$B(x_2, y_2)$，$C(x_3, y_3)$，$P(x_0, y_0)$。

$\because \overrightarrow{PA}+\overrightarrow{PB}+\overrightarrow{PC}=\vec{0}$，

$\therefore \overrightarrow{PA}+\overrightarrow{PB}+\overrightarrow{PC}=(x_1+x_2+x_3-3x_0, y_1+y_2+y_3-3y_0)=(0, 0)$。

$$\therefore \begin{cases} x_1+x_2+x_3-3x_0=0 \\ y_1+y_2+y_3-3y_0=0 \end{cases}，\therefore \begin{cases} x_0=\dfrac{x_1+x_2+x_3}{3} \\ y_0=\dfrac{y_1+y_2+y_3}{3} \end{cases}。$$

易知点 P 是$\triangle ABC$ 的重心。

评析：判断点 P 是$\triangle ABC$ 的重心（内心、外心、垂心）的问题，主要是判断点 P 是否在$\triangle ABC$ 的中线（角平分线、中垂线、高）上，从而把此

类问题转化为三点共线的问题；另外，向量的坐标运算在一定程度上也能够帮助我们快速地解题。

例 2 在$\triangle ABC$内求一点P，使$|\overrightarrow{AP}|^2+|\overrightarrow{BP}|^2+|\overrightarrow{CP}|^2$取得最小值，该点是三角形的（　　）。

A. 垂心　　B. 内心　　C. 重心　　D. 外心

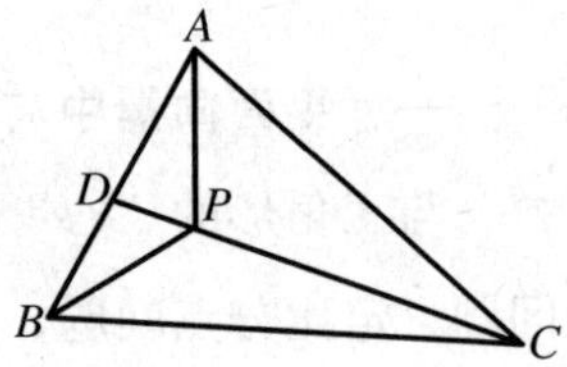

解：设$\overrightarrow{CA}=\vec{a}$，$\overrightarrow{CB}=\vec{b}$。

$\therefore\overrightarrow{AP}=\overrightarrow{CP}-\vec{a}$，$\overrightarrow{BP}=\overrightarrow{CP}-\vec{b}$，

$|\overrightarrow{AP}|^2+|\overrightarrow{BP}|^2+|\overrightarrow{CP}|^2$

$=(\overrightarrow{CP}-\vec{a})^2+(\overrightarrow{CP}-\vec{b})^2+|\overrightarrow{CP}|^2$

$=3|\overrightarrow{CP}|^2-2(\vec{a}+\vec{b})\overrightarrow{CP}+|\vec{a}|^2+|\vec{b}|^2$

$=3\left(\overrightarrow{CP}-\dfrac{\vec{a}+\vec{b}}{3}\right)^2+\dfrac{2}{3}(|\vec{a}|^2+|\vec{b}|^2-\vec{a}\cdot\vec{b})$，

当$\overrightarrow{CP}=\dfrac{\vec{a}+\vec{b}}{3}$时取最小值。设$\overrightarrow{AB}$的中点为$D$，$\therefore\overrightarrow{CD}=\dfrac{1}{2}(\vec{a}+\vec{b})$，

$\therefore\overrightarrow{CP}=\dfrac{2}{3}\overrightarrow{CD}$。

$\therefore$点P为$\triangle ABC$的重心，故选C。

评析：这道题把问题化归到二次函数最值问题，方便简洁。此题也可用坐标法求解。

例 3 O是平面上一定点，A，B，C是平面上不共线的三个点，动点P满足$\overrightarrow{OP}=\overrightarrow{OA}+\lambda\left(\dfrac{\overrightarrow{AB}}{|\overrightarrow{AB}|\sin B}+\dfrac{\overrightarrow{AC}}{|\overrightarrow{AC}|\sin C}\right)$，$\lambda\in[0,+\infty)$，则点$P$的轨迹一定通过$\triangle ABC$的（　　）。

A. 重心　　B. 垂心　　C. 内心　　D. 外心

解：$\because|\overrightarrow{AB}|\sin B=|\overrightarrow{AC}|\sin C$，故可设$|\overrightarrow{AB}|\sin B=|\overrightarrow{AC}|\sin C=\mu$，

$\therefore\overrightarrow{OP}=\overrightarrow{OA}+\lambda\left(\dfrac{\overrightarrow{AB}}{|\overrightarrow{AB}|\sin B}+\dfrac{\overrightarrow{AC}}{|\overrightarrow{AC}|\sin C}\right)$

$=\overrightarrow{OA}+\dfrac{\lambda}{\mu}(\overrightarrow{AB}+\overrightarrow{AC})$。

$\because \lambda \in [0, +\infty)$，$\dfrac{\lambda}{\mu} \in [0, +\infty)$，

$\therefore \mu\overrightarrow{AP} = \lambda(\overrightarrow{AB} + \overrightarrow{AC}) = 2\lambda\overrightarrow{AM}$（其中 M 为 BC 边的中点）。

$\therefore A$，P，M 三点共线，故点 P 的轨迹是从点 A 出发经过点 M 的射线，点 P 的轨迹经过$\triangle ABC$ 的重心，故选 A。

评析：$\overrightarrow{PA} + \overrightarrow{PB} + \overrightarrow{PC} = \vec{0} \Leftrightarrow$ 点 P 是$\triangle ABC$ 的重心。

例 4 已知 D，E，F 分别是$\triangle ABC$ 的边 AB，BC，CA 上的点，并且满足$\dfrac{\overrightarrow{AD}}{\overrightarrow{AB}} = \dfrac{\overrightarrow{BE}}{\overrightarrow{BC}} = \dfrac{\overrightarrow{CF}}{\overrightarrow{CA}}$，$O$ 是$\triangle ABC$ 所在平面上的任意一点，试证明：$\overrightarrow{OA} + \overrightarrow{OB} + \overrightarrow{OC} = \overrightarrow{OD} + \overrightarrow{OE} + \overrightarrow{OF}$。

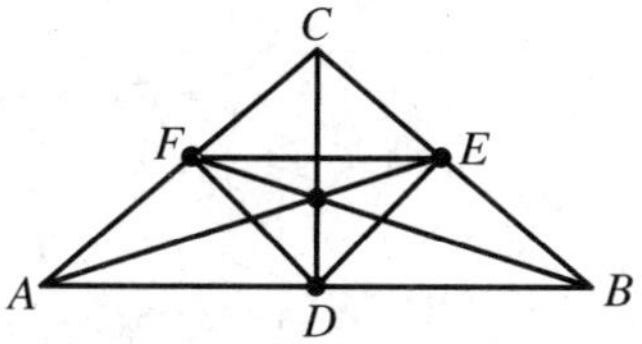

证明：设点 Q 为$\triangle ABC$ 的重心，则有 $\overrightarrow{QA} + \overrightarrow{QB} + \overrightarrow{QC} = \vec{0}$。

$\because \overrightarrow{QD} + \overrightarrow{DA} = \overrightarrow{QA}$，$\overrightarrow{QE} + \overrightarrow{EB} = \overrightarrow{QB}$，$\overrightarrow{QF} + \overrightarrow{FC} = \overrightarrow{QC}$，

$\therefore \overrightarrow{QD} + \overrightarrow{QE} + \overrightarrow{QF} = \overrightarrow{QA} + \overrightarrow{QB} + \overrightarrow{QC} - (\overrightarrow{DA} + \overrightarrow{EB} + \overrightarrow{FC})$

$= \vec{0} - (\overrightarrow{DA} + \overrightarrow{EB} + \overrightarrow{FC}) = \overrightarrow{AD} + \overrightarrow{BE} + \overrightarrow{CF}$。

设$\dfrac{\overrightarrow{AD}}{\overrightarrow{AB}} = \dfrac{\overrightarrow{BE}}{\overrightarrow{BC}} = \dfrac{\overrightarrow{CF}}{\overrightarrow{CA}} = \lambda$（$\lambda \in \mathbf{R}$ 且 $\lambda \neq 0$），

$\therefore \overrightarrow{AD} = \lambda\overrightarrow{AB}$，$\overrightarrow{BE} = \lambda\overrightarrow{BC}$，$\overrightarrow{CF} = \lambda\overrightarrow{CA}$，

$\therefore \overrightarrow{QD} + \overrightarrow{QE} + \overrightarrow{QF} = \lambda(\overrightarrow{AB} + \overrightarrow{BC} + \overrightarrow{CA}) = \vec{0}$，$\therefore$点 Q 为$\triangle DEF$ 的重心。

$\therefore \overrightarrow{OA} + \overrightarrow{OB} + \overrightarrow{OC} = 3\overrightarrow{OQ}$，$\overrightarrow{OD} + \overrightarrow{OE} + \overrightarrow{OF} = 3\overrightarrow{OQ}$。

$\therefore \overrightarrow{OA} + \overrightarrow{OB} + \overrightarrow{OC} = \overrightarrow{OD} + \overrightarrow{OE} + \overrightarrow{OF}$。

例 5 如图，已知$\triangle AOB$ 中，$\angle AOB = 2\theta$，其中 θ 为定值且 $\theta \in \left(0, \dfrac{\pi}{2}\right)$，$\triangle AOB$ 的面积为定值 S，点 D 为 AB 的中点，点 G 是$\triangle AOB$ 的重心。

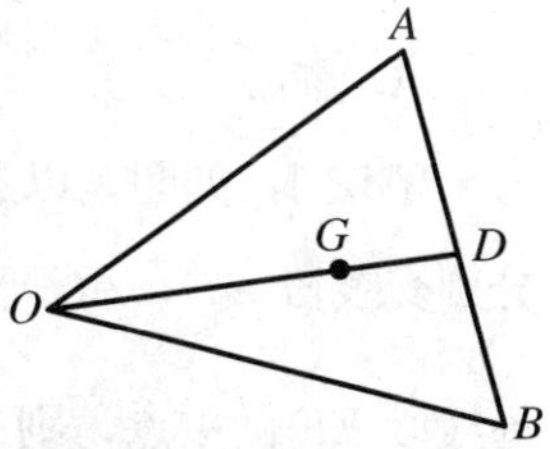

（1）设 $\overrightarrow{OA} = \vec{a}$，$\overrightarrow{OB} = \vec{b}$，用 $\vec{a}$，$\vec{b}$ 表示向量 $\overrightarrow{OG}$；

（2）求 $|\overrightarrow{OG}|$ 的最小值。

解：(1) $\overrightarrow{AB}=\vec{b}-\vec{a}$，∵点 D 为 AB 的中点，∴$\overrightarrow{AD}=\frac{1}{2}(\vec{b}-\vec{a})$，

∴$\overrightarrow{OD}=\frac{1}{2}(\vec{a}+\vec{b})$。

∵点 G 为△ABC 的重心，∴$\overrightarrow{OG}=\frac{2}{3}\overrightarrow{OD}=\frac{1}{3}(\vec{a}+\vec{b})$。

(2) $|\overrightarrow{OG}|=\frac{1}{3}|\vec{a}+\vec{b}|=\frac{1}{3}\sqrt{|\vec{a}|^2+|\vec{b}|^2+2\vec{a}\cdot\vec{b}}$

$=\frac{1}{3}\sqrt{|\vec{a}|^2+|\vec{b}|^2+2|\vec{a}||\vec{b}|\cos2\theta}$，

∵△AOB 的面积 $S=\frac{1}{2}|\vec{a}||\vec{b}|\sin2\theta$，∴$|\vec{a}||\vec{b}|=\frac{2S}{\sin2\theta}$为定值。

∴$|\overrightarrow{OG}|\geqslant\frac{1}{3}\sqrt{2|\vec{a}||\vec{b}|+2|\vec{a}||\vec{b}|\cos2\theta}=\frac{1}{3}\sqrt{\frac{4S}{\sin2\theta}+\frac{4S\cdot\cos2\theta}{\sin2\theta}}$

$=\frac{2}{3}\sqrt{\frac{S(1+\cos2\theta)}{\sin2\theta}}=\frac{2}{3}\sqrt{\frac{S\cdot2\cos^2\theta}{2\sin\theta\cos\theta}}=\frac{2}{3}\sqrt{S\cdot\cot\theta}$，

∴$|\overrightarrow{OG}|$的最小值为$\frac{2}{3}\sqrt{S\cdot\cot\theta}$。

评析：向量与不等式、三角函数相结合，体现了知识网络交汇的命题构想，也是高考命题的方向，应引起我们重视。

2. 与内心有关的命题

例 6 点 O 是平面上一点，A，B，C 是平面上不共线的三个点，动点 P 满足$\overrightarrow{OP}=\overrightarrow{OA}+\lambda\left(\frac{\overrightarrow{AB}}{|\overrightarrow{AB}|}+\frac{\overrightarrow{AC}}{|\overrightarrow{AC}|}\right)$，$\lambda\in[0,+\infty)$，则点 P 的轨迹一定通过△ABC 的（　　）。

A. 重心　　B. 垂心　　C. 内心　　D. 外心

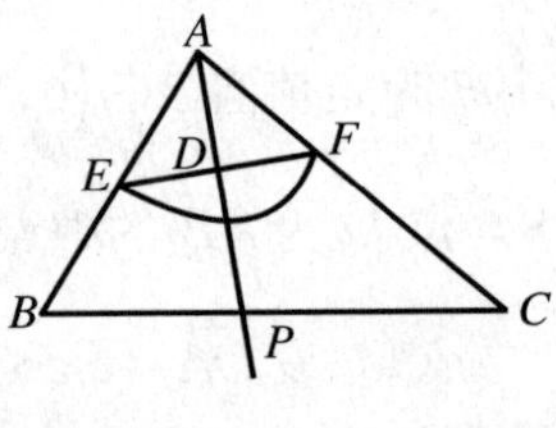

解法 1：如图，以点 A 为圆心作半径为 1 的扇形，分别交线段 AB，AC 于点 E，F，连接 EF，设点 D 为线段 EF 的中点，则 $\overrightarrow{AE}=\frac{\overrightarrow{AB}}{|\overrightarrow{AB}|}$，$\overrightarrow{AF}=\frac{\overrightarrow{AC}}{|\overrightarrow{AC}|}$。

∵$\overrightarrow{OP}=\overrightarrow{OA}+\lambda\left(\frac{\overrightarrow{AB}}{|\overrightarrow{AB}|}+\frac{\overrightarrow{AC}}{|\overrightarrow{AC}|}\right)$，$\lambda\in[0,+\infty)$，

$\therefore \overrightarrow{AP}=\lambda(\overrightarrow{AE}+\overrightarrow{AF})=2\lambda\overrightarrow{AD}$，$\lambda\in[0, +\infty)$，

$\therefore A$，D，P 三点共线，点 P 的轨迹是一条从 A 点出发经过 D 点的射线。

又$\because\triangle AEF$ 是等腰三角形，点 D 为线段 EF 的中点，$\therefore AD$ 是$\triangle AEF$ 的角平分线，$\therefore$点 P 的轨迹经过$\triangle ABC$ 的内心，故选 C。

解法 2：$\dfrac{\overrightarrow{AB}}{|\overrightarrow{AB}|}$为$\overrightarrow{AB}$ 上的单位向量，$\dfrac{\overrightarrow{AC}}{|\overrightarrow{AC}|}$为$\overrightarrow{AC}$ 上的单位向量，则 $\dfrac{\overrightarrow{AB}}{|\overrightarrow{AB}|}+\dfrac{\overrightarrow{AC}}{|\overrightarrow{AC}|}$ 的方向与$\angle BAC$ 的平分线 $\overrightarrow{AD}$ 的方向相同，又 $\lambda\in[0, +\infty)$，$\therefore\lambda\left(\dfrac{\overrightarrow{AB}}{|\overrightarrow{AB}|}+\dfrac{\overrightarrow{AC}}{|\overrightarrow{AC}|}\right)$的方向与$\dfrac{\overrightarrow{AB}}{|\overrightarrow{AB}|}+\dfrac{\overrightarrow{AC}}{|\overrightarrow{AC}|}$的方向相同。

而$\overrightarrow{OP}=\overrightarrow{OA}+\lambda\left(\dfrac{\overrightarrow{AB}}{|\overrightarrow{AB}|}+\dfrac{\overrightarrow{AC}}{|\overrightarrow{AC}|}\right)$，$\therefore$点 P 在$\overrightarrow{AD}$ 上移动，$\therefore$点 P 的轨迹一定通过$\triangle ABC$ 的内心，故选 C。

评析：这道题重点考查数学建模能力，利用单位向量的和构造出角平分线方向向量进行求解。

3. 与垂心有关的命题

例 7 O 为$\triangle ABC$ 内一点，则点 O 为$\triangle ABC$ 的垂心的充要条件为$\overrightarrow{OA}\cdot\overrightarrow{OB}=\overrightarrow{OB}\cdot\overrightarrow{OC}=\overrightarrow{OC}\cdot\overrightarrow{OA}$。

证明：（充分性）$\because\overrightarrow{OA}\cdot\overrightarrow{OB}=\overrightarrow{OB}\cdot\overrightarrow{OC}$，$\therefore\overrightarrow{OB}\cdot(\overrightarrow{OA}-\overrightarrow{OC})=0$，$\therefore\overrightarrow{OB}\cdot\overrightarrow{CA}=0$，$\therefore\overrightarrow{OB}\perp\overrightarrow{CA}$。同理，$\overrightarrow{OC}\perp\overrightarrow{AB}$。$\therefore$点 O 为$\triangle ABC$ 的垂心。

（必要性）$\because$点 O 为$\triangle ABC$ 的垂心，$\therefore\overrightarrow{OB}\cdot\overrightarrow{CA}=0$，$\therefore\overrightarrow{OB}\cdot(\overrightarrow{OA}-\overrightarrow{OC})=0$，$\therefore\overrightarrow{OB}\cdot\overrightarrow{OA}=\overrightarrow{OB}\cdot\overrightarrow{OC}$。同理，$\overrightarrow{OB}\cdot\overrightarrow{OC}=\overrightarrow{OC}\cdot\overrightarrow{OA}$，$\therefore\overrightarrow{OA}\cdot\overrightarrow{OB}=\overrightarrow{OB}\cdot\overrightarrow{OC}=\overrightarrow{OC}\cdot\overrightarrow{OA}$。

$\therefore$点 O 为$\triangle ABC$ 的垂心的充要条件是$\overrightarrow{OA}\cdot\overrightarrow{OB}=\overrightarrow{OB}\cdot\overrightarrow{OC}=\overrightarrow{OC}\cdot\overrightarrow{OA}$。

例 8 已知 O 为$\triangle ABC$ 所在平面内的一点，有 $\overrightarrow{OP}=\overrightarrow{OA}+\lambda\left(\dfrac{\overrightarrow{AB}}{|\overrightarrow{AB}|\cos B}+\dfrac{\overrightarrow{AC}}{|\overrightarrow{AC}|\cos C}\right)(\lambda\geqslant 0)$，则点 P 的轨迹一定经过$\triangle ABC$ 的（　　）。

A. 内心　　　B. 重心　　　C. 外心　　　D. 垂心

解：设$\frac{\overrightarrow{AB}}{|\overrightarrow{AB}|\cos B}+\frac{\overrightarrow{AC}}{|\overrightarrow{AC}|\cos C}=\vec{a}$，则

$$\vec{a}\cdot\overrightarrow{BC}=\frac{\overrightarrow{AB}\cdot\overrightarrow{BC}}{|\overrightarrow{AB}|\cos B}+\frac{\overrightarrow{AC}\cdot\overrightarrow{BC}}{|\overrightarrow{AC}|\cos C}$$

$$=\frac{-|\overrightarrow{AB}||\overrightarrow{BC}|\cos B}{|\overrightarrow{AB}|\cos B}+\frac{|\overrightarrow{AC}||\overrightarrow{BC}|\cos C}{|\overrightarrow{AC}|\cos C}$$

$$=-|\overrightarrow{BC}|+|\overrightarrow{BC}|=0,$$

$\therefore \vec{a}\perp\overrightarrow{BC}$。又$\because \lambda\geqslant 0$，且$\overrightarrow{OP}=\overrightarrow{OA}+\lambda\left(\frac{\overrightarrow{AB}}{|\overrightarrow{AB}|\cos B}+\frac{\overrightarrow{AC}}{|\overrightarrow{AC}|\cos C}\right)$，

$\therefore \vec{a}$与BC边上的高$\overrightarrow{AD}$方向相同。

$\therefore$点P的轨迹经过$\triangle ABC$的垂心，故选D。

4. 与外心有关的命题

例9　$\triangle ABC$的外接圆的圆心为O，两条边上的高的交点为H，$\overrightarrow{OH}=m(\overrightarrow{OA}+\overrightarrow{OB}+\overrightarrow{OC})$，则实数$m=$________。

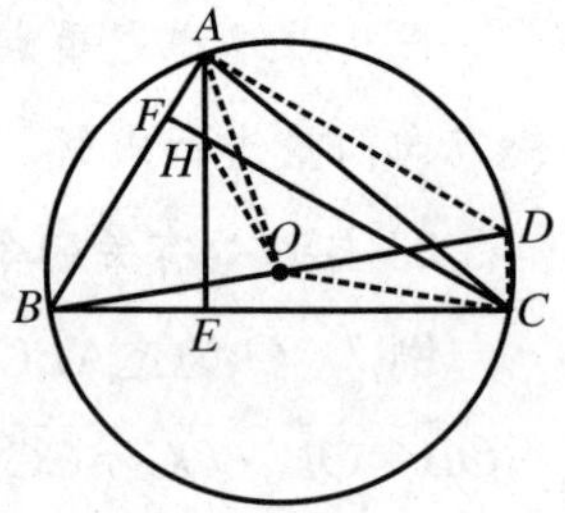

解法1：如图，$\triangle ABC$的外心为O，垂心为H，连接BO并延长交圆于点D，则$\angle BAD=\angle BCD=90°$，从而有$DC/\!/AH$，同理$DA/\!/CH$，故四边形$CDAH$为平行四边形。

$\therefore \overrightarrow{AH}=\overrightarrow{DC}$，又$\because \overrightarrow{DC}=\overrightarrow{OC}-\overrightarrow{OD}=\overrightarrow{OC}+\overrightarrow{OB}$，

$\therefore \overrightarrow{OH}=\overrightarrow{OA}+\overrightarrow{AH}=\overrightarrow{OA}+\overrightarrow{OB}+\overrightarrow{OC}$。

$\therefore m=1$。

评析：本题如果采取特殊化的思想，则答案可以快速得出。

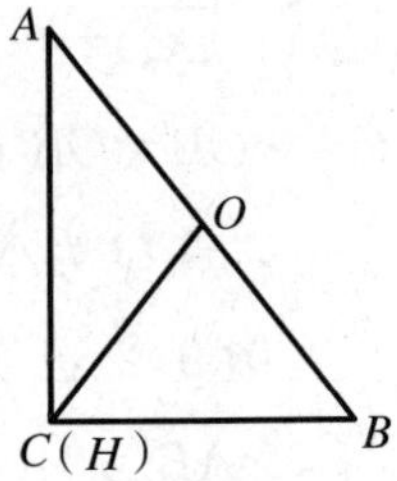

解法2：如图，假设$\triangle ABC$为直角三角形，其中$\angle C=90°$，则$\triangle ABC$的外心O为AB边的中点，垂心H与直角顶点C重合，则$\overrightarrow{OH}=\overrightarrow{OC}=\overrightarrow{OA}+\overrightarrow{OB}+\overrightarrow{OC}$，故$m=1$。

改编：$\triangle ABC$的外心为O，垂心为H，M为线段OH上的任意一点，且$|OH|=2$，则$\overrightarrow{MH}\cdot(\overrightarrow{MB}+\overrightarrow{MC}-\overrightarrow{AH})$的最小值为________。

解：由例9易知$\overrightarrow{OH}=\overrightarrow{OA}+\overrightarrow{OB}+\overrightarrow{OC}$，

$\therefore \overrightarrow{AH}=\overrightarrow{OB}+\overrightarrow{OC}$，

$\therefore \overrightarrow{MB}+\overrightarrow{MC}-\overrightarrow{AH}=\overrightarrow{MB}+\overrightarrow{MC}-\overrightarrow{OB}-\overrightarrow{OC}=2\overrightarrow{MO}$，

$\therefore \overrightarrow{MH}\cdot(\overrightarrow{MB}+\overrightarrow{MC}-\overrightarrow{AH})=\overrightarrow{MH}\cdot(2\overrightarrow{MO})=-2|\overrightarrow{MH}|\cdot|\overrightarrow{MO}|$。

$\because |\overrightarrow{MH}|+|\overrightarrow{MO}|=|\overrightarrow{OH}|=2$，

$\therefore |\overrightarrow{MH}||\overrightarrow{MO}|\leqslant\left(\frac{|\overrightarrow{MH}|+|\overrightarrow{MO}|}{2}\right)^2=1$。

二、向量重要命题的应用

近年高考和竞赛中经常遇到满足 $x\overrightarrow{OA}+y\overrightarrow{OB}+z\overrightarrow{OC}=\vec{0}$ 的问题，我们先看三道高考题和竞赛题。

例 1 （2007 年北京高考理科数学卷）已知 O 是$\triangle ABC$ 所在平面内一点，D 为 BC 边中点，且 $2\overrightarrow{OA}+\overrightarrow{OB}+\overrightarrow{OC}=\vec{0}$，那么（　　）。

A. $\overrightarrow{AO}=\overrightarrow{OD}$　　B. $\overrightarrow{AO}=2\overrightarrow{OD}$　　C. $\overrightarrow{AO}=3\overrightarrow{OD}$　　D. $2\overrightarrow{AO}=\overrightarrow{OD}$

解：$\because 2\overrightarrow{OA}+\overrightarrow{OB}+\overrightarrow{OC}=\vec{0}$，$\therefore \overrightarrow{OB}+\overrightarrow{OC}=-2\overrightarrow{OA}$，$\because$点 D 为 BC 中点，$\therefore \overrightarrow{OB}+\overrightarrow{OC}=2\overrightarrow{OD}$，则 $\overrightarrow{AO}=\overrightarrow{OD}$，故选 A。

例 2 （2010 年湖北高考理科数学卷）已知$\triangle ABC$ 和点 M 满足 $\overrightarrow{MA}+\overrightarrow{MB}+\overrightarrow{MC}=\vec{0}$。若存在实数 m 使得 $\overrightarrow{AB}+\overrightarrow{AC}=m\overrightarrow{AM}$ 成立，则 $m=$（　　）。

A. 2　　B. 3　　C. 4　　D. 5

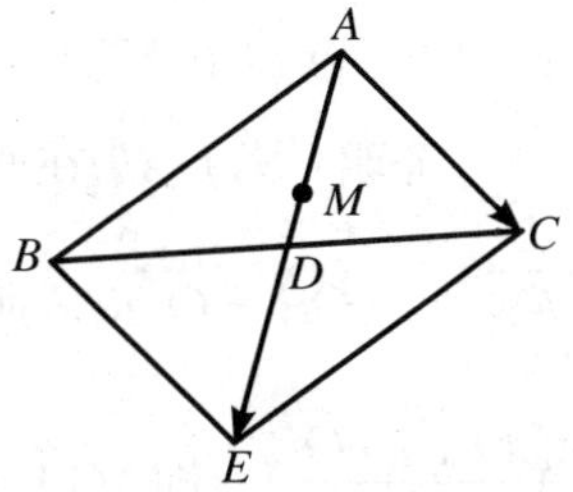

解：如图，由 $\overrightarrow{MA}+\overrightarrow{MB}+\overrightarrow{MC}=\vec{0}$ 知，点 M 为$\triangle ABC$ 的重心，$\therefore \overrightarrow{AM}=2\overrightarrow{MD}$。

以 $\overrightarrow{AB}$，$\overrightarrow{AC}$ 为邻边作平行四边形 $ABEC$，则点 D 为 AE 的中点，$\overrightarrow{AE}=3\overrightarrow{AM}$，又 $\overrightarrow{AB}+\overrightarrow{AC}=\overrightarrow{AE}$，$\therefore \overrightarrow{AB}+\overrightarrow{AC}=3\overrightarrow{AM}$，故选 B。

例 3 （2004 年全国高中数学联赛）设点 O 在$\triangle ABC$ 内部，且有 $\overrightarrow{OA}+2\overrightarrow{OB}+3\overrightarrow{OC}=\vec{0}$，则$\triangle ABC$ 的面积与$\triangle AOC$ 的面积的比为（　　）。

A. 2　　B. $\frac{3}{2}$　　C. 3　　D. $\frac{5}{3}$

解：分别取 AC，BC 的中点 D，E，由 $\overrightarrow{OA}+2\overrightarrow{OB}+3\overrightarrow{OC}=\vec{0}$ 得 $\overrightarrow{OA}+\overrightarrow{OC}=-2(\overrightarrow{OB}+\overrightarrow{OC})$，即 $2\overrightarrow{OD}=-4\overrightarrow{OE}$，$\therefore$点 O 是 DE 的一个三等分点，

$\therefore |\overrightarrow{OD}|=2|\overrightarrow{OE}|$，$\therefore \dfrac{S_{\triangle AEC}}{S_{\triangle AOC}}=\dfrac{3}{2}$，$\therefore \dfrac{S_{\triangle ABC}}{S_{\triangle AOC}}=3$，故选 C。

类似满足 $x\overrightarrow{OA}+y\overrightarrow{OB}+z\overrightarrow{OC}=\vec{0}$ 的问题，那么点 O 到底在何处？有无规律呢？以下做一些探讨。

首先探索点 O 在三角形的中线上：

在$\triangle ABC$ 中，点 D 是 AB 的中点，若 $\overrightarrow{CO}=\lambda\overrightarrow{OD}$，即 $\overrightarrow{CO}=\dfrac{\lambda}{2}(\overrightarrow{OA}+\overrightarrow{OB})$，则 $\lambda(\overrightarrow{OA}+\overrightarrow{OB})+2\overrightarrow{OC}=\vec{0}$。反过来，在$\triangle ABC$ 中，点 D 是 AB 的中点，若 $\lambda(\overrightarrow{OA}+\overrightarrow{OB})+2\overrightarrow{OC}=\vec{0}$，因为 $\overrightarrow{OA}+\overrightarrow{OB}=2\overrightarrow{OD}$，则有 $2\lambda\overrightarrow{OD}+2\overrightarrow{OC}=\vec{0}$，即 $\overrightarrow{CO}=\lambda\overrightarrow{OD}$，点 O 在$\triangle ABC$ 边 AB 的中线 CD 上。以此推出下面两个命题。

命题 1：在$\triangle ABC$ 中，若 $x\overrightarrow{OA}+y\overrightarrow{OB}+z\overrightarrow{OC}=\vec{0}(x>0,\ y>0,\ z>0)$，则当且仅当 $x:y:z=\lambda:\lambda:2$ 时，点 O 在$\triangle ABC$ 边 AB 的中线 CD 上。（注：当 $x=y=z$ 时，即 $\overrightarrow{OD}=\dfrac{1}{2}\overrightarrow{CO}$ 时，点 O 为$\triangle ABC$ 的重心。）

命题 2：在$\triangle ABC$ 中，点 D 是 AB 上的点，$\overrightarrow{AD}=\mu\overrightarrow{DB}$，若 $x\overrightarrow{OA}+y\overrightarrow{OB}+z\overrightarrow{OC}=\vec{0}(x>0,\ y>0,\ z>0)$，则当且仅当 $x:y:z=\lambda:\lambda\mu:(1+\mu)$ 时，点 O 在直线 CD 上，且 $\overrightarrow{CO}=\lambda\overrightarrow{OD}$。

证明：若点 O 在直线 CD 上，且 $\overrightarrow{CO}=\lambda\overrightarrow{OD}$。由 $\overrightarrow{AD}=\mu\overrightarrow{DB}$ 得 $\overrightarrow{OD}-\overrightarrow{OA}=\mu(\overrightarrow{OB}-\overrightarrow{OD})$，所以 $\overrightarrow{OD}=\dfrac{\overrightarrow{OA}+\mu\overrightarrow{OB}}{1+\mu}$，再由 $\overrightarrow{CO}=\lambda\overrightarrow{OD}$，所以 $\overrightarrow{CO}=\lambda\dfrac{\overrightarrow{OA}+\mu\overrightarrow{OB}}{1+\mu}$，即 $\lambda\overrightarrow{OA}+\lambda\mu\overrightarrow{OB}+(1+\mu)\overrightarrow{OC}=\vec{0}$。所以 $x:y:z=\lambda:\lambda\mu:(1+\mu)$。

反之，设 $\overrightarrow{AD}=\mu\overrightarrow{DB}$，则 $\overrightarrow{OD}=\dfrac{\overrightarrow{OA}+\mu\overrightarrow{OB}}{1+\mu}$。

若 $x:y:z=\lambda:\lambda\mu:(1+\mu)$，即 $\lambda\overrightarrow{OA}+\lambda\mu\overrightarrow{OB}+(1+\mu)\overrightarrow{OC}=\vec{0}$，则 $\dfrac{\lambda(\overrightarrow{OA}+\mu\overrightarrow{OB})}{1+\mu}+\overrightarrow{OC}=\vec{0}$，即 $\overrightarrow{CO}=\lambda\overrightarrow{OD}$，所以点 O 在直线 CD 上。

评析：使用这个性质解题时，要注意 x，y，z 与 λ，$\lambda\mu$，$1+\mu$ 之间的对应关系，下面用此性质来解上面三道例题。

例 1　解：因为 $2\overrightarrow{OA}+\overrightarrow{OB}+\overrightarrow{OC}=\vec{0}$，由命题 1 知，点 O 在 $\triangle ABC$ 的中线 AD 上，$2\overrightarrow{OA}+2\overrightarrow{OD}=\vec{0}$，即 $\overrightarrow{AO}=\overrightarrow{OD}$，故选 A。

例 2　解：由 $\overrightarrow{MA}+\overrightarrow{MB}+\overrightarrow{MC}=\vec{0}$ 可知点 M 为 $\triangle ABC$ 的重心，设 BC 的中点为 D，则由 $\overrightarrow{AB}+\overrightarrow{AC}=m\overrightarrow{AM}$ 得 $2\overrightarrow{AD}=m\overrightarrow{AM}$，即 $2\overrightarrow{AD}=\frac{2}{3}m\overrightarrow{AD}$，所以 $m=3$，故选 B。

例 3　解：设 $\overrightarrow{AD}=\mu\overrightarrow{DB}$，$\overrightarrow{CO}=\lambda\overrightarrow{OD}$，由 $\lambda:\lambda\mu:(1+\mu)=1:2:3$ 得 $\lambda=1$，$\mu=2$，所以 $S_{\triangle AOC}:S_{\triangle AOD}=\lambda:1=1:1$，$S_{\triangle BOC}:S_{\triangle AOD}=\mu:1=2:1$。$S_{\triangle AOC}=\frac{1}{2}S_{\triangle BOC}=\frac{1}{2}\cdot\frac{2}{3}S_{\triangle ABC}=\frac{1}{3}S_{\triangle ABC}$，所以 $S_{\triangle ABC}:S_{\triangle AOC}=3$，故选 C。

下面研究满足 $x\overrightarrow{OA}+y\overrightarrow{OB}+z\overrightarrow{OC}=\vec{0}$（$x>0$，$y>0$，$z>0$）的 $\triangle BOC$，$\triangle AOC$，$\triangle AOB$ 的面积之间的关系。

由命题 2，$x:y:z=\lambda:\lambda\mu:(1+\mu)$ 及 $\overrightarrow{CO}=\lambda\overrightarrow{OD}$，得 $S_{\triangle AOB}=\frac{1}{1+\lambda}\cdot S_{\triangle ABC}$，所以 $S_{\triangle AOC}+S_{\triangle BOC}=\frac{\lambda}{1+\lambda}S_{\triangle ABC}$，因为 $\overrightarrow{AD}=\mu\overrightarrow{DB}$，所以 $S_{\triangle AOC}:S_{\triangle BOC}=\mu:1$，所以 $S_{\triangle AOC}=\frac{\mu}{1+\mu}\cdot\frac{\lambda}{1+\lambda}S_{\triangle ABC}$，$S_{\triangle BOC}=\frac{1}{1+\mu}\cdot\frac{\lambda}{1+\lambda}\cdot S_{\triangle ABC}$。

所以 $S_{\triangle BOC}:S_{\triangle AOC}:S_{\triangle AOB}=\frac{1}{1+\mu}\cdot\frac{\lambda}{1+\lambda}S_{\triangle ABC}:\frac{\mu}{1+\mu}\cdot\frac{\lambda}{1+\lambda}\cdot S_{\triangle ABC}:\frac{1}{1+\lambda}\cdot S_{\triangle ABC}=\lambda:\lambda\mu:(1+\mu)=x:y:z$。于是得到命题 3。

命题 3：设点 O 为 $\triangle ABC$ 内的一点，且 $x\overrightarrow{OA}+y\overrightarrow{OB}+z\overrightarrow{OC}=\vec{0}$，则 $S_{\triangle BOC}:S_{\triangle AOC}:S_{\triangle AOB}=x:y:z$。

用命题 3 来解例题 3 的过程如下：

例 3 **解**：因为 $S_{\triangle BOC}:S_{\triangle AOC}:S_{\triangle AOB}=1:2:3$，所以 $S_{\triangle AOC}=\frac{2}{6}S_{\triangle ABC}=\frac{1}{3}S_{\triangle ABC}$，故选 C。

应用举例：

例 4 设点 O 为 $\triangle ABC$ 所在平面上一点，且 $3\overrightarrow{OA}+12\overrightarrow{OB}+5\overrightarrow{OC}=\vec{0}$，若 $S_{\triangle ABC}=20$，则 $S_{\triangle BOC}=$________。

解：因为 $3\overrightarrow{OA}+12\overrightarrow{OB}+5\overrightarrow{OC}=\vec{0}$，由命题 3 知，$S_{\triangle BOC}:S_{\triangle AOC}:S_{\triangle AOB}=3:12:5$，所以 $S_{\triangle BOC}=\frac{3}{20}S_{\triangle ABC}=3$。

例 5 在 $\triangle ABC$ 中，a，b，c 分别是 $\angle A$，$\angle B$，$\angle C$ 的对边，点 O 为 $\triangle ABC$ 内一点，若 $a\overrightarrow{OA}+b\overrightarrow{OB}+c\overrightarrow{OC}=\vec{0}$，求证：点 O 为 $\triangle ABC$ 的内心。

证明：因为 $a\overrightarrow{OA}+b\overrightarrow{OB}+c\overrightarrow{OC}=\vec{0}$，由命题 3 可知 $S_{\triangle BOC}:S_{\triangle AOC}:S_{\triangle AOB}=a:b:c$。

设点 O 到 $\triangle ABC$ 三边 a，b，c 的距离分别为 r_a，r_b，r_c，则 $S_{\triangle BOC}=\frac{1}{2}ar_a$，$S_{\triangle AOC}=\frac{1}{2}br_b$，$S_{\triangle AOB}=\frac{1}{2}cr_c$。所以 $r_a:r_b:r_c=1:1:1$，即 $r_a=r_b=r_c$，故点 O 为 $\triangle ABC$ 的内心。

例 6 $\triangle ABC$ 的重心为 G，外心为 O，且 $\overrightarrow{OA}+\overrightarrow{OB}+\overrightarrow{OC}=\overrightarrow{OH}$。

(1) 求证：点 H 为 $\triangle ABC$ 的垂心；

(2) 求证：O，H，G 三点共线，且 $OG:GH=1:2$。

证明：(1) $\overrightarrow{OH}=\overrightarrow{OA}+\overrightarrow{OB}+\overrightarrow{OC}\Rightarrow\overrightarrow{AH}=\overrightarrow{OH}-\overrightarrow{OA}=\overrightarrow{OB}+\overrightarrow{OC}$。$\overrightarrow{AH}\cdot\overrightarrow{BC}=(\overrightarrow{OB}+\overrightarrow{OC})\cdot(\overrightarrow{OC}-\overrightarrow{OB})=|\overrightarrow{OC}|^2-|\overrightarrow{OB}|^2=0\Rightarrow AH\perp BC$。同理 $\overrightarrow{BH}\cdot\overrightarrow{CA}=0$，$BH\perp CA$，故点 H 为 $\triangle ABC$ 的垂心。

(2) $\overrightarrow{GA}=\overrightarrow{GO}+\overrightarrow{OA}$，$\overrightarrow{GB}=\overrightarrow{GO}+\overrightarrow{OB}$，$\overrightarrow{GC}=\overrightarrow{GO}+\overrightarrow{OC}$，三式相加，并由重心性质及已知条件有 $\vec{0}=3\overrightarrow{GO}+\overrightarrow{OH}\Rightarrow\overrightarrow{OH}=3\overrightarrow{OG}$，所以 $OG:GH=1:2$，故 O，G，H 三点共线，且 $OG:GH=1:2$。

评析：本题实际上是用向量法证明了著名的欧拉定理——三角形的外心、重心、垂心三点共线，且外心到重心与重心到垂心的距离之比为 1∶2。欧拉定理是平面几何中很重要的定理，O，G，H 三点共线这一条直线称之为欧拉线。

例 7 （2010 年清华等五校联考数学卷）$\triangle ABC$ 的两条高 AD，BE 相交于点 H，其外接圆圆心为 O，过点 O 作 $OF\perp BC$ 于点 F，OH 与 AF 相交于点 G，则$\triangle OFG$ 与$\triangle GAH$ 的面积之比为（　　）。

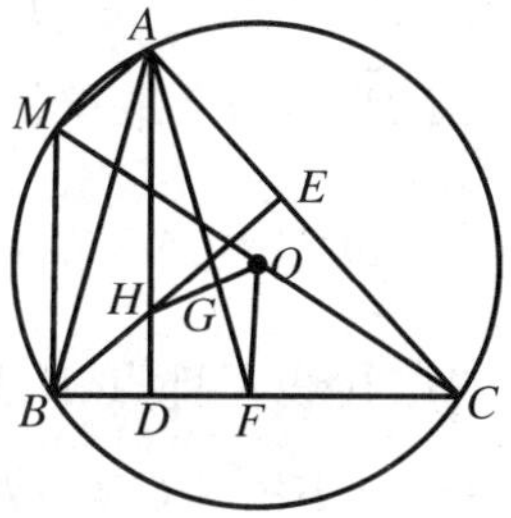

A. 1∶4　　B. 1∶3　　C. 2∶5　　D. 1∶2

解：如图，过点 C 作直径 CM，连 AM，BM，则有 $BM=2OF$，因为 $BM\perp BC$，$AD\perp BC$，$MA\perp AC$，$BE\perp AC$，所以四边形 $AMBH$ 是平行四边形，所以 $AH=BM=2OF$，所以$\triangle OFG$ 与$\triangle HAG$ 相似，所以$\triangle OFG$ 与$\triangle HAG$ 的面积之比为 1∶4，故选 A。

例 8 已知$\triangle ABC$ 的外心为 O，垂心为 H，且满足 $\overrightarrow{OH}=m(\overrightarrow{OA}+\overrightarrow{OB}+\overrightarrow{OC})$，求实数 m 的值。

解法 1：如左图，连接 AO 并延长交圆 O 于点 J，则可知 $CJ\perp AC$ 且 $HB\perp AC$，故 $CJ/\!/BH$。同理，$CH/\!/JB$，所以 $\overrightarrow{BH}=\overrightarrow{JC}$，故 $\overrightarrow{OH}=\overrightarrow{BH}+\overrightarrow{OB}=\overrightarrow{JC}+\overrightarrow{OB}=\overrightarrow{JO}+\overrightarrow{OB}+\overrightarrow{OC}=\overrightarrow{OA}+\overrightarrow{OB}+\overrightarrow{OC}$，故 $m=1$。

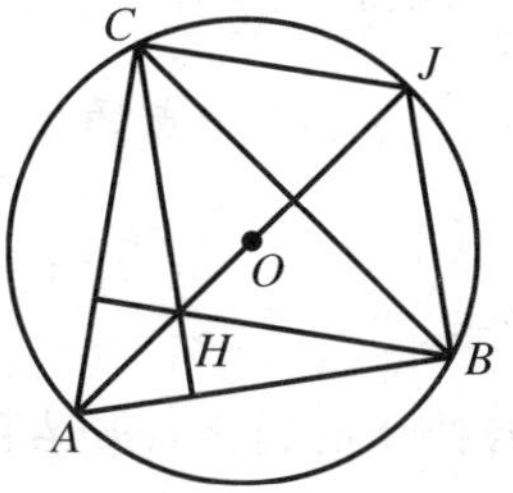

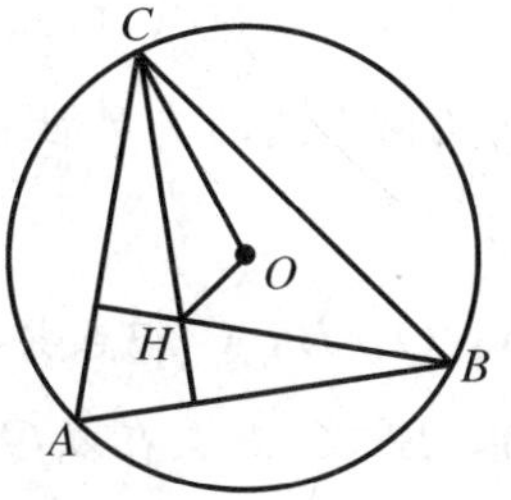

解法 2：如右图，因为 $\overrightarrow{OH}=\overrightarrow{CH}+\overrightarrow{OC}$，故 $(1-m)\overrightarrow{OC}+\overrightarrow{CH}=m(\overrightarrow{OA}+\overrightarrow{OB})$，从而 $(1-m)\overrightarrow{OC}\cdot\overrightarrow{AB}+\overrightarrow{CH}\cdot\overrightarrow{AB}=m(\overrightarrow{OA}+\overrightarrow{OB})\cdot\overrightarrow{AB}$，考虑到 $\overrightarrow{CH}\perp\overrightarrow{AB}$，$(\overrightarrow{OA}+\overrightarrow{OB})\cdot\overrightarrow{AB}=0$，所以 $(1-m)\overrightarrow{OC}\cdot\overrightarrow{AB}=0$ 对任意$\triangle ABC$ 均成立，故 $m=1$。

解法 3：特殊值法。取以 A 为直角顶点的等腰直角三角形 ABC，则点 H 和点 A 重合，可知 $m=1$。

例 9 在$\triangle ABC$ 内求一点 P，使 $AP^2+BP^2+CP^2$ 的值最小。

解法 1：设 $\overrightarrow{CA}=\boldsymbol{a}$，$\overrightarrow{CB}=\boldsymbol{b}$，$\overrightarrow{CP}=\boldsymbol{p}$，则 $\overrightarrow{AP}=\boldsymbol{p}-\boldsymbol{a}$，$\overrightarrow{BP}=\boldsymbol{p}-\boldsymbol{b}$，于是 $\overrightarrow{AP}^2+\overrightarrow{BP}^2+\overrightarrow{CP}^2=(\boldsymbol{p}-\boldsymbol{a})^2+(\boldsymbol{p}-\boldsymbol{b})^2+\boldsymbol{p}^2=3\boldsymbol{p}^2-2(\boldsymbol{a}+\boldsymbol{b})\cdot\boldsymbol{p}+\boldsymbol{a}^2+\boldsymbol{b}^2$

$=3\left[\boldsymbol{p}-\frac{1}{3}(\boldsymbol{a}+\boldsymbol{b})\right]^2+\boldsymbol{a}^2+\boldsymbol{b}^2-\frac{1}{3}(\boldsymbol{a}+\boldsymbol{b})^2$，∴当 $\boldsymbol{p}=\frac{1}{3}(\boldsymbol{a}+\boldsymbol{b})^2$ 时，$\overrightarrow{AP}^2+\overrightarrow{BP}^2+\overrightarrow{CP}^2$ 取得最小值。

设 D 为 AB 的中点，则 $\boldsymbol{a}+\boldsymbol{b}=2\overrightarrow{CD}$，于是 $\overrightarrow{CP}=\frac{2}{3}\overrightarrow{CD}$，∴$C$，$P$，$D$ 三点共线，且点 P 是 $\triangle ABC$ 的重心时，$\overrightarrow{AP}^2+\overrightarrow{BP}^2+\overrightarrow{CP}^2$ 取最小值，即 $AP^2+BP^2+CP^2$ 取最得小值。

例 10 设向量 $\boldsymbol{a}$，$\boldsymbol{b}$，$\boldsymbol{c}$ 满足 $|\boldsymbol{a}|=|\boldsymbol{b}|=1$，$\boldsymbol{a}\cdot\boldsymbol{b}=-\frac{1}{2}$，$<\boldsymbol{a}-\boldsymbol{c}, \boldsymbol{b}-\boldsymbol{c}>=60°$，则 $|\boldsymbol{c}|$ 的最大值等于（　　）。

A. 2　　B. $\sqrt{3}$　　C. $\sqrt{2}$　　D. 1

分析：因为 $|\boldsymbol{a}|=|\boldsymbol{b}|=1$，$\boldsymbol{a}\cdot\boldsymbol{b}=-\frac{1}{2}$，所以 $<\boldsymbol{a}, \boldsymbol{b}>=120°$，即向量 $\boldsymbol{a}$ 与 $\boldsymbol{b}$ 所成的角等于 120°。考虑到向量的几何特性，作向量 $\overrightarrow{OA}=\boldsymbol{a}$，$\overrightarrow{OB}=\boldsymbol{b}$，则 $\angle AOB=120°$。过 O 点作向量 $\overrightarrow{OC}=\boldsymbol{c}$，使其满足 $<\boldsymbol{a}-\boldsymbol{c}, \boldsymbol{b}-\boldsymbol{c}>=60°$。

由向量减法的几何意义可知 $\overrightarrow{CA}=\overrightarrow{OA}-\overrightarrow{OC}=\boldsymbol{a}-\boldsymbol{c}$，$\overrightarrow{CB}=\overrightarrow{OB}-\overrightarrow{OC}=\boldsymbol{b}-\boldsymbol{c}$。又 $<\boldsymbol{a}-\boldsymbol{c}, \boldsymbol{b}-\boldsymbol{c}>=60°$，所以 $\angle ACB=60°$。所以 $\angle ACB+\angle AOB=180°$。

由平面几何中圆的有关性质可知，A，O，B，C 四点的位置关系有如下两种情形：

(1) A，O，B，C 四点共圆，如左图所示。

(2) A，B，C 三点在以 O 为圆心、半径为 1 的圆上，如右图所示。

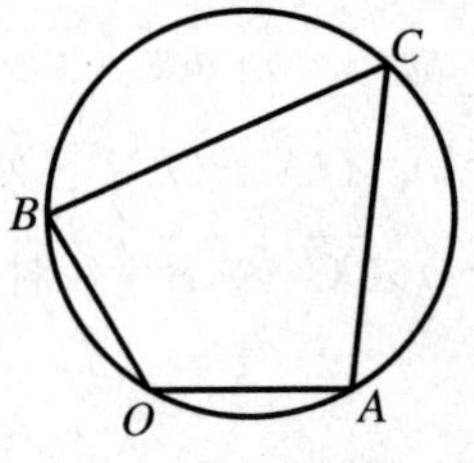

$\angle AOB=120°$

$\angle ACB=60°$

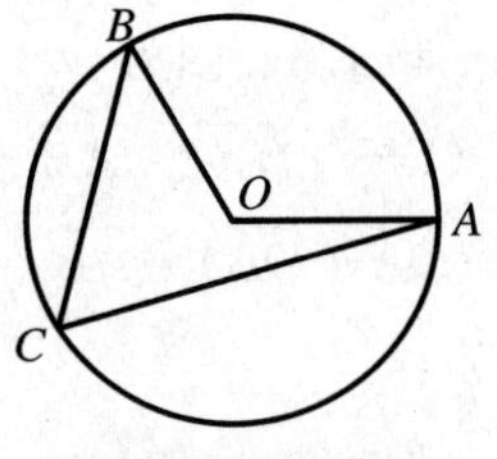

$\angle ACB=60°$

$\angle AOB=120°$

通过以上分析可知，该题的数学背景是：在 $\triangle AOB$ 的外接圆上求一点 C，使得 OC 最大或者求 $\triangle AOB$ 外接圆的半径。对问题的本质理解清楚以后，就可以迅速解答问题了。

显然，在第（2）种情形中，圆 O 的半径等于 1，此时 $|\boldsymbol{c}|=|OC|=1$，即 $|\boldsymbol{c}|$ 的最大值等于 1。至此还应该求出 $\triangle AOB$ 外接圆的直径，它就是第（1）种情形下 $|\boldsymbol{c}|$ 的最大值。将它与第（2）种情形中 $|\boldsymbol{c}|$ 的最大值 1 比较，较大者即为所求。

解法 1：如上页左图，显然当 OC 为 $\triangle AOB$ 外接圆的直径时，$|\boldsymbol{c}|$ 最大。此时，$\angle OAC=90°$，由对称性知，$\angle OCA=30°$，又 $OA=1$，所以 $OC=2$，即 $|\boldsymbol{c}|$ 的最大值为 2，故选 A。

解法 2：如上页左图，$OA=OB=1$，$\angle AOB=120°$，由正弦定理得 $\dfrac{OA}{\sin\angle OBA}=2R$，$2R=2$，故 OC 的最大值为 2，即 $|\boldsymbol{c}|$ 的最大值为 2，故选 A。

解法 3：利用坐标法，先求出 $\triangle AOB$ 外接圆的方程，即可得到其直径。依题意，在平面直角坐标系中，设 $A(1,0)$，易得 $B\left(-\dfrac{1}{2},\dfrac{\sqrt{3}}{2}\right)$，如图所示。

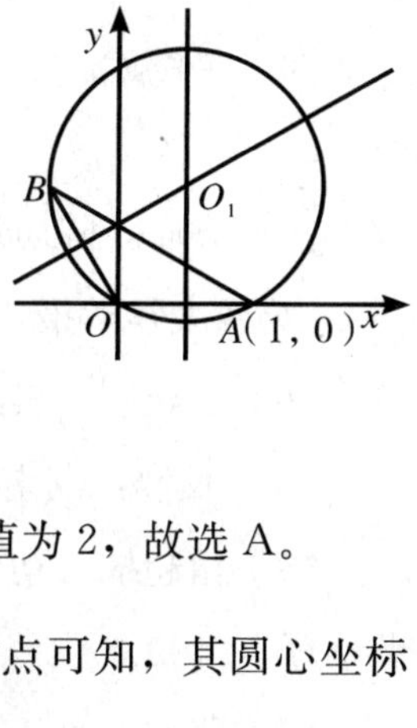

设经过 A，O，B 三点的圆的方程为

$x^2+y^2+Dx+Ey+F=0$，

把 A，O，B 三点坐标代入得

$D=-1$，$E=-\sqrt{3}$，$F=0$，

所以 $\triangle AOB$ 外接圆的方程为 $\left(x-\dfrac{1}{2}\right)^2+\left(y-\dfrac{\sqrt{3}}{2}\right)^2=1$，所以 OC 的最大值为 2，即 $|\boldsymbol{c}|$ 的最大值为 2，故选 A。

解法 4：由三角形的外心 O_1 是三边的中垂线的交点可知，其圆心坐标为 $O_1\left(\dfrac{1}{2},\dfrac{\sqrt{3}}{2}\right)$，则 $r=OO_1=1$，即 $\triangle ABC$ 外接圆的半径等于 1，所以 $|\boldsymbol{c}|$ 的最大值为 2，故选 A。

评析：这道题以向量为载体，以求向量的模的最大值为题设，考查平面几何中圆的性质，进而考查同学们思维的灵活性。

因为向量具有“数”与“形”的双重身份，所以其运算形式多样。向量的符号语言和坐标语言连接了向量与实数之间的联系，连接了代数与几何之间的通道，揭示了问题的几何本质，简化了运算，不失为解决问题的有效方法。

参考文献

[1] 穆志刚. 我国学习策略研究综述 [J]. 疯狂英语（教师版），2007（8）：29-31，80.

[2] 王颖. 学习策略研究述评 [J]. 北华大学学报（社会科学版），2003（4）：62-64.

[3] 周永垒. 学习困难生的学习策略研究 [D]. 大连：辽宁师范大学，2004.

[4] 吴洪武. 初中生英语词汇学习策略研究 [D]. 上海：上海师范大学，2006.

[5] 齐聪，陈旭远，于超. 我国学习策略研究十年述评（2003－2012）[J]. 鸡西大学学报，2014，14（6）：1-3，12.

[6] 王姣姣. 实践与反思：课堂教学行为研究——以六所中小学校为个案 [D]. 长沙：湖南师范大学，2009.

[7] 岳超楠. 初中课堂教学行为分析与优化策略研究 [D]. 温州：温州大学，2011.

[8] 张迪. 小班教学中学生学习行为的研究 [D]. 南京：南京师范大学，2011.

[9] 张诗雅. 课堂有效学习的指导策略研究 [D]. 上海：上海师范大学，2015.

[10] 李小平，郭江澜. 学习态度与学习行为的相关性研究 [J]. 心理与行为研究，2005（4）：265-267.

[11] 宋志燕，梁彦清. 学习信念及其对学习行为和学习动机的影响 [J]. 长治学院学报，2009，26（3）：67-69.

［12］MCKEACHIE W J. Teaching and Learning in the College Classroom：A Review of the Research Literature［M］. Michigan：The University of Michigan press，1987.

［13］张锦坤，连榕. 有效学习的三个易控变量：间隔、顺序与提取练习［J］. 心理与行为研究，2013，11（2）：276-281.

［14］朱雪峰. 论促进学生有效学习的学习管理制度构建［J］. 西北师大学报（社会科学版），2009，46（2）：104-106.

［15］DICKINSON L. Self-instruction in Language Learning［M］. Cambridge：Cambridge University Press，1987.

［16］联合国教科文组织总部. 教育：财富蕴藏其中［M］. 联合国教科文组织总部中文科，译. 北京：教育科学出版社，1996.

［17］马忠林. 数学思维论［M］. 南宁：广西教育出版社，1996.

［18］郑君文，张恩华. 数学学习论［M］. 南宁：广西教育出版社，1998.

［19］希尔伯特. 数学问题［M］. 李文林，袁向东，译. 大连：大连理工大学出版社，2009.

［20］陈珂. 初中生数学解题心理研究［D］. 长沙：湖南师范大学，2006.

［21］张志峰. 建构主义理论在培养学生跨文化交际能力的应用［J］. 学理论，2011（15）：211-212.

［22］江建芳. 建构主义学习理论对中学历史教学的启示［J］. 丽水学院学报，2004（6）：106-109.

［23］吴俊. 认知灵活性理论指导下的高中化学概念教学［J］. 基础教育研究，2017（24）：32-33.

［24］陈义元. 谈知识迁移应注意的几个问题［J］. 中学数学，2011（10）：8-10.

［25］朱继美. 高中地理“问题解决”学习模式的应用研究［D］. 长春：长春师范学院，2010.

［26］陈爱苾. 课程改革与问题解决教学［M］. 北京：首都师范大学出

版社，2004.

［27］佐藤学. 学习的快乐——走向对话［M］. 钟启泉，译. 北京：教育科学出版社，2004.

［28］汪凤炎，燕良轼，郑红. 教育心理学新编［M］. 4 版. 广州：暨南大学出版社，2016.

［29］邵潇野. 初中数学教学中培养学生问题意识的实践研究［D］. 长春：东北师范大学，2011.

［30］李新成. 现代认知心理学关于理解过程的研究［J］. 教育理论与实践，1997（2）：46-50.

［31］王瑞霖，綦春霞. 数学理解的五层递进及教学策略［J］. 中国教育学刊，2014（12）：40-45.

图书在版编目（CIP）数据

高中数学“问题导学”学习策略/黄河清著.—南宁：广西教育出版社，2019.10（2019.11 重印）
（特级教师书系）
ISBN 978-7-5435-8687-1

Ⅰ.①高… Ⅱ.①黄… Ⅲ.①中学数学课－教学研究－高中 Ⅳ.①G633.602

中国版本图书馆 CIP 数据核字(2019)第 217046 号

出 版 人：石立民
出版发行：广西教育出版社
地　　址：广西南宁市鲤湾路 8 号　　邮政编码：530022
电　　话：0771-5865797
本社网址：http://www.gxeph.com
电子信箱：gxeph@vip.163.com
印　　刷：广西民族印刷包装集团有限公司
开　　本：787mm×1092mm　1/16
印　　张：23.25
字　　数：360 千字
版　　次：2019 年 10 月第 1 版
印　　次：2019 年 11 月第 2 次印刷
书　　号：ISBN 978-7-5435-8687-1
定　　价：48.00 元